제4판

기능적 기술 습득을 위한 개별화교육프로그램의 실제

장혜성 · 김수진 · 김지영 공저

교육과학사

특수교육대상자의 개별적인 요구를 지원하기 위한 체계를 갖추는 '개별화교육프로그램'은 일반 교육과 대비되는 특수교육의 중요한 특징이며 특수교육 실행의 핵심적인 틀이다.

현장에서 만나게 되는 너무나 다양한 특수교육대상자들에 대한 교사의 책무성은 질적인 개별화교육프로그램을 계획하고 실행하고 평가하는 과정에서 확고하게 자리 잡을 수 있다.

개별화교육프로그램을 위해 교사는 고민한다.

'능력의 결함을 강조해서 이를 교정하는 것에 치중해야 하는가?'
'어떠한 방법으로 강점을 찾아 새로운 행동들을 형성시켜 주어야 하는가?'
'누구와 같이 개별화교육프로그램을 실행해야 하는가?'
'과거와 현재와 미래에 필수적인 기능적 기술은 얼마나 중요한가?'
'현재의 성취 수준과 잠재 능력은 어떻게 평가될 수 있는가?'
'특수교육의 목적인 독립성을 최대한 기를 수 있는 방안은 무엇일까?'
'개별화교육프로그램의 실행의 장은 어디인가?'

저자들도 이러한 고민을 안고 개별화교육프로그램의 경험을 정리해 보기로 하고 본서를 엮었다.

1장에는 개별화교육프로그램의 이해를 돕기 위해 개별화 교육의 정의와 기능, 법적 근거, 진행과정과 고려점, 기능적 기술 습득을 위한 개별화교육프로그램을 설명하였고, 2장에서는 개별화교육프로그램을 위한 진단 · 평가의 이해, 진단 · 평가의 최상의 요소, 진단 · 평가의 유형에 대해서 구체적으로 설명하였다. 3장은 목표설정의 고려점, 장 · 단기 목표의 설정 과정, 연령별 장 · 단기 목표 서술의 예를 기술하였다. 4장에서는 개별화교육프로그램 실행의 이해, 교육과정 수정, 삽입 학습 기회, 학생 중심 직접교수를 설명하였다. 5장에서는 개별화교육프로그램의 평가에 대해서 기술하였고, 6장에서는 유아 개별화교육프로그램의 실제를 다루었다. 그리고 7장에서는 초등 학령기 개별화교육프로그램의 실제, 8장에서는 중·고등 학령기 개별화교육프로그램의 실제에 대해서 다루었다. 특별히 이번 4판에서는 기능적 기술의 예를 변화되는 사회에 맞추어서 다수 수정하였다.

현장에서 개별화교육 실행을 위해 도움이 되는 책이 되기를 바라며 책 출판을 맡아준 교육과학사에 감사의 마음을 전한다.

2019년 8월

저자 일동

표차례

표차례

표차례

제1장

개별화교육프로그램의 이해

■ 주요 질문 ■

- 개별화교육프로그램의 기능은 무엇인가?
- 개별화교육프로그램의 진행과정은 어떠한가?
- 기능적 기술이란 무엇이며, 개별화교육프로그램에서 어떤 의미가 있는가?

1 개별화교육프로그램의 정의와 기능

1) 정의

특수교육대상자는 공통적인 발달 특성과 함께 개별적인 특성이 두드러지므로 개인차로 인해 단일 교육과정으로는 그들의 필요를 충족시킬 수 없다. 그러므로 특수교육대상자를 위해서는 개별요구에 적합한 교육을 제공하는 것이 매우 중요하다.

개별화교육프로그램은 특수교육대상자의 개별요구를 반영하여 교육계획을 수립하여서 교육을 진행하는 일련의 과정이며 특수교육대상자의 교육적 요구에 적합한 교육을 제공하기 위해서는 먼저 개별화교육 지원팀 구성이 필요하다.

'개별화교육프로그램(Individualized Education Plan/Program: IEP)'은 개별화교육 지원팀에 의해서 진행되는 개별화교육계획을 수립 및 실시, 일정한 기간마다 각각의 특수교육대상자의 성취도를 평가하는 과정이라고 정의할 수 있다(Allen & Schwartz, 1996). 우리나라는 2007년 5월 25일 법률로 제정 공포된 「장애인 등에 대한 특수교육법」에서는 'Individualized Education Plan' 의미로 '개별화교육계획'이라고 명명하였으나 단순히 '계획'을 수립하는 것 외에 실행과 평가 등 전체 과정이 내포되어 있는 '프로그램'의 용어가 더 포괄적인 의미를 담고 있으므로 본서에서는 '개별화교육프로그램' 용어를 사용하고자 한다.

'개별화교육프로그램'의 '개별화(Individualized)'란 용어가 잘못 이해되는 경우가 있는데, '개별화'는 교사와 특수교육대상자 사이에 일 대 일로 진행되는 교육형태를 의미하기보다 교육프로그램이 각 특수교육대상자의 개별 교육적 요구에 맞추어지는 것을 의미한다. 이러한 개별화된 교육적 접근을 통하여 지속적으로 교수 학습이 여러 가지 상황에서 특수교육대상자의 개별 목표의 진보를 이루어 나가는 과정을 말한다. 즉, '개별화'는 교사와 특수교육대상자가 일 대 일로 교수하는 상황에 국한되지 않고 각 특수교육대상자의 참여 활동, 일과, 상호작용의 계획과 조정을 모두 포함하는 의미로 이해되어야 한다(Gargiudo & kilgo, 2000).

개별화교육프로그램은 장애 유아와 장애 청소년을 위해서 각 연령의 지원욕구에 따라서 다음과 같이 차별되게 사용되고 있다.

개별화 가족 지원 계획(individualized family service plan: IFSP)은 개별화교육프로그램과 유사한데 아동과 부모까지 포함한다. 개별화 가족 지원 계획은 6세까지 아동들을 위해서 사용될 수 있지만 대부분 3세 미만의 장애 영유아의 발달적 요구충족과 가족과 전문가 사이의 협력을 돕기 위한 목적으로 계획되고 있다(장혜성, 김수진, 김호연, 최승숙, 최윤희(역), 2014; 조현근, 이병인, 2014).

개별화 전환교육 계획(individualized transition plan: ITP)은 학교로부터 고등과정 이후의 교육, 직업훈련, 고용, 성인평생교육, 독립적인 생활, 지역사회 참여 등을 위한 내용으로 구성되어 있다. 미국 장애인교육법에서는 개별화교육프로그램에 특수교육대상자 연령이 16세 이상이면 매년 전환서비스에 대한 내용을 기술하여야 한다(박승희, 장혜성, 나수현, 신소니아, 2007; 장혜성 외(역), 2014).

2) 기능

개별화교육프로그램의 주요 기능은 다음과 같다(국립특수교육원, 2008; 소효정, 박윤정, 2015; 이소현, 박은혜, 2011; 정시은, 김자경, 강혜진, 2011).

〈표 1-1〉 개별화교육프로그램의 기능

- 특수교육대상자를 위하여 특별하게 고안된 교육을 보장하기 위한 계획서이다.
- 개별화교육지원팀의 개별화교육프로그램의 실행에 대한 책무성을 강화하는 실질적인 문서이다.
- 특수교육대상자의 교육방향(목표, 내용, 방법)을 제시하는 계획서이다.
- 특수교육대상자가 필요로 하는 적절한 교육과 특수교육 관련 서비스를 받도록 관리한다.
- 특수교육대상자의 교육성취를 점검하고 평가하는 평가 계획서이며, 특수교육대상자의 진보 상황을 모니터하게 한다.
- 개별적인 교육의 필요성과 서비스에 관한 교사들 사이와 교사와 부모 사이의 의사소통이 가능하게 한다.
- 특수교육대상자 및 보호자의 권리를 옹호하는 주요 문서이다.
- 개별화교육지원팀의 협력적 체계 구축 및 의사소통을 돕는다.

2 개별화교육프로그램의 법적 근거

우리나라에서는 1994년 「특수교육진흥법」이 전면 개정되면서 '개별화 교육'에 대한 조항이 신설되었고, 특수교육대상자의 개별화 교육을 보장하기 위해서 개별화교육프로그램의 수립과 운영에 관하여 문서화하였다. 이후 「장애인 등에 대한 특수교육법」에서 개별화교육프로그램에 관한 규정을 더욱 강화하였다(국립특수교육원, 2008).

1) 특수교육 관련법에 나타난 개별화교육프로그램 내용의 변화

「특수교육진흥법」과 「장애인 등에 대한 특수교육법」에 나타난 개별화교육프로그램에 관한 내용의 변화는 다음과 같다.

〈표 1-2〉 우리나라 특수교육 관련법에 나타난 개별화교육프로그램 내용 변화

구분	특수교육진흥법	장애인 등에 대한 특수교육법	비고 및 차이점
IEP 정의	• 제16조(개별화 교육): 각급학교의 장은 특수교육대상자의 능력 및 적합한 개별화 교육방법을 강구하여 특수교육대상자로 하여금 그의 능력을 최대한 계발하도록 해야 한다.	• 제2조(정의) 제7항: "개별화 교육"이란 ⑦ 각급 학교의 장이 특수교육대상자 개인의 능력을 계발하기 위하여 장애유형 및 장애특성에 적합한 교육목표, 교육방법, 교육내용, 특수교육 관련서비스 등이 포함된 계획을 수립하여 실시하는 교육을 말한다.	• 누가: 각급학교의 장 • 목적: 특수교육대상자의 개인의 능력을 계발하기 위함 • 방법: 특수교육대상자의 능력 및 적합한 개별화 교육방법을 강구하여(특수교육진흥법) 장애 유형 및 장애특성에 적합한 ① 교육목표 ② 교육방법 ③ 특수교육관련서비스 등이 포함된 계획이 더 구체화됨(장애인 등에 대한 특수교육법)
IEP 작성 시기	• 시행령 제14조 제2항(개별화 교육계획의 작성): 매 학년이 시작되기 전까지 작성함	• 제22조 개별화 교육: 개별화 교육지원팀은 매 학기마다 특수교육대상자에 대한 IEP를 작성해야 함	• 작성시기가 매 학년이 시작되기 전까지(특수교육진흥법)에서 매 학기마다(장애인 등에 대한 특수교육법)로 변경됨

구분	특수교육진흥법	장애인 등에 대한 특수교육법	비고 및 차이점
IEP 작성 시한	• 매 학년 시작 전 또는 학기 중 배치되면 배치된 날로부터 30일 이내	• 매 학기 시작일로부터 30일 이내	• 작성시한이 변경됨
IEP 송부 시한	• 없음(또는 학칙이나 관행)	• 전학이나 상급학교 진학 시, 전출학교는 전입학교에 IEP를 14일 이내에 송부해야 함	• 전출학교는 14일 이내 IEP 송부로 명시함(장애인 등에 대한 특수교육법)
IEP 구성 요소	• 대상학생의 인적사항, 현재 학습현행수준, 장·단기교육목표, 교육시작과 종료시기, 교수의 방법, 평가계획, 기타 위원회가 정하는 사항	• 대상학생의 인적 사항, 특별한 교육지원이 필요한 영역의 현재 학습수행수준, 교육목표, 교육내용, 교육방법, 평가계획, 제공할 특수교육관련서비스의 내용과 방법 등	• 제공해야 할 특수교육관련서비스의 종류와 내용이 구체적으로 언급됨(장애인 등에 대한 특수교육법)
IEP 팀	• 시행규칙 제9조 개별화교육 운영 등 위원장 1인을 포함한 5인 이상 10인 이하의 위원으로 구성, 구성 및 운영 등에 관하여 당해 학교의 학칙으로 정함	• 제22조(개별화 교육): 보호자, 특수교육교원, 일반교육교원, 진로·직업교육 담당 교원 5인 이상이 10인 이하 위원회, 특수교육관련서비스 담당 인력	• 장애인 등에 대한 특수교육법에서 구성원을 구체적으로 제시함 (1) 보호자 (2) 특수교육교원 (3) 일반교육교원 (4) 진로 및 직업교육 담당 교원 5인 이상 10인 이하 위원회 (5) 특수교육관련서비스 담당 인력
IEP 참석	• 시행규칙 제9조 개별화교육 운영 등 개별화교육운영위원회의 운영은 학칙으로 정함	• 규정 없음	• 개별화교육운영위원회(특수교육진흥법)에서 개별화 교육지원팀(장애인 등에 대한 특수교육법)으로 명칭이 변경됨
부모 참여	• 의견진술의 기회 제공	• 개별화 교육지원팀 구성원으로 참여	• 부모의 참여 통한 자녀교육 의견 진술 권리 확대됨(장애인 등에 대한 특수교육법)
IEP 평가 시기·통보	• 규정 없음(또는 학칙)	• 매 학기 성취도 평가와 보호자 결과 통보	• 평가를 통한 학생의 진보사항 파악 및 부모의 알 권리가 확대됨(장애인 등에 대한 특수교육법)

출처: 김양화, 김남순(2014). 미국과 한국의 IEP 변화과정 고찰 및 지적장애학생 IEP 운영의 발전 방안(p. 65). 특수교육학연구, 48(4), 55-79.

2) 개별화교육프로그램 작성절차

「장애인 등에 대한 특수교육법」에서는 개별화교육프로그램은 매 학기의 시작일로부터 30일 이내에 다음의 단계에 따라 작성하여야 한다고 구체적으로 명시하고 있다.

① 1단계
초안 작성: 개별화교육지원팀의 구성원은 회의 전에 각자 해당 영역에 대한 개별화교육계획의 초안을 작성하여 회의에 참석한다.

↓

② 2단계
협의 및 결정: 개별화교육지원팀은 회의를 통하여 교육 목표, 교육 내용, 교육 방법, 평가 계획 및 특수교육 관련서비스 내용 및 방법을 협의하여 결정한다.

↓

③ 3단계
최종 기록 및 서명: 기록자는 결정된 사항을 종합하여 개별화교육프로그램을 작성한다. 구성원은 작성된 개별화교육프로그램에 서명한다.

[그림 1-1] 개별화교육프로그램 작성절차

[그림 1-2] 개별화교육 지원팀은 교육 목표, 교육 내용, 교육 방법, 평가 계획, 특수교육대상자의 특수교육 관련서비스 내용과 방법을 협의하여 결정한다.

3 개별화교육프로그램의 진행과정과 고려점

1) 진행과정

개별화교육프로그램은 단지 장 · 단기 목표를 문서화하는 것을 의미하지 않는다. 개별화교육프로그램에서 '개별화교육 계획안'은 한 과정에 불과하다. 특수교육대상자의 현행수준을 평가한 다음에 개별화교육 지원팀을 구성하여 개별화교육 계획안을 작성하고, 계획한 대로 실행한 후에 평가하는 모든 과정을 포함하는 것이다(정시은, 김자경, 강혜진, 2011; Bagnato, Neisworth & Munson, 1997)([그림 1－3] 참조).

특수교육대상자에게 적합한 교육 프로그램을 계획하고 실시하기 위해서는, 개별적인 발달 특성과 새로운 행동을 학습하기 위해 무엇이 필요한지를 파악하는 진단 · 평가를 실시한 뒤 이를 바탕으로 개별화교육 목표에 대한 교수 계획을 작성해야 한다.

수립된 개별 교수 목표를 일상적인 일과와 학급과 학교 및 지역사회 활동 내에서 반복 지도하면서 개별 목표의 진보 정도를 지속적으로 모니터하는 평가를 시행해야 한다. 양질의 개별화교육프로그램은 이와 같이 수시로 이루어지는 진도 점검 결과를 바탕으로 교육 계획을 수정하거나 보완해서 시행하는 순환적인 과정을 반복하게 된다(Davis, Kilgo & Gamel-McCormick, 1998)([그림 1－3] 참조).

결론적으로 개별화교육프로그램은 특수교육대상자의 개별 환경에 대한 관련 정보를 수집하는 진단 · 평가의 단계부터 시작하여 현행 수준에 근거한 장 · 단기 목표를 포함하여 교수 방법 및 진도 점검의 방법까지를 모두 포함한 포괄적인 과정이어야 한다(정시은, 김자경, 강혜진, 2011; Bagnato, Neisworth & Munson, 1997).

진단 · 평가
검사도구 활용/ 행동 관찰, 수행 평가, 일과 적응 평가
교사, 부모 면담/ 가족 관련 정보 수집

↓

목표 설정
현재 수행 수준에 근거한 장 · 단기 교육 우선순위 결정
가족의 요구와 자원 반영
조작적 정의: 목표행동 구체화, 교수 계획, 성취 기준의 구체화

↓

실행
개별적인 목표의 일과/활동 내 삽입교수
자조 기술, 의사소통, 사회성, 교과, 지역사회 적응 기술 등
(통합 상황인 경우 일반 교육과정 수정과 동시에 시행됨)

↓

평가
진보 평가, 자원 조정, 목표 수정
진단 · 평가로 연계 순환

[그림 1-3] 개별화교육프로그램 진행 과정

2) 고려점

개별화교육프로그램이 특수교육대상자의 개별적인 특성을 파악하고 이에 적합한 교육을 실현시키기 위해서는 다음과 같은 측면을 고려해서 작성되어야 한다(김은하, 2015; 정시은, 김자경, 강혜진, 2011; Bricker, 1998; Cook, Tessier, & Armbruster, 1996; Sandall, McLean, & Smith, 2000; Sandall & Ostrosky, 1999; Sandall & Schwartz, 2008; Odom & McLean, 1996).

〈표 1-3〉 개별화교육프로그램 작성의 고려점

- 각 특수교육대상자의 생활연령, 특성들을 고려하여서 진단 · 평가 과정을 진행하여야 한다.
  유아인 경우에는 발달 영역인 대근육, 소근육 운동, 의사소통, 신변처리, 사회성, 인지 능력을 평가하여야 한다.
  학령기 아동의 경우에는 교과 영역 외에 현재와 미래를 살아가는 데 필수적으로 습득해야 하는 기능적 기술인 자조 기술, 지역사회 적응 기술, 여가생활기술, 미래의 직업기술 영역에 대한 수행 정도를 평가하여야 한다.

- 진단 · 평가 방법은 관찰, 특수교육대상자 본인, 부모 면담 등의 다양한 생태학적 평가 방법을 통해서 특수교육대상자의 현재 능력을 파악하여야 한다.
  정형화된 표준화 검사도구의 경우에는 특수교육대상자의 잠재력을 평가하는 데 어려움이 있으므로 관찰, 특수교육대상자 본인, 부모 면담 등의 다양한 평가방법 등을 통해서 평가하여야 한다.

- 장단기 목표를 설정할 때에는 현재, 미래의 독립적인 삶을 준비할 때에 실제적으로 필요한 기능적 기술에 초점을 맞추어야 한다.
  현재 수행하지 못하는 기술에 대한 교정의 의미보다 꼭 필요한 기능적 기술을 장 · 단기 목표로 계획하여야 한다.

- 개별화교육프로그램이 진행되는 교육환경은 의미 있는 참여가 가능한 환경이어야 한다.
  개별화교육프로그램이 적용될 수 있는 교육환경은 특수교육대상자가 일과나 활동에 의미 있게 참여할 수 있게 하여야 한다.

4 기능적 기술 습득을 위한 개별화교육프로그램

1) 기능적 기술의 의미

기능적 기술(functional skills)이란 가정, 학교, 지역사회에서 독립적으로 생활하는 데 필요한 실제적인 기술로 현재와 미래 생활에 필요한 기술을 의미한다(김진호, 김경준, 2012; 장혜성, 2005). 예를 들어, 단순히 구슬이나 블록의 색깔 이름을 말로 표현할 수 있는 능력보다는 실생활에 직접 적용할 수 있는 화장실 남녀 구분하기(예: 빨간색 - 여자, 파란색 - 남자), 신호등 구별하기(예: 초록색 - 건너기, 빨간색 - 서기), 정수기 온수, 냉수 구분하기(예: 빨간색 - 온수, 파란색 - 냉수) 등이 기능적인 기술이라고 할 수 있다. 그러므로 장애 학생이 미래에 최대한 독립적인 삶을 살도록 지원하기 위해서는 개별화교육프로그램의 목표가 기능적 기술로 구성되어야 한다. 그러나 개별화교육프로그램의 목표가 일상생활과 연관이 되지 않고 실제상황과 분리된 기술(isolated skills)로 구성되는 경우가 있다(〈표 3-1〉 참조).

다음의 〈표 1-4〉는 실제상황과 분리된 기술과 기능적 기술의 예이다.

〈표 1-4〉 실제상황과 분리된 기술과 기능적 기술의 비교

실제상황과 분리된 기술의 목표	기능적 기술의 목표
• 5cm 폭의 종이를 가위로 자를 수 있다.	• 간식 시간, 작업활동 시간에 과자나 찰흙을 꺼내기 위해 가위로 포장된 비닐을 자를 수 있다.
• 빨간색, 초록색, 파란색 종이를 교사에게 줄 수 있다.	• 횡단보도에서 초록색 신호등이 켜지면 길을 건널 수 있다. • 여자, 남자 화장실 문에 표시되어 있는 색깔을 보고 빨간색으로 표시되어 있는 여자 화장실에 들어갈 수 있다.
• 한 문장으로 말 할 수 있다.	• 간식시간에 자신의 컵, 숟가락이 떨어졌을 때 "도와주세요" 하고 말할 수 있다.
• 1~10을 셀 수 있다.	• 쉬는 시간에 우리 분단 학생 수만큼 우유팩을 가지고 올 수 있다.

특히 지적장애 학생의 경우에는 가능한 독립적으로 생활할 수 있도록 지도하는 것이 매우 중요하다. 지적장애 학생들이 살아가는 데 필요한 다양한 기능적 기술을 습득하지 못하면 학령기 이후 성인기에 가정이나 지역사회 시설에 의존적이고 고립된 생활을 하게 될 것이다. 그러므로 실생활에 필요한 기능적 기술들(예: 옷 입기, 버스 타기, 자동판매기 이용하기, 도움 요청하는 방법 등)을 어렸을 때부터 독립적으로 수행할 수 있게 지도하여야 한다. 기능적 기술은 가정, 지역사회, 직업 현장뿐 아니라 오락 및 여가 활동에서도 필요하다.

2) 기능적 기술과 개별화교육프로그램

교사들은 영유아기부터 중·고등기에 이르기까지 특수교육 내용에 필요한 기능적 기술에 대한 계획을 세워 지속적으로 지도해 나가야 한다. 대부분의 기능적인 기술은 교육상황에 적응하는 데 필요한 기술이므로 개별화교육프로그램에서 장·단기목표를 기능적 기술로 설정하여야 한다. 기능적 기술로 구성된 장·단기목표는 매일의 반복되는 일과 중에서 필요한 기술로 목표를 설정하여 지도하면 효과적이다. 다음과 같이 '선택하기'와 '상호작용하기'의 기능적 기술을 유아의 개별화 교육 목표로 설정하여서 일과 안에서 지도할 수 있다(〈표 1-5〉 참조).

〈표 1-5〉 일상 생활 안에서의 기능적 기술지도의 예(유아)

활 동	기능적 기술의 예	
	선택하는 기술	상호작용 시도하는 기술
자유놀이 시간	블록, 소꿉놀이 영역 중에서 원하는 영역을 선택할 수 있다.	놀고 있는 영역에 친구가 왔을 때 소리를 내거나, 눈맞춤, 신체접촉 등으로 상호작용을 시도할 수 있다.
간식/요리시간	음료수, 과자 중에서 원하는 것을 선택할 수 있다.	요리시간에 음식을 젓기 위해서 기다리고 있는 친구에게 숟가락을 주거나 친구를 쳐다보면서 소리를 낼 수 있다.
미술시간(소그룹)	찰흙, 물감 중에서 원하는 것을 선택할 수 있다.	교사에게 미술작업 도움을 요청하기 위해서 소리를 내거나, 눈맞춤, 신체접촉, AAC로 도움요청하는 말을 해서 상호작용을 시도할 수 있다.
부모와 동네 놀이터 가기	미끄럼틀과 시소 중에서 타기 원하는 기구를 선택할 수 있다.	그네를 엄마에게 밀어달라고 소리를 내거나 손짓을 할 수 있다.

<table>
<tr><th rowspan="2">활 동</th><th colspan="2">기능적 기술의 예</th></tr>
<tr><th>선택하는 기술</th><th>상호작용 시도하는 기술</th></tr>
<tr><td>도우미 활동</td><td>화분에 물 주기, 어항에 있는 물고기에 먹이 주기 중에서 하기 원하는 것을 선택할 수 있다.</td><td>화장실 앞에서 수건을 들고 있다가 친구가 다가오면 수건을 내밀면서 눈을 맞출 수 있다.</td></tr>
</table>

3) 연령에 적절한 기능적 기술

유아기와 초등기에 습득해야 할 기능적 기술은 교육받고 있는 기관에서 스스로의 참여를 높이고 독립적인 수행 능력을 일과와 교육 환경 안에서 가능하게 할 수 있는 행동들이다. 중·고등 학령기에서는 성인기 미래의 생활을 위하여 졸업 후의 직업 활동, 독립적인 거주생활을 준비할 때 필요한 기술들을 지도해야 한다. 각 연령별 기능적 기술의 예를 살펴보면 다음과 같다.

〈표 1-6〉 연령별 기능적 기술의 예

연령	기능적 기술의 예
유아기	등원 시 교사와 친구에게 인사하기, 신발 벗기, 사물함 정리하기, 자유놀이 시간에 놀잇감 선택하기, 놀잇감 나누기, 놀잇감 정리하기, 친구들과 상호작용하기, 이야기 나누기 시간에 정해진 자리에 앉기, 손 들어 의사표현하기, 이름 부를 때까지 기다리기, 실외활동 시에 자신의 점퍼 찾기, 지퍼 끼워서 입기, 신발 신고 나가기, 간식·식사시간에 손 씻기, 자신의 간식 가져오기, 포크 사용하기, 음료 따르기, 식사 후 식기 등을 적절히 처리하기, 화장실 사용 시 바지 벗기, 호크 풀기, 지퍼 내리기, 물 내리기, 손 씻기, 귀가 시 점퍼 입기, 자신의 물건 챙기기, 신발 신기, 줄 서기 등
초등 학령기	날씨에 맞는 옷 입기, 점심시간에 배식을 받아서 식사하기, 줄 서서 차례 기다리기, 남자 아동인 경우에 지퍼만 내리고 소변보기, 수업 준비물과 책가방 챙기기, 가게에 가서 물건 사기, 가정에서 간단한 음식 만들어 먹기(예: 빵에 잼 바르기), 공공 시설 이용하기(예: 어린이 도서관, 놀이터) 등
중·고등 학령기	자기 신상에 관한 정보 말하기(예: 살고 있는 곳, 전화번호, 부모님 이름), 독립적으로 교통기관 이용하기(예: 버스, 지하철, 기차 등), 음식점 이용하기(예: 셀프 서비스점, 주문 식당 음식점에서 주문하기, 계산하기), 가사 기술(예: 청소기 이용하기, 음식 만들기, 식탁 정리하기, 설거지하기 등), 전화 사용하기, 자동화기기 이용하기, 이력서 작성하기, 취업을 위해 인터뷰하기, 공공시설 이용하기(예: 영화관, 볼링장, 목욕탕, 마트, 편의점) 등

제2장

진단 · 평가

■ 주요 질문 ■

- 진단 · 평가의 패러다임은 어떻게 변화되었는가?
- 진단 · 평가에서 고려되어야 하는 요소는 무엇인가?
- 진단 · 평가의 유형별 특징은 어떠한가?

1. 진단 · 평가(Assessment)의 이해

1) 진단 · 평가의 정의

2) 진단 · 평가의 패러다임 변화

3) 발달 평가와 기능적 평가

2. 진단 · 평가 최상의 요소

1) 가족 참여

2) 자연적 환경에서 실행

3) 진단 · 평가와 중재의 연계

4) 다양한 전문가와의 협력

3. 진단 · 평가의 유형

1) 생태학적 평가

2) 수행 평가

3) 도구 활용 평가

1 진단 · 평가의 이해

1) 진단 · 평가의 정의

특수교육이 필요한 특수교육대상자를 선별(screening)하고 적격성 결정을 위한 의사의 진단(diagnosis) 이후 특수교육대상자가 각 교육 기관에 배치되면 개별적으로 적절한 교육프로그램을 제공하기 위한 목적으로 더 구체적인 진단 · 평가가 시작된다. 진단 · 평가를 의미하는 영어의 'Assessment'는 그리스 말로 아동 옆에 앉아서 아동을 이해하는 것이란 뜻이다. 그러나 익숙지 않은 특정한 장소에서 특정한 검사 도구를 가지고만 평가하는 전통적인 방법은 문자 그대로 옆에 앉아 있더라도 특수교육대상자를 진정으로 이해할 수 없으므로 진단 · 평가는 실제 환경에서 이루어져야 한다.

진단 · 평가(assessment)는 개별화교육 목표를 설정하는 데 필요한 현행 수준 정보를 얻기 위한 총체적인 과정(Bagnato, Neisworth & Munson, 1997: Fewell, 2000)으로, 개별적인 능력과 인적 · 물적 자원, 주 양육자, 특수교육대상자의 잠재력을 최대한 발휘할 수 있는 학습 환경을 깊이 이해하는 과정이며, 체계적인 관찰과 분석으로 이루어지는 지속적, 협력적인 과정으로도 정의될 수 있다(Greenspan & Meisels, 1996). 이는 특수교육대상자의 현재 수행 수준을 평가하는 것이 일차적인 목적이지만 궁극적으로는 개별적인 요구에 맞는 교육 프로그램을 제공하기 위한 것이다. 그러나 특수교육대상자의 현재 성취수준을 정확히 파악하는 것이 쉬운 일은 아니다. 교사는 가장 정확한 정보를 얻기 위해 발달에 맞는 다양한 평가도구를 사용하고, 생활하는 가장 자연스럽고 다양한 환경에서 행동을 관찰하며 부모나 기타 관련인과의 상담 등을 통해 정보를 얻어야 한다.

의사나 관련 전문가 등의 진단 · 평가나 소견이 있으면 참고로 하되 교육현장에서 교사가 하여야 하는 것은 그곳에서 적응하기 위해 필요한 기술이나 진행되는 활동에의 참여 정도를 관찰하고 평가하여 '개별 교육 목표로 설정하는 것'이다. 특정 교수 목표를 융합해서 이를 실제로 의미 있는 교육이 되도록 하는 것의 가장 중요한 점은 유의미한 목표들이 일과 안에서 자연스럽게 반복 실시되는 것이다(Baker & Brightman, 1999).

진단 · 평가는 발달 수준에 대한 현재 수행 정도를 평가해 보는 것과 함께 실제 환경에서의 적응 정도를 평가하는 것이 병행되어야 한다. 최근에는 자연적인 상황에서의 진단 · 평가가 강조되면서 최근에 일과 내의 수행 정도를 관찰하는 생태학적 평가가 강조되고 있다(Noonan & McCormick, 1993; Bricker & Losardo, 2000). 이는 공식적인 검사를 통해서 발견되지 않는 여러 가지 중요한 기술들, 예를 들어, 또래 친구와의 상호작용, 부적절한 행동, 의사소통의 정도, 자립성 등을 자연적인 관찰을 통해 평가할 수 있다. 관찰은 다양한 환경에서 발생하는 자연스러운 행동을 관찰하고 기록할 수 있으므로 표준화된 검사 도구를 통해 얻을 수 없는 중요한 정보를 준다.

〈표 2-1〉은 진단 · 평가 계획에 대한 다양한 평가자와 장소, 방법, 평가 영역 등을 나타낸 것으로 여러 환경에서의 개별 아동 평가 일정을 보여주는 예이다. 이런 일정은 어떤 영역이 진단 · 평가되어야 하며, 누가 평가의 책임을 지며, 어디에서 평가가 일어나는지와 수집한 자료를 어떻게 기록하는지를 나타내고 있다. 진단 · 평가 팀은 가족과 함께 평가 행동에 대하여 이야기할 필요가 있으며 발달 영역 전반에 걸쳐서나 혹은 특정 영역(예: 교과별, 지역사회 적응 기술 및 여가 기술 등)에서 평가될 수 있다. 예를 들어, 표현언어가 지체되고 운동능력 발달에 지체가 심하다면 사회적 - 의사소통과 운동 영역이 평가의 주 영역으로 결정될 수 있다. 더하여, 가족에 관련된 배경 정보를 얻기 위한 면담도 필요하며 이 과정에서 부모를 포함한 주 양육자는 진단 · 평가의 전반적인 과정에 참여하고 선택할 수 있는 역할을 제공받아야 한다(Losardo & Notari-Syverson, 2001).

〈표 2-1〉 여러 환경에서의 개별 아동 진단 · 평가 계획의 예(유아)

<table>
<tr><th>일 과</th><th>평가 영역</th><th>평가자</th><th>장 소</th><th>방 법</th></tr>
<tr><td>옷 입기</td><td rowspan="2">신변처리</td><td rowspan="2">부모</td><td rowspan="2">가정</td><td rowspan="2">일화 기록</td></tr>
<tr><td>아침 식사</td></tr>
<tr><td>자유놀이</td><td>사회적 - 의사소통</td><td>언어치료사</td><td rowspan="5">교육기관</td><td rowspan="5">언어 샘플,
교육과정 - 중심 평가</td></tr>
<tr><td rowspan="2">집단 활동
(계획 활동)</td><td>인지</td><td>교사</td></tr>
<tr><td>소근육</td><td>작업치료사</td></tr>
<tr><td>실외 놀이</td><td>대근육</td><td>물리치료사</td></tr>
<tr><td>이야기 나누기</td><td>사회적 - 의사소통</td><td>언어치료사</td></tr>
</table>

2) 진단 · 평가의 패러다임 변화

1970년대 이전에 장애 정도가 심각한 경우 외에는 나이가 어린 유아가 의뢰되는 경우는 매우 드물었다. 진단 · 평가의 주요 목적은 표찰(labeling)이었는데 서비스 수혜의 적격성을 판단하는 목적만이 더 강조되었다. 1970년대에 표준화된 검사가 개발되어서 또래에 비해서 어느 정도 지체가 되는지를 파악할 수 있었고 특수교육대상자의 강점, 약점을 파악하게 되었다. 그러나 나이가 어린 유아와 장애가 심각한 경우에는 부적절하고 진단 · 평가 결과가 교육프로그램에 도움을 주지 못하므로 교육자에게 좌절감을 느끼게 하기도 하였다. 조기 중재를 위한 진단 · 평가에 대한 변화는 1980년대 초반부터 일어나기 시작하여서 자연스러운 상황에서의 통합, 가족중심실제의 변화와 맞물려서 이루어졌다. 1980년대 이후에는 조기교육의 대상뿐 아니라 학령기 특수교육대상자의 경우에도 실제 생활에서 요구되는 적응 행동 기술 수행 정도를 평가해 보는 생태학적 평가가 더 강조되어서 특수교육대상자 본인뿐 아니라 부모, 형제 관계도 중요시하였고 부모 참석이 강조되었다. 낯선 장소(예: 병원)에서 교육과 관련 없는 진단 · 평가에 대한 문제점이 계속 대두되었고 실제 상황에서의 교육과정 중심의 평가가 중재를 위한 가장 적절한 해결방법이라고 믿게 되었다(Fewell, 2000).

특별히 중도 · 중복 장애처럼 표준화 검사도구를 이용한 검사가 어려운 경우, 현행 수준을 파악하기 위해서 대소변 능력, 옷 입기 능력 등 실제 할 수 있는 능력을 검사하는 기능적 기술에 대한 평가를 중요시하게 되었고 진단 · 평가 장소도 집의 거실처럼 긴장되지 않으면서 익숙한 장소에서 하기 시작하였다. 특별히 지적장애아동의 능력을 생태학적 맥락 안에서 보아야 한다는 주장이 나오기 시작함에 따라 가족 참여가 강조되었고 진단 · 평가 장소는 자연적 상황인 가정과 교육기관, 지역사회 등의 실제 환경에서의 진단 · 평가의 결과를 중재에 반영하는 과정에서도 실제 접하는 환경에서의 지도가 점차 강조되게 되었다. 예를 들어, 언어 진단 · 평가는 개별 방에서 책상과 의자 두 개와 그림카드가 준비된 곳에서 이루어지는 것보다 좋아하는 신체 활동시간에 친구와 의사소통하는 방법이나 음식점에서 음식을 주문하는 상황에서 더 신뢰로운 진단 · 평가의 정보를 수집할 수 있게 된다.

3) 발달 평가와 기능적 평가

유아의 경우 발달 평가 영역들은 인지(놀이), 언어(의사소통), 대근육 운동, 소근육 운동, 사회성, 놀이, 신변처리(자조 기술) 등이며(〈표 2-2〉 참조), 기본적으로 청력과 시력, 감각에 대한 평가도 필요하다.

〈표 2-2〉 영유아기 발달 영역별 기술과 지도 방향

평가 영역	기술	지도 방향
신변처리	옷 입고 벗기, 식사하기, 대소변 가리기, 씻기, 몸단장하기	• 유아가 독립적으로 기능하며 사는 데 필요한 능력 • 생활연령에 적합한 기술들을 지도 • 다양한 환경에서 독립적으로 생활하기 위해서 가정, 교육기관, 지역사회의 일과 안에서 지도
의사소통	언어이해력, 언어표현력	• 유아가 생활하고 있는 가정, 교육기관, 지역사회에서 의사소통을 할 때에 필요한 기능적인 언어 능력 • 구어 사용 의사소통이 어려운 경우에는 보완대체 의사소통방법(전자기구, 그림카드, 수정된 수화 등)이 필요한지 점검
사회성	전이활동, 협력적 행동 나누기, 시작행동, 반응행동, 상호작용, 행동 기다리기	• 다양한 환경에서 의미 있는 사람과의 사회적인 행동을 형성해 나감으로써 집단에서 요구되는 행동을 배우고 사회에 참여하고 변화를 이해하게 됨 • 양육자, 또래와의 상호작용 지도
대근육 운동	서기, 걷기, 뛰기, 균형감, 안정감, 계단 사용, 공 던지고 차기	• 이동할 수 있는 능력 • 자세 유지 능력
소근육 운동	사물 조작하기, 잡기, 쥐기, 놓기	• 일상생활을 독립적으로 수행하기 위한 두 손의 협응적인 활동 능력 • 필요한 도구 사용 능력
인지	주의집중, 개념이해력, 사물 인식, 분류, 기억력, 놀이/게임 참여, 수 세기	• 나이에 적절한 (참여)행동 • 목적에 따른 계획, 의사결정, 의사소통, 식별, 생각하기 등의 다양한 능력을 포함 • 지각, 지식, 이해, 추론, 판단 등의 능력 • 독립적인 활동과 사회적인 상호작용 지도

발달기 유아의 평가를 위해서는 부모와 유아와의 상호관계, 유아의 사회적 상호작용과 사회적 놀이 활동에 영향을 미칠 수 있는 환경 내에 교재들과 놀이영역 구조, 유아에게 적절한 언어모델, 적절한 칭찬과 강화의 기회, 교구의 바른 사용 등의 유아를 둘러싸고 있는 주위 환경도 평가하여야 한다.

발달 전문가들은 오랫동안 특수교육대상자의 발달과 진보상황을 파악하기 위하여 발달 지표(development milestones)를 사용해 왔으나 정상 발달 단계표는 모든 특수교육대상자에게 검사가 가능한 것은 아니다. 예를 들어, 중도(severe) 뇌성마비 유아는 어릴 때 잘 걷지 못하며 성인이 되어서도 걷지 못할 수가 있다. 이와 같이 운동성, 감각 등에 문제가 있거나 중도 장애인 경우에는 발달을 체크할 수 없으므로 정상 발달 지표가 무의미하다. 이런 경우에는 현재와 미래 환경에서 필요한 생활기술인 먹기, 욕구 표현하기, 방에서 이동하기 등을 검사하는 기능적 평가(functional assessment)가 더 적절하다. 기능적 평가는 진단 · 평가 자체가 특수교육대상자의 개별 요구를 학습하기 위한 기회로 활용되며 교육 진단 · 평가자에게는 필요한 교수전략에 대한 정보를 얻을 수 있는 기회가 될 수 있다.

유아기뿐 아니라 학령기 특수교육대상자의 경우에도 학교에서의 사회적 상호작용과 대인관계 기술 등을 직접적으로 검사할 수 없으므로 자연적 상황 안에서 직접 관찰이나 자주 관찰할 수 있는 부모, 형제들을 통해서 정보를 얻을 수 있다. 또한 행동 조절력이 약해 문제 행동을 보이는 경우에도 주요 문제가 발달이나 기능적인 지체보다 자폐성향을 포함하여 신경 발달적인 문제가 있는 경우가 대부분이므로 이런 경우에도 직접 관찰을 통해서 문제 행동에 대한 검사가 필요하다.

초등 학령기는 자조 기술과 사회성 기술 및 교과 수행 정도와 지역사회 적응 기술에 대한 진단평가가 중요하며, 중 · 고등 학령기는 자기 관리 기술, 교과 수행 정도, 지역사회 적응 기술 및 여가 기술과 직업 기술에 대한 진단 · 평가가 필요하다. 개별적인 수행 능력에 대한 평가 외에도 생활하는 환경, 예를 들어, 가정, 유아교육기관, 학교, 지역사회, 기타 교육기관 등의 환경 속에서 가장 필요로 하는 결정적인 기술이 무엇인지를 결정할 수 있도록 해야 한다. 목표 설정을 위해서는 다양한 영역의 전문가들의 평가 결과가 공유되며 가족의 의사가 반영되는 것이 중요하다(Sandall & Schwartz, 2008).

2 진단 · 평가 최상의 요소

진단 · 평가를 통하여 개별화교육프로그램의 유의미한 정보를 얻기 위해서는 가족의 참여와 실제 환경에서의 실행이 필수적이며 진단 · 평가와 중재의 연계와 다양한 전문가와의 협력적 접근 등의 요소들을 최대한 반영하는 것이 필요하다.

진단 · 평가에서는 다음과 같은 요소를 포함하는 것이 필수적이다(Gargiulo & Kilgo, 2000).

- 진단 · 평가 과정에 가족을 참여시킨다.
- 자연적인 환경에서 진단 · 평가한다.
- 필요하다고 판단된 다양한 영역의 전문가들이 협력하여 진단 · 평가한다.
- 다양한 근거를 통해서 평가 정보를 수집함으로써 수렴적 진단 · 평가를 실시한다(유아의 경우 모든 주요 발달 영역을 진단 · 평가 내용에 포함).

1) 가족 참여

유아기의 경우, 전통적인 진단 · 평가 과정에서는 부모 참여의 방법은 부모들에게 영유아의 생육사나 발달력에 대한 질문에 대답하도록 개발된 평가 도구를 사용하는 정도로 이루어졌다. 그러나 최근에 이르러 많은 전문가들이 진단 · 평가 과정에서 가족과 기타 양육자들의 참여를 강조하게 되면서 가족들의 참여를 위한 다양한 방법론적인 전략들이 개발되고 있다. 예를 들어, 가족들은 특정 검사 항목들을 직접 실시할 수도 있고, 자녀와의 전형적인 상호작용을 실행해 봄으로써 전문가들이 관찰할 수 있는 기회를 제공해 주기도 하며, 경우에 따라서는 진단 · 평가가 진행되는 동안 유아와 함께 있는 것만으로도 영유아를 안정시키는 역할을 하기도 한다. 유아를 가장 잘 알고 있는 자로서 부모를 참여시키는 것은 교육 프로그램의 계획 및 실시, 성취도 평가 등의 과정에 있어서 결정적인 역할을 한다.

부모와 가족은 교사와의 면담, 평가를 위한 부모용 체크리스트를 통해서 자녀에 대한 의미 있는 정보를 제공할 수 있다. 교사는 부모와의 면담과 가정방문 등의 환경에 대한 진단 · 평가를 통해서 익숙한 가정과 지역사회에서 할 수 있는 능력을 파악함으로써 개별화교육프로그램의 첫 번째 단계인 진단 · 평가가 이루어질 수 있다.

유아의 경우 교육기관에서 검사할 때 가정 환경과 비슷하게 하고 가정에서 즐겨 노는 놀잇감 등을 가지고 와서 부모와 함께 참여하여 검사하면 도움이 된다.

교사는 부모와 특수교육대상자를 잘 아는 사람들과의 면담, 관찰, 공식적 및 비공식적 검사 등을 통해 가정, 지역사회 등의 익숙한 자연 상황에서의 특수교육대상자에 대한 실제적인 정보를 얻어야 한다. 부모와 교사가 서로 좋은 관계를 가지고 상호 협조할 때 개별화교육프로그램이 효과적으로 이루어질 수 있다. 진단 · 평가과정에서는 부모와 교사와 관련 전문가들은 서로 협력적 관계를 바탕으로 파트너십을 지속할 수 있도록 하는 것이 개별화교육프로그램의 중요한 과제가 되고 있다.

2) 자연적 환경에서 실행

영유아가 병원, 치료실 같은 낯선 장소에서는 자연스럽게 반응하지 못하게 되어서 숨겨진 정서, 인지적 능력을 파악하기 어렵고 오히려 아동과 부모에게 진단 · 평가 상황이 스트레스를 쌓이게 하는 경우가 많다(Greenspan & Meisels, 1996). 이와 같은 상황으로는 제한된 시간에 정보를 얻어야 하므로 종합적인 여러 영역의 통합된 정보, 더 나아가 가정, 지역사회 안에서의 관계보다는 단편적인 정보를 얻게 되는 경우가 많다. 그러므로 모든 특수교육대상자의 개별화교육프로그램은 자연 상황에서 진단 · 평가를 기반으로 이루어져야 한다. 이를 위해서는 가족과의 면담, 체크리스트, 참관을 통해서 가정 주위환경, 교육적으로 적절한 집 구조, 교구 등의 물리적 환경과 또래 상호작용, 부모의 양육 태도, 하루 일과 등의 사회적 환경에 대한 정보를 얻을 수 있기 위해서는 단시간 내에 진단 · 평가가 이루어지기보다는 좀 더 시간 할애가 필요하다. 이를 위해서는 교육행정가의 이해도 매우 중요하다.

의사나 관련 전문가 등의 진단 · 평가나 소견이 있으면 참고로 하되 교육현장에서 교사가 하여야 하는 것은 그곳에서 적응하기 위해 필요한 기술이나 일어나는 활동에 참여하는 정도를 관찰하고 평가하여 개별 교육 목표를 설정하는 것이다.

3) 진단 · 평가와 중재의 연계

특수교육대상자의 현행수준, 강점과 지도되어야 할 점을 판별하는 진단 · 평가로 개별화교육프로그램은 시작된다. Bagnato와 Neisworth와 Munson(1997)도 진단 · 평가(assessment), 조기 중재(early intervention), 교육 후의 진보 평가(evaluation)가 밀접하게 연결(link)되어야 한다고 하였다. 그러므로 진단 · 평가를 통해서 적절한 중재 계획이 이루어지므로 진단 · 평가와 중재는 특수교육현장에서 두 개의 중요한 축을 구성하면서 서로 연계적인 역할을 하여야 한다. 1980년대 이전까지 진단 · 평가 도구로 많이 사용하여 왔던 표준화 검사의 문항내용이 교육 프로그램과 연계가 없으며 그 결과가 단지 검사에 그칠 뿐 중재에 도움을 주지 못하여서 진단 · 평가로는 적절하지 않다는 지적들이 많아지고 있다.

Bagnato와 Neisworth와 Munson(1997)은 진단 · 평가에서 교육 후의 진보평가까지의 과정이 서로 연결(link)되면서 진행되는 과정을 다음과 같은 그림으로 설명하고 있다.

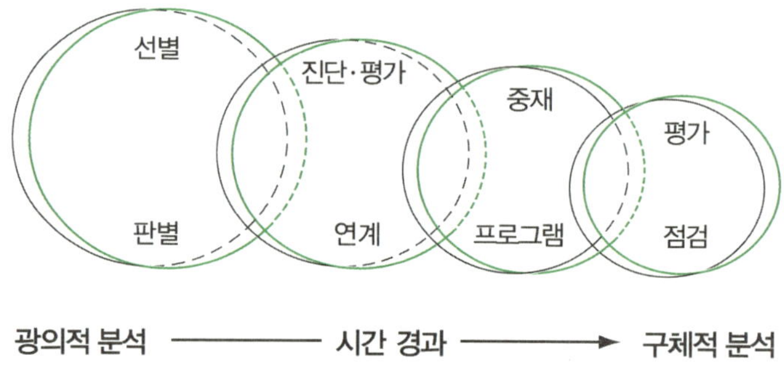

[그림 2-1] 진단 · 평가와 중재와의 연계

출처: Bagnato, S. J., Neisworth, J. T., & Munson, S. M. (1997). Linking assessment and early intervention. (p. 14) Baltimore, MD: Paul H Brookes.

처음 선별(screen)과정에서 장애 여부가 가려지면(indentify) 교육계획을 위한 적절한 정보를 주기 위한 교육적 진단 · 평가(assess)과정에 들어가게 된다. 진단 · 평가에서 얻은 정보를 기초로 하여서 교육계획이 설정되어서 중재(intervene)

를 한 다음에 중재가 적절하였는지를 평가(evaluate)한다. 그러므로 선별 과정에서 중재 실행 후에 평가과정이 별개로 이루어지는 것이 아니고 서로 연결(link)되어서 진행되어야 한다. 이 과정이 진행되면서 특수교육대상자의 폭넓고 광의적(broad)이던 정보가 점점 구체적인(narrow) 정보로 바뀌게 된다.

4) 다양한 전문가와의 협력

진단·평가는 특수교육대상자의 능력과 자원, 주 양육자, 잠재력을 최대한 발휘할 수 있도록 학습 환경을 깊이 이해하는 과정으로 조직적 참관과 분석으로 이루어지는 협력적인 과정이다(Greenspan & Meisels, 1996). 진단·평가를 위한 협력적인 과정은 부모가 포함되어야 하며 다양한 영역의 전문가가 동등한 입장에서 자신이 가진 정보를 나누어서 특수교육대상자에게 최선의 중재를 계획하기 위해서 함께 일하는 모든 과정을 포함한다([그림 2-2] 참조).

진단·평가 팀 구성원으로는 부모를 포함한 특수교사, 의사, 간호사, 영양사, 심리검사자, 작업치료사, 물리치료사, 사회복지사, 언어재활(치료)사, 청각사 등이 포함될 수 있다.

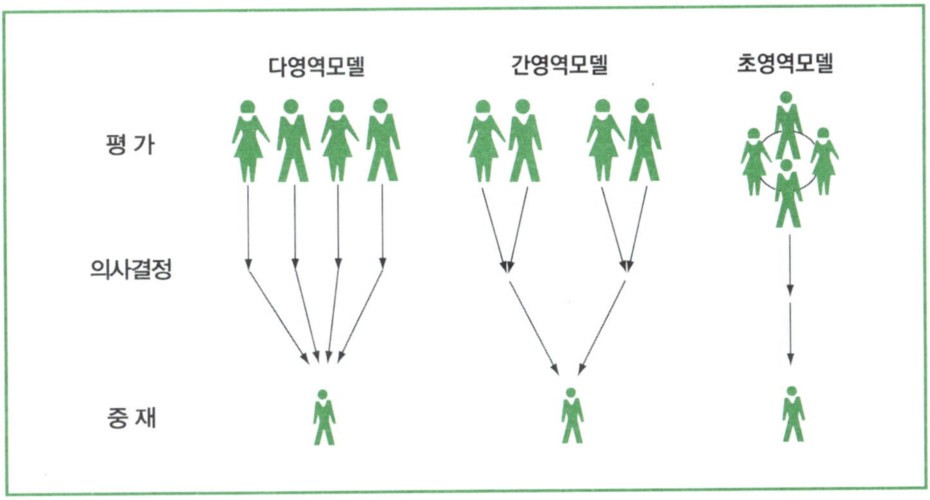

[그림 2-2] 진단·평가를 위한 팀모델

출처: Neisworth, J.(1994). Assessment for early intervention. (pp. 16-18). Baltimore, MD: Paul H Brookes.

전문가들과 부모가 하나의 팀을 구성하여 특수교육대상자를 진단·평가할 때에 적용할 수 있는 팀 모델은 〈표 2-3〉에 나타난 다 영역, 간 영역, 초 영역 모델이 있는데, 진단·평가 시에 세 팀모델 중에서 한 모델을 선택하여서 사용하는 것이 아니고 각 팀 모델을 서로 혼합하여서 사용하게 된다.

〈표 2-3〉 팀 진단·평가 모델

유형 요소	다 영역모델 (Multidisciplinary)	간 영역모델 (Interdisciplinary)	초 영역모델 (Transdisciplinary)
진 단	팀 구성원들 각자에 의한 개별적인 진단·평가	팀 구성원 각자에 의한 개별적인 진단·평가	팀 구성원들과 가족이 함께 발달에 대한 포괄적인 진단·평가 실행
부모 참여	부모들이 개별 팀 구성원들을 만남	부모들이 팀 또는 팀 대표자와 만남	부모들이 팀의 구성원으로서 완전히 적극적으로 참여
서비스 계획 개발	팀 구성원들이 각 분야에 대해 분리된 계획을 개발	팀 구성원들이 각각의 계획에 대해 서로 나눔	팀 구성원들과 부모들이 가족의 우선순위와 욕구, 자원에 기초하여 서비스 계획을 개발
서비스 계획 책임	팀 구성원들은 계획 중 특정 부분을 실행하는 데 책임이 있음	팀 구성원들은 정보를 서로 나눌 뿐 아니라 계획 중 자신의 부분을 실행하는 것에 책임이 있음	팀 구성원들은 주 서비스 제공자가 계획을 어떻게 실행하는가에 책임이 있음
서비스 계획 실행	팀 구성원들은 자기 분야와 관련된 서비스 계획의 부분을 실행	팀 구성원들은 계획의 자신의 부분을 실행하며 가능하면 다른 부분들과 협응함	주 서비스 제공자는 계획을 가족과 함께 실행하도록 할당됨
의사소통 통로	비공식적 통로	특정 사례에 대한 정기적인 팀 모임	팀 구성원들 간에 정보, 지식, 기술들의 지속적인 전이가 공유되는 정기적인 팀 모임
지침이 되는 철학	팀 구성원들은 다른 분야의 공헌의 중요성을 인식	팀 구성원들은 전체 서비스 계획의 부분이 되는 서비스를 기꺼이 개발하고, 나눌 수 있고, 제공하는 데 책임질 수 있음	팀 구성원들은 일원화된 서비스 계획을 실행하기 위해 학문의 경계를 넘어 서로 교수하고, 배우고, 일하는 데 헌신함
인적 자원 (staff) 개발	각각의 분야 내에서 독립적으로 개발	각 분야 내에서 독립적 개발뿐만 아니라 분야 밖에서도 개발	분야들 간의 배움과 팀을 공고히 하기 위한 팀 모임이 필수적인 구성요소

(1) 다 영역(Multidisciplinary) 모델

다 영역 모델은 전문가가 각자 검사를 하고 진단 · 평가하여 각자 치료 및 교육 계획을 세워 실행하는 유형으로 주로 병원에서 이루어지는 방법이다. 이 모델은 부모를 포함한 다양한 영역의 전문가가 함께 동등한 입장에서 자신이 가진 정보를 나누어서 특수교육대상자에게 최선의 중재 방안을 계획하기 위해서 협력적 관계로 진단 · 평가에 참석하는 것이 아니고 전문가 간에 의사교환이 이루어지지 않으므로 부모뿐 아니라 전문가도 좌절감을 갖게 될 수 있다.

(2) 간 영역(Interdisciplinary) 모델

간 영역의 진단 · 평가과정에서는 전문가 간의 진단 · 평가, 교육은 각자 시행하나 서로 대상자를 의뢰 협조하게 되고 정보를 교환하여 공동목표와 의견이 수렴된다. 예를 들어, 물리치료사는 운동 영역, 심리학자는 정서 영역, 언어 치료사는 언어 영역을 각자 진단 · 평가한 후에 팀 구성원은 각자 자신의 영역의 진단 · 평가 결과를 보고한다. 진단 · 평가 회의 결과는 팀 구성원 중에서 조정자(coordinator)가 종합적으로 정리하게 되고 결과에 따라 공동의 교육 및 치료계획을 세워서 각자 교육을 시행하게 된다. 한 특수교육대상자에게 여러 서비스를 제공하고 있는 한국의 장애인 복지관에서 많이 사용하고 있는 팀 모델이다.

다음은 미국 C 초등학교 유치원에 재학하고 있는 지적장애 유아의 다영역 전문가들의 진단평가 내용이다.

일반교사

에이미는 과제를 완성하기 위해 다른 학생보다 더 많은 시간이 필요하며 지시를 따르기 위해 1분, 2분의 시간이 걸린다. 처음에는 대부분의 과제에 도움이 필요했으나 이제는 격려해주고 기다려주면 수행 가능하다. 질문을 던지면 대답하는 데까지는 시간이 필요하나 계속 기다리면서 대답을 유도해주면 대답을 들을 수 있다. 다른 학생들에게 주의를 기울여서 다른 학생들이 책상에 앉으면 자신도 같이 앉고, 다른 학생들이 바닥에 앉으면 같이 바닥에 앉기도 하고 줄을 서기도 하고 친구들과 함께 어울리는 것을 매우 좋아한다.

물리치료사

에이미는 근긴장 저하 및 균형장애 때문에 운동 기능에 어려움이 있다. 에이미의 손을 잡아

일으키도록 도와주면, 무릎을 바닥에 댄 상태에서 무릎을 반으로 접으면서 일어난다. 체육시간에 한발뛰기, 점프하기, 달리기, 잡기, 목표점을 향해 공 던지기를 어려워한다. 에이미는 빨리 걷기는 하지만 아직까지 뛰는 단계는 아니다. 던지기를 할 때 왼손보다는 오른손을 잘 사용하고, 발로 찰 때에 왼발보다 오른발을 더 잘 사용한다.

언어치료사

에이미의 기본적인 의사소통 수단은 제스처, 말, 수정된 간단한 수화이다. 주로 한 단어로 말하고 발음이 명료하지 않다. 현재 수화와 말을 배우고 있고 지속적으로 새로운 게임과 언어활동을 배우고 있다. 기억하기, 단어 이름 말하기, 선택하기 활동을 하고, 말과 수화로 노래하기, 표현언어게임을 통해 게임말 옮기기를 배우고 있다.

부모의견

에이미의 능력을 이끌어낼 수 있는 방법을 찾기만 한다면 지난 일 년 동안 보여주었듯이 성장하는 모습을 보여줄 것이다. 남편과 나는 매일 이 과정에 함께하기 원한다. 우리는 이메일, 전화, 의사소통 노트에 있는 것들을 가정에서 지도하려고 한다. 그래야 에이미가 학교에서 배운 것을 집에서도 해봄으로써 앞으로 나아가야 할 장애를 수월하게 감당할 것이다. 우리는 이런 것들이 에이미의 성공과 성장에 있어서 엄청난 기회를 제공할 것이라고 생각한다.

[그림 2-3] 부모를 포함한 전문가들의 진단·평가의 내용

(3) 초 영역(Transdisciplinary) 모델

초 영역 모델은 진단·평가에서 가장 이상적인 팀 모델로서, 팀 구성원이 각 영역에 대한 정보를 서로 충분히 수용하고 나누어서 결정하는 매우 성숙한 팀 모델이다. 팀 구성원 각자가 진단·평가하는 것이 아니고 동일한 장소에서 동시에 특수교육대상자를 관찰한 후에 각자 전문인으로서 얻은 정보를 나누어서 진단·평가 결과를 수렴하여서 중재 프로그램을 결정한다. 그리고 중재프로그램을 직접 실행할 담당 팀원들이 결정하여서 서비스를 제공하게 된다. 초 영역 모델의 주요 관점은 전문영역에서 다른 팀원에게의 역할의 양도(role release)로서, 이는 서로의 전문성을 존중하되 전문 영역의 경계를 넘어서 협력적인 수행에 초점을 두어 전문성을 공유하는 것이다. 성공적으로 역할이 양도되려면 전문가 간의 상호 지속적인 관심, 회의, 훈련, 시간제공, 행정가의 지지가 필요하다.

① 아레나 평가(Arena Assessment): 원형진단

영유아에게 적용할 수 있는 초 영역 진단 · 평가 방법으로서 검사를 위해서 팀 구성원이 모두 함께 참석하여 부모가 영유아와 상호작용하는 것을 관찰하면서 평가하는 방법이다.

각 전문인이 각자 진단 · 평가하는 것이 아니고 한 장소에서 동시에 관찰이 이루어지므로 전문가와 따로따로 시간 약속을 할 필요가 없으며 유아는 여러 번 비슷한 작업을 검사 때마다 반복할 필요가 없다. 그리고 진단 · 평가가 끝난 다음에 즉시 동일한 행동 관찰 사례를 가지고 정보를 나누면서 회의를 할 수 있다.

아레나 평가는 영아나 유아의 신체, 인지, 감각 등의 발달영역을 따로 구분하여서 진단 · 평가하기 어려운 경우에 적절하다. 그리고 동일한 행동 표본을 보기 때문에 일치된 의견 수렴이 용이하게 된다. 그러나 시간이 너무 지연될 우려가 있고 여러 성인과 함께하는 관찰 상황이 유아를 위축시킬 수 있고 많은 성인이 과다자극을 줄 수 있다. 그리고 독립적인 관찰 및 검사가 이루어지지 않으므로 여러 상황에서의 검사결과의 비교가 가능하지 않다. 진단 · 평가 후에 부모가 원하는 공식적인 회의에 참석할 수 있으며 적어도 진단 · 평가 후에 바로 이루어지는 약식 모임에는 참석이 가능하다.

다음은 아레나 평가의 실시 과정의 예이다.

1. 서로 인사하기

부모, 전문가가 만나서 서로 인사하고 유아는 환경에 익숙해지고 팀 구성원하고 친밀해지도록 한다.

2. 공식적 과제 중심 진단 · 평가

담당 촉진자가 중심이 되어 평가도구로 진단 · 평가를 진행한다.

다른 팀원들은 관찰을 하면서 채점, 수행 결과 등을 기록한다.

3. 휴식 시간

간식 및 휴식 시간을 통하여 신변처리, 부모와의 상호작용 등을 관찰한다.

4. 이야기 나누기 시간 또는 지도 시간

표현어의 언어샘플을 찾기 위해서 이야기 나누기 시간을 할애한다. 또는 간단한 지도 시간을 통해서 유아가 어떻게 새로운 정보를 습득하고 일반화하는지를 관찰한다.

5. 자유시간

유아의 자연 발생적인 움직임, 놀잇감과의 상호작용을 관찰한다.
나이 많은 유아, 또래와의 상호작용도 관찰할 수 있다.

6. 간단한 모임 및 평가

부모담당자가 지금까지의 상황에 대한 부모의 의견을 수렴한다.
부모, 전문가들은 모여서 간단하게 의견을 나누어서 부모가 불안해하면서 돌아가지 않도록 한다. 공식적 평가 모임은 추후에 열리게 된다.

바람직한 진단 · 평가 과정이 진행되기 위해서는 준비하는 과정과 보고하는 과정에서 다음과 같은 사항에 주의를 기울여야 한다.

〈표 2-4〉 진단 · 평가의 전, 후 사항

진단 · 평가 전 준비	진단 · 평가 후 보고
• 전문가는 부모와 만나서 진단 · 평가 과정에 대해 의견을 나눈다. • 전문가는 부모와 의뢰기관에서 온 자료들을 재검토한다. • 전문가는 부모와 팀 구성원, 팀 접근 방법에 대해 의견을 나눈다. • 팀 구성원은 여러 곳(예: 가정, 전에 서비스 받았던 곳, 의사 등 다른 전문가)에서 정보를 모은다. • 팀 구성원은 토의를 통해 적절한 평가 도구들을 선별한다. • 평가 도구들이 특수교육대상자의 장애에 맞도록 조정된 검사인가를 확인한다. • 평가 도구들이 단지 진단 · 평가, 장애유형 결정이 목적이 아니고 개별화교육프로그램과 연계가 되고 있는가를 본다.	• 전문가 진단 · 평가보고는 교육계획에 유용해야 한다. • 전문가 진단 · 평가보고는 부모가 이해할 수 있어야 하고 가정 연계 지도에 유용해야 한다. • 평가 도구의 한계점에 대해서도 언급해야 된다. • 전문가 진단 · 평가보고는 특수교육대상자의 장애가 다른 발달 면에 어떻게 영향을 주며 또한 그 부분을 어떻게 해결할 수 있는가에 대해서도 언급해야 한다. • 전문가 진단 · 평가보고는 기능적 영역에 초점을 두어야 한다.

출처: 이소현(2003). 유아특수교육. (p. 221). 재인용.

[그림 2-4] 아레나 평가 장면

3 진단 · 평가의 유형

진단 · 평가는 발달 수준에 대한 현재 수행 정도를 평가해 보는 것과 함께 실제 환경에서의 적응 정도를 평가하는 것이 병행되어야 한다. 실제 환경이라면 가정 환경과 교육기관 및 지역사회와 직업 환경에서의 적응 정도를 의미한다. 목표 설정을 위한 평가의 단계에서는 다양한 영역의 전문가들의 평가 결과가 공유되며 가족의 의사가 반영되는 것이 중요하다. 진단 · 평가를 하는 방법은 〈표 2-5〉와 같이, 보는 것이 다각적인 접근을 통해 구체화되어야 한다.

〈표 2-5〉 진단 · 평가 유형의 내용과 방법

유형		주요 내용	방법
생태학적 평가		실제 생활 환경에서의 적응 정도를 평가	면담, 일화 기록, 가정 방문, 일과 적응 평가, 주변 환경 평가 등
수행 평가		수행한 과제를 보고 평가	작품, 동영상, 사진, 과제물 등
도구 활용 평가	발달 평가	주어진 순서나 항목들이 개별의 발달 수준에 적합한지를 평가, 인지, 언어, 사회성, 운동성 영역 등의 평가	K-CDI(아동발달검사), e-DEP, 수용 · 표현 어휘력 검사(REVT)
	교육과정 평가	교육과정과 연관된 특정 행동을 검사	AEPS, 캐롤라이나 평가, 지역사회적응 검사 2(CISA-2)

1) 생태학적 평가

특수교육대상자가 교육 기관에 어떻게 적응하고 있으며 어떤 어려움이 바람직한 적응을 방해하고 있는가를 알아보기 위해서는 교육 환경을 중심으로 평가하는 생태학적 평가(ecological assessment)가 이루어져야 한다. 가정, 어린이집/유치원, 학교, 지역사회 환경 등 아동의 전형적인 환경에 대한 물리적, 사회적 요소들을 관찰하여 그런 환경에 참여하기 위해 필요한 행동 목록을 작성한 후 평가한다. 〈표 2-6〉에서 보듯이 생태학적 평가는 전통적으로 진행되어 온 진단 · 평가가 갖는 제한에 비하여 강조점과 절차, 결과 활용 등의 측면에서 효과적인 진단 · 평가 방법으로 추천되고 있다(Sandall & Schwartz, 2008).

〈표 2-6〉 생태학적 평가와 전통적인 평가의 차이

	생태학적 평가	전통적인 평가
내용	실제 환경에서 필요한 활동과 과제에 대한 수행을 비교	동일한 검사 항목을 가지고 검사한 다른 아동과의 검사 수행 정도를 비교
강조점	진행되는 일과와 활동에의 참여와 과제에서 기대되는 아동의 능력	특정한 발달 단계에서 나타내는 정상 발달면에서 서술된 행동들

	생태학적 평가	전통적인 평가
절차	자연적인 환경에서의 일상생활 관찰	한 가지 영역에서의 주된 기술이라고 여겨지는 표준화된 과제에 대한 반응을 끌어냄
결과 활용	중재 계획(내용과 과정) 고안	동일 연령대의 또래에 대비된 아동의 상태 규명, 특수교육적 서비스 적격성 평가
평가 환경	자연 환경: 평가팀(가족 포함)은 정보를 나누고 공유	부자연스러운 상황: 개별적인 전문가의 평가

[그림 2-5] 교사가 책을 읽어 주는 활동 가운데 유아의 여러 행동(주의 집중시간, 질문 이해 등)을 평가할 수 있다.

〈표 2-7〉의 평가표는 만 3세부터 5세의 유아에게 요구되는 통합 유아교육 환경에서의 생태학적 평가의 예로 유아교육기관에서 요구되는 적응 기술들의 목록으로 이러한 기술에 대한 수행 정도를 평가해 봄으로써 실제 환경에서의 적응도를 알 수 있게 된다. 27개 항목에 대한 구체적인 평가가 다양한 상황에서 실시되어야 한다.

〈표 2-7〉 통합 유아원 적응 평가(Hawaii Preparing for Integrated Preschool(PIP) Assessment)

이름: ____________________ 생년월일: ____________________

〈습득 정도 기록〉
+: 예
/ : 부분적
−: 아니오
○: 관찰되지 못함

평가자: ____________ 일시: ____________

영역	내용	평가
신변처리 기술	1. 물체를 잡는다.	
	2. 스스로 마신다.	
	3. 스스로 먹는다.	
	4. 화장실 사용을 한다(변기 사용, 손 씻기).	
	5. 휴지로 코를 스스로 닦는다.	
	6. 스스로 이동한다.	
교실 일과	7. 활동이 바뀌는 전이에 적절한 행동을 한다.	
	8. 지시를 따른다.	
	9. 규칙을 이해하고 지킨다.	
	10. 자신 이름을 부르면 본인인 줄 안다.	
	11. 과제에 집중한다(예: 만들기, 색칠하기).	
	12. 도구(연필, 가위 등)를 적절하게 사용한다.	
	13. 쓰레기를 휴지통에 버린다.	
	14. 제자리에 정리한다.	
의사소통/사회성	15. 이야기하는 사람을 바라본다.	
	16. 생리적 요구를 표현한다(예: 물 마시기, 화장실 사용).	
	17. 다른 사람과 말과 행동으로 상호작용한다.	
	18. 말로 문제를 해결한다.	
	19. 결정을 내린다.	
	20. 또래와 의사소통한다.	
	21. 성인과 의사소통한다.	
	22. 차례를 지킨다.	
	23. 놀잇감이나 도구를 또래와 나누어 쓴다.	
	24. 질문에 답한다.	
	25. 도움을 주면 적절하게 반응한다.	
	26. 또래와 함께 놀이에 참여한다.	
	27. 활동 중에 적절한 목소리를 사용한다.	

출처: Noonan & McCormick(1993). Early intervention in natural environments. (p. 362) Baltimore, MD: Paul H Brookes.

(1) 관찰

공식적인 검사를 통해서 평가되지 않는 여러 가지 중요한 기술들인 또래 친구와의 상호작용, 부적절한 행동, 의사소통의 정도, 자립성 등을 자연적인 관찰을 통해 평가할 수 있다. 자연적인 관찰을 위한 방법으로는 문제 행동에 대한 빈도수 측정, 일화 기록, 관찰일지 등을 이용할 수 있다.

관찰은 행동을 체계적으로 계획하여 보는 것으로 진단 · 평가에서 중요한 역할을 한다. 관찰은 다양한 환경에서 발생하는 아동의 자연스러운 행동을 관찰하고 기록할 수 있으므로 주어진 평가도구를 통해 얻을 수 없는 중요한 정보를 준다. 체계적인 관찰을 통해 아동의 전형적인 행동을 파악할 수 있고, 또래친구나 교사와의 상호작용, 부적절한 행동(문제 행동과 문제 행동이 발생하는 상황 및 빈도 등도 관찰 가능), 의사소통 형태 등을 알 수 있다.

체계적인 관찰을 위해서는 관찰할 대상을 분명히 정하고 특수교육대상자의 어떤 행동을 관찰할 것인지 구체적으로 정해야 한다. 관찰대상과 관찰해야 할 행동이 정해지면 어떤 방법으로 관찰하는 것이 가장 효과적인지를 선택해야 한다. 구체적인 관찰방법은 다음과 같다.

① 일화 기록

교사나 관찰자가 실제 환경에서 관찰된 행동을 묘사하는 일화 기록을 통하여 구체적인 일과나 진행되는 활동에 대한 참여, 수행 정도, 기타 주변 환경에 대한 정보를 얻을 수 있다.

〈표 2-8〉 일화 기록법(유아)의 예

<table>
<tr><td colspan="2">아동의 행동을 기록하는 것으로 관찰시기, 장소, 사건의 내용 등 일정 시간 동안 일어나는 모든 일을 기록한다. 이 기록법은 행동의 어떤 양상을 이해하는 데 사용될 수 있다.</td></tr>
<tr><td colspan="2">• 아 동 명: 이민아 • 생년월일: 2015. 4. 1.
• 관찰시기: 2022. 3. 5. 10:30~10:40 / 이야기 나누기
• 관찰장소: 교실
• 관찰내용: 정리 신호를 듣고 다른 또래들이 놀잇감을 정리하고 자기 자리를 찾아 앉는 동안 민아는 퍼즐 놀이를 계속하고 있다. 교사가 자리에 앉을 것을 요구해도 반응이 없고 계속해서 놀려고 한다. 교구를 교사가 정리하자 소리를 질렀다.</td></tr>
<tr><td>평 가</td><td>이야기 나누기 시 착석이 어렵다.
퍼즐 놀이에 관심이 많다.
자신의 의사를 표현하고자 할 때 먼저 소리를 지른다.</td></tr>
</table>

〈표 2-9〉 일화 기록법(초등학생)의 예

관찰 일시	2022. 5. 3.(12:00~12:30)	관찰자	박진호
관찰 장소	**초등학교 식당		
관찰 상황	점심식사 시간		
관찰 내용	점심시간에 교사가 줄을 서라고 이야기하지만 따르지 않고 교실을 이곳저곳 돌아다닌다. 친구가 다가가서 손을 잡자 친구들을 따라와 줄을 선다. 점심 메뉴로 나온 된장국, 닭튀김, 깍두기를 손가락으로 지적하며 이름을 말한다. 식판을 들고 오면서 손으로 반찬을 집어 먹는다.		
평 가	• 스스로 줄 서는 행동을 잘 하지 못한다. • 친구의 제의에 반응한다. • 음식 이름을 알고 있고 식사 시간을 즐거워한다. • 수저를 이용하여 제자리에서 식사하는 지도가 필요하다.		

〈표 2-10〉 일화 기록법(중학생)의 예

관찰 일시	2022. 10. 13.(12:00~12:30)	관찰자	강철민
관찰 장소	**학교(특수학교) 식당		
관찰 상황	점심식사 시간		
관찰 내용	4교시 수준별 수학수업이 끝나고 교실로 돌아왔다. 학습지를 자신의 파일에 넣어둔다. 밥 먹기 위해 손을 씻으라는 선생님의 지시에 물비누로 손을 씻는다. 하지만 물비누를 손 한가득 덜어내어 사용하였다. 손을 씻고 식당으로 내려가기 위해 줄을 서서 기다린다. 오늘 메뉴가 무엇이냐고 묻자 쇠고기무국, 콩나물 등을 외워서 말한다.		
평 가	• 손을 닦을 때도 세제 / 물비누를 많이 쓴다. ('적정한 양'에 대한 개념이 부족하다.) • 학습지를 파일에 정리하는 등 자신의 물건을 제자리에 정리할 수 있다. • 줄을 서서 기다릴 수 있다. • 음식 이름을 알고 외워서 말할 수 있다.		

〈표 2-11〉 일화 기록법(고등학생)의 예

관찰 일시	2022. 10. 16.(10:40~11:20)	관찰자	오승진
관찰 장소	은행(신* 은행)		
관찰 상황	지역사회활동 수업		
관찰 내용	학교 근처 은행에서 자동화기기를 이용하여 출금을 한 후 또 다른 은행에서 그 돈을 다시 입금하는 활동을 하였다. 혼자서 출금하였는데 모든 과정을 순서에 맞게 스스로 할 줄 알았다. 각 카드마다 비밀번호를 스티커로 조그맣게 붙여 놓았는데 비밀번호를 기억을 못 하는 카드의 경우에 "도와주세요."라고 말하였다. 첫 자리 숫자를 말해주자 기억을 하고 출금을 하였다. 끝나고 돈과 카드를 챙기지 않는 모습을 보였다. 다른 은행으로 이동하여 입금을 하였는데 역시 스스로 잘하였고 명세표가 나오자 자기가 버리겠다며 분쇄기를 찾아 집어넣었다.		
평 가	• 혼자서 자동화기기를 사용하여 입 · 출금을 할 수 있다. • 연습하지 않은 다른 은행의 자동화기기도 이용할 수 있다. • 순서가 있는 과제를 시각적 단서를 보고 스스로 수행할 수 있다. • 도움이 필요할 때 도움을 요청할 수 있다.		

② 일과 적응 평가

전형적이고 반복적인 일과에서 요구되는 참여 행동에 대한 수행 정도를 평가하는 방법이다. 일과 참여를 위한 여러 하위 행동들을 목록화하여 평가한다. 예를 들어, 점심시간에 요구되는 참여 행동인 식판 옮기기, 의자에 앉기, 숟가락 사용하기, 젓가락 사용하기, 반찬과 밥 골고루 먹기, 대화하기, 정리하기 등을 각각 평가해 볼 수 있다.

〈표 2-12〉 일과 적응 평가표의 일부 예(유아, 만 5세)

일과	평가일시				관찰 및 계획
	3/15				
등원					
스스로 신발을 벗는다.	○				
신발장에서 이름을 찾는다.	–				한글 해독이 안 되므로 영수 사진을 신발장에 붙여야 할 것 같음
신발장에 넣는다.	△				
바로 교실로 걸어간다.	–				처음에는 현관에서 영수를 기다리고 있다가 언어와 신체적 촉진을 주어서 교실에 들어갈 수 있게 하여야겠음
선생님께 인사한다.	○				
보호자와 인사한다.	○				
옷과 가방을 사물함에 넣는다(복도).	△				
교실로 들어간다.					
친구와 인사한다.	–				성인과 인사하는 것은 가능하나 또래와는 어려운 것 같음 일과 안에서 계속 지도 필요
출석카드에 도장을 찍고 정리한다.	△				
선택한 흥미영역으로 간다.					

일과	평가일시				관찰 및 계획
	3/15				
자유놀이					
원하는 놀이영역을 선택한다.	△				
놀잇감을 용도에 맞게 사용한다.	−				자유놀이 시에 지속적으로 지도해야겠음 친구들이 놀잇감을 가지고 노는 것을 보게 되면 가능해질 것 같음
친구와 어울려 논다.	−				많은 시간이 걸릴 것 같음
영역 안에서 논다.	△				
필요한 도움을 요구한다.	−				"도와주세요" 같은 말을 하기 어려우므로 도와달라고 할 때에 도와달라는 의미의 그림카드 또는 AAC 전자도구 아이콘을 누르게 하여 교사나 친구에게 가져와서 도움을 청하는 것을 지도해야겠음
친구의 제안에 반응한다(끄덕이기, 응, 아니 말하기).	△				
놀잇감을 나누어 논다.	○				
정리 신호에 정리한다.	△				
2~3개의 영역을 선택하여 논다.	−				
교사와 함께 논다.					

○: 혼자 할 수 있다
△: 도움 주면 할 수 있다
−: 현재 할 수 없고, 지도가 필요함

③ 체계적인 관찰

체계적인 관찰을 위해서는 관찰할 행동을 정하고 관찰할 행동의 자료 수집 방법을 정하여야 한다. 평가를 위한 직접 관찰 시 자료를 수집하는 방법은 크게 사건 표집법, 시간 표집법, 영역 표집법(〈표 2-16〉 참조)과 과제분석 기록법(task-analytic recording) 등이 있다. 사건 표집법은 행동의 발생 횟수를 표시하여 발생 빈도를 기록하는 방법이다. 주로 시작과 끝이 분명하며 지속시간이 길지 않은 행동을 관찰하는 데 사용되며, 백분율이나 비율(rate)로 산출한다. 이 중 비율은 주어진 시간 동안 행동이 발생한 수를 기록하는 것으로(예: 1분간 발생한 행동의 비율), 백분율에 비해 행동의 발생 속도 정도를 보여주므로 '울기' 행동과 같은 행동을 평가할 때 효과적이다. 평가할 목표 행동은 구체적인 측정 방법으로 실행되어야 하는데 자료 수집 방법을 정하기 위한 각각의 정의와 관련된 예는 다음의 〈표 2-13〉과 같다.

〈표 2-13〉 영역별 목표 행동에 대한 평가 준거(초등학생)

영 역	조건(지도 상황)	행 동	평가 준거
자조 기술	화장실 사용시간	두 손을 이용하여 4번 기회 중 3번 이상 바지와 속옷을 내릴 수 있다.	빈도: 4번 기회 중 3번 이상 수행
	식사 후	정해진 위치에 수저와 식판을 놓고 잔반통에 잔반을 털어 넣을 수 있다.	정확도
여 가	운동장 활동	하고 싶은 운동시설물을 선택하여 10분 이상 활동을 지속할 수 있다.	지속시간: 10분 이상
지역사회 적응	계단으로 이동(전이)	계단 앞에 서면 1분 이내에 벽에 부착된 지지대를 잡고 발을 번갈아 가며 내려갈 수 있다.	반응지연시간: 1분 이내
작 업	작업 시간에(풀 사용)	풀을 주면 80% 풀 뚜껑을 돌려서 열고 닫을 수 있다.	비율

〈표 2-14〉 행동 측정 방법의 정의와 예

측정 방법	정 의	예
빈도 (frequency)	일정 시간 동안 행동이 발생한 횟수	자발적으로 요구하는 사물을 지적하기
강도(intensity)	행동의 세기 정도	자해 행동과 공격 행동, 목소리
반응지연시간 (latency)	단서가 주어진 후 실제 행동이 발생하기까지 걸린 시간	또래 제안에 반응을 보이기까지의 시간
지속시간 (duration)	행동이 지속되는 정도	과제(책 보기, 설명 듣기, 책가방 정리, 식사 마치기 등) 집중 시간
정확도 (accuracy)	행동의 정의 내용대로 실제로 행동한 정도	물건 명명하기, 분류하기, 제자리 찾기, 수 세기

〈표 2-15〉 사건 표집법의 예

<table>
<tr><td colspan="4">한 가지 특정행동이 발생하는 시간(지속시간)이나 발생 빈도를 측정한다. 관찰자는 관찰할 행동을 결정하고, 다른 행동들은 무시한다.</td></tr>
<tr><td>시간</td><td>소리 지르기(발생 빈도)</td><td colspan="2">착석 시간(지속시간)</td></tr>
<tr><td>자유 놀이 시간</td><td>3회</td><td>시작시간</td><td>종료시간</td></tr>
<tr><td rowspan="2">집단 활동 시간</td><td rowspan="2">10회</td><td>10:42</td><td>10:48:10</td></tr>
<tr><td>11:02</td><td>11:10</td></tr>
</table>

〈표 2-16〉 영역 표집법의 예

<table>
<tr><td colspan="2">여러 가지 다른 행동들을 포함하는 특정 발달 영역에 대한 관찰 정보를 모을 때 사용할 수 있는 기록법이다.</td></tr>
<tr><td colspan="2">아동명: 김민준 관찰시기: 2022. 5. 15. 자유놀이 시간 장소: 교실</td></tr>
<tr><td colspan="2">관찰 영역</td></tr>
<tr><td>상호작용</td><td>의사소통 형태</td></tr>
<tr><td>• 작업영역에 가서 잡지를 오리고, 오린 사진을 풀칠을 해서 벽에 붙인다. 교사가 아무데나 붙이면 안 된다고 얘기한다.
• 민준이를 좋아하는 선희가 와서 이름을 부르면서 껴안으려고 하자 거부하고 다른 영역으로 가버린다.
• 교사 책상에 가서 앉더니 스티커를 떼어 책상 위에 붙인다. 교사가 스티커를 가져간다.</td><td>• 소리를 지르면서 다른 장소로 간다.
• “주세요, 주세요”라고 반복해서 얘기한다.</td></tr>
</table>

(2) 면담

부모와의 면담은 특수교육대상자와 가족 환경에 대한 정보를 얻는 데 유용할 뿐 아니라, 부모가 유아교육기관, 학교 프로그램에 대한 이해와 정보를 얻는 데도 매우 필요한 과정이 될 수 있다. 면담은 검사나 관찰을 통해서는 알 수 없는 많은 정보를 얻을 수 있고, 면담을 통해 얻은 정보는 개별화교육프로그램 실행을 위해 매우 유용하게 사용될 수 있다. '발달력'에 관한 정보를 통해 생육사, 부모의 양육 태도, 가정의 경제적 상황 등에 관한 정보를 얻을 수 있고, '가족 욕구조사' 등을 통해 부모가 현재 자녀를 양육함에 있어서 어떤 서비스가 필요한지에 대한 정보를 얻게 된다. 또한 특수교육대상자의 특정 기술에 대한 정보를 수집할 수 있고, 현재 수행 기술의 강점과 지도해야 할 점에 대한 부모의 인식정도를 이해할 수 있다. 이와 같이 상담은 부모가 자녀에게 무엇을 지도할 것인가를 결정할 때 자녀에 대한 우선순위(priority)를 결정하는 데에도 유용하게 사용될 수 있다. 단순히 부모의 이야기를 듣는 수준에서 끝나는 것이 아니라 면담을 통해 부모와의 신뢰를 형성하고, 정확하고 다양한 정보를 끌어낼 수 있도록 교사가 사전에 철저히 준비하는 것이 중요하다. 다음의 〈표 2-17〉은 진단·평가 과정에서 부모로부터 얻을 수 있는 중요한 정보들의 내용이 담긴 지표들이며 〈표 2-18〉은 실제 부모 상담의 예이다.

〈표 2-17〉 진단·평가를 위한 부모 상담의 구체적 내용

지 표	구체적 내용
1. 일반적인 건강	식사, 수면 습관, 건강상태, 질환, 입원, 수술, 약 복용, 식이 요법 등
2. 신체적 기술	걷기, 달리기, 기어오르기, 게임 수행, 그리기, 도구, 놀잇감 조작 정도
3. 자조 기술	옷 입기, 먹기, 일과 따르기 등 전반적인 일상 생활 독립성 정도
4. 의사소통	표현어 수준, 설명하기, 대화 참여, 전화 사용 등
5. 놀이 및 학습	시간을 보내는 형태, TV 시청, 여가 생활 등
6. 바깥 활동	가정 이외에 가는 장소
7. 관계	부모, 형제, 친척 기타 성인과의 관계(누구와 주로 상호작용하는지)
8. 가정에서의 행동	요구 듣고 따르기, 협력하기, 일과 적응, 애정 표현, 기분 표현 등
9. 교육기관에서의 행동	또래, 교사들과의 관계, 적응 정도, 쉽게 하는 것과 어려워하는 것 등

〈표 2-18〉 부모 상담지의 예

<table>
<tr><td>면담일시</td><td colspan="2">2022년 9월 30일 (수) 14:00~14:50</td><td>면담장소</td><td>면담</td></tr>
<tr><td>피면담자</td><td colspan="2">최준성의 어머니</td><td>면담자</td><td>오진아 교사</td></tr>
<tr><td rowspan="4">면담 내용</td><td>가족 관계</td><td colspan="3">현재 아버지, 어머니, 여동생과 함께 살고 있는데, 현재 그룹홈 생활을 하고 있어서 온 가족이 다 같이 모이는 것은 주말에만 이루어지고 있다. 준성이가 그룹홈 가기 전에는 평일에는 부모님께서 맞벌이를 하고 계시고, 여동생도 고등학생이기 때문에 모여서 지역사회의 경험을 하는 데에는 어려움이 있었지만, 그래도 주말에는 가족이 함께 교회도 가고 외식도 하는 편이다. 가족이 함께 있을 때 대화도 잘 이루어지고 온 가족과 친척들도 준성이의 생활에 관심이 많다. 〈중략〉</td></tr>
<tr><td>자조 기술 및 가정 생활</td><td colspan="3">집에서 세수하고 양치하고 자신이 입고 싶은 옷을 골라 갈아입는 것을 독립적으로 하고 있다. 또한 밥도 혼자 잘 먹고, 대소변도 혼자서 잘 해결한다. 머리도 혼자 감을 수 있고 집에서 청소기를 사용할 때에 준성이에게 자주 시키지는 않지만, 언젠가 준성이에게 청소기를 트는 방법을 알려주니 청소기를 틀어서 청소를 한다.
집에서 가스레인지는 되도록 위험하기 때문에 사용하지 못하도록 주의를 주고 있지만, 간단히 음식을 만들어 먹는 활동이나, 주방도구를 사용하여 음식을 만드는 활동을 하고 있다.
〈중략〉</td></tr>
<tr><td>지역 사회 및 여가</td><td colspan="3">교회에서 지역사회활동 프로그램을 하는 것에 참여를 시키면서 가끔 가족이 함께 드라이브를 가거나 외식하는 것이 가정에서 이루어지는 지역사회활동의 전부이다.
가끔 어머니와 슈퍼에 가서 물건을 살 때가 있는데, 그때에는 자신이 사고 싶은 물건을 어머니께 쥐어줘서 구매하게끔 한다. 그래서 어머니께서는 준성이가 자신이 사고 싶은 물건을 다른 사람을 의존해서가 아니라 스스로 구매할 수 있었으면 좋겠고, 이를 위한 지도가 이루어졌으면 좋겠다.
〈중략〉</td></tr>
<tr><td>기타 (진로, 지도를 원하는 내용 등)</td><td colspan="3">준성이가 지금 고등학교 3학년인데 취업이나 진로가 명확히 정해져있지 않아, 어머니도 걱정이 많으시다. 보호작업장에 취업하는 것을 희망하시고, 그 밖에 지역사회의 일자리에 준성이가 취업을 해서 독립적으로 살아가는 것을 희망한다.
〈중략〉
준성이 스스로 용돈을 가지고 원하는 것을 사는 것을 바라고 계시지만, 준성이가 스스로 돈 관리하는 데에 어려움이 있다고 생각하셔서 부모님께서 모든 돈 관리를 하고 계시다고 한다. 하지만 준성이에게 용돈을 줘서 준성이가 스스로 자신의 용돈을 관리하고 규모 있게 쓸 수 있다면 좋겠다.</td></tr>
</table>

면담자 소견	• 혼자서 독립적으로 수행이 가능한 행동 – 혼자 머리를 감을 수 있다. – 청소기를 사용할 수 있다. – 약 봉투를 보고 약을 제시간에 복용하는 것은 못하고, 어머니의 지시에 따라 약을 받아서 먹을 수 있다. – 스스로 대중교통도 잘 이용하고, 또 영화 보는 것도 좋아하고, 마트에 가는 것도 좋아한다. • 지도 계획이 필요한 사항 – 맞벌이로 인해 가정에서 지역사회적응지도를 할 기회가 많지 않아, 지역사회 활동의 경험이 부족하다. – 슈퍼에서 물건을 살 때, 원하는 물건이 있으면 어머니께서 계산을 한다. – 여가활동의 기회가 많지 않고 주로 집에서 텔레비전을 보며 시간을 보낸다. – 수영을 하지 못하며, 스포츠 경험이 부족하다. – 자신의 용돈을 스스로 관리하고 사용하지 못한다.

〈표 2-19〉 일과 참여를 평가하기 위한 부모 면담지의 예(일과중심 보고서: RBI)

일 과	야외 활동

- 가족은 야외에서 활동을 많이 하나요? 어떤 것을 하나요?
- 아동은 야외 활동을 하면 무엇을 하나요?
- 아동은 야외에서 하는 그 활동을 좋아하나요?
- 야외에 나가면 아동은 어떻게 돌아다니나요?
- 아동은 다른 사람과 어떻게 상호작용하나요?
- 아동이 좋아하거나 열중하는 놀잇감이나 게임이 있나요?
- 아동은 지금 하고 있는 활동을 그만하고 다른 것을 하고 싶다는 것을 가족에게 어떻게 알리나요?
- 바깥에 나갔을 때 아동이 좋아하는 것이나 관심을 보이는 것은 무엇인가요?
- 이 시간은 일반적으로 즐거운 시간인가요? 이 시간을 좀 더 편안하게 만드는 데 도움이 될 만한 활동은 무엇일까요?
- 아동이 참여하는 야외 활동에는 어떤 것들이 있나요? 아동은 어느 정도의 도움을 필요로 하나요? 또래와는 어떻게 상호작용하나요?

메 모	
참 여	

독 립	
사회적 관계	

가정: 이 일과에 대한 만족도(다음 중 하나에 동그라미 하세요.) 1. 전혀 만족하지 않음 2. 만족하지 않음 3. 어느 정도는 만족(보통) 4. 만족(만족) 5. 매우 만족	교실: 일과와 아동의 적합성(다음 중 하나에 동그라미 하세요.) 1. 전혀 조화되지 않음 2. 조화되지 않음 3. 평균 정도 4. 어느 정도 조화됨 5. 매우 조화됨
관련된 발달 영역(해당되는 모든 것에 동그라미 하세요.) 신체 인지 의사소통 사회정서 적응	

출처: McWilliam, R. A. (2010). Routine-based early intervention: Supporting young children with special needs and their families. Baltimore, MD: Paul H. Brookes.

2) 수행 평가

진단 · 평가를 하는 방법 중에는 실제 수행한 결과물을 가지고 평가하는 수행 평가도 유용한 정보를 제공한다. 예를 들어, 의사소통 장애를 보이는 특수교육대상자의 언어 습득 수준을 평가할 때 검사 도구를 이용하여 분리된 장소에서 낱말카드를 이용하여 수용언어 및 표현언어의 습득 정도를 측정하는 것은 수행-중심 평가가 아니다. 이는 사실적이지도 않으며 교수활동과의 직접적인 관련성도 없고 사회적 타당도도 낮다고 할 수 있다. 사실적인 측정을 위해서는 실제 또래들과 함께 있는 상황에서 사회적 상호작용을 시작하는 음성이나 몸짓 등의 기술이 측정되는 것이 더 효과적이며 친숙한 상호작용자인 부모의 지시를 얼마나 잘 따르는지를 관찰하는 것이 수용언어 습득 정도를 진단 · 평가하기 위해 필수적인 과정이 된다.

이와 같이 수행 평가는 관찰한 기술들의 실제 생활과의 연관성을 확보해 주고, 적절한 수정을 통해서 교육과정의 내용과 쉽게 연계할 수 있게 해 준다. 성취도 검사와 같은 집단검사 대신 실제 수행 상황에서 특수교육대상자의 노력에 근거해서 진단 · 평가하는 방법으로 유아의 작업 샘플이나 사진, 동영상 등이 활용될 수 있다. 포트폴리오 평가 방법이 여기에 해당된다. 그림과 같은 미술 작품, 적목 쌓기와 같은 창의적인 구성물의 사진, 놀이 활동이나 의사소통, 인지, 자조 기술, 사회 - 정서, 운동, 지역사회 적응 및 여가 기술 영역의 수행 정도를 보여주는 동영상이나 음성파일 등을 포함할 수 있다.

교사는 실제 상황에서 특수교육대상자로 하여금 적극적으로 반응하게 하여야 하며 실제 상황에서의 수행 정도를 면밀하게 관찰하여야 한다. 예를 들어, 이 닦기 기술을 평가할 때 동일한 과제를 여러 번 반복해서 수행하는 것을 관찰하여야 한다. 밖으로 나갈 준비를 할 때 코트의 지퍼를 올리는 기술을 관찰하는 것이 수행 평가의 예가 된다. 이 방법은 특수교육대상자도 포트폴리오를 통하여 스스로의 의미 있는 학습 경험과 학습과정을 확인한다는 장점을 지닌다.

다음에 제시된 수행 평가서들의 사례들은 특수교육대상자들의 실제 수행 능력에 대한 다양한 영역의 정보를 담고 있다.

〈표 2-20〉 사진을 통한 수행평가서(유아)

평가일시	2022년 7월 12일
일과/활동	소집단 활동 '노래 부르기'
대상 유아	만 4세 7개월 / 남아 / 지적장애
평가 내용	• 교사 도움 없이 짝과 적절한 상호작용 행동을 한다. • 노래와 율동에 맞추어 동작을 표현한다. • 노래 부르며 율동하는 활동에 즐겁게 참여하고 있다.
자료	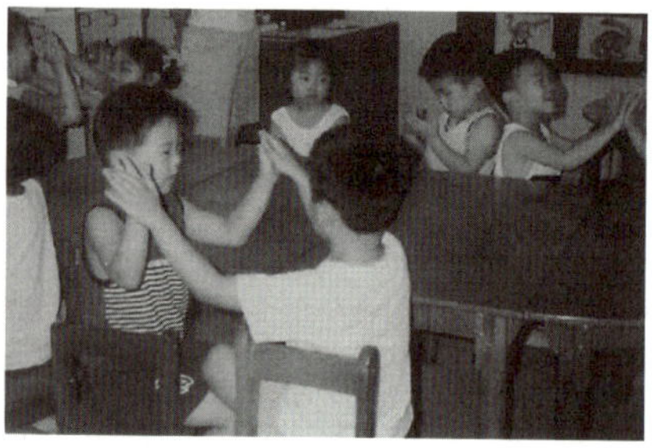
추후 평가 계획	• 다른 일과나 활동에서의 짝 활동을 관찰한다. • 교사 주도 계획 활동 이외의 자유놀이 시간의 또래 상호작용의 형태와 내용을 관찰하도록 한다. • 또래 상호작용에서의 표현언어를 기록한다.
잠재적 목표	또래와 함께 율동을 할 수 있다.

〈표 2-21〉 작품을 통한 수행평가서(유아)

평가일시	2022년 3월 8일
일과/활동	가족 그림 그리기
대상 유아	만 5세 2개월 / 여아 / 뇌성마비
평가 내용	• 선 안에 색칠하기가 가능하다. • "누구야?"라는 질문에 "아빠. 엄마, 오빠, 나"라고 대답한다. • 얼굴 이외의 다른 신체 부위가 표현되지 않았다(인지발달 지연).
자료	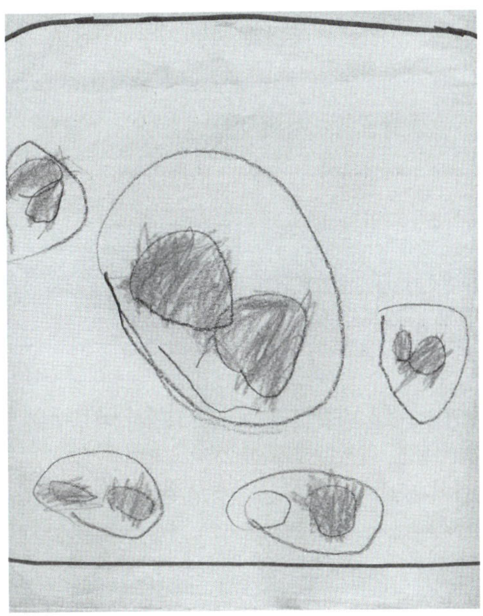
추후 평가 계획	• 다른 사물이나 사람을 표현하는 작품을 관찰한다. • 인물화 그리기의 변화를 관찰한다(예: 손, 발 표현하기 등). • 색 이름 말하는 것을 평가해 본다.
잠재적 목표	도움 받아 얼굴과 사지를 나타낸 사람을 그릴 수 있다.

〈표 2-22〉 수행평가(초등학생)

자료명	과제 분석표		
평가 장소	자판기		
평가일시	2022. 05. 17.	평가자	최준혁 교사

자료

과제분석과 현행 수준 평가 결과

표적행동: 자판기에서 음료수 뽑기
언어적 지시: "자판기에서 정이가 마시고 싶은 음료수를 사올래?"

과제 분석	하위행동	평가일시			
		05/19	05/20	05/21	05/22
1단계	자판기 앞에 선다.	+	+	+	+
2단계	마시고 싶은 음료수를 고른다.	−	+	+	+
3단계	지갑에서 동전을 꺼낸다.	+	+	+	+
4단계	원하는 음료수 밑 버튼에 빨간불이 들어올 때까지 동전을 넣는다.	−	−	−	−
5단계	빨간불이 들어오면 버튼을 누른다.	−	+	+	+
6단계	자판기 밑에서 음료수를 꺼낸다.	+	+	+	+
정반응의 백분율(%)		33%	67%	67%	83%
비고	기록코드: 정반응(+), 오반응(−)				

자료설명

- 정이는 학교 매점에 있는 자판기에서 음료수를 뽑아 먹는 것을 좋아한다.
- 이 자료는 과제분석을 하고 자판기에서 음료수를 뽑는 행동을 관찰한 것이다. 첫 회기에는 마시고 싶은 음료수를 고르는 것과 음료수를 꺼내는 것 이외에는 잘 수행하지 못했지만 회기가 거듭할수록 수행할 수 있는 단계가 늘어났다.

평가

- 첫 회기에서는 수행할 수 있는 단계가 부족했지만 회기를 거듭할수록 늘어나는 모습을 보였다.
- 자기가 마시고 싶어 하는 음료수를 선택할 수 있고 자판기 밑에서 음료수를 스스로 꺼낼 수 있다.
- 음료수의 가격을 구별하지 못했기 때문에 지갑에서 가격만큼 동전을 꺼내는 것이 미숙하다.
- 1~10까지의 간단한 수를 세지 못하여 동전 갯수도 제대로 셀 줄 모르며 100원, 500원의 동전을 구별하지 못한다.

〈표 2-23〉 수행평가서(중학생)

자료명	칠판 글씨		
평가 장소	○○특수학교 중등부 3학년 2반 교실		
평가일시	2022. 05. 07.	평가자	박지수 교사
자료	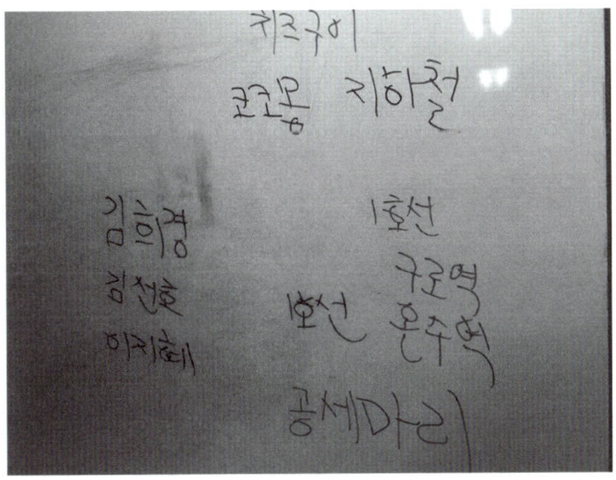		
자료설명	• 글자를 읽을 수는 있으나 글자를 쓰는 데는 자기 이름이나 관심을 가지고 있는 대상을 쓰는 데 국한된다. • '코코몽'이라는 만화 캐릭터를 가장 좋아하며, 평소 동요인 '곰 세 마리'를 즐겨 부른다. • 평소 지하철역을 외우는 데 흥미를 가지고 있다. 특히 1호선 구로역 인근에 살고 있기 때문에 구로역 주변의 지하철역은 어느 정도 알고 있다. • 재학 중인 ○○특수학교는 온수역 주변에 있기 때문에 칠판에 '온수역'이라고 적었다. • 학교에 오면 가장 먼저 점심 메뉴를 확인하는 습관이 있다. 그래서 5월 4일 점심 메뉴 중 평소 좋아하는 '치즈구이'를 칠판에 적었다. • '김희경'은 친밀한 관계인 친누나의 이름이다. 그리고 '김선호', '이지혜'는 아버지, 어머니의 이름이다.		
평가	• 칠판에 자신이 평소 좋아하는 캐릭터와 곡명을 적은 것으로 보아 자신이 관심 있는 것에 대해서는 적극적으로 글자를 쓸 수 있다. • 점심 메뉴를 확인하고 칠판에 적는 것으로 보아 글씨를 보고 따라 적을 수 있다. • 유아 동요인 '곰 세 마리'와 유아들이 좋아하는 '코코몽'은 중학생인 재경이의 생활연령에 맞지 않다. • '공 세 마리'라고 쓴 것으로 보아 'ㅁ'과 'ㅇ'을 혼동하고 있다. • 지하철역을 어느 정도 아는 것으로 보아 지역사회 적응기술로 '지하철 이용하기'를 가르친다면 어느 정도 수행이 가능할 것 같다. • 자신의 이름뿐만 아니라 가족들의 이름을 외우고 직접 쓸 수 있다. • 'ㅇ'을 쓸 때 시계 반대 방향이 아닌 시계 방향으로 쓰고 있음을 볼 수 있다.		

〈표 2-24〉 수행평가서(고등학생)

<table>
<tr><td>자료명</td><td colspan="3">여행 짐 챙기기</td></tr>
<tr><td>평가 장소</td><td colspan="3">**이네 집</td></tr>
<tr><td>평가 일시</td><td>2022. 04. 26. 화</td><td>평가자</td><td>선우민 교사</td></tr>
<tr><td>자료</td><td colspan="3">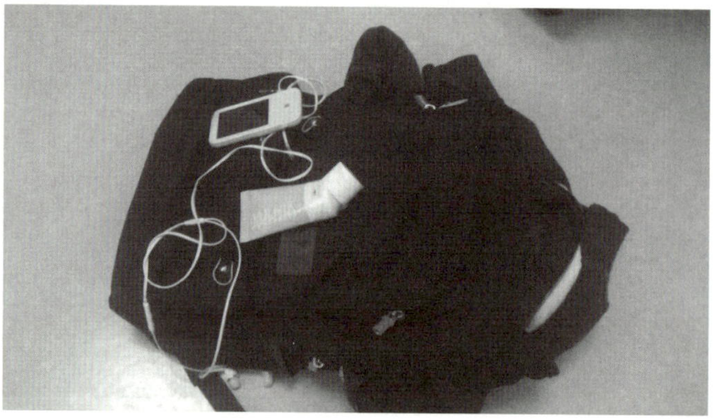</td></tr>
<tr><td>자료 설명</td><td colspan="3">• 주말에 가족여행을 가기로 하여 전날 집에 방문해 짐을 어떻게 챙기는지 평가하였다.
• 평소에는 크로스백, 작은 백팩을 매기도 하지만 여행을 갈 때에는 큰 백팩을 선택하였다.
• 옷은 개어지지 않은 상태로 넣어져 있었으며 물건이 종류별로 분류되지 않고 섞여 있었다.
• 계절에 맞지 않는 양털 후드집업이 가방에 들어있어 공간을 많이 차지하였다.
• 샴푸, 린스와 같은 흐르는 액체가 팩에 담기지 않고 바로 가방에 넣어져 있었다.
• 여행 가는 데 꼭 필요한 세면도구인 칫솔, 수건을 넣지 않았다.</td></tr>
<tr><td>평가</td><td colspan="3">• 큰 백팩에 짐을 챙기는 것으로 보아 짐의 양에 적합한 크기의 가방을 선택할 수 있다.
• 옷을 개는 법을 모르거나 옷 개는 것을 싫어한다.
• 물건을 종류별로 분류하여 넣는 것을 어려워한다.
• 봄인데 겨울옷을 가져온 것으로 보아 계절에 맞는 옷을 고르는 데 어려움이 있다.
• 액체는 흐를 수 있으므로 가방에 넣기 전에 봉투나 팩에 먼저 담아야 한다는 것을 지도하여야 한다.
• 여행 가는 데 필수품을 챙겨오지 않으면 불편함을 겪을 수 있으므로 꼭 챙겨야 할 물건이 무엇인지 가르쳐야 한다.</td></tr>
</table>

3) 도구 활용 평가

(1) 발달 평가

출생에서 만 5세까지의 영유아기는 급속한 발달을 보이는 시기로 이 시기에는 예측할 수 있는 특정 발달적 현상을 보이는데 이를 발달 지표(developmental milestones)라고 한다. 장애 유아의 성장과 발달 정도를 알아보기 위해서 이러한 발달지표를 가지고 평가해 볼 수 있다. 장애 영유아를 가르치는 교사는 이들이 현재 보이는 발달상의 진보가 어떤지를 평가하고 앞으로 어떠한 발달이 예측되는지를 알아보기 위해 발달 과정과 행동에 대한 지식이 반드시 필요하다.

교사는 일과 안에서 관찰을 통해서 개별 장애 아동의 발달 기술의 수행 정도를 평가해야 하는데 일회적인 평가보다 구체적인 상황을 미리 계획하여 반복적으로 평가해야 한다. 교사는 가족과 함께 평가될 행동에 대하여 이야기할 필요가 있으며, 발달 영역 전반에 걸쳐서 평가하거나 또는 특정 영역만을 평가할 수 있다. 예를 들어, 표현언어가 부족하고 운동능력 발달에 지체가 있다면 사회적-의사소통과 운동 영역이 평가의 주 영역으로 결정될 수 있다. 다음의 점에 유의하여 발달 평가와 목표가 연계되도록 한다.

- 표준화된 도구를 통하여 각 발달 영역별 현행 수준과 목표를 설정한다.
- 목표설정을 할 경우에는 검사의 항목을 그대로 적용하기보다 다양한 활동으로 적용한다(예: '적목쌓기' 항목을 도구나 물건 잡고 조작하기, 반찬 집기, 찰흙 활동 상황 등에 적용한다).
- 전문 기관이나 전문가의 의견을 참조한다(예: 검사 결과, 소견서, 진단 · 평가서 등).
- 검사 도구를 사용한다(예: 캐롤라이나 평가표 등).
- 일정한 기간을 두고 정기적인 평가를 통하여 발달의 진보 정도를 평가한다.

다음의 〈표 2-25〉는 발달 영역에 대한 평가 계획을 보여주는 것으로 발달 지표가 선정되고 이를 언제, 누가, 어떻게 평가할지를 구체적으로 계획한 것이다. 이를 통해 현재 수행 정도를 알 수 있게 되고 이에 근거한 목표를 선정할 수 있다.

〈표 2-25〉 유아(만 5세) 발달 지표 평가 계획

<table>
<tr><th colspan="2">발달영역</th><th>발달지표</th><th>언제
(일과/활동)</th><th>누가</th><th>어떻게</th></tr>
<tr><td rowspan="3">운동</td><td>대근육</td><td>앞구르기를 할 수 있다.</td><td>체육활동</td><td>물리치료사</td><td>체육시간에 한 아동씩 매트에서 앞구르기를 하고 친구 얼굴에 뽀뽀하고 돌아오기 게임을 한다.
앞구르기를 혼자 할 수 있는지 관찰한다.</td></tr>
<tr><td rowspan="2">소근육</td><td>선을 따라 오릴 수 있다.</td><td>자유놀이</td><td>작업치료사</td><td>미술영역에서 직선과 곡선으로 잘라서 접시 위에 내 음식 꾸미기 활동에 참여하도록 한다.
직선과 곡선을 오릴 수 있는지 관찰한다.</td></tr>
<tr><td>매듭을 묶을 수 있다.</td><td>자유놀이</td><td>작업치료사</td><td>매듭 묶기 교구놀이를 제시하여 혼자서 매듭 묶기를 할 수 있는지 관찰한다.</td></tr>
<tr><td colspan="2" rowspan="3">인지</td><td>문제해결이 필요한 상황을 이해할 수 있다.</td><td>간식시간</td><td>교사</td><td>간식의 양을 하나 적게 준비한다. 친구들에게 간식을 나눠줄 수 있도록 하고 마지막 아동에게 간식을 줄 것이 없으면 어떻게 행동하는지 관찰한다.</td></tr>
<tr><td>그날 경험한 것을 이야기할 수 있다.</td><td>놀이평가 시간</td><td>교사</td><td>자신이 놀이한 영역에 표시를 하는지 관찰한다.
“어느 영역에서 놀이했니?”, “어떤 놀이가 가장 재미있었니?”라고 묻고 대답을 듣는다.</td></tr>
<tr><td>기본 도형을 활용하여 그림을 그릴 수 있다.</td><td>자유놀이 시간</td><td>교사</td><td>기본 도형이 그려진 종이를 내주고 그림 그리는 것을 관찰한다.
기본 도형이 그려진 종이를 내주고, 도형 색종이를 내주어 그림을 그리고 구성하는지 관찰한다.</td></tr>
</table>

발달영역	발달지표	언제 (일과/활동)	누가	어떻게
신변 처리	옷, 가방 등을 정리할 수 있다.	등원	교사/ 엄마	등원 시 옷, 가방을 먼저 정리하고 교실을 다니는지 관찰한다.
	손의 비눗물을 깨끗이 씻을 수 있다.	화장실/ 점심/간식/바깥놀이/견학/ 미술활동	교사/ 부모	비누를 손등, 손바닥, 손끝에 골고루 칠하는지 관찰한다. 비눗물을 깨끗이 닦아내는지 관찰한다.
	한 가지 이상의 야채를 2번 이상 먹을 수 있다.	점심	교사/ 부모/ 영양사	점심시간에 한 가지 이상의 야채를 스스로 먹는지 관찰한다. 또래가 나눠주는 야채를 먹는지 관찰한다.
의사 소통	일상적인 활동 시 다음 상황을 이해하고 유지하여 적절하게 표현할 수 있다.	이야기 나누기 시간	교사/ 언어 치료사	이야기 나누기 시간에 어제 있었던 이야기를 하도록 유도하여 "어제 무엇을 했니?, 어땠니?, 무엇을 먹었니?" 등의 질문에 대답하는지, 자발적으로 하는 이야기가 주제에 벗어나지 않는지 관찰한다.
	교사/또래와의 상호작용 놀이에서 교환하기 유도에 적절한 눈 맞춤으로 활동을 유지할 수 있다.	자유놀이 시간	교사	영역 간 이동 시 각 영역에 해당하는 모자를 바꾸기를 유도해 서로 "○○야 나랑 모자 바꾸자"라는 표현과 함께 아동이 다른 아동의 눈을 보며 반응을 기다리고 행동하는지 관찰한다.
	주어진 질문과 요구에 대해 적절한 반응을 발화로 표현할 수 있다.	간식시간	교사/ 언어 치료사	매일매일의 짝을 달리 정해 "오늘 짝꿍과 간식의자에 앉아 간식을 먹어보자"라고 해 아동이 이를 이해하는지 그리고 "오늘 누구하고 어디서 간식을 먹었니?"라는 질문에 적절히 대답하는지 관찰한다.

발달영역	발달지표	언 제 (일과/활동)	누 가	어떻게
의사소통	일상생활과 관련된 2단계 이상의 언어적 요구 및 지시를 주어진 기회에서 적절히 따를 수 있다.	등원할 때 귀가할 때 간식시간 전이활동	교사/언어치료사	등원: "가방, 옷을 정리하고 등원카드 붙이세요." 귀가: "오늘 만든 것을 들고 문 앞에서 줄 서세요." 간식: "컵과 접시를 제자리에 두고 피아노 앞으로 오세요." 전이활동: "미술놀이하고 나서 크레파스를 상자에 넣으세요"라는 위의 지시를 수행할 수 있는지 관찰한다.
	일상적이거나 발생한 상황에서 또래와 교사의 발화를 정확하게 대화상대자에게 전달할 수 있다.	자유놀이 시간 (조별 바깥놀이) 전이활동	교사/언어치료사	2조로 나누어 다른 활동을 하는 동안 바깥놀이 하는 친구들에게 교실로 들어오라는 말을 하도록 유도하고 적절한 크기로 전달하는지 관찰한다. 교실 내에서 세부 영역의 활동을 마무리하는 것을 알리는 교사의 언어적 지시를 다른 아동에게 작은 소리로 전달하는지 관찰한다.
사회성	흥미, 기쁨, 놀람, 흥분, 경고, 불만의 느낌을 적절히 표현할 수 있다.	소그룹 - 동극활동	교사	동극 활동을 하며 또래의 모델링에 의하여 흥미, 기쁨, 놀람, 흥분, 경고, 불만의 느낌을 적절히 표현해보는 경험을 갖는지 관찰한다.
	친숙한 유아들에게 웃는 얼굴로 눈을 마주치며 인사할 수 있다.	등원 귀가	교사/엄마	등원하면 만나는 다른 유아들에게 "안녕." 하고 웃으며 눈을 마주치고 바르게 인사하는지 관찰한다.
	2~3명의 또래와 함께 하는 협동놀이에 5분 이상 참여하면서 유지할 수 있다.	자유놀이 실외놀이	교사	자유놀이시간에 또래의 촉진으로 2~3명의 또래와 함께 협동놀이할 때 5분 이상 참여하면서 유지하는지 관찰한다.

현재 한국에서 표준화되어 사용되고 있는 발달 검사 도구의 목록은 다음의 〈표 2-26〉과 같다.

〈표 2-26〉 영유아 표준화 발달 평가 검사 목록

검사도구명	검사영역	표준화	목적	대상
DEP 영아선별 교육진단 검사	대/소근육, 의사소통, 사회정서, 인지, 기본생활	장혜성, 서소정, 하지영	발달지체나 장애 위험군영아 조기 선별 및 진단 · 평가	0~36개월
K-DDST 덴버발달 선별검사	사회성, 미세운동, 언어, 전체 운동	이근	발달상의 이상이 있거나 의심이 가는 아동 선별	생후 1개월~6세
K-CDI 아동발달 검사	사회성, 자조, 대/소근육, 표현언어, 언어이해, 글자, 숫자	김정미, 신희선	정상/경계/지연 발달 선별 검사	12개월~ 6세 5개월
K-ASQ 부모작성형 유아모니터링 체계	의사소통, 대근육운동, 소근육운동 문제해결 개인-사회성	허계형, 이소영, 이근석 외	선별 검사 및 모니터링	0~60개월
K-DST 한국영유아발달선별 검사	대근육, 소근육, 인지, 언어, 사회성, 자조	대한 소아과 학회	발달지연에 대한 조기 발견	4~71개월

(2) 교육과정 중심 진단 · 평가(Curriculum-Based Assessment: CBA)

교육과정 중심 진단 · 평가는 유아를 위한 조기 중재에 가장 유용한 검사로 발달 척도를 중심으로 한 진단 · 평가에서 탈피하여서 주로 학령 전 유아검사에 많이 사용하고 있다.

McLean, Bailey와 Wolery(1996)는 교육과정 중심 진단 · 평가는 특수교육 대상자의 현재 기능 수준 확인하기, 개별화 교육 목표 정하기, 유아에게 가장 적절한 중재방법 정하기, 진전도 평가 시에 유용하게 사용될 수 있다고 하였다. 교육과정 중심 평가는 평가, 교육 프로그램, 교육 후 재평가가 서로 밀접하게 연계되어 있으므로 검사 후 수행이 안 되는 부분을 바로 개별화교육프로그램에 포함시켜 가르칠 수 있게 되어 있고, 교육 후에 진보를 교육과정 중심 평가를 통해 파악할 수 있다.

교육과정 중심 평가는 교육현장에서 사용할 때에 부모를 포함한 전문가들 간의 팀 구성을 통해 팀에 의한 진단 · 평가를 용이하게 해준다는 특성이 있다. 유아를 위한 교육과정 중심 평가는 주로 발달적인 접근이며 대부분의 검사 영역은 인지, 의사소통, 사회성, 운동성 등 영역별로 구성되어 있다. 그러므로 부모를 포함한 물리 치료사, 언어 치료사, 작업치료사, 놀이 치료사 등의 진단 · 평가 팀 구성원들은 각자 자신의 고유 영역을 진단 · 평가할 수 있으므로 팀 구성원이 같이 동일한 평가 도구를 공유하여서 사용할 수 있고 팀이 함께 동일한 평가 도구 검사 결과를 가지고 유아에 대한 조기 중재 계획에 대한 정보를 나눌 수 있는 방법이다.

교육과정 중심 평가를 잘 시행하기 위해서는 부모의 역할이 크다. 가정에서의 유아 행동에 대한 정보를 얻을 수 있으므로 부모를 진단 · 평가에 적극적으로 참여하게 하여야 한다.

① AEPS

대표적인 교육과정 중심 평가 모델로는 진단 · 평가와 교수 활동을 연계하기 위한 목적으로 개발된 AEPS(Assessment, Evaluation, and Programming System for infants and children) 영유아를 위한 진단, 평가, 프로그램 시스템이 있다. 이 평가 도구는 대근육, 소근육, 적응 영역과 인지, 사회적-의사소통의 영역을 중심으로 0에서 3세와 3~6세 영 · 유아를 위한 평가와 연계된 활동을 소개하고 있다. 〈표 2-27〉에서 제시된 것처럼 목표 행동에 대한 평가 과정을 가정에서도 손쉽게 해 볼 수 있는 지침이 소개되고 있으며, 유아교육 활동 안에서 어떻게 적용되는가가 자세히 나타나 있다(Bricker & Waddell, 1996).

〈표 2-27〉 AEPS 평가의 예

<table>
<tr><td>평가 행동</td><td colspan="3">적응 영역 1.2 - 다양한 형태의 음식을 선택하고 먹을 수 있다.</td></tr>
<tr><td>평가 기준</td><td colspan="3">다른 종류의 음식을 선택하고 먹는다(예: 유제품, 고기, 과일).</td></tr>
<tr><td rowspan="3">평가 지침</td><td colspan="2">자료</td><td>다양한 음식(예: 애플소스, 야채, 고기, 빵, 과일, 치즈, 요구르트)</td></tr>
<tr><td rowspan="2">과정</td><td>관찰</td><td>아동이 먹을 때 다른 종류의 음식을 선택하고 먹는지를 관찰한다.</td></tr>
<tr><td>검사</td><td>종류가 다른 음식을 제시하고 아동이 선택하여 먹도록 제의한다. 선택하고 먹는 기술을 관찰한다.</td></tr>
</table>

출처: AEPS, 2008

〈표 2-28〉 AEPS 평가 준거

S = 채점약어	N = 참조
2 = 일관성 있게 준거 수행 1 = 일관성 없이 준거 수행 0 = 준거 수행하지 못함	A = 도움이 제공되었을 때 B = 행동이 방해되었을 때 D = 직접 검사 M = 수정/변형 Q = 수행능력의 질 R = 보고

〈표 2-29〉 AEPS 평가의 항목(사회성)

A 요소	다른 사람과 상호작용하기		
	G 1.0	놀이 파트너 갖기	
		1.1	또래의 도움 청하기에 반응하기
		1.2	또래와 근접성을 허용하고 유지하기
		1.3	친숙한 또래와 인사하기
		1.4	또래의 친밀한 시도에 반응하기
	G 2.0	협동 놀이 시작하기	
		2.1	다른 사람과 협동놀이 하기
		2.2	다른 사람과 협동적인 참여 유지하기
		2.3	사물 나누기와 바꾸기
	G 3.0	효과적인 방법으로 갈등 해결하기	
		3.1	갈등 해결을 위해 협상하기
		3.2	갈등 해결을 위해 간단한 방법 사용하기
		3.3	자기 것 유지하고 요구하기

B 요소	환경과 상호작용하기		
	G 1.0	사회적으로 수용 가능한 방법으로 신체적인 요구 대처하기	
		1.1	불편하고, 아프고, 다치고, 힘들 때 대처하기
		1.2	관찰될 수 있는 신체적인 요구에 대처하기
		1.3	배고프고 목마를 때 대처하기
	G 2.0	가정과 교실 외에서 요구되는 특별한 규칙 따르기	
		2.1	성인의 허락 구하기
		2.2	가정과 교실에서 정해진 규칙 따르기

C 요소	자기와 다른 사람에 관한 지식		
	G 1.0	개인적인 선호와 비선호 나타내기(의사소통하기)	
		1.1	선호하는 활동 시작하기
		1.2	활동/사물 선택하기
	G 2.0	자기와 다른 사람에 관한 정보 인지하기	
		2.1	주소 말하기
		2.2	전화번호 말하기
		2.3	생일 알기
		2.4	형제 이름과 성/이름 알기
		2.5	자기와 다른 사람의 성별 알기
		2.6	이름과 나이 알기
	G 3.0	다른 사람의 정서와 호감 정확하게 알기와 행동의 일관성 보이기	
		3.1	다른 사람의 호감과 정서 알기
		3.2	자기의 정서와 호감 알기

② 캐롤라이나 교육과정

AEPS와 함께 장애 영아를 위한 캐롤라이나 교육과정(The Carolina Curriculum for Infant and Toddlers with Special Needs: CCITSN), 장애 유아를 위한 캐롤라이나 교육과정(The Carolina Curriculum for Preschoolers with Special Needs: CCPSN)도 교육과정-중심 진단·평가 도구로 6개의 발달영역 등을 가르치는 여러 개의 단계로 나누어 구성되어 있다(〈표 2-30〉 참조). 이 단계는 정상 발달을

보이는 유아가 어떤 기술을 배우는 평균 나이에 의해 나눈 것이 아니라, 어떻게 기술을 가르쳐야 하는가에 의해서 나누어져 있다.

캐롤라이나 교육과정은 출생에서 36개월까지의 영아와 3~6세 유아(〈표 2-30〉 참조)의 특별한 요구를 가진 영유아를 위한 중재 계획을 개발하도록 구성되어 있으며 다음과 같은 내용을 포함하고 있다.

〈표 2-30〉 캐롤라이나 교육과정의 발달 영역과 소영역(유아)

개인적 및 사회적 기술	의사소통
1. 자기-조절과 책임	13. 구어의 이해
2. 대인관계 기술	14. 대화 기술
3. 자아개념	15. 문법 구조
4-Ⅰ. 자조 기술: 식사하기	16. 모방: 음성
4-Ⅱ. 자조 기술: 옷 입기	
4-Ⅲ. 자조 기술: 몸단장하기	
4-Ⅳ. 자조 기술: 배변훈련	
인지	**소근육 운동**
5. 주의집중 및 기억: 시각/공간	17. 모방하기: 움직임 운동
6-Ⅰ. 시지각: 블록과 퍼즐	18. 쥐기와 조작하기
6-Ⅱ. 시지각: 맞추기와 분류하기	19. 양손사용 기술
7. 사물과 상징적 놀이의 기능적 사용	20. 도구 사용하기
8. 문제해결 / 추리	21. 시각-운동 기술
9. 숫자개념	
인지 / 의사소통	**대근육 운동**
10. 개념/어휘: 수용	22-Ⅰ. 바로 서기: 자세와 이동
11. 개념/어휘: 표현	22-Ⅱ. 상체 세우기: 균형 잡기
12. 집중력과 기억력: 청각	22-Ⅲ. 상체 바로 세우기: 공놀이
	22-Ⅳ. 바로 서기: 바깥놀이

출처: 한경근 외(2009).

캐롤라이나 교육과정은 하나의 교육과정으로서가 아니라, 교사가 일련의 항목들을 이해하고, 특정 영역에서 발달 문제를 보이는 유아에게 적합하게 항목을 수정할 수 있도록 각 단계별로 교수를 위한 하위 영역들이 기술되어 있어, 교사들이 특정 발달 영역에 문제가 있는 유아를 위한 교수 계획안을 계획하는 데 매우 유용하게 사용될 수 있다.

③ 누리과정 평가

누리과정은 2012년 이후 국가수준의 유아교육과정과 표준보육과정이 통합되어 3, 4, 5세의 모든 유아를 위한 공통 교육과정으로 공표된 것으로 연령별로 세부 내용이 제시되었으며 2019년 내용범주와 내용이 개정되었다. 누리과정의 5개 영역은 신체운동·건강, 의사소통, 사회관계, 예술경험, 자연탐구로 구성되었다.

〈표 2-31〉 누리과정의 영역별 내용 범주

영역	내용 범주		
신체운동·건강	신체활동 즐기기	건강하게 생활하기	안전하게 생활하기
의사소통	듣기와 말하기	읽기와 쓰기에 관심 가지기	책과 이야기 즐기기
사회관계	나를 알고 존중하기	더불어 생활하기	사회에 관심 가지기
예술경험	아름다움 찾아보기	창의적으로 표현하기	예술 감상하기
자연탐구	탐구과정 즐기기	생활 속에서 탐구하기	자연과 더불어 살기

개별화교육프로그램을 위해서 교육과정의 영역별 세부 내용에 대한 수행도 정보를 모으고 평가하여 개별적인 목표를 수립할 수 있다.

〈표 2-32〉 사회관계 영역의 내용

내용범주	내용
나를 알고 존중하기	나를 알고 소중히 여긴다.
	나의 감정을 알고 상황에 맞게 표현한다.
	내가 할 수 있는 것을 스스로 한다.
더불어 생활하기	가족의 의미를 알고 화목하게 지낸다.
	친구와 서로 도우며 사이좋게 지낸다.
	친구와의 갈등을 긍정적인 방법으로 해결한다.
	서로 다른 감정, 생각, 행동을 존중한다.
	친구와 어른께 예의바르게 행동한다.
	약속과 규칙의 필요성을 알고 지킨다.
사회에 관심 가지기	내가 살고 있는 곳에 대해 궁금한 것을 알아본다.
	우리나라에 대해 자부심을 가진다.
	다양한 문화에 관심을 가진다.

④ 지역사회적응검사(Community Integration Skills-Assessment: CIS-A)

지역사회적응검사는 발달장애인이 지역사회에 통합하는 데 필수적인 적응기술들을 포괄적으로 검사하여 교육훈련 및 재활계획 수립에 필요한 정보를 제공하는 데 목적이 있다. 지역사회적응검사는 지역사회적응검사와 지역사회통합교육과정으로 구성되어 있어서 검사 후 교육과정을 토대로 하여서 지역사회적응기술을 구체적으로 지도할 수 있다. 검사내용 구성은 다음의 〈표 2-33〉과 같다.

〈표 2-33〉 CIS-A의 영역 구성

영역	구성 요인	기술 특징
기본생활	1. 기초개념 2. 기능적 기호와 상징 3. 가정관리 4. 건강과 안전	자조능력, 개인, 가정, 지역사회적응 관련 생활기술
사회자립	5. 공공 서비스 6. 시간과 측정 7. 금전관리	독립적으로 사회생활 유지에 필요한 기술
직업생활	8. 직업기능 9. 대인관계 및 여가	직업생활의 준비와 유지에 필요한 기술

출처: 김동일, 이달엽, 박희찬(2004). 지역사회적응검사 실시요강. (p. 21). 학지사.

효과적인 교육과정을 제공하기 위해서는 개개인의 상대적인 강점과 약점을 고려하는 것이 필수적이며 개별화 계획의 우선순위는 9개의 요인 중 가장 낮은 요인이 추천될 수 있다. 가능하다면 사례회의를 통하여 구체적인 우선순위를 결정한다.

지역사회적응 검사는 적응기술을 평가한 후 교육과정과 연계할 수 있도록 지역사회적응기술과 관련된 내용을 구체적이고 실제적으로 제시하고 있다. 지역사회적응을 위한 생활기술을 교육하고 훈련하는 과정에서 생활기술을 먼저 인식하게 하고, 그 다음에는 이를 부분적으로 적용하게 하며, 나아가 이를 직접 생활에 실천할 수 있도록 계열성 있는 교육과정을 제공해 준다.

지역사회적응검사(Community Integration Skills Assessment-2)는 지역사회에 통합하는 데 필수적인 기술들을 포괄적으로 검사하고, 이 검사 결과를 통하여 교육훈련계획을 수립·실행하기 위한 지역사회적응체계의 검사 부문이다.

지역사회적응체계(Community Integration Skills-2: CIS-2)는 지적장애인과 자폐성장애인을 포함한 발달장애인이 지역사회에 통합하는 데 필수적인 기술들을 포괄적으로 검사하고, 이 검사 결과를 통하여 교육훈련계획을 수립·실행하는 데 목적이 있다.

대상 연령은 만 5세 이상 영유아, 아동, 청소년, 대학생이며 개정된 CIS 체계는 검사 부문인 『지역사회적응검사(Community Integration Skills Assessment-2: CISA-2)』와 교육과정 부문인 『지역사회적응교육과정(Community Integration Skills Curriculum-2: CISC-2)』으로 분류된다.

검사 부문은 지역사회적응검사, 전문가 지침서, 기록지로 구성되어 있으며, 교육과정 부문은 지역사회적응교육과정, 교육훈련계획서로 구성되어 있다. 따라서 이 체계는 CISA-2를 실시하여 피검자의 지역사회 적응행동 수준을 진단하고 적응행동에 관한 강점과 약점을 평가하며, CISC-2를 활용하여 개별화 교육훈련 프로그램을 개발할 수 있다.

> 다양한 방법으로 진행된 진단 · 평가의 총체적인 내용을 포함하는 '현재수행평가서(현행수준평가서)'를 작성할 때에는 장점과 지도점이 모두 포함되어야 하며 어떤 영역의 수행도 서술은 스스로 독립적으로 수행이 가능하면 "……할 수 있다", 촉진을 받아 수행이 가능하면 "……촉진을 받아 수행한다", "혼자서 하기에는 어려움이 있다"와 같은 표현이 적절하다.

[그림 2-6] 현재수행평가서 작성 유의점

제3장

목표 설정

■ 주요 질문 ■

- 장·단기 목표를 기술할 때 포함되어야할 요소는 무엇인가?
- 장기 목표와 단기 목표의 차이는 무엇인가?
- 과제분석을 이용한 단기 목표 설정방법은 무엇인가?

1 목표 설정의 고려점

개별화교육프로그램은 진단 · 평가의 과정을 통해 특수교육대상자의 강 · 약점에 대한 평가를 기초로 목표 설정이 이루어져야 하며, 이때의 목표는 특수교육대상자에게 유의미한 내용이어야 한다. Michnowicz와 그 동료들(1995)은 특수교육 현장에서 이루어지는 개별화교육프로그램의 질적인 개선점을 알아보기 위해서 시금까지 특수교육대상자에게 현장에서 실행해 왔던 개별화교육프로그램의 내용을 평가한 결과 다음과 같은 문제점들을 발견하게 되었다(Grisham-Brown & Hemmeter, 1998).

과거 대부분의 개별화교육프로그램 목표는 진행되는 일과와 활동에 대한 참여를 강조하는 활동중심과 관련이 없었다. 특히 기능적 기술(functional skills)을 습득하여서 미래에 최대한 독립적인 삶을 살도록 지원해야 하는 특수교육대상자인 경우에도 일상생활과 연관이 되지 않는 분리된 기술(isolated skills)로 구성되는 경우가 많았다(〈표 3-1〉 참조). 특히 장 · 단기 목표가 기능적 기술이 아닌 분리된 기술의 목표들이 많았고, 대부분의 목표들이 교육기관, 집, 지역사회에서 매일 일어나는 일과 안에서 실행되지 않았다고 보고하였다.

분리된 기술로 구성된 목표는 일과의 맥락에 맞지 않는 부자연스러운 접근이 많으며 특수교육대상자가 지금 이 상황에서 왜 이걸 해야 하는지 모르기 때문에 학습동기가 감소될 수 있다. 이에 반하여서 기능적 기술은 실제 환경에서의 적절한 참여 행동이 되므로 교사는 이러한 기능적 기술을 지도하기 위한 다양한 일과와 활동에 대한 계획을 세워서 지도한다면 보다 효과적인 목표 수행 및 교실 참여가 이루어지게 될 것이다.

다음의 〈표 3-1〉은 분리된 기술과 기능적 기술로 구성된 목표의 예이다.

〈표 3-1〉 실제상황과 분리된 기술과 기능적 기술로 구성된 목표의 예

실제상황과 분리된 기술로 구성된 목표 적용	기능적 기술로 구성된 목표 적용
수학 영역 목표: 10 이하의 수를 셀 수 있다(초등학생).	
• 지도 상황: 교실의 전체 활동이 진행되고 있는 동안 분리된 환경에서 1:1로 학습한다. • 지도 방법: 교사와 1:1로 앉아 1~10까지 세기를 반복해서 연습한다.	• 지도 상황: 간식 시간, 모둠 수업시간 • 지도 방법: −간식 시간에 1명의 친구와 함께 친구들에게 나누어줄 우유팩을 센다. −모둠 수업시간에 모둠에 참여한 친구의 수를 센다.
패스트푸드점에서 먹기 원하는 메뉴를 종업원에게 말할 수 있다(중 · 고등학생).	
• 지도상황: 재량시간 • 지도 방법: 교사가 칠판에 적어준 패스트푸드점에서 먹을 수 있는 메뉴들을 보고 노트에 여러 번 반복해서 베껴 적는다.	• 지도 상황: 패스트푸드점 주문대 앞 • 지도 방법: 본인이 먹기 원하는 메뉴를 직원에게 직접 주문한다.

[그림 3-1] 선택한 메뉴를 직원에게 직접 주문해 본다.

2 장·단기 목표 설정 과정

1) 1단계: 필요한 목표 설정

진단·평가는 특수교육대상자를 지도하기 위한 장·단기 목표를 세우는 데 꼭 필요한 정보를 제공하는 과정이다. 진단·평가 결과를 통해서 특수교육대상자의 현행 수준을 잘 파악할 수 있어야 하고 특수교육대상자의 현행수준을 근거로 하여서 가장 적절한 장·단기 목표를 설정할 수 있어야 한다([그림 1-3] 참조).

장·단기 목표는 특수교육대상자의 자연스러운 생활 안에서 의미 있고, 가치 있는 목표로 설정되어야 한다. 만약 상호작용이 증가하도록 계획된 장·단기 목표라면 실제로 설정된 장·단기 목표는 환경 내의 사람과 사물과의 상호작용을 증가시킬 수 있어야 한다. 예를 들어, 유아에게 설정된 목표가 "자신의 욕구를 '~주세요'로 표현할 수 있다"라면 이 목표는 다양한 환경에서 연습할 수 있는 기회를 가져야 한다(가정: 식사시간에 "물 주세요"/ 교육기관: 간식시간에 "더 주세요"/ 지역사회: 놀이터에서 "밀어 주세요"). 또한 고등학생에게 설정된 목표가 "자신의 의견을 '모르겠어요! 다시 설명해 주세요'로 표현할 수 있다"라면 다음과 같이 일과 안에서 활용될 수 있다(학교: 수업 중에 "선생님 잘 모르겠어요! 다시 설명해 주세요"/ 직장 체험장에서 "부장님 잘 모르겠어요! 다시 설명해 주세요").

특수교육대상자에게 필요한 기술과 활동을 결정하기 위해서는 적격성 판정과 교육배치를 위해 주로 사용해왔던 표준화 검사보다는 개별화교육프로그램 과정에 참석하는 팀구성원들이 가정, 학교, 지역사회, 여가 및 미래의 직업환경에서 관찰, 면담 등으로 진단·평가하는 것이 바람직하다. 특히 부모는 자녀에 대한 다양한 정보(예: 좋아하는 것, 싫어하는 것, 원하는 것, 원하지 않는 것, 잘하는 것, 못해서 가르쳐야 하는 것, 의사소통 정도 등)를 줄 수 있으므로 팀구성원으로서 매우 중요하다. 부모를 포함한 팀 구성원은 협력적 진단·평가를 통해 가정, 학교, 지역사회, 여가, 미래의 직업환경에서 가르쳐야 할 기능적 기술의 목표를 기술하여야 한다.

(1) 장 · 단기 목표 선정기준

진단 · 평가 후 특수교육대상자의 현행 수준을 파악하게 되면 교사들은 1년 동안 지도해야 할 부분이 너무 많다는 것을 인지하게 된다. 그러나 특수교육대상자의 잠재 능력, 가정 연계 여건 등을 고려해 보면 1년간이란 제한된 시간 동안 모두 지도 가능한 것은 아니다. 그러므로 교사들은 특수교육대상자에게 가장 우선(Priority)으로 지도해야 하는 목표를 선정해야 한다.

가장 적절한 장 · 단기 목표를 선정하기 위해서 다음과 같은 점을 고려하여야 한다(이소현, 2003; 이창미, 김수진, 장혜성, 2009; Grisham-Brown & Hemmeter, 1998).

- 특수교육대상자의 발달상 적합한 기술로 생활연령에도 적합하여야 한다.
- 특수교육대상자의 현재와 미래의 삶에서 최대한 독립적으로 살아갈 수 있는 기능적 기술이어야 한다.
- 특수교육대상자의 관심, 좋아하는 것이 충분히 고려되어야 한다. 특수교육대상자 자신이 선호하는 활동은 관심을 가지고 스스로 열심히 하게 되므로 목표달성에 효과적이다.
- 부모도 꼭 필요하다고 동의한 목표이어야 한다. 그래야만 자녀의 목표달성을 위해서 협력자가 될 수 있다.
- 최소 제한 환경에서 사용될 수 있는 목표이어야 한다.
- 매일 일과 안에서 의미 있는 활동으로 이루어질 수 있는 목표이어야 한다.
- 유아는 놀이 중심이어야 하고 학령기는 최대한 활동 중심 목표이어야 한다.
- 자신의 의견 나타내기, 원하는 것 선택하기, 질문하기 등을 스스로 할 수 있게 도와줄 수 있는 목표이어야 한다(〈표 3-2〉 참조).
- 교사, 부모, 또래, 지역사회 주민, 직장 동료, 물리적 환경과의 상호작용 안에서 이루어질 수 있는 목표이어야 한다.
- 특수교육대상자의 학습 단계(예: 습득, 숙달, 유지, 일반화)(〈표 3-3〉, 〈표 3-4〉 참조)를 고려하여서 적절하게 설정된 목표이어야 한다.
- 통합 환경에의 참여를 촉진할 수 있는 목표이어야 한다.
  예: '색을 변별할 수 있다'는 '통합학교에 위치한 화장실 색(여자: 빨간색, 남자: 검은색)을 구별하여 자신의 성에 맞게 화장실을 이용할 수 있다.'라는 목표로 적용한다.
- 장애에 대한 낙인을 최소화하는 목표이어야 한다.
  예: 용변(대소변 실수), 외모 청결(침 흘리기), 의사소통(발음 불명료) 등
- 다양한 환경에서 유용하게 일반화될 수 있는 목표이어야 한다.
  예: '계단을 스스로 오르고 내릴 수 있다'를 수행하게 되면 학교, 지하철, 지역사회 건물에 있는 다양한 환경의 계단을 이용할 수 있다(〈표 3-5〉 참조).

다음 〈표 3−2〉는 자신이 원하는 것을 표현할 수 있는 목표를 다양한 환경에서 지도하는 예이다.

〈표 3−2〉 자신이 욕구를 표현할 수 있는 장·단기 목표의 예

- 목표: 자신이 원하는 것을 "~할래요" 하고 말할 수 있다.
- 다양한 환경 안에서의 상호작용의 기회를 다음과 같이 마련하도록 구체화시킨다.

장소	유아	초등학생	중·고등학생
가정	"세수할래요"	"TV 볼래요"	"컴퓨터 할래요"
교육기관	"노래할래요"	"미술 할래요"	"작업실 갈래요"
지역사회	놀이터에서 "그네 탈래요"	"전철 탈래요"	"볼링 할래요"

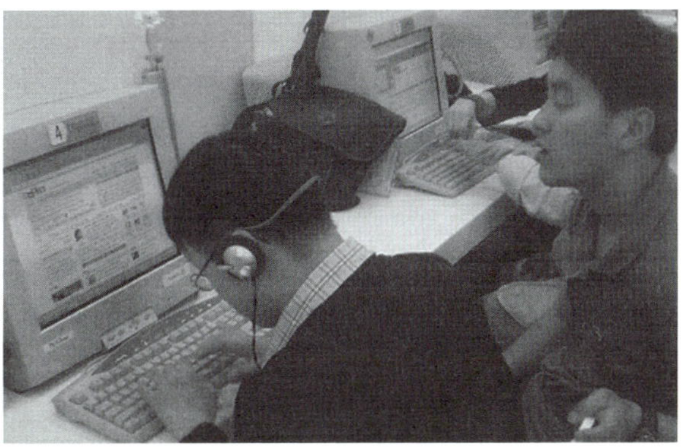

[그림 3−2] 교사의 촉진을 받으며 선호하는 컴퓨터 사용 기술을 학습한다.

다음 〈표 3−3〉은 학습단계에 대한 설명이다. 현재 수행이 안 되는 경우에는 습득단계에 중점을 둔 목표를 설정하고 습득이 이미 되었지만 숙달, 유지, 일반화 단계에 어려움을 보인다면 그 단계에 따른 목표설정이 필요하다.

〈표 3-3〉 학습단계의 설명

단 계		설 명
습득		수행하지 못하는 새로운 기술을 배우는 것이다.
숙달		자연스러운 속도로 부드럽게 신속하게 습득된 기술을 수행하는 것이다.
유지		일정 기간 동안 지도하지 않아도 습득된 기술이 지속되어서 수행하는 것이다.
일반화	장소(상황) 일반화	처음 배운 장소나 환경이 아닌 곳에서 습득된 기술을 수행하는 것이다.
	사람(대상) 일반화	새로운 기술을 지도해준 사람 외에 다른 사람에게도 습득된 기술을 수행하는 것이다.
	자료(사물) 일반화	처음 배울 때에 사용했던 자료 외에 다른 자료를 사용해서 습득된 기술을 수행하는 것이다.

출처: 양명희(2016). 행동수정이론에 기초한 행동지원. 2판(p. 147, pp. 443-452). 학지사.

다음 〈표 3-4〉는 각 학습단계에 적절한 목표설정의 예이다.

〈표 3-4〉 학습단계에 따른 행동의 예

단 계		예	
		바지의 호크 잠그기	이력서 작성하기
습득		교사가 신체적으로 촉진을 했을 때에 바지의 호크를 손으로 잠글 수 있다.	교사가 언어적 촉진을 주었을 때에 이력서란에 생년월일을 많은 시간을 소요하면서 적을 수 있다.
숙달		교사가 신체적인 촉진을 조금만 주어도 빠른 시간 내에 바지의 호크를 손으로 잠글 수 있다.	교사가 언어적 촉진을 감소하여도 빠른 시간 안에 이력서란에 생년월일을 정확하게 적을 수 있다.
유지		2주 동안 지도하지 않았는데도 바지의 호크를 스스로 잠글 수 있다.	방학 중이어서 지도하지 않았는데도 개학 후 이력서란에 생년월일을 정확하게 적을 수 있다.
일반화	장소(상황) 일반화	학교에서 바지의 호크를 잠글 수 있었는데 집에서도 스스로 호크 바지를 잠글 수 있다.	처음 배운 교실에서 이력서란에 생년월일을 정확하게 적었는데 나중에는 은행에서도 생년월일을 정확하게 적을 수 있다.
	사람(대상) 일반화	교사 앞에서 바지의 호크를 잠글 수 있었는데 엄마 앞에서도 스스로 호크 바지를 잠글 수 있다.	담임교사가 아닌 보조원 앞에서도 이력서란에 생년월일을 정확하게 적을 수 있다.
	자료(사물) 일반화	처음 배울 때 사용했던 바지가 아닌 새로 산 바지의 호크를 스스로 잠글 수 있다.	처음에 사용했던 이력서 형식이 아닌 회사 이력서의 신상명세에도 생년월일을 정확하게 적을 수 있다.

〈표 3-5〉 개별화교육프로그램 목표의 일반성

1. 선정된 목표는 특정한 상황만이 아니고 일반적인 상황에 적용 가능해야 한다. • 특정한 상황에만 활용될 수 있는 목표 목표: 인라인 스케이트를 탈 수 있다. • 다양한 상황에서도 활용될 수 있는 목표 목표: 계단을 올라갈 수 있다. 2. 선정된 목표가 다양한 환경, 자료, 사람에게 일반화될 수 있어야 한다. • 목표: 버튼을 누를 수 있다. • 기회: 가정 - 아파트 초인종 누르기, 전화기 누르기 교육기관 - 컴퓨터 자판 누르기 지역사회 - 엘리베이터 버튼 누르기 직업환경 - 조립하기 위해서 구멍에 나사 누르기

2) 2단계: 장 · 단기 목표 서술방법

(1) 조작적 정의의 필요성

장 · 단기 목표 행동은 관찰 가능하고 측정 가능한 행동으로 조작적 정의를 하여야 한다. 이것은 관찰자가 보거나 들을 수 있는 구체적인 행동이어야 함을 의미한다. 예를 들어서, '친구에게 친절하게 대할 수 있다'는 '친절하다'는 의미를 관찰자마다 주관적으로 평가할 수 있다. 그러므로 '친구에게 놀잇감을 줄 수 있다'와 같이 누가 평가하여도 동일한 결과를 보일 수 있게 관찰 가능하고 측정 가능한 행동으로 기술하여야 한다.

만일 특수교육대상자에게 집단놀이에서 협동하는 것을 가르치고자 하면, 그 상황에서 해야 할 행동을 구체화하는 것이 중요하다. '협동한다'라는 단어는 모호한 용어이다. 특수교육대상자가 협동할 때 어떻게 행동해야 한다는 개념은 우리가 가지고 있으나 해석상에는 서로 간에 큰 차이가 있을 수 있다.

집단놀이 시 다른 아동에게 의사도 묻지 않고 놀잇감을 뺏어온다면, '민수는 친구의 놀잇감을 가지고 놀려면 자유놀이 시간 중 3명 이상의 친구에게 물어볼 수 있다'로 기술할 수 있다. 이렇게 행동을 구체적으로 명시하면 장 · 단기 목표행동이 관찰 가능하고 측정 가능하게 된다.

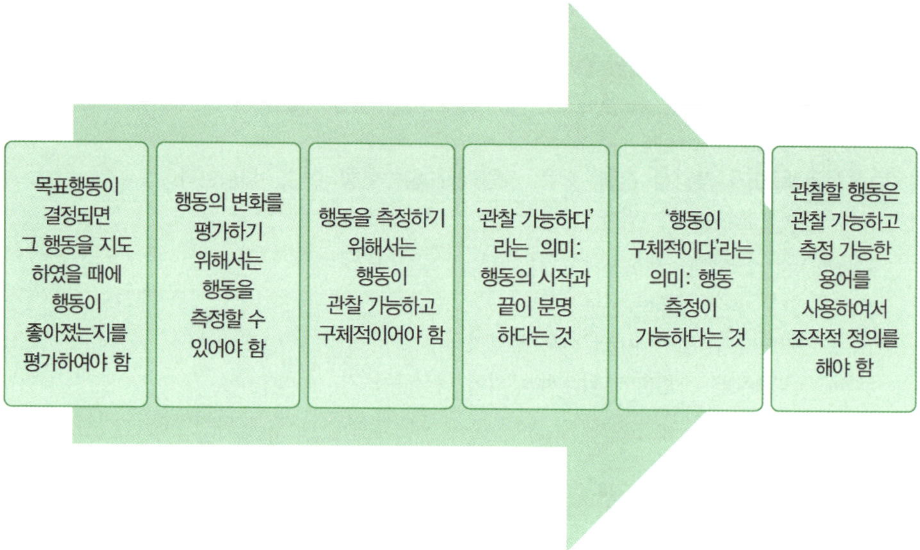

[그림 3-3] 조작적 정의의 필요성

출처: 양명희(2016). 행동수정이론에 기초한 행동지원. 2판(pp. 131-132). 학지사.

(2) 조작적 정의의 장점

목표행동은 관찰 가능하고 측정 가능한 용어를 사용하여 서술하여야 한다. 이를 조작적 정의라고 하는데 조작적 정의의 장점과 조작적 정의를 하지 않았을 때의 어려운 점은 〈표 3-6〉과 같다(양명희, 2016).

〈표 3-6〉 조작적 정의의 장점

조작적 정의의 장점	조작적 정의를 하지 않았을 시 어려운 점
• 가르치는 사람이 같은 행동을 계속적으로 관찰할 수 있으므로, 행동의 정확한 관찰과 기록이 가능하다. • 특수교육대상자를 가르치는 데 한 사람뿐 아니라 여러 사람이 참여할 때 행동의 정확한 서술을 통해서 변화된 행동을 동일하게 관찰 · 평가할 수 있다. • 담당교사뿐만 아니라 특수교육 관련 서비스 담당자, 특수교육 보조원, 부모도 동일한 방법으로 지도할 수 있다.	• 가르치는 사람도 목표행동이 명료하지 않으므로 구체적인 교수목표를 세우기가 어렵다. • 목표 행동을 관찰 가능하고 측정할 수 있게 구체적으로 서술하지 않으므로 관찰자마다 다른 정의로 평가를 하게 되어서 신뢰할 만한 평가 결과를 기대하기 어렵다.

(3) 조작적 정의로 장단기 목표 서술하기

① 필수 4가지 요소

조작적 정의로 장 · 단기 목표를 기술할 때에 꼭 포함되어야 하는 4가지 요소는 다음과 같다. ① 학습자(특수교육대상자), ② 목표행동, ③ 조건, ④ 성취기준이다. 이와 같이 네 가지 요소를 포함한 장 · 단기 목표는 교사가 아동의 목표행동을 체계적으로 관찰할 수 있으며 여러 명의 교사가 관찰을 해도 일관성 있는 결과를 산출할 수 있다. 그리고 주 교사 외에 관련자가 지도할 때에도 주 교사와 동일한 방법으로 중재가 가능해진다(양명희, 2016).

〈표 3-7〉 장단기 목표 서술의 4가지 요소

요소	설명	예			
학습자	목표행동을 통해서 변화를 받아야 할 대상자를 의미함	영진이는	수현이는	예지는	지수는
조건	목표행동이 일어날 때에 관련된 '선행 자극'으로서 환경적 상황, 사용될 자료, 촉진의 정도, 구어/문어적 지시 등이 제시되어야 함	수학시간에 합이 30을 넘지 않는 덧셈 문제지가 주어질 때	국어수업 동안	교사가 주변에 있는 사물을 가리키며 "나에게 …를 주렴"이라는 구어적 지시를 할 때	교사가 신체적 촉진을 하면
목표 행동	중재를 하였을 때에 변화되는 구체적인 행동을 조작적 정의로 서술하여야 함	덧셈 문제에 답을 노트에 적기	자기 자리에 앉기	교사에게 사물을 주기	지갑에서 도서 대출증 꺼내기
기준	중재 후 장애 학생의 중재 성취 여부에 대한 판단 기준으로 행동수준의 빈도, 지속시간, 반응지연시간, 비율(%) 등으로 기준을 서술하여야 함	빈도: 연속 3일 동안 분당 5개의 정답률	지속시간: 연속 5일간 국어시간 40분 동안	반응지연시간: 구어적 지시가 주어진 후 1분 이내에	비율: 주어진 기회에 80%를 정확하게

② 목표행동 서술방법

장·단기 목표를 서술할 때에는 변화된 행동을 명확하게 파악하고 누구나 동일한 평가를 위해 객관적으로 관찰할 수 있게 구체적인 동사를 사용하여야 한다. 개인에 따라 주관적인 모호한 동사를 사용하면 교사와 부모들이 서로 이견을 보이므로 일관된 지도와 평가가 어려워진다(〈표 3-8〉, 〈표 3-9〉 참조).

〈표 3-8〉 목표행동 서술 시 적절한 동사의 종류

목표를 서술하는 적절한 동사	대답한다, 색칠한다, 자른다, 그린다, 잡는다, 쳐다본다, 쓴다, 잡아 올린다, 가리킨다, 놓는다, 말한다, 웃는다, 던진다, 꺼낸다, 일어난다 등
목표를 서술하는 부적절한 동사	고려한다, 발달한다, 발견한다, 격려한다, 증진한다, 소개한다, 안다, 연습한다, 이해한다, 참여한다, 반응한다, 인지한다, 습득한다, 경청한다, 협력한다, 확인한다, 개발한다, 참는다, 향상된다, 발견한다, 기른다 등

〈표 3-9〉 목표행동 서술 시 사용된 동사 비교

적절한 동사 서술의 예	부적절한 동사 서술의 예
책상 위에 있는 색종이 중에서 '가장 큰 것'을 교사에게 **줄 수 있다.**	책상 위에 있는 색종이 중에서 '크다' '작다'의 차이를 **인지할 수 있다.**
1~10까지 숫자가 적혀 있는 카드를 보여주면 숫자를 **말할 수 있다.**	1~10까지 숫자를 **알 수 있다.**
대형 마켓에서 구입할 물건 목록을 **읽을 수 있다.**	대형 마켓에서 구입할 물건 목록을 **확인할 수 있다.**

다음의 〈표 3-10〉에서는 목표행동 서술의 올바른 형태와 부적절한 형태를 예로써 설명하고 있다.

〈표 3-10〉 적절한 목표행동 서술의 예

목표를 적절하게 서술한 예	• 교사가 "……색 가지고 와" 하고 언어적 촉진을 하면 빨간색, 파란색 블록을 스스로 가지고 올 수 있다. • 교사가 손으로 컵을 잡아주면 우유를 마실 수 있다. • 교사가 시범을 보여주면 블록을 구멍에 꽂을 수 있다. • 교사가 1/4 정도 구멍에 밀어 넣어줄 때 코트 단추를 끼울 수 있다. • 시간에 맞추어 언어적 지시를 하면 화장실에 가서 소변을 볼 수 있다.

〈표 3-11〉 부적절한 목표서술의 예

목표를 부적절하게 서술한 예	부적절한 예	부적절한 이유	적절하게 수정한 예
	교사가 시범을 보이면 빨간색을 확인할 수 있다.	확인한다는 말이 모호하다. "가리킨다, 말한다, 준다" 등의 행동 용어로 서술하는 것이 적절하다.	교사가 시범을 보이면 빨간색 종이를 교사에게 줄 수 있다.

③ 목표행동 조건 서술방법

장 · 단기 목표행동이 일어날 때에 관련된 '선행자극'으로서 환경적 상황, 사용될 자료, 촉진의 정도, 구어/문어적 지시 등이 제시되어야 한다.

만약 특수교육대상자에게 걷기를 가르친다고 할 때, 걷기는 다양한 상황에서 일어날 수 있다(예: 어른이 허리를 잡아주기, 가구를 잡게 하기, 어른과 한 손 혹은 양손을 잡기, 스스로 걷기). 그러므로 특수교육대상자가 어떤 조건하에서 행동을 수행해야 하는지 구체적인 촉진방법을 제시해야 한다.

다음의 〈표 3-12〉는 목표행동을 구체적으로 서술할 때 포함될 촉진의 유형들이다.

〈표 3-12〉 촉진의 유형과 적용의 예

촉진 종류	목표 서술의 예
언어적 촉진	화장실에서 "물내리자!"라는 말을 듣고
시범 보이기	치약을 짜는 모습을 보여주면
신체적 촉진	점퍼 지퍼의 손잡이를 잡아주면
공간적 촉진	접시 오른쪽 위에 포크를 놓아주면
시각적 촉진	아동 얼굴 사진이 부착된 신발장에서

[그림 3-4] 부르기 원하는 노래제목 번호를 누를 수 있게 시각적 촉진을 제공한다.

〈표 3-13〉 목표조건 서술의 예

요소	예			
조건	**사용될 자료**: 수학시간에 합이 30을 넘지 않는 덧셈 문제지가 주어질 때	**환경적 상황**: 국어 수업 동안에	**구어 지시**: 교사가 주변에 있는 사물을 가리키며 "나에게…를 주렴"이라는 구어적 지시를 할 때	**촉진의 정도**: 교사가 손으로 신체적 촉진을 하면

④ 장단기 목표기준 서술방법

목표를 관찰 가능하고 평가 가능할 수 있게 조작적 정의를 하려면 중재를 한 다음에 아동이 수행할 수 있는 행동수준을 다음과 같이 4가지 기준으로 서술할 수 있다. 목표서술의 기준은 ① 빈도, ② 지속시간, ③ 반응지연시간, ④ 비율(%)로 구성되어 있다(양명희, 2016).

〈표 3-14〉 목표기준 서술의 예

요소	예			
기준	**빈도**: 연속 3일 동안, 분당 5개의 정답률	**지속시간**: 연속 5일간, 국어시간 40분 동안	**반응지연시간**: 구어적 지시가 주어진 후 1분 이내에	**비율**: 주어진 기회에 80%를 정확하게

〈표 3-15〉 목표기준 서술의 부적절한 예

부적절한 예	부적절한 이유	적절하게 수정한 예
교사가 지시를 하면 즉각적으로 적절한 물건을 교사에게 줄 수 있다.	즉각적이라는 말은 사용하는 사람의 기준이나 성격에 따라 달라질 수가 있다. 지시한 후 '10초 이내'같이 '즉각적으로'라는 말을 구체화해야 한다.	교사가 지시한 후 10초 이내에 적절한 물건을 교사에게 줄 수 있다.
언어촉진을 하면 젓가락으로 반찬을 50% 집을 수 있다.	수행 정도가 50%는 실패이므로 좌절감을 느끼고 의욕이 감소될 수 있다. 언어적 촉진을 신체적 촉진으로 바꾸어서 아동의 성공률이 70% 이상이 되도록 하여서 성취감을 갖게 하는 것이 더 적절하다.	신체적 촉진을 하면 70% 이상 젓가락으로 반찬을 집을 수 있다.

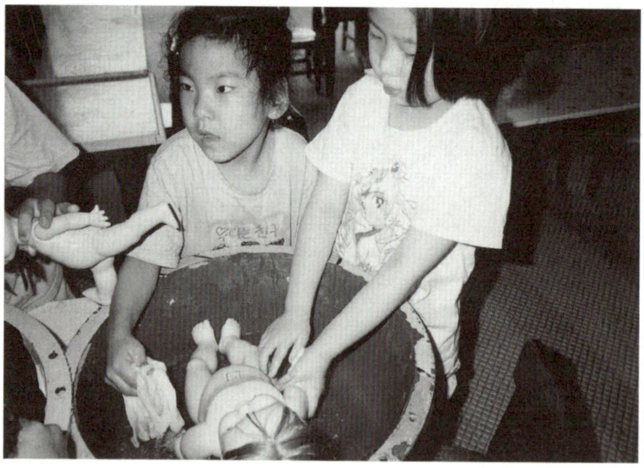

[그림 3-5] 교사의 언어적 촉진이 주어지면 또래와 5분간 놀이를 할 수 있는 목표 행동이다.

3) 3단계: 장기 목표 설정

장기 목표는 특수교육대상자의 장단점을 고려해서 1년간의 교육목표를 결정한다. 연간 장기 목표를 설정할 때에는 1년 후의 성취정도를 정확히 알기 어렵기 때문에 특수교육대상자의 과거 성취정도, 현행 수준, 특수교육대상자의 선호도, 장기 목표의 실제적인 유용성, 특수교육대상자가 필요한 영역의 우선순위, 지도

시의 소요시간 등의 요인들을 고려하여 가능한 적절한 장기 목표를 설정해야 한다. 장기 목표는 각 교과영역이나 발달 영역마다 포괄적인 문장으로 서술되며 단기 목표는 이를 구체적이고 측정 가능한 세부목표들로 나누어 작성하여야 한다.

〈표 3-16〉 장·단기 목표의 차별성

장기 목표	단기 목표
특수교육대상자의 장단점을 고려해서 1년간의 교육목표를 결정한다.	연간 장기 목표를 지도하기 위해서 중간 단계들을 일정 기간(3개월 또는 6개월) 이내의 교육목표로 세분화한다.
각 교과영역이나 발달영역마다 포괄적인 문장으로 서술한다.	장기 목표를 구체적이고 측정 가능한 세부목표들로 나누어 작성하여야 한다. 장기 목표를 체계적으로 분석하는 과제분석의 방법에 의해서 단기 목표를 작성할 수 있으며, 특수교육대상자의 진보를 알아보는 평가기준의 역할도 하게 된다.

장기 목표는 다음과 같은 조건 안에서 이루어져야 한다. 유아의 경우에는 목표로 하는 기술이 신변처리, 운동성(대근육, 소근육), 사회성, 인지, 의사소통 영역 중에 속해야 한다. 초등학생의 경우에는 목표로 하는 기술에 교과, 자조 기술, 지역사회 적응 기술, 중·고등학생의 경우에는 교과, 자조 기술, 지역사회 적응 기술, 여가기술, 직업 관련 기술이 포함되어야 한다.

4) 4단계: 단기 목표 설정

(1) 장기 목표 세분화

연간 목표는 1년 동안의 교육 목표를 설정하는 것인데 1년이 너무 긴 기간이므로 단기 목표로 세분화할 필요가 있다. 장기 목표와 단기 목표의 적절한 예와 부적절한 예를 다음과 같이 설명하고 있다(〈표 3-17〉 참조).

〈표 3-17〉 장기 목표와 단기 목표의 관계

- 적절한 기술의 예
  장기 목표 - 버스를 타고 이동할 수 있다.
  단기 목표 - 교통카드를 단말기에 댈 수 있다.

- 부적절한 기술의 예
  1. 단기 목표가 장기 목표와 동일한 기술에 교수적 촉진을 추가한 것
     예: 장기 목표 - 바지 호크를 잠글 수 있다.
     단기 목표 - 신체적 촉진으로 바지 호크를 잠글 수 있다.
  2. 기술의 정도를 수량적으로 제한하여 다시 서술한 것
     예: 장기 목표 - 언어적 촉진이 주어지면 교사에게 물건 5개를 줄 수 있다.
     단기 목표 - 언어적 촉진이 주어지면 교사에게 물건 2개를 줄 수 있다.
  3. 단기 목표가 장기 목표와 서로 관련이 없을 때
     예: 장기 목표 - 화장실에서 스스로 소변을 볼 수 있다.
     단기 목표 - 점퍼 지퍼를 올릴 수 있다.
  4. 장기 목표를 단순히 세분화했을 때
     예: 장기 목표 - 호크 바지를 바르게 입고 벗을 수 있다.
     단기 목표 - 호크 바지를 바르게 입을 수 있다.
     호크 바지를 바르게 벗을 수 있다.

(2) 과제분석을 이용한 단기 목표 설정

단기 목표는 장기 목표를 작은 단위로 세분화하는 과제분석으로 이루어지기도 한다. 단기 목표는 장기 목표를 성취하기 위한 선수기술로 설정할 수도 있다. 예를 들어, 교육기관에서 하원 시에 신발을 신발장에서 찾아서 신는 것을 지도할 때에 교사는 신발 신기를 연속적인 작은 단계로 나누어 한 단계씩 지도하면 효과적이다. 과제분석은 아동의 능력, 환경, 과제의 유형에 따라서 더 작게 나누어질 수 있다. 장기 목표가 '신발을 신을 수 있다'이고 단기 목표가 과제분석 3번째 단계인 '신발 두 짝을 좌우를 구별해서 발 앞에 바르게 놓을 수 있다'라면 단기 목표 기간 동안 1단계부터 3단계까지를 모두 수행할 수 있게 지도한다는 의미이다(〈표 3-18〉 참조).

〈표 3-18〉 과제분석을 사용한 장·단기 목표의 예

'신발 신기' 과제분석의 예	
1. 신발장에서 자신의 신발을 쳐다본다. 2. 신발장에서 자신의 신발을 꺼낸다. 3. 신발 두 짝을 좌우를 구별해서 발 앞에 바르게 놓는다. 4. 발을 신발에 넣는다. 5. 손가락으로 접힌 부분을 편다. 6. 신발의 지퍼를 올리거나 찍찍이를 붙인다.	• 장기 목표: 신발을 신을 수 있다. • 단기 목표: 신발 두 짝을 좌우를 구별해서 발 앞에 바르게 놓을 수 있다.

(3) 단기 목표 구성 요소

단기 목표는 교사가 목표행동을 체계적으로 관찰할 수 있으며 여러 명의 교사가 관찰을 해도 일관성 있는 결과를 산출할 수 있게 서술하여야 한다. 주 교사 외에 관련자가 지도할 때에도 주 교사와 동일한 방법으로 중재가 가능하게 적어야 한다. 그러므로 단기 목표를 서술할 때에는 학습자, 목표행동, 조건, 기준이 포함되어야 한다(양명희, 2016).

〈표 3-19〉 단기 목표에 기술되어야 할 부분들(유아)

조건	목표행동	기준
또래를 선정하고 교사가 "친구에게 인사해야지" 하고 언어적으로 촉진을 하면	• 또래 한 명에게 '안녕' 하고 인사를 할 수 있다.	언어 촉진 후 1분 이내에 (반응지연시간)
5개 이름 카드 중에서 교사가 손을 함께 잡아주는 신체적 촉진을 하면	• 선택판에서 자기 이름 카드를 뗄 수 있다.	매일 5회 기회 중 3회 이상 (빈도)
또래가 "손 잡고 같이 가자" 하고 언어적 촉진을 하면	• 정해진 짝과 손을 잡고 걸어갈 수 있다.	매일 기회가 있을 때마다 80% 이상 (비율)
교사가 그넷줄을 잡고 앉을 수 있게 신체적인 촉진을 하면	• 그네를 탈 수 있다.	매주 기회가 있을 때마다 5분간 (지속시간)
공을 아동 발 앞에 두고 공 차는 모습을 시범을 보이면	• 공을 찰 수 있다.	기회가 있을 때마다 10회 기회 중 7회 이상 (빈도)

〈표 3-20〉 단기 목표에 기술되어야 할 부분들(중 · 고등학생)

조건	목표 행동	기준
교사가 과제분석 사진카드를 보여주면	• 면도 크림을 볼, 코 밑, 입 주변, 턱에 바를 수 있다.	5회 기회 중 3회 이상 (빈도)
'설거지하기' 과제분석과정 동영상을 보여주고 교사가 언어적 촉진을 하면서 5개 그릇을 주면	• 1차 물로 닦은 그릇을 식기 세척기에 놓을 수 있다.	75% 이상 (비율)
교사가 언어적 촉진을 하면서 치즈, 햄, 샌드위치 빵을 식탁에 놓으면	• 치즈와 슬라이스 햄을 샌드위치 빵 위에 한 장씩 얹을 수 있다.	촉진 후 5분 내에 (반응지연시간)
체육복 입는 과정 사진을 보여주고 언어적 촉진을 하면	• 체육복을 입을 수 있다.	10분간 (지속시간)

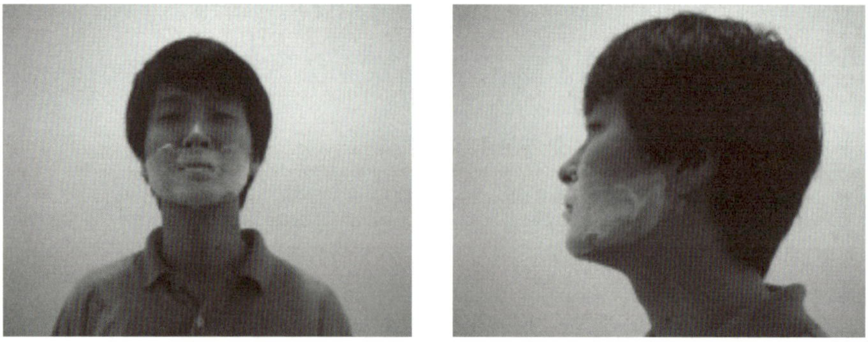

[그림 3-6] 시각적 촉진으로 면도 크림을 얼굴에 바를 수 있는 목표행동이다.

모든 4가지 필수요소를 포함한 단기 목표의 예는 다음과 같다.

〈표 3-21〉 단기 목표 서술의 예

학습자	조건	목표 행동	기준
혜원이는	교사가 "친구에게 인사해야지" 하고 언어 촉진을 하면	또래 한 명에게 '안녕' 하고 인사할 수 있다.	언어 촉진 후 1분 이내에
지수는	직업시간에 교사가 과제분석 사진카드를 보여주면	면도 크림을 볼, 코 밑, 입 주변, 턱에 바를 수 있다.	5회 기회 중 3회 이상
영희는	교사가 교실에 있는 사물을 가리키며 "선생님에게 가위를 주세요" 하고 말하면	해당 사물을 교사에게 줄 수 있다.	지시가 주어진 후 1분 이내에
진수는	쉬는 시간에 교사가 "모두 과학실로 이동하세요" 하고 말하면	혼자서 과학실에 찾아갈 수 있다.	1주일 동안 75% 이상

다음의 〈표 3-22〉는 미국 K 초등학교에 재학중인 특수교육대상자들의 IEP 목표의 예이다.

〈표 3-22〉 미국 IEP 목표의 예

학습자	조건	목표 행동	기준
매기는 (Maggie)	식당에서 도움이 필요할 때에 (When requesting help in the cafeteria)	스스로 자신의 다나박스([그림 3-7] 참조)에 있는 '도움이 필요해요'를 의미하는 아이콘을 누를 수 있다. (independently will push the appropriate icon on her Dyna-Vox)	2주 동안 100% 정확하게 (100% accuracy for 2 weeks)
캐런은 (Karen)	수학시간에: 9:20-9:50 (During math class)	교사의 도움을 받고 싶어서 손을 들 수 있다. (will raise her hand to request teacher assistance)	도움이 필요할 때에 90% 이상 (90% of such requests)

학습자	조건	목표 행동	기준
에이미는 (Amy)	특수학급에서 0~30의 숫자를 직접교수했을 때 (Given direct instruction in number identification of numbers 0-30 in the special education classroom)	다양한 의사소통방법(가리키기, 말하기, 쓰기)을 사용해서 숫자를 표현할 수 있다. [will identify the number using multiple modes of communication (pointing, orally stating, writing, ets.)]	매주 진보표로 3주 연속 평가했을 때 95% 정확하게 (95% accuracy for 3 consecutive weekly assessments as measured by weekly charting of progress)
수전은 (Susan)	물리치료사가 하는 방법을 보여주면 (PT given guided practice)	도움 없이 한 발로 최소 3초간 서 있을 수 있다. (will stand on 1 foot without support for at 3 seconds)	연속적으로 3회 시도했을 때에 5번 중에서 4번 (at least 4 out of 5 opportunities for 3 consecutive timed trials)

[그림 3-7] 보완대체의사소통 전자기기인 다나박스(Dyna-Vox)를 사용하는 모습이다.

5) 5단계: 장 · 단기 목표 점검하기

장 · 단기 목표를 작성한 다음에는 선정된 목표가 질적으로 적절한지를 다음과 같은 점검표를 사용하여서 확인해 보아야 한다(이소현, 2003).

〈표 3-23〉 장・단기 목표 작성을 위한 점검표

요소	점검항목 ("선정된 기술은 ……")	예	
		기술	기회
기능성	1. 환경 내의 사람 및 사물과의 상호작용 능력을 증가시키는가? 2. 자신이 하지 못할 때 다른 사람에 의해서 수행되어야 하는 기술인가?	사물 넣기	가정: 서랍장에 옷 넣기 교육기관: 사물함에 소지품 넣기
일반성	3. 다양한 환경, 자료, 사람에게 일반화될 수 있는가?	버튼 누르기	가정: 컴퓨터 전원 버튼 누르기 지역사회: 버스 하차를 위해서 버튼 누르기
교수 상황	4. 일상적인 환경에서 사용되는 방법과 동일한 방법으로 교수될 수 있는가?	사물 쌓기	블록 쌓기
측정 가능성	5. 직접적으로 계산될 수 있는가? (예: 빈도, 지속시간, 반응지연시간, 비율 등)	과제 지속하기	5분 동안 듣기
장기 목표와 단기 목표의 위계적인 관계	6. 단기 목표는 장기 목표성취를 위해서 중요하다고 생각되는 발달상의 하위 기술이나 단계인가?	옷을 단정히 입기	윗옷을 바지 속에 집어넣기

[그림 3-8] 윗옷을 입을 때 양손을 사용하여 단추를 잠그고 있다.

3 연령별 장 · 단기 목표 서술의 예

1) 유아의 목표 설정

다음은 발달지체 5세 여아의 각 영역별 장 · 단기 목표서술의 예이다.

(1) 신변처리 기술 영역

장기 목표	단기 목표	지도 상황
1. 바지를 입을 수 있다.	1.1 성인이 신체적 촉진을 하면 5회 기회 중 3회 이상 바지 앞쪽을 두 손으로 잡을 수 있다.	화장실 사용 낮잠 후
2. 신발을 바꿔 신을 때 좌우를 구별하여 신을 수 있다.	2.1 "신발을 발 앞에 놓아요" 하고 성인이 언어적 촉진을 하면 1분 이내에 신발의 좌우를 바르게 발 앞에 놓을 수 있다.	등하원
3. 옷을 단정히 입을 수 있다.	3.1 "단춧구멍에 단추를 넣어요" 하고 성인이 언어적 촉진을 하면 1주일간 80% 이상 윗옷 단추를 끼울 수 있다.	옥외활동 시
4. 점심 식사 후 입이나 옷에 묻은 음식물을 정리하고 바르게 앉아 있을 수 있다.	4.1 성인이 신체적 촉진으로 10번 기회 중 7번 이상 식탁 의자에 등을 붙이고 앉을 수 있다.	점심 식사
	4.2 식사 후 "밥풀 떼어요" 하고 성인이 말하면 30초 이내에 옷에 묻은 밥풀을 떼어낼 수 있다.	점심 식사

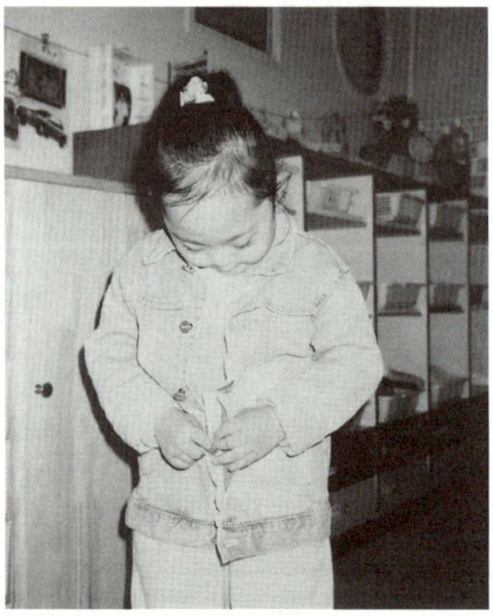

[그림 3-9] 유아가 단추 끼우기를 수행하고 있다.

(2) 사회성 영역

장기 목표	단기 목표	지도 상황
1. 반 친구 이름을 알고 부르며 반갑게 인사할 수 있다.	1.1 등하원 시 "친구에게 인사해야지" 하고 교사가 말하면 70% 이상 친숙한 친구(작년 같은 반 친구)의 이름을 부르며 "안녕" 하고 말할 수 있다.	등하원
2. 친구와 함께 교구를 사용하여서 놀이할 수 있다.	2.1 자유놀이 시 블록영역에서 5분 이상 지속하여 블록을 쌓을 수 있다.	자유놀이
	2.2 친구에게 5회 기회 중 3회 이상 "같이 하자" 하고 말한 후 친구가 줄 때까지 기다릴 수 있다.	자유놀이, 전체 일과
3. 활동이나 발표 상황에서 자신의 차례를 잘 기다릴 수 있다.	3.1 발표 상황에서 3분 이상 손을 들고 교사가 발표하라고 할 때까지 기다릴 수 있다.	집단 활동
4. 게임이나 체육 활동 시 규칙을 알고 따를 수 있다.	4.1 "기다리자" 하고 교사가 말하면 게임순서를 3분간 기다릴 수 있다.	게임, 전체 일과

[그림 3-10] 또래들과 결혼식 놀이를 하면서 상호작용을 하고 있다.

(3) 인지 영역

장기 목표	단기 목표	지도 상황
1. 1~5까지의 수와 사물을 대응하여 분류할 수 있다.	1.1 간식판에 "3개 담아요" 하고 교사가 말하면 5번 기회 중 3회 이상 개수(1~3)만큼 접시에 담을 수 있다.	간식
2. 블록을 이용하여 기차나 집과 같은 구성물을 만들 수 있다.	2.1 교사가 신체적 촉진을 하면 블록을 이용하여서 5분 동안 간단한 집을 만들 수 있다.	자유놀이
3. 퍼즐을 맞출 수 있다.	3.1 6조각 이상의 퍼즐을 5분 동안 교사의 언어와 신체적 촉진으로 맞출 수 있다.	자유놀이
	3.2 컴퓨터 수업 시 교사의 언어, 신체적 촉진으로 2분 동안 퍼즐 조각을 마우스로 끌어당겨 맞출 수 있다.	컴퓨터 수업
4. 사물의 모양을 색칠할 수 있다.	4.1 진하게 덧칠해 준 테두리선 안을 신체적 촉진으로 크레파스로 70% 이상 색칠할 수 있다.	자유놀이, 미술활동
5. 사람을 색연필로 그릴 수 있다.	5.1 교사가 그린 사람 형태를 보고 신체적 촉진을 주면 색연필로 6부분(머리, 몸통, 팔, 다리)으로 나누어 70% 이상 그릴 수 있다.	자유놀이, 미술활동
6. 교실 일과를 예측하며 따를 수 있다.	6.1 교실 앞쪽에 부착되어 있는 그림카드로 만든 시간표를 보고 정리음악이 나오면 2분 이내에 놀던 놀잇감을 놀잇감 밑그림이 그려진 책장에 올려놓을 수 있다.	자유놀이

(4) 의사소통 영역

장기 목표	단기 목표	지도 상황
1. 집단 활동 중 다른 사람의 이야기를 집중하여 들을 수 있다.	1.1 그림 자료를 보며 친구의 이야기를 5분간 들을 수 있다.	이야기 나누기
2. 경험했던 일이나 이야기를 듣고 간단한 질문에 적절히 대답할 수 있다.	2.1 집단 활동 후 들은 내용을 기억하여 교사가 "누가, 무엇"을 사용하여 질문하면 70% 이상 적절한 그림카드를 교사에게 줄 수 있다.	집단 활동, 전체 일과
3. 자신의 요구사항을 문장을 사용하여 천천히 말할 수 있다.	3.1 자신의 요구 사항(예: 화장실, 간식 등)을 이야기할 때 5번 중 3번 이상 교사와 또래의 눈을 쳐다보며 말할 수 있다.	주말 지낸 이야기 나누기 전체 일과
	3.2 "뭐 해줄까?" 하고 교사가 물으면 1분 이내에 "~주세요, 화장실 갈래요, 도와주세요"와 같은 자신의 요구 사항을 두 단어를 결합해서 말할 수 있다.	전체 일과
4. 두 가지 이상의 의미를 담은 지시사항을 따를 수 있다.	4.1 교실 상황에서 교사가 두 가지 이상의 의미(예: "가방하고 점퍼 가지고 와")를 내포한 심부름을 시키면 5회 중 4회 이상 할 수 있다.	전체 일과
5. 자신의 감정을 말로 표현할 수 있다.	5.1 또래와 다툼이 있을 때에 교사가 언어적 촉진을 하면 1분 이내에 친구를 때리는 행동 대신 자신의 감정을 "안 그랬어, 미안해, 나도 해, 싫어"에 해당되는 AAC 전자도구 아이콘을 누를 수 있다.	자유놀이, 전체 일과

(5) 대근육 영역

장기 목표	단기 목표	지도 상황
1. 순환 운동 시 설명을 듣고 순서대로 과제를 수행할 수 있다.	1.1 교사의 시범과 신체적 촉진이 주어지면 차례대로 순서를 지켜 10분간 과제(예: 터널 지나가기, 앞구르기, 평균대 걷기)를 할 수 있다.	순환운동
2. 스스로 안전하게 놀이기구를 사용할 수 있다.	2.1 교사가 신체적 촉진을 하면 5회 기회 중 3회 이상 발을 잘 디디면서 미끄럼틀 계단을 올라갈 수 있다.	바깥놀이, 옥상 놀이
3. 두 발 모아 뛰는 게임과 활동에 균형을 잡고 참여할 수 있다.	3.1 한 손을 교사가 잡아주면 깡총 뛰기를 70% 이상 연속적으로 2회 할 수 있다.	신나는 놀이실 및 대근육 활동

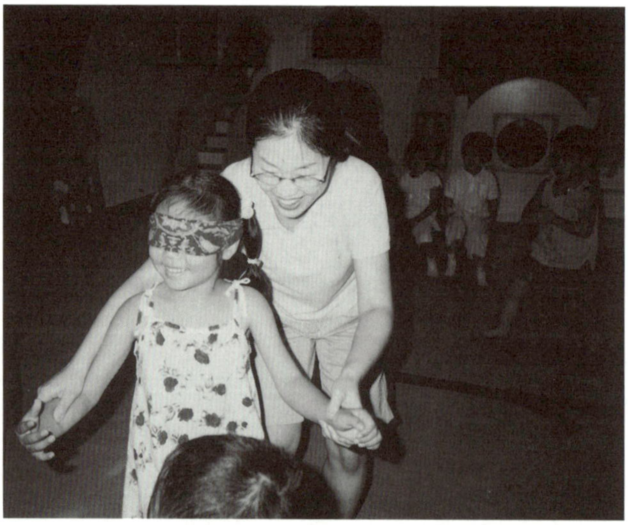

[그림 3-11] 교사의 신체적 촉진을 받아 함께 술래잡기 놀이를 하고 있다.

(6) 소근육 영역

장기 목표	단기 목표	지도 상황
1. 간단한 기본 도형을 선 따라 자를 수 있다.	1.1 교사의 신체적 촉진이 주어지면 5회 기회 중 3회 이상 가위로 지름 5cm의 원을 자를 수 있다.	자유놀이 미술활동
2. 음료수를 표시된 선까지 따를 수 있다.	2.1 간식시간에 교사의 신체적 촉진이 주어지면 5회 중 3회 이상 우유팩에 반 정도 담긴 우유를 흘리지 않고 컵에 따를 수 있다.	간식활동
3. 풀 종류의 도구를 사용할 수 있다.	3.1 교사의 언어적 촉진이 주어지면 1분 이내에 풀 뚜껑을 열 수 있다.	자유놀이, 미술활동

[그림 3-12] 도구를 이용하여 모래놀이를 하고 있다.

2) 초등학생의 목표

다음은 초등학교 3학년 자폐성 장애 학생의 각 영역별 장·단기 목표의 예이다.

(1) 자조 기술 영역

장기 목표	단기 목표	교수 계획	평가 방법	시작일/종료일
1. 점심식사 시간에 단체 급식을 할 수 있다.	1.1 교사가 몇 분 남았는지 말해주면 80% 이상 정해진 시간에 맞추어 급식을 마칠 수 있다.	1.1.1 교사가 호명하는 모둠의 이름을 듣고 급식 줄을 설 수 있게 교사가 언어적 촉진으로 모둠 이름을 확인하게 한다. 1.1.2 교사가 급식 시간이 몇 분 남았는지 말해주면 먹는 속도를 조절할 수 있게 친구가 언어적 촉진으로 지원한다. 1.1.3 강화 스티커를 활용하여 시간 내에 식사를 마치면 칭찬 스티커를 붙이고 일주일 간격으로 점검하여 스티커가 4개 이상인 경우 컴퓨터 활동을 강화로 제공한다.	관찰 평가	2022년 3월/ 2022년 8월
	1.2 더 먹고 싶은 경우 교사가 "더 먹고 싶니" 하고 물으면 10회 기회 중 8회 이상 "더 주세요"에 해당되는 AAC 전자도구 아이콘을 누를 수 있다.	1.2.1 좋아하는 메뉴 리스트를 작성한 뒤 메뉴를 확인하여 좋아하는 음식이 나왔을 경우 "더 먹고 싶니?"라는 질문을 제시하여 AAC 전자도구 아이콘을 눌러서 대답하는 상황을 연습한다. 1.2.2 옆 친구가 더 먹고 싶다는 표현을 먼저 시범 보이고, 모방하게 촉진한다. 1.2.3 급식과 관련한 동영상 자료를 감상하며 여러 가지 상황을 알아본다.	관찰 평가	2022년 3월/ 2022년 8월

장기 목표	단기 목표	교수 계획	평가 방법	시작일/ 종료일
2. 교실에서 자신의 물건을 관리할 수 있다.	2.1 수업시간에 교사가 "준비물 꺼내세요"라고 언어적 촉진을 하면, 1분 이내에 교과서와 노트를 책상 위에 꺼내 놓을 수 있다.	2.1.1 교사가 설명해주는 준비물(또는 컴퓨터 화면으로 보여주는 준비물을 보고)을 듣고 사물을 책상 위에 꺼내 놓는 연습을 한다. 2.1.2 친구의 도움으로 시간표의 과목명을 듣고 해당하는 교과서와 노트를 꺼내는 활동을 함께 연습한다. 2.1.3 올려놓은 교과서가 친구의 교과서와 같은 과목인지 확인하기를 연습한다.	관찰 평가	2022년 3월/ 2022년 8월
	2.2 귀가 시간에 짝꿍이 도움을 주면 5분 동안 책상 서랍에 있는 자신의 물건을 가방에 넣을 수 있다.	2.2.1 짝꿍의 도움으로 책상 서랍에 있는 사물을 모두 가방에 넣는 연습을 한다. 2.2.2 가방을 정리한 후 자신의 주변 또는 책상 서랍을 한 번 더 확인하게 교사가 언어적 촉진을 제공한다.	관찰 평가	2022년 3월/ 2022년 8월

(2) 교과 영역

① 국어

장기 목표	단기 목표	교수 계획	평가 방법	시작일/종료일
1. 친구에게 자신의 감정을 표현하여 의사소통할 수 있다.	1.1 수업 중에 친구가 도와주면, 5회 기회 중 3회 이상 친구에게 "도와줘서 고마워"에 해당되는 AAC 전자도구 아이콘을 누를 수 있다.	1.1.1 아침에 학급 친구에게도 "안녕?"이라고 자발적으로 인사를 할 수 있게 언어적 촉진을 주며 지도한다. 1.1.2 친구에게 "고마워, 미안해" 등의 감정 표현을 해야 하는 이유를 동영상을 이용하여 설명한다. 1.1.3 수업 중 친구가 자신을 도와주었을 때 "도와줘서 고마워"라고 말할 수 있도록 기회를 주고, AAC 전자도구 아이콘을 누르는 연습을 한다.	관찰 평가	2022년 3월/ 2022년 8월
	1.2 수업 중에 친구가 방해를 할 때 교사가 언어적 촉진을 하면 80% 이상 "그러지 마", "싫어"에 해당되는 AAC 전자도구 아이콘을 누를 수 있다.	1.2.1 수업 중 친구가 자신을 때리거나 물건을 빼앗거나 방해하는 등의 피해를 입혔을 때 "그러지 마", "싫어"라고 말할 수 있는 기회를 주고 AAC 전자도구 아이콘을 누르는 연습을 한다. 1.2.1 "싫다."라는 표현이 나오는 동화책을 함께 읽으며 상황을 연습해 본다.	관찰 평가	2022년 3월/ 2022년 8월
2. 주어, 목적어, 술어가 포함된 간단한 문장을 보고 쓸 수 있다.	2.1 부모가 신체적 촉진을 하면 10분 동안 교과서와 자신의 물건에 이름, 학년, 반, 번호를 쓸 수 있다. 2.2 교사가 신체적 촉진을 하면 10회 기회 중 8회 이상 알림장을 쓸 수 있다.	2.1.1 교과서 및 자신의 물건에 이름, 학년, 반, 번호를 부모님과 함께 기록해 본다. 2.2.2 활동지 오른쪽 상단에 학년, 반, 번호, 이름을 교사의 언어적 촉진으로 또는 예시를 보고 쓰기를 연습한다. 2.2.1 교사가 각 번호를 손가락으로 지적해주며 옆 친구의 알림장을 보고 써본다. 2.2.2 칠판 또는 컴퓨터 화면에 적혀 있는 알림장 내용을 교사의 언어적 촉진으로 기록해 본다.	관찰 평가/ 수행 평가	2022년 3월/ 2022년 8월

② 수학

장기 목표	단기 목표	교수 계획	평가 방법	시작일/ 종료일
1. 달력을 보고 진행될 활동을 예측할 수 있다.	1.1 달력을 보고 일주일 단위로 이번 주에 어떤 학교행사가 있는지 물으면 2분 이내에 AAC 전자도구 아이콘을 누를 수 있다.	1.1.1 매일 아침, 오늘이 몇 월 며칠인지 대답하는 역할을 맡긴다. 1.1.2 매주 월요일 조회시간에 해당하는 주의 학교 행사와 그 날짜를 질문하고, 그날이 오늘로부터 며칠 뒤에 있는지도 함께 답하도록 하여 달력을 보고 날짜를 계산할 기회를 많이 부여한다.	관찰 평가	2022년 3월/ 2022년 8월
	1.2 달력에 기념일에 해당하는 날짜에 표시를 하고 일주일 단위 안에 있는 기념일이 오늘로부터 며칠 남았는지 물으면 2분 이내에 AAC 전자도구 아이콘을 누를 수 있다(자신과 반 친구들의 생일 등).	1.2.1 달력에 학생들의 생일에 해당하는 날짜에 스티커를 붙이고 해당하는 친구의 이름을 표기할 수 있도록 시범을 보여 지도한다. 1.2.2 매주 월요일 조회시간에 해당하는 주의 기념일과 그 날짜를 질문하고, 그날이 오늘로부터 며칠 뒤에 있는지도 함께 답하도록 하여 달력을 보고 날짜를 계산할 기회를 많이 준다.	관찰 평가	2022년 3월/ 2022년 8월
2. 전자 시계를 보고 시간에 맞추어 활동할 수 있다.	2.1 교사가 "지금 몇 시니?" 하고 정각 시간에 대해서 물으면 10회 기회 중 7회 이상 시간에 해당되는 그림 카드를 교사에게 줄 수 있다.	2.1.1 정각 시간에 대한 질문을 하고, 같이 시간을 알아본다. 2.1.2 시간표에 표시되어 있는 시간을 함께 보면서 시작 시간과 마침 시간을 확인해 본다.	관찰 평가	2022년 3월/ 2022년 8월
	2.2 매 수업 시작 5분 전에 교사가 무슨 시간인지 언어적 촉진을 하면 5분 동안 시간에 맞추어 교과서와 노트를 책상 위에 꺼낼 수 있다.	2.2.1 아침에 등원하여 개인 노트에 시간을 기록해 보는 활동을 교사 또는 친구와 함께 해본다. 2.2.2 매 수업 시간의 시작 시간과 마침 시간을 교사의 언어적 도움으로 기록하여 본다. 2.2.3 매 수업 시작 5분 전에 교사가 질문하여 현재 시간을 확인하는 것을 함께 연습한다.	관찰 평가	2022년 3월/ 2022년 8월

(3) 지역사회 영역

장기 목표	단기 목표	교수 계획	평가 방법	시작일/종료일
1. 동네 놀이터의 기구를 탈 수 있다.	1.1 원하는 놀이기구 앞에서 친구가 언어적 촉진을 하면 5분 이상 차례를 기다릴 수 있다.	1.1.1 부모님과 함께 원하는 놀이기구를 선택하는 연습을 위하여 놀이터의 다양한 놀이 기구를 둘러본다. 1.1.2 원하는 놀이 기구 앞에서 부모님 또는 친구의 언어적 촉진으로 줄 서서 기다리는 것을 연습해 본다.	관찰 평가	2022년 3월/ 2022년 8월
	1.2 위험한 놀이를 하였을 때 부모가 위험하다고 하지 말라고 하면 2분 이내에 놀이를 멈출 수 있다.	1.2.1 위험한 놀이에 대한 부모님의 설명을 듣고, 위험한 놀이를 하였을 경우 부모님의 지시에 따라 행동을 멈추는 것을 연습한다. 1.2.2 인터넷의 안전 관련 사이트에서 놀이터에서의 규칙 또는 안전 관련 동영상을 함께 보며 규칙을 말해본다.	관찰 평가	2022년 3월/ 2022년 8월
2. 아이스크림 가게에서 주문할 수 있다.	2.1 아이스크림 가게에서 교사가 신체적 촉진을 하면 5분 이상 주문하기 위해서 주문대에 줄을 설 수 있다.	2.1.1 아이스크림 가게 이용 순서를 PPT 자료로 보여준다. 2.1.2 아이스크림 가게에서 다른 사람에게 불쾌감이나 불편을 주는 동영상 보며 간단한 ○, × 퀴즈를 통해 예절의 필요성을 알 수 있게 한다. 2.1.3 아이스크림 가게에서 조용하게 줄을 서 있다가 주문하는 방법에 대해서 지도를 한다.	관찰 평가	2022년 3월/ 2022년 8월
	2.2 아이스크림 가게에서 메뉴판을 보여주면, 3가지 아이스크림을 선택하여 손으로 지적할 수 있다.	2.2.1 아이스크림 가게에서 파는 아이스크림 메뉴를 PPT로 만들어서 아이스크림에 대해 설명을 해 주거나 TV에서 나오는 아이스크림 광고를 함께 보며 아이스크림 메뉴를 말해 본다. 2.2.2 학생들에게 원하는 아이스크림을 물어보고 대답할 수 있게 언어적 촉진을 한다. 말하는 것이 힘든 학생의 경우 메뉴판을 손가락으로 지적하게 한다. 2.2.3 2가지 메뉴를 메모하여 집에서 가까운 아이스크림 매장에서 아이스크림을 구입해 보는 경험을 연습해 본다.	관찰 평가 수행 평가	2022년 3월/ 2022년 8월

3) 중 · 고등학생의 목표 설정

다음은 지적장애 특수학교 전공과에 재학 중인 19세 여학생의 각 영역별 장 · 단기 목표의 예이다.

(1) 자조 기술 영역

장기 목표	단기 목표	교수계획	평가 방법	시작일/ 종료일
1. 위생적으로 화장실을 사용할 수 있다.	1.1 화장실에서 용변처리 시, 70% 이상 휴지로 닦을 수 있다.	1.1.1 화장실에서 용변처리 시, 휴지를 사용해야 하는 이유에 대해 지도한다. 1.1.2 학교와 작업장 화장실에서 휴지의 위치를 지도한다. 1.1.3 사용한 휴지를 휴지통에 버릴 수 있게 지도한다.	관찰 평가	2022년 3월/ 2022년 8월
	1.2 손을 씻어야 할 때 교사가 언어적 촉진을 하면 3분 동안 비누를 사용하여 손을 씻을 수 있다.	1.2.1 비누를 사용하여 씻은 손과 물로만 씻은 손을 현미경으로 확대한 사진(세균이 많고, 적음을 비교한 사진)을 비교하여 보여주고, 비누를 사용해야 하는 이유에 대해 지도한다. 1.2.2 세면대에 붙어 있는 '올바른 손 씻기 순서'를 보고 순서대로 손을 씻을 수 있도록 지도한다. 1.2.3 손을 씻은 후, 비치되어 있는 손 건조기, 핸드페이퍼, 수건을 이용하여 손을 말릴 수 있도록 지도한다. 1.2.4 식사 전, 화장실 이용 후, 작업 후와 같은 일과 안에서 손을 씻을 수 있도록 언어적 촉진을 제시하고 이는 점차 소거하여 스스로 할 수 있도록 지도한다.	관찰 평가	2022년 3월/ 2022년 8월

장기 목표	단기 목표	교수계획	평가 방법	시작일/ 종료일
2. 정해진 시간에 약을 먹을 수 있다.	2.1 아침, 저녁 언어적 촉진이 주어지면 10회 기회 중 9회 이상 항경련약을 먹을 수 있다.	2.1.1 하루에 몇 번 복용해야 하는지 실제 약 봉투를 가지고 설명해준다. 2.1.2 복용 시간이 정해져 있는 약을 제시간에 먹어야 하는 이유를 설명해준다. 2.1.3 가정과 연계하여 아침, 저녁에 먹고 있는 항경련약을 스스로 시간에 맞추어 먹을 수 있도록 지도한다.	관찰 평가	2022년 3월/ 2022년 8월

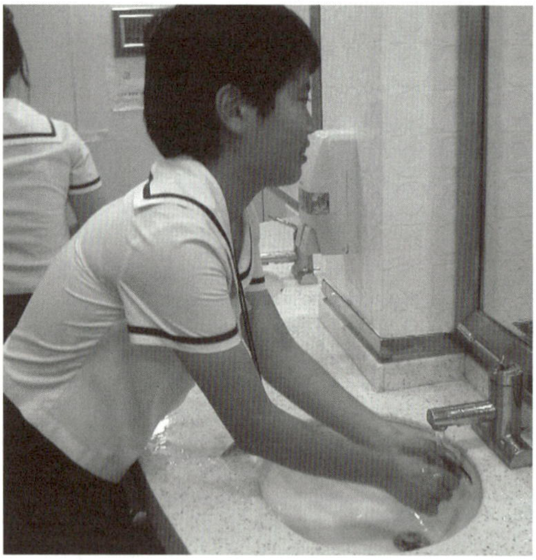

[그림 3-13] 화장실에서 비누를 사용하여 손을 씻을 수 있게 언어적 촉진을 한다.

(2) 교과 영역

① 국어

장기 목표	단기 목표	지원방안	평가 방법	시작일/ 종료일
1. 질문에 대답할 때, 존댓말을 사용하여 문장으로 대답할 수 있다.	1.1 작업장에서 교사의 질문에 5회 기회 중 3회 이상 "주어+목적어/보어+동사"의 형태를 사용하여 대답할 수 있다.	1.1.1 작업장으로 향하는 스쿨버스 안에서 "오늘은 주사기 조립할까, 포장할까?" 식의 질문을 하여 문장으로 대답할 수 있도록 지도한다. (예: "조립" 혹은 "포장" 식의 단답형이 아닌 "주사기 조립할래요."와 같은 문장으로 대답할 수 있도록 한다.) 1.1.2 작업장에서 불량품을 선별할 때 "이것은 어디에 불량이 난 거예요?"라고 질문하여 문장으로 대답할 수 있도록 지도한다. 1.1.3 주어지는 질문에 "주어+목적어/보어+동사"의 문장형태의 대답이 나오지 않을 시 교사가 언어적인 시범을 보이고, 다시 질문한 후 문장형태로 대답할 수 있도록 지도한다.	관찰 평가	2022년 3월/ 2022년 8월
	1.2 학교에서 어른과 대화할 때 70% 이상 동사 뒤에 '~요'를 사용하여 존댓말로 대답할 수 있다.	1.2.1 스쿨버스기사 선생님, 작업장보조어머니, 자원봉사선생님의 질문에 '~요'를 사용하여 존댓말로 대답할 수 있도록 지도한다. (예: "학교 끝나고 집에 가면 뭐 해요?"라는 질문에 "볼링 치러"가 아닌 "볼링 치러 가요."의 존댓말로 대답하도록 지도한다.) 1.2.2 '~요'를 사용하지 않고 대답할 경우 교사는 언어적 촉진과 바람직한 표현의 대답을 시범 보인 후 다시 대답할 수 있도록 지도한다.	관찰 평가	2022년 3월/ 2022년 8월

장기 목표	단기 목표	지원방안	평가 방법	시작일/ 종료일
2. 대화나 전화를 할 때 상대방을 배려하며 이야기할 수 있다.	2.1 작업장 동료가 조립 실수를 했을 때 80% 이상 "~야 괜찮아." 하고 말할 수 있다.	2.1.1 실수를 했을 때 "괜찮아."라는 격려의 말 대신 "잘한다~"라고 비꼬는 투로 말했을 때 상대방이 가질 느낌과 생각에 대해 얘기해보는 시간을 갖는다. 2.1.2 작업장 조립 시간이나 학교 수업 시간에 실수를 했을 때 "잘한다~"라고 표현을 하고는 어떤 기분이 들었는지 직접 상황을 체험할 수 있도록 하고, 격려하는 말로 바꿨을 때의 기분은 어떠한지 체험할 수 있도록 지도한다. 2.1.3 친구가 실수를 했을 때 비꼬지 않고 격려의 말을 해 주었을 경우 칭찬을 해주도록 한다.	관찰 평가	2022년 3월/ 2022년 8월
	2.2 전화할 때 5번의 기회 중 3회 이상 상대방의 말을 끝까지 듣고 난 후 끊을 수 있다.	2.2.1 상대방이 먼저 전화를 끊어버려 다른 사람이 기분 나빠하는 드라마나 만화장면을 보여주고 왜 기분 나빠하는지 그 이유에 대해 물어보는 시간을 갖는다. 2.2.2 또래교수로 핸드폰으로 전화하는 역할극을 하여 상대방의 말을 잘 듣고, 끝까지 듣고 난 후 끊을 수 있게 지도한다. 2.2.3 교사는 주 2~3회 정도 전화를 실제적으로 걸어 실제상황에서 연습할 수 있도록 지도한다. 잘했을 경우 칭찬을 하여 강화를 주도록 한다.	관찰 평가, 수행 평가	2022년 3월/ 2022년 8월

② 수학

장기 목표	단기 목표	지원방안	평가 방법	시작일/ 종료일
1. 물건을 구매할 때 화폐를 구분하여 금액을 지불하고 거스름돈을 받을 수 있다.	1.1 학교 매점을 이용할 때 교사가 "돈을 내야지" 하고 말하면 1분 이내에 계산대의 전자화면에 적힌 금액을 보면서 총액에 해당하는 5천 원, 만 원의 지폐를 낼 수 있다.	1.1.1 일주일에 2~3번 학교 매점을 이용하여 간식을 살 때 교육을 한다. 1.1.2 계산대 전자화면에 적힌 금액을 보고 5천 원 이상의 금액일 때 5천 원이 아닌 만 원을 내야 함을 전자화면의 금액과 지폐에 인쇄된 숫자를 비교해가며 설명한다. 1.1.3 학교 매점에서 수행이 잘 이루어지면 학교 근처 마트로 나가 장소일반화를 할 수 있도록 지원한다.	관찰 평가	2022년 3월/ 2022년 8월
	1.2 학교 매점에서 물건을 산 후 교사의 신체적 촉진이 주어지면 5회 기회에 4회 이상 거스름돈을 받아 지갑에 넣을 수 있다.	1.2.1 500원이 2개가 있으면 천 원, 천 원이 5개 있으면 5천 원 등 500원, 천 원, 5천 원, 만 원 금액의 차이에 대해 설명한다. 이때 지폐와 함께 실제 금액에 해당하는 좋아하는 물품들을 책상 위에 나열하여 500원짜리 초콜릿은 2개가 있어야 금액 천 원의 과자 한 봉지와 같다는 설명을 한다. 1.2.2 학교 매점에서 거스름돈을 받을 때, 언어적 단서로 "거스름돈 제대로 받았나요?" 라고 물어보고 금액을 직접 확인할 수 있도록 지도한다.	관찰 평가, 수행 평가	2022년 3월/ 2022년 8월

[그림 3-14] 학교 매점에서 거스름돈을 받을 때 금액을 직접 확인한 후 지갑에 넣게 지도한다.

③ 지역사회 및 여가 생활 영역

장기 목표	단기 목표	지원방안	평가 방법	시작일/종료일
1. 가족과 함께 볼링장을 이용할 수 있다.	1.1 부모의 언어적 촉진이 주어지면 5회 기회 중 3회 이상 버스를 타고 볼링장에 갈 수 있다.	1.1.1 버스를 타고 내리는 버스 정류장과 버스 번호를 시각적 자료를 이용하여 지도한다. 1.1.2 볼링장까지 가는 이동 경로를 버스 이용 방법 및 태도를 담은 동영상 자료를 통해 지도한다. 1.1.3 실제 볼링장까지 가는 것을 연습해 본다.	관찰 평가 수행 평가	2022년 3월/ 2022년 8월
	1.2 가족과 볼링을 칠 때에 실수를 하면 5회 기회 중 4번 이상 "괜찮아요" 하고 말할 수 있다.	1.2.1 볼링 기술이 서툰 어머니를 도와 함께 볼링을 칠 수 있도록 지도한다. 1.2.2 가족의 실수가 있더라도 "괜찮아(요), 그럴 수도 있어(요)"와 같은 적절한 언어 표현을 사용하도록 지도한다. 1.2.3 시합 후, 이긴 팀을 축하해 줄 수 있도록 지도한다. 1.2.4 지속적으로 수행할 수 있도록 가정과 연계해서 지도한다.	관찰 평가 수행 평가	2022년 3월/ 2022년 8월

④ 직업 영역

장기 목표	단기 목표	지원방안	평가 방법	시작일/ 종료일
1. 취업 시 필요한 이력서를 스스로 작성할 수 있다.	1.1 교사가 언어적 촉진을 하면 이력서를 보고 2분 동안 이력서에 적혀 있는 항목을 읽을 수 있다.	1.1.1 실제 이력서를 사용하여 이력서의 형태를 알 수 있게 하고, 어떠한 항목이 있는지 읽어 보게 한다. 1.1.2 교사는 준비한 PPT를 활용하여 이력서의 각 항목을 다시 한 번 읽고 각 항목이 무엇을 의미하는 것인지 설명한다. 1.1.3 이력서에 직접 써 보기 전에 각 항목마다 어떤 내용을 써야 하는지 말로 설명해보도록 질문한다. 잘했을 경우 칭찬을 하고, 대답을 잘못했을 경우에는 다시 설명을 해준 후 적절한 내용을 대답할 수 있도록 한다.	관찰 평가	2022년 3월/ 2022년 8월
	1.2 교사가 언어적 촉진을 하면 10분 동안 이력서 빈칸에 내용을 적어 넣을 수 있다.	1.2.1 바른 글씨체와 칸에 맞는 적당한 글자 크기로 쓸 수 있도록 이름, 소속, 주소, 전화번호, 실습 중인 회사 이름 등을 점선으로 출력한 학습지 위에 따라 쓰도록 한다. 1.2.2 준비해둔 이력서 양식지를 사용하여 쓸 때 옆 친구의 것을 보고 따라 쓰지 않도록 책상에 앉을 때 한 칸씩 떨어져서 앉도록 한다. 1.2.3 이력서 양식지를 사용하여 이력서의 항목에 적절한 내용을 스스로 작성하도록 지도한다.	관찰 평가 수행 평가	2022년 3월/ 2022년 8월

장기 목표	단기 목표	지원방안	평가 방법	시작일/ 종료일
2. 스스로 차를 준비하여 마시고, 대접할 수 있다.	2.1 작업장 쉬는 시간에 교사의 신체적 촉진이 주어지면 5분 내에 커피포트를 사용하여 커피와 녹차를 탈 수 있다.	2.1.1 커피포트의 사용 방법을 과제분석을 통하여 지도한다. 커피포트 사용 시 주의해야 할 점을 강조한다. 2.1.2 유리컵의 1/3 정도 높이, 2/3 정도 높이, 넘치기 직전의 높이의 녹차 물을 찍은 측면 사진을 ppt로 보여준 후 어떤 유리컵의 녹차 물이 적정한 양인지 구분할 수 있도록 지도하고, 직접 컵에 따라보도록 하게 한다. 2.1.3 물의 양을 맞추는 수행이 어려울 경우 수행이 좋은 작업반장의 또래교수를 통해 지원하도록 한다. 2.1.4 커피의 경우 스푼으로 잘 저어주고, 녹차의 경우 티백을 여러 번 흔들어 줘야 함을 언어적 촉진과 시범을 통해 보여준 후 수행해보도록 한다. 2.1.5 커피와 녹차를 마신 후 쓰레기통에 분리수거하여 버리도록 한다.	관찰 평가 수행 평가	2022년 3월/ 2022년 8월
	2.2 교사의 언어적 촉진이 주어지면 80% 이상 커피, 녹차, 음료수(예: 주스, 탄산음료 등)에 어울리는 컵을 꺼낼 수 있다.	2.2.1 커피, 녹차, 음료수를 마시는 모습의 광고 동영상, 사진을 보여준다. 2.2.2 마시는 차 종류에 따라 사용하는 컵이 어떻게 다른지 얘기하는 시간을 갖는다. 2.2.3 여러 가지의 컵을 책상에 나열해서 차 종류에 알맞은 잔과 컵을 고르도록 지도한다. 수행이 어려울 경우 광고 사진과 비교해보고 고를 수 있도록 지원한다. 2.2.4 선생님과 친구들에게 원하는 마실 것을 물어본 후 직접 물을 끓이고 커피, 녹차, 음료수를 올바른 잔과 컵에 따른 후 선생님과 친구들과 마시는 시간을 갖도록 한다. 2.2.5 차를 다 마신 후 쓰레기는 분리수거하도록 하고, 컵을 설거지한 후 휴게실에 잘 정리해두도록 지도한다.	관찰 평가 수행 평가	2022년 3월/ 2022년 8월

[그림 3-15] 차 마시기 지도에 필요한 시각적 단서를 제시한다.

제4장

개별화교육프로그램 실행

■ 주요 질문 ■

- 개별화교육프로그램 실행을 위한 방법은 무엇인가?
- 교육과정 수정 전략의 특성은 무엇인가?
- 삽입 학습 기회 활용 전략의 특성은 무엇인가?
- 학생 중심 직접교수 특성은 무엇인가?

1 개별화교육프로그램 실행의 이해

개별화교육프로그램은 특수교육의 토대이자 특수교육대상자의 교육 성공을 위해 중요한 요소로(Nolet & McLaughlin, 2005), 개별화교육프로그램 실행은 일상적이고 반복적인 일과나 진행되고 있는 교육과정을 통하여 실현될 수 있어야 한다. 장기적으로 설정된 장기 목표는 단기 목표로 세분화될 수 있어야 하며 다시 월 단위, 주 단위, 일 단위, 활동 단위로 일과에 적용되었을 때 개개인의 특수교육대상자에게 의미 있는 개별화교육프로그램이 실현될 수 있을 것이다.

[그림 4-1]에서 보는 바와 같이 교수 개입 강도에 따라 다양한 교수 단계가 적용될 수 있다. 일반적으로 특수교육대상자의 활동 참여를 최대화하기 위해서는 먼저 질적으로 우수한 교육과정이 기반되어야 한다. 질적으로 우수한 교육과정은 특수교육대상자의 적극적인 참여를 유도할 수 있다. 질적으로 우수한 교육과정이란 영유아의 경우 발달에 적합한 실제(Developmentally Appropriate Practices: DAP)처럼 전인 발달을 위한 최선의 질적인 교육환경과 내용, 방법을 의미하며 모든 학생을 고려한 보편적 학습 설계(Universal Curriculum Design)가 기반이 되는 것을 의미한다. 그러므로 일반 교육과정을 계획할 때부터 보편적 학습 설계 원리에 따라 학생의 다양성, 즉 특수교육대상자의 참여를 고려한 교육과정이 구성되어야 한다. 그러나 단지 일반 교육과정만으로 장애 학생의 참여 증진이 어려운 경우에는 보다 체계적인 전략이 적용되어야 개별 특수교육대상자 개개인의 목표 성취를 지원할 수 있다. 개별화교육프로그램 실행 전략으로 (1) 교육과정 수정, (2) 삽입 교수, (3) 학생 중심 직접교수 활동이 있다. 특수교육대상자의 개별화 교육을 실행할 때에는 개별적 발달 수준 또는 특성에 따라 일반 교육과정을 수정하거나 일과 안에 목표를 적용하는 작업이 필요하기도 하다(Cook, Tessier, & Klein, 2020). 교육과정 수정은 특수교육대상자의 참여 촉진을 위해 학급 활동이나 교재를 수정하는 것을 의미한다. 삽입 교수 전략은 일반 교육과정과 개별 특수교육대상자를 위한 교육과정 병합과정 특성을 가장 잘 나타내는 접근 방법이다. 마지막으로, 학생 중심 교수는 개별 특수교육대상자에게 특정 기술이나 개념을 직접적으로 교수해야 할 필요가 있을 때 사용된다(이소현, 2011). 교육과정 수

정, 삽입 학습 기회, 학생 중심 교수 활동은 교수 개입 강도의 위계에 따라 체계적으로 구분하여 제시하지만 실제 교수 상황에서는 각 전략들이 서로 중복되어 함께 사용될 수 있다.

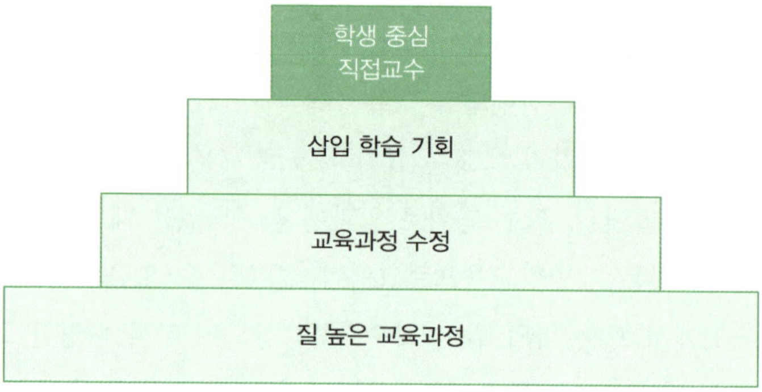

[그림 4-1] 교수 단계 모형

출처: Sandal, S. R., & Schwartz, I. (2008). *Building blocks for teaching preschoolers with special needs* (p. 46). Baltimore: Paul H. Brookes Publishing Co.

2 교육과정 수정

1) 교육과정 수정의 정의와 목적

교육과정 수정은 교실에서 진행되고 있는 활동 또는 일과를 수정하거나 사용 도구, 학습 영역을 수정하여 특수교육대상자 참여 촉진을 최대화하고자 한다. 교육과정 수정을 통해 특별한 요구를 가진 학생의 활동 참여도가 높아지거나 상호작용 기회가 증가하므로 결국 학습과 발달을 도모하게 된다(이명희, 김지영, 이지연, 2011; Horn, & Banerjee, 2009; Lieber, Horn, Palmer, & Fleming, 2008; Odom & Bailey, 2001).

교육과정 수정은 일반 교육과정과 개별화교육프로그램을 병합하는 데 적절한 방법이며 교사들이 쉽게 적용할 수 있는 방법으로 교육과정 내용, 환경, 교수 방법 또는 자료 등의 사용 방법을 변화시켜 진행되고 있는 일과와 활동에 대한 참여도를 증진시키거나 적어도 부분 참여를 가능하게 하기 위하여 사용된다(Baumgart, et al., 1982; Udvari-Solner, 1996).

국내에서 교육과정 수정을 적용한 연구 동향을 살펴본 결과 유아, 초등, 중등, 고등, 성인기 등 모든 연령에서 효과적인 전략으로 적용되었으며, 교육과정 수정을 적용하였을 경우 참여뿐만 아니라 사회적 상호작용, 새로운 기술 습득에 긍정적 영향을 미치는 것으로 보고하고 있다(김지영, 2012).

2) 교육과정 수정 활용 고려점

교육과정 수정은 다양한 시간과 활동, 그리고 다양한 환경에서 활용 가능해야 하므로 다음의 4가지 측면을 고려하여 교육과정 수정을 계획하여야 한다(Cushing et al., 2005; Horn & Banerjee, 2009; Sandall & Schwartz, 2008).

첫째, 연령에 적합한 수정이어야 하며, 둘째, 기능적인 수정이어야 하고, 셋째, 의미 있는 수정이어야 하며, 마지막으로, 활동과 상황의 자연스러운 흐름에 최소한으로 방해되어야 한다.

효과적인 교육과정 수정 계획을 위해 다음의 양식처럼 수정되어야 할 다양한 측면을 계획하게 되면 보다 구체적인 참여 방안을 모색할 수 있게 된다.

〈표 4-1〉 효과적인 개별화 교육을 위해 가능한 수정

지원자
_________ 추가적 지원 불필요
_________ 시간제로 추가 지원이 필요(특정 일과)
_________ 전일제로 추가 지원이 필요(1:1 도움)

신체적 촉진
_________ 신체적 촉진이 불필요함
_________ 요구 시 신체적 촉진 필요
_________ 부분적 신체적 촉진 필요
_________ 완전한 신체적 촉진 필요

교육과정
_________ 낮은 인지 수준을 위한 교육과정 수정
_________ 시각장애를 위한 교육과정 수정
_________ 청각장애를 위한 교육과정 수정
_________ 지체장애를 위한 교육과정 수정

활동의 시간과 속도
_________ 다른 모든 아동들과 동일한 속도와 시간
_________ 다른 아동보다 적은 시간(예: 주의집중 시간 짧음)
_________ 다른 아동보다 많은 시간(예: 진도가 늦음)
_________ 이해 속도가 느림(예: 이해와 행동을 하는 데 더 오랜 시간 기다림이 필요함)

촉진 위계
_________ 활동 완성에 완전한 신체적 촉진 필요
_________ 활동 완성에 부분적으로 신체적 촉진 필요
_________ 활동 완성에 직접적인 언어적 촉진 활용(예: 자리에 앉자)
_________ 활동 완성에 간접적인 언어적 촉진 활용(예: 무엇을 해야 할까?)
_________ 활동 완성에 제스처 활용(예: 지적하기)

환경
_________ 착석 자리 수정(예: 너무 높은 의자, 아동은 특정 친구 옆에 앉기를 좋아함)
_________ 산만함이나 자극을 감소시키거나 최소화
_________ 한계를 정하기(예: 블록 놀이를 할 수 있는 영역 한계를 매트를 깔아 표현해 준다)

행동
_________ 한계를 정하기(예: 신체적 혹은 행동적 한계)
_________ 정적 강화를 사용
_________ ABC(선행사건, 행동, 후속 결과)를 사용한 행동 계획을 결정

출처: Cook, R. E., Klein, M. D., & Tessier, A. (2020). Adapting early childhood curricula for children with special needs. 7th edition. (p. 449). Pearson Education, Inc.

3) 교육과정 수정 유형

교육과정 수정 유형은 다양하게 분류하여 제시되고 있다. 환경적인 지원에서부터 또래나 교사 등 사람의 지원, 일과나 활동 순서의 변경에 이르기까지 다양하다. 교육과정 수정 유형은 이야기 나누기 시간에 청각장애 아동의 자리배치를 교사의 입 모양이 잘 보이고 햇빛이 반사되지 않는 자리로 바꾸어 주는 환경적 수정에서부터 직업 교과에서 물건 사기를 지도할 때 선호하는 물건을 활용하여 지도하는 방법 등 다양한 방법들이 있다. 교육과정 수정은 장애 학생의 상황 또는 주변 환경 및 교실의 상황에 따라 다양하게 적용될 수 있어야 한다. 〈표 4-2〉는 다양한 교육과정 수정 전략을 적용하여 활동 참여가 증진된 사례이다.

〈표 4-2〉 지체장애 유아의 일과에 따른 다양한 수정 전략 적용의 예

학기 초의 자유놀이 참여 모습	참여 촉진을 위한 다양한 수정을 이용한 교수적 접근
• 자유놀이 시 의자에 앉는 경우 민주가 중심 잡기가 어려워 앞으로 넘어지는 경우가 많아 주로 교실 바닥에 앉아 있으며 민주의 이동을 교사가 주로 전담하고 있다.	• **특수한 장비**: 목공소에 의뢰해 유아용 의자 사이즈에 맞는 의자 바퀴와 개인용 책상을 부착하였다(처음에 제작하였을 때 발판의 사이즈가 커서 책상에 들어가는 데 어려움이 있어 모서리를 대각선으로 둥글게 굴렸다).
• 3명의 장애 유아가 한 반에 있으므로 특수교사가 민주와는 5~10분 정도 놀이를 하며 나머지 시간에는 주로 민주 혼자 유아들의 놀이를 쳐다보고 있다.	• **자료 수정**: 교실의 각 영역을 사진으로 찍어 민주의 자유선택 영역 표시판을 만들었다(민주가 지적이 가능하도록 사진이 너무 작지 않게 한 페이지에 4장 정도/ 리본으로 의자에 묶어놓았다).
• 같은 반의 자폐성향을 보이는 유아가 교실을 자주 이탈하므로 민주는 교사와 놀이를 하지 못하는 경우가 더 많다.	• **환경적 지원**: 민주의 의자가 이동할 수 있도록 영역 간의 조금 넓은 공간 확보 - 화장실에 경사로를 설치하였다. - 영역별 교구를 유아의 손이 닿는 폭에 배치하였다. • **또래 지원**: 또래 도우미를 선정해 민주의 바퀴의자를 밀어주고, 자유선택 영역판을 책상 위에 제시해 주며 원하는 영역을 선택하도록 물어보았다.

학기 초의 자유놀이 참여 모습	참여 촉진을 위한 다양한 수정을 이용한 교수적 접근
문제점 • 또래와의 상호작용의 기회가 거의 없이 가만히 앉아 있는 경우가 많다. • 자유놀이 영역 시간 50분 동안 평균 1~2영역에 머물러 있다. • 책상에서 이루어지는 활동(예: 작업, 보드게임 등)에 거의 참여하지 못한다. • 이동성이 매우 떨어진다. • 또래는 민주의 존재에 대해 별로 신경을 쓰지 않는 모습이다.	개선된 점 • 또래와의 상호작용 횟수가 매우 많이 늘었으며 자신이 원하는 영역을 정확히 지적할 수 있으며 하루에 평균 3가지 이상의 영역에서 놀이를 진행한다. • 교실의 모든 활동에 자신감이 생겼으며 적극적으로 참여하는 모습을 보인다. 또래들도 민주에 대한 인식이 좋아져 처음에는 도우미를 교사가 지정하였으나 이제는 또래 유아들이 스스로 지원한다.

〈표 4-3〉은 8가지 교육과정 수정에 대한 정의이다(Horn & Banerjee, 2009; Sandall & Schwartz, 2008).

〈표 4-3〉 8가지 교육과정 수정에 대한 정의

교육과정 수정	정 의
환경적 지원	참여와 학습을 촉진하기 위해서 물리적, 사회적, 시간적 환경을 수정함
수정 도구	참여와 학습 지원을 위한 성인의 중재
자료 수정	가능한 한 독립적인 참여를 촉진하기 위하여 교재를 수정함
활동 단순화	수행 단계의 수를 줄이거나 수행 단계를 작게 나눔으로써 복잡한 과제를 간단하게 함
선호도 활용	주어진 기회를 통해서 학습의 혜택을 누리지 못하는 경우 학생의 선호도를 판별해서 활동에 통합시킴
성인 지원	학생의 참여와 학습 지원을 위한 성인의 중재
또래 지원	중요한 목표 행동의 학습을 도와주도록 또래를 활용함
보이지 않는 지원	하나의 활동 중에 자연적으로 발생하는 사건을 의도적으로 구성함

출처: Horn, E. & Banerjee, R. (2009). Understanding Curriculum Modifications and Embedded Learning Opportunities in the Context of Supporting All Children's Success. (p. 410). *Language, Speech, & Hearing Services in Schools, 40*(4), 406-415.

8가지 수정 유형에 대한 구체적 설명은 다음과 같다(Sandall & Schwartz, 2008).

(1) 환경적 지원

① 정의

물리적, 사회적, 시간적 환경에 변화를 주어 참여를 촉진시킨다.

② 방법의 예

- 물리적 환경을 변화시킨다.
- 사회적 환경을 변화시킨다.
- 시간을 변화시킨다.

③ 실제 적용의 예

- 청각 장애 학생의 자리배치를 교사의 입 모양이 잘 보일 수 있는 앞쪽 중앙으로 배치한다.
- 전이하는 데 어려움을 가진다면 전이가 일어나기 직전에 가야 하는 영역이나 활동을 표상하는 그림, 물건을 제공한다.
- 다른 친구들 가까이에서 노는 데 어려움을 가진다면 동기를 부여하는 매력적인 자료들로 협동적 소집단 활동을 계획한다.
- 학교의 사물함 또는 신발장의 자기 자리에 사진 또는 그 외의 시각적 단서로 표시해 준다.

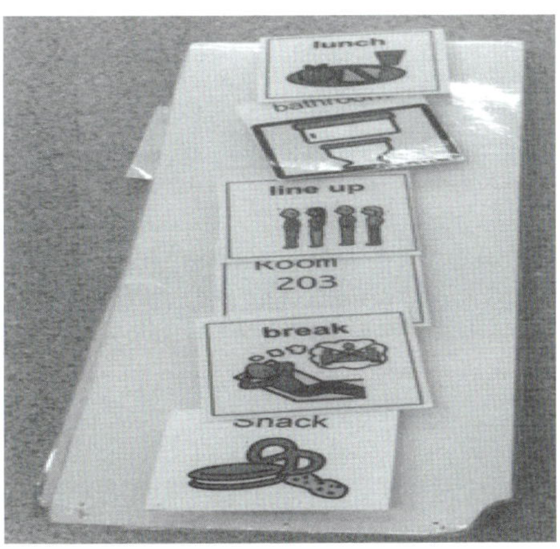

[그림 4-2] 시각적 단서를 제공한 개인 일정표

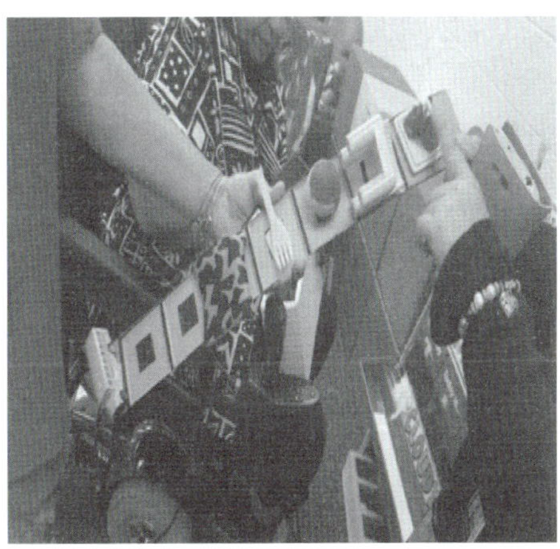
[그림 4-3] 중도·중복 장애 학생을 위한 손으로 만지는 일정표

(2) 자료의 수정

① 정의

자료의 수정을 통하여 가능한 최대로 독립적 참여를 가능하게 한다.

② 방법의 예

- 자료 제시 높이를 조절한다.
- 자료를 크게 만들거나 밝게 만든다.
- 자료에 그림 단서를 추가적으로 넣어 만든다.

③ 실제 적용의 예

- 저시력 학생에게 문자 과제를 확대해서 제시해 준다.
- 쓰기가 아직 어려운 학생에게 점선으로 수정한 과제를 제시한다.
- 시각 장애 학생이 그림에 집중하는 것에 어려움을 가지면 진한 테두리가 쳐져 있는 그림이나 책 또는 색깔 대비가 되는 그림이나 책을 사용한다.
- 과제에 대한 이해를 돕기 위해 시각적 단서를 함께 제시한다.

[그림 4-4] 독립적인 과제 수행을 위해 흐린 글씨로 자료를 수정하여 제시하였다.

[그림 4-5] 저시력 학생을 위한 글쓰기 확대 활동지

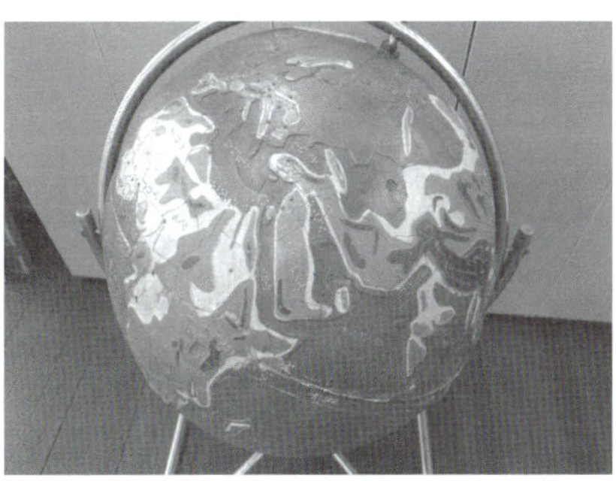

[그림 4-6] 시각장애 학생이 만져볼 수 있는 양각 지구본

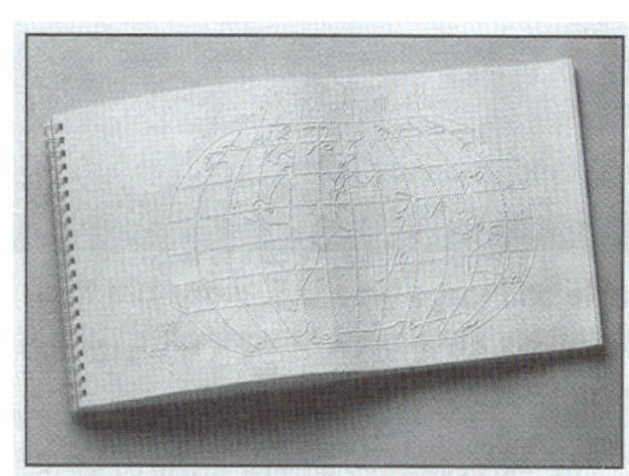

[그림 4-7] 시각장애 학생을 위한 점자 지도

출처: 국립특수교육원(2013). 특수교육 교수-학습 지원 자료 현장 활용 세미나(p. 167). 국립특수교육원.

다음은 중학교 학생의 사회과 활동지에 사진 자료를 추가하여 장애 학생의 독립적인 과제 수행을 지원하는 자료 수정의 예이다.

사회

A. 관동 지방의 대표적인 밭농사 작물을 쓰시오.

( ), ( )

B. 강원도에서는 다음의 농작물이 많이 납니다. 그 이름을 쓰시오.

C. 다음은 강원도에서 많이 나는 농작물입니다. 그 이름을 쓰시오.

감자 옥수수

[그림 4-8] 중학교 활동 자료 수정 예

(3) 활동의 단순화

① 정의

활동단계의 순서를 줄이거나 과제 단위를 작은 단위로 나누어 간단하게 과제를 수행할 수 있도록 한다.

② 방법의 예

- 난이도를 쉬운 단계로 낮춘다.
- 과제별 수행 단계의 수를 줄인다.

③ 실제 적용의 예

- 작은 그림을 오려서 풀로 붙이는 작업에서 대신 스티커로 제시한다.
- 요리하기, 만들기, 게임과 같은 활동을 할 때 당황해하고 완성하지 못하면 활동을 몇 부분으로 나눠 명확한 용어로 각 단계를 설명해준다(예: 요리에서 자르기, 담기 등으로 나누어 제시).
- 블록으로 집을 만들 때 해당 위치의(예: 지붕, 창문, 문 등) 블록을 하나씩 전달해준다.

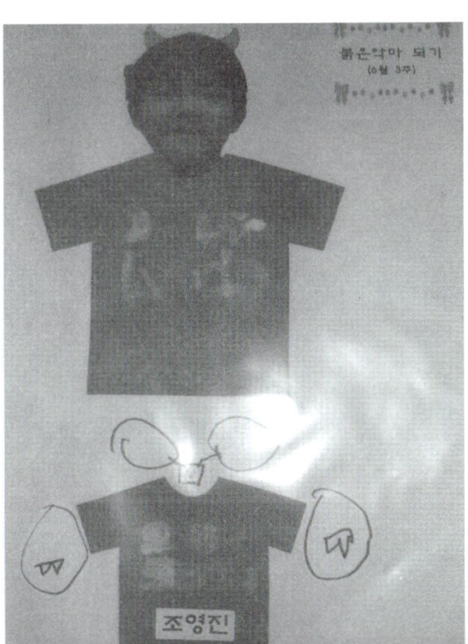

[그림 4-9]
얼굴 그리는 활동을 사진 붙이기로 수정

[그림 4-10]
마지막 단계 눈만 붙이게 활동 수정

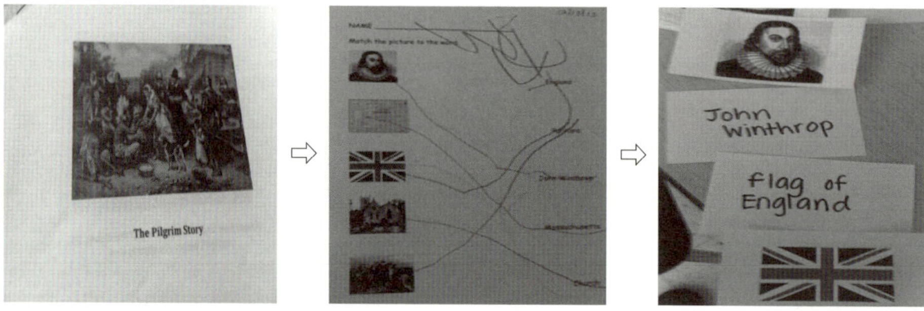

[그림 4-11] 사회과목에서 미국 역사에 대한 내용을 단순화하여서 스토리텔링책, 그림카드, 관련 내용 줄 잇기 등으로 지도한 활동이다.

다음은 직업 생활 교과에서 물건 구입하기 활동 계획서를 작성할 때 물건 이름, 가격 등을 기록하는 활동을 스티커로 단순화하여 적용한 예이다.

〈표 4-4〉 직업 생활 교과에 활동의 단순화를 적용한 교육과정 수정의 예

교 과	직업생활	단 원	물건 구입 계획하기
제 재	양식에 맞추어 물건 구입 계획서 작성하기	차 시	3/4 차시
활동 내용의 한 부분	학생들에게 물건 구입 계획서와 전단지를 모방하여 제작된 학습 자료를 나눠준 후 PPT로 물건 구입 계획서 작성에 대한 사항을 띄워놓고 설명한다. 지난 시간에 작성한 학습지와 물건 구입 계획서를 책상에 나란히 두고, 계획서의 양식에 맞춰 내용을 채워보게 한다. 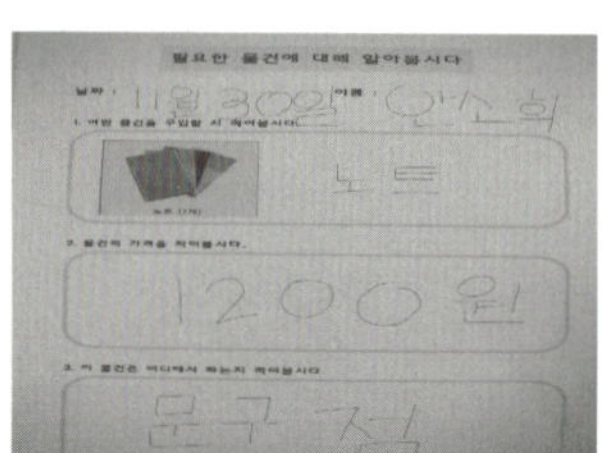	수정된 내용	스티커로 단순하게 제작된 학습 자료를 이용하여 자신의 물건 구입 계획서의 양식에 맞게 스티커를 붙여본다. 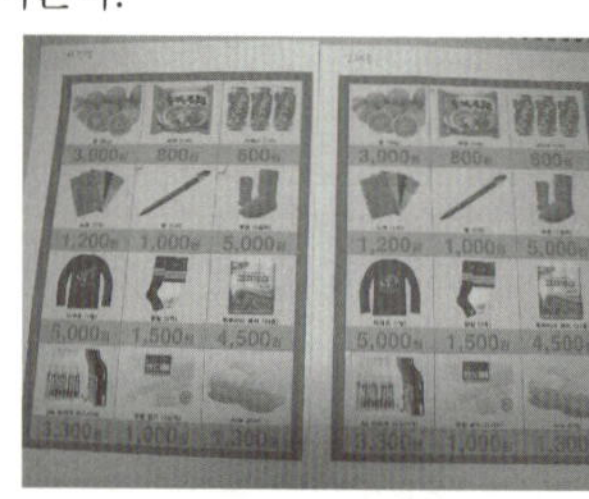 〈물건 스티커〉 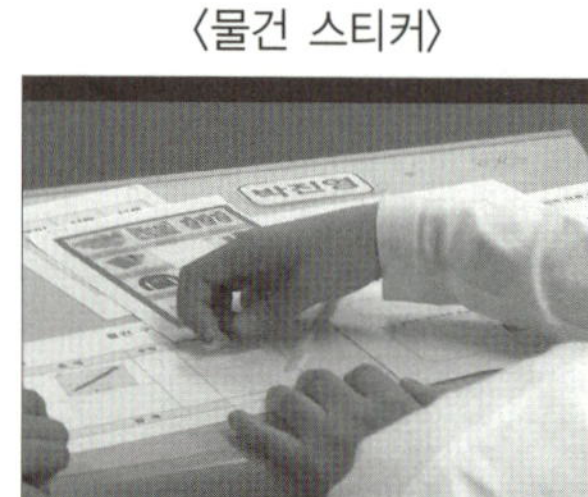 〈스티커 붙이기〉

(4) 선호도 이용

① 정의

선호도를 파악하여 과제와 연계하여 독립적인 과제 수행을 촉진한다.

② 방법의 예

- 좋아하는 사물을 활용한다.
- 좋아하는 활동을 이용한다.
- 좋아하는 사람과 함께 활동하게 한다.

③ 실제 적용의 예

- 대집단 활동 참여가 어려운 경우 학생이 좋아하는 노래 또는 신체활동을 이용하여 활동을 시작한다.
- 체육수업 종료 후 교실로 이동할 때 좋아하는 친구가 이동 상황에 대해 안내한다.
- 수 세기 활동을 지도할 때 아동이 좋아하는 색 사물을 이용한다.
- 낮잠 시간에 한곳에 있는 것을 어려워하면 아동이 좋아하는 사물 또는 책을 갖고 있게 한다.

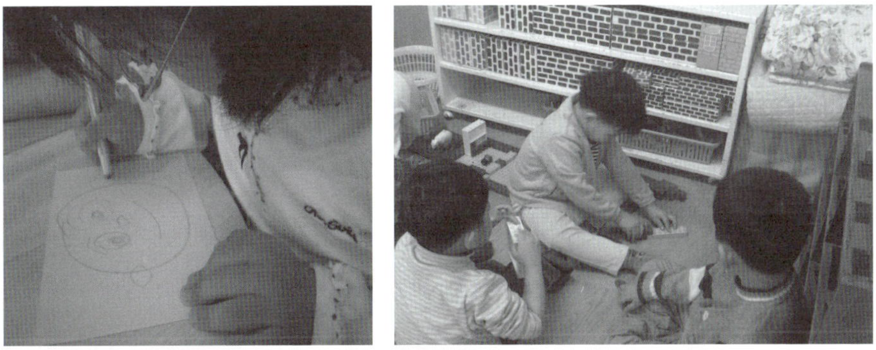

[그림 4-12] 선호하는 색을 활용하여 활동 참여하기

다음은 초등학교 교과 내용을 전개할 때 학생 선호도를 파악하여 제시 내용에 반영하여 활동을 구성한 예이다.

〈표 4-5〉 선호 활동을 포함한 초등학교 교육과정 수정 내용

교과	활동 주제	교과서 활동 구성 내용	선호 활동을 포함한 제시 내용
슬기로운 생활	벌레들이 사는 곳	4가지 벌레의 그림을 제시하고 어디에 살고 있는지 발표하기	• 칠판에 주어진 그림 중 좋아하는 벌레 모형을 붙이기 • 주어진 학습지에 벌레를 좋아하는 색으로 색칠한 후 벌레가 사는 곳에 풀로 붙이고 이야기하기
바른 생활	음식물 먹을 때의 태도	식사하는 장면과 함께 농부, 어부의 모습을 보여주면서 음식 먹을 때의 태도 발표	• 주어진 그림 재료로 내가 좋아하는 음식 만들기 • 음식 재료 그림을 그릇 모양 위에 오려 붙이고 그 음식에 이름 붙이기 • 건강하게 생활하기 위한 음식 먹을 때의 태도와 습관 이야기하기
수 학	1~50까지의 수 세기	그림으로 10씩 묶음과 낱개가 있을 때 읽는 방법 알아보고 문제 풀기	• 좋아하는 캐릭터 구슬을 이용하여 주어진 수 만들어보기
국 어	전화 예절	5가지 상황을 그림으로 제시한 후 어떤 인사말을 하였을지 알아보기	• 여러 가지 상황에 따른 전화 인사말 연습하고 각각의 상황에 알맞은 인사 연결하기 • 친한 친구 또는 부모님에게 전화하여 상황 연습하기 • 주어진 주사위 판에서 자기가 멈춘 상황에서 알맞은 인사말하기
슬기로운 생활	여름철의 벌레	여름철에 볼 수 있는 곤충 그림을 보고 그리기	• 여름철의 벌레 중 내가 좋아하는 것을 그림으로 만들어 필름 형태로 종이컵 중간 부분에 끼우고 놀이하기

출처: 최민경(2004). 관심과 선호 활동 제공이 주의력결핍 과잉행동에 미치는 효과. (p. 67). 경기: 경인교육대학교 석사학위 청구 논문.

(5) 특수한 장비

① 정의

참여를 증가시키거나 참여의 수준을 높이기 위해 특수 장비나 수정된 장비를 고안한다.

② 방법의 예

- 특수 장비를 이용하여 참여를 증진시킨다.
- 특수 장비를 이용하여 접근성을 증진시킨다.

③ 실제 적용의 예

- 지체장애 학생에게 특수의자 그네를 지원한다.
- 식사 시 옆으로 잡을 수 있는 특수 숟가락, 자세유지 시트를 제시한다.
- 교실에 저시력 학생을 위한 확대기를 제시한다.
- 손 힘이 약한 학생은 수정된 가위를 사용하게 한다.

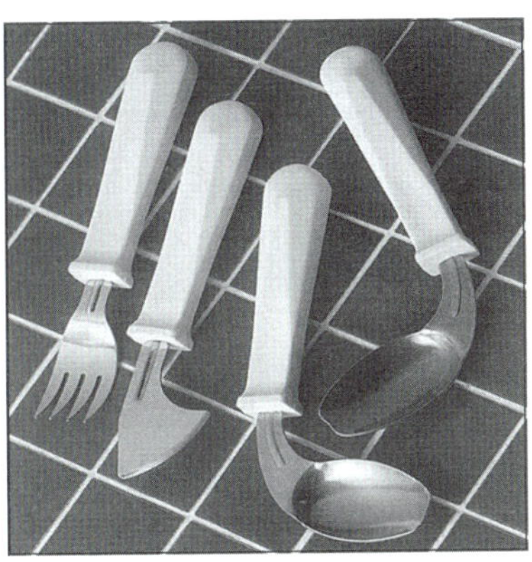

[그림 4-13] 수정된 숟가락, 포크

[그림 4-14] 자동 열림 가위

출처: 아이소리몰 홈페이지

[그림 4-15] 지체장애 아동을 위해 수정된 그네

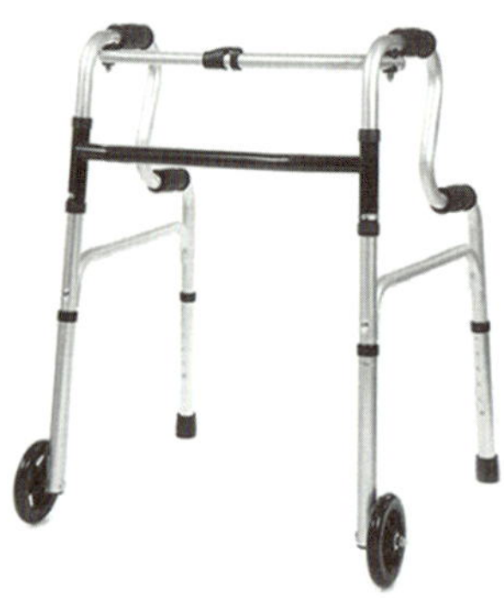

[그림 4-16] 2단 손잡이 워커

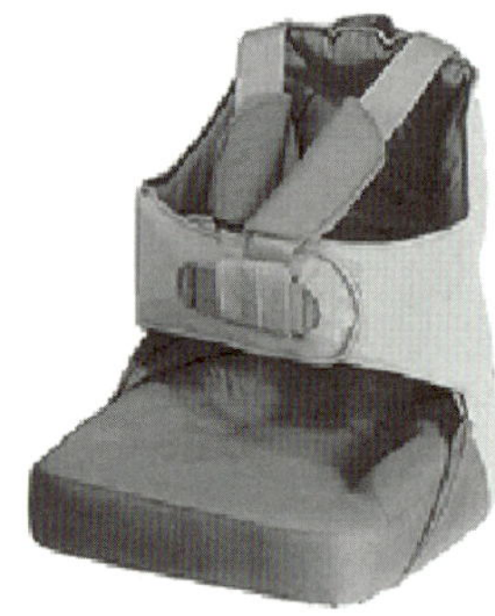

[그림 4-17] 자세 유지 시트

출처: 굿에듀 홈페이지

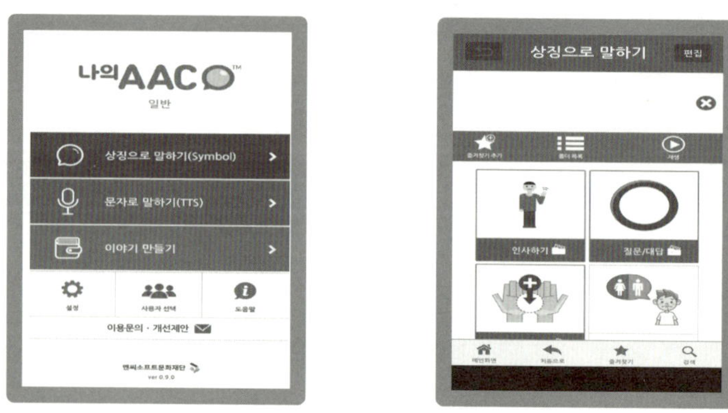

[그림 4-18] 보완대체 의사소통 어플리케이션

출처: 엔씨소프트문화재단 홈페이지

[그림 4-19] 식당에서 AAC 도구로 의사소통을 하고 있다.

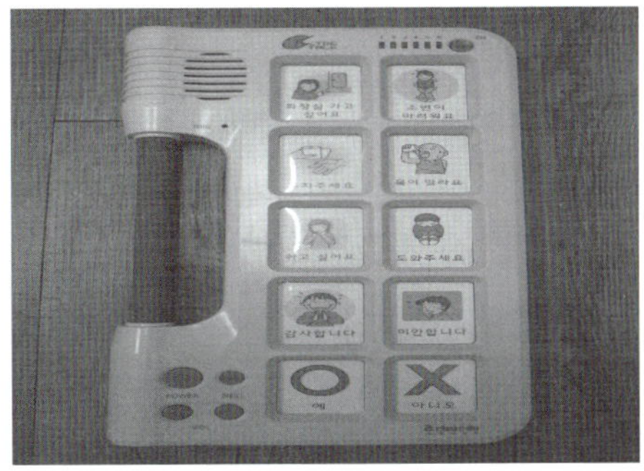

[그림 4-20] 오케이 톡톡

〈표 4-6〉 교실에서 적용할 수 있는 보조 공학 장치 예

보조 공학 장치 예	
• 수정된 키보드	• 확대기
• 수정된 작업대	• 수정된 마우스(안경 마우스, 턱 마우스)
• 보완대체 의사소통 기기	• 스캐너
• 헤드폰	• 점자기
• 계산기	• 특수 의자, 책상, 테이블
• 음성 계산기	• 음성 합성기
• 카세트테이프	• 확성기
• 문자판	• 망원경
• 컴퓨터	• 다양한 밝기의 램프
• 독서대	• 음성 산출기
• 손가락 스위치	• 쓰기 보조도구
• LED 모니터 이동 보조기	• 점자 출력 신호 장치

(6) 성인 지원

① 정의

성인이 일과와 활동에 대한 참여를 지원한다.

② 방법의 예

- 교사가 시범 보이는 역할을 한다.
- 교사가 신체적, 언어적 촉진을 한다.
- 부모가 함께 놀이에 참여를 한다.
- 교사가 언어로 강화해 준다.

③ 실제 적용의 예

- 엄마가 장애 아동이 화장실을 사용할 때 옆에서 "바지 내려야지"라고 언어적으로 촉진한다.
- 식사 시간에 교사가 함께 숟가락을 잡고 신체적인 도움을 주어 숟가락 사용을 돕는다.
- 얼굴 그리기에서 교사가 먼저 얼굴, 눈, 코, 입을 그리는 모습을 시범 보여 준다.

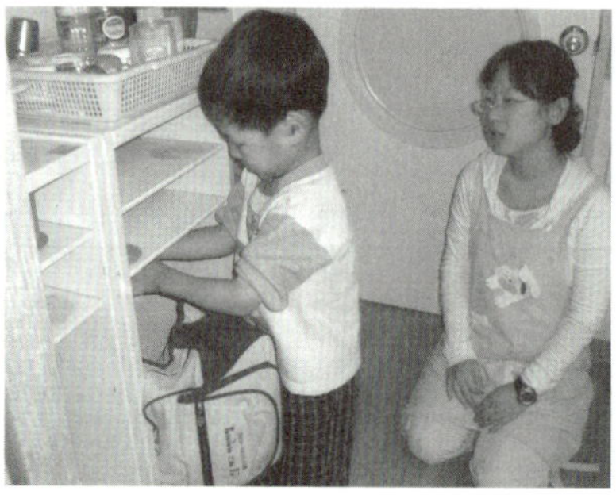
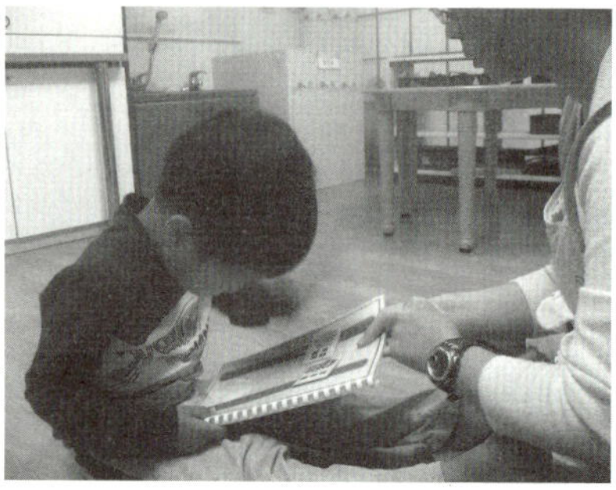

[그림 4-21] 교사의 언어적 촉진 및 지적하기의 방법으로 활동을 지원한다.

(7) 또래 지원

① 정의

특수교육대상자가 참여하도록 또래가 지원한다.

② 방법의 예

- 또래가 시범 보이는 역할을 한다.
- 또래가 도우미 역할을 한다.
- 또래가 언어로 강화를 해준다.

③ 실제 적용의 예

- 이동이 어려운 친구의 휠체어를 밀어 주어서 도우미 역할을 한다.
- 컴퓨터 사용이 미숙하면 컴퓨터 사용에 익숙한 친구와 짝을 이루어 활동하며, 친구가 컴퓨터 메뉴에서 활동을 선택하는 방법을 시범 보여주게 한다.
- 이야기 나누기 시간에 친구들이 잘했다고 박수를 모두 함께 쳐 주어서 단체로 강화를 한다.
- 또래가 점심 식사 후 이를 닦는 방법을 시범 보여준다.

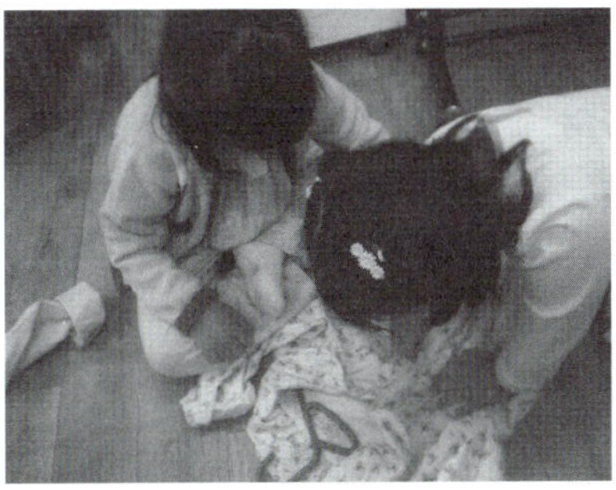

[그림 4-22] 친구 도움을 받아 함께 옷을 정리하거나 친구 활동을 보고 모방한다.

(8) 보이지 않는 지원

① 정의

자연스럽게 의도한 활동이 이루어지도록 진행되는 활동 내에서 자료 또는 순서, 상황을 계획적으로 배치한다.

② 방법의 예

- 활동의 순서를 바꿔 참여율을 높인다.
- 도움이 필요한 상황을 자연스럽게 계획하여 의사표현을 촉진한다.

③ 실제 적용의 예

- 학습지 수를 일부러 부족하게 제시해 도움을 요청할 상황을 미리 계획한다.
- 손의 쥐는 힘이 약해 휘젓거나 뜨는 것을 어려워하면 아이스크림이 약간 녹은 후에 숟가락으로 뜨는 순서가 되게 계획한다.
- 발표 시간에 앞의 친구들의 발표 내용을 보고 모방할 수 있게 발표 순서를 배치한다.

[그림 4-23] 활동 순서를 친구가 먼저 할 수 있게 배치하여 모방할 수 있게 한다.

[그림 4-24] 벽돌블록 수를 부족하게 제시하여 요구하는 상황을 의도적으로 구성할 수 있다.

교육과정 수정은 이상의 8가지 전략으로 실행될 수도 있고 다음의 범주로도 분류, 제시되고 있다. 박승희(2004), 이소현(2007)과 Janney와 Snell(2006)이 제시하는 교육과정 수정의 내용을 기초로 교육과정 수정 유형을 5가지로 정리, 제시해 보면 〈표 4-7〉과 같다.

〈표 4-7〉 교육과정 수정 유형

교육과정 수정	유형 예시	의미
환경수정	• 물리적 환경 수정 • 시간적 환경 수정 • 사회적 환경 수정	교수 환경의 수정은 일반학급의 물리적·사회적 환경을 장애 학생의 일반학급에서의 학습 목표 달성을 촉진하기 위해서 수정 및 보완하는 것
집단수정	• 집단의 크기 수정 • 집단의 형태 수정	교육 내용을 가장 적합하게 교수하기 위해서 교사가 사용하는 학생들의 집단화에서 수정 및 보완하는 것
내용수정	• 내용 단순화 • 난이도 조정 • 내용 보충	일반 교육과정의 내용을 장애 학생의 독특한 교육적 욕구와 기술의 수행 수준에 적합하게 다양한 수준으로 수정 및 보완하는 것
방법수정	• 교수 활동 수정 • 교수 전략 수정 • 교수 자료 수정	교수가 제시되고 전달되는 방식에서 수정 및 보완하는 것
평가수정	• 평가 시간 수정 • 평가 방법 수정 • 대안평가	학업 수행의 진보에 대한 매일의 측정과 성적 기준을 수정 및 보완하는 것

4) 교육과정 수정에 관한 결정 내리기

"언제, 어떤 방법으로 교육과정 수정을 사용해야 하는가?" 교육과정 수정 유형 선택 기준은 독립적인 활동에 참여를 지원할 수 있어야 하며, 같은 반 친구들과의 차이를 최소화하여야 한다(Horn & Banerjee, 2009). 교육과정 수정에 관한 결정을 할 때 〈표 4-8〉의 위계를 참고하여 교사의 개입이 가장 적은 부분에서 점차 교사의 개입이 많은 부분으로 학생의 독립성에 대한 고려와 함께 개별화교육프로그램이 필요하지 않은 다른 학생과의 차이에 대한 고려가 필요하다.

〈표 4-8〉 교육과정 수정을 위한 위계 설정하기

1단계	다른 또래처럼 활동에 참여할 수 있는가? (예) ⇒ 수정을 하지 않는다. (아니오) ⇒ 2단계로 이동
2단계	환경이 수정된다면 또래들과 똑같은 활동에 참여할 수 있는가? (예) ⇒ 요구를 파악하여 환경에 대한 수정 전략을 세운다. (아니오) ⇒ 3단계로 이동
3단계	교수활동이 수정된다면 또래들과 같은 활동에 참여할 수 있는가? (예) ⇒ 요구를 파악하고 교수활동에 대한 수정 전략을 세운다. (아니오) ⇒ 4단계로 이동
4단계	자료가 수정된다면 똑같은 학급 활동에 참여할 수 있는가? (예) ⇒ 요구를 파악하고 자료에 대한 수정 전략을 세운다. (아니오) ⇒ 5단계로 이동
5단계	규칙이 수정된다면 같은 활동에 참여할 수 있는가? (예) ⇒ 요구를 파악하고 규칙에 대한 수정 전략을 세운다. (아니오) ⇒ 6단계로 이동
6단계	개인적인 지원이 있다면 같은 활동에 참여할 수 있는가? (예) ⇒ 요구를 파악하고 개인적인 수정 전략을 세운다. (아니오) ⇒ 7단계로 이동
7단계	같은 교육 내용에 대한 다른 수준을 가진 목표를 가진다면 참여할 수 있는가? (예) ⇒ 요구를 파악하고 다른 수준을 통합시키는 수정전략을 세운다. (아니오) ⇒ 8단계로 이동
8단계	다른 교육 내용에 대한 목표를 가진다면 같은 활동에 참여할 수 있는가? (예) ⇒ 요구를 파악하고 다른 수준을 통합시키는 수정 전략을 세운다. (아니오) ⇒ 9단계로 이동
9단계	목표와 관련된 다른 활동을 가진다면 교실에서 작업할 수 있는가? (예) ⇒ 요구를 파악하고 다른 교육과정 목표를 통합하는 전략을 세운다. (아니오) ⇒ 10단계로 이동
10단계	IEP목표와 관련된 다른 활동을 가진다면 교실에서 작업할 수 있는가? (예) ⇒ 요구를 파악하고 방해를 최소로 받는 곳에서 전략을 세운다. (아니오) ⇒ 10단계로 이동
11단계	IEP목표와 관련된 지역사회 활동에 참여할 수 있는가? 아동의 요구를 파악하고 전이에 대한 협력적인 전략을 세운다.

출처: Ryndak, D. L. (1996). Adapting environment, materials, and instruction to facilitie inclusion. *Curriculum content for students with moderate and severe disabilities in inclusive settings.* (p. 95). Boston: Allyn and Bacon.

5) 교육과정 수정의 적용 실제와 평가

교육과정 수정은 일과 전체에 반복적으로 적용할 수 있으며 동일한 활동이라도 다양한 수정 유형을 적용하여 제시하였을 때 특수교육대상자의 흥미를 유발하여 효과적인 교수활동으로 이끌 수 있다. 그러므로 교사는 다양한 교육과정 수정 유형을 다양한 기회에 사용할 수 있게 계획하여야 한다. 교육과정 수정을 고안하고 적용하기 위해 〈표 4-9〉와 같은 교육과정 수정 적용 기본 지침을 고려해볼 수 있다.

〈표 4-9〉 교육과정 수정 적용 기본 지침

지침 1	장애 학생과 비장애 학생의 일반학급 수업 참여의 차이를 최소화할 수 있는 교수적 수정을 개발한다.
지침 2	장애 학생과 비장애 학생의 사회적 상호작용과 상호의존성이 육성되고 존중되어야 한다.
지침 3	장애 학생 수업 참여의 양과 질을 최대화하고 IEP 목표의 달성을 촉진할 수 있어야 한다.
지침 4	장애 학생의 강점을 강화하고 약점을 보완하는 교수적 수정을 개발한다.
지침 5	장애 학생이 일반 교육 활동에서 분리되는 것보다는 되도록 동일한 활동에 비장애 학생과 함께 참여하는 것을 선호한다.
지침 6	교육과정 내용보다는 교수 환경과 교수 방법의 수정을 더 선호한다.
지침 7	장애 학생이 다른 사람의 보조 없이 독립적으로 활동하는 것을 선호한다.
지침 8	일반 교육과정 내용을 가능한 한 유지하면서 장애 학생을 위한 적합한 교육 내용의 복잡성을 최대화한다.
지침 9	장애 학생의 일반 교육 환경에의 참여를 위해 필요한 특정한 교수적 수정을 장애 학생의 IEP 안에 기입할 수 있다.
지침 10	일반교사와 특수교사 및 다른 교사들의 시간적 및 자원적 변수들 안에서 교수적 수정의 고안과 사용이 가능할 수 있도록 계획하여야 한다.

출처: 박승희(2003). 한국 장애 학생 통합 교육: 특수교육과 일반 교육의 관계 재정립. (p. 363). 교육과학사.

(1) 유아 교육과정 수정의 적용 실제와 평가의 예

[그림 4-25]와 [그림 4-26]은 누리과정 활동의 교육과정 수정 예이다.

목표	목표수정
• 씨앗을 심는 방법을 안다. • 씨앗이 잘 자라게 하는 방법을 실천한다. • 식물을 길러 보면서 성장 과정에 관심을 가진다.	• 자신이 심는 씨앗의 명칭을 말한다. • 씨앗심기에 필요한 도구를 구별하여 찾는다. • 친구와 함께 씨앗심기활동에 참여한다.
5세 누리과정 관련 요소	
• 자연탐구: 과학적 탐구하기 - 생명체와 자연환경 알아보기 • 자연탐구: 탐구하는 태도 기르기 - 호기심을 유지하고 확장하기 • 의사소통: 듣기 - 이야기 듣고 이해하기	
창의, 인성 관련	
• 창의성: 인지적 요소 - 사고의 수렴	
초등학교 교육과정 관련	
• 슬기로운 생활: 봄-씨앗을 심어 싹을 틔워보면서 식물이 자라는 모습을 관찰한다. • 바른 생활: 봄-생명의 소중함을 알고 봄철 주변에 있는 꽃이나 나무, 새싹을 보살핀다.	

활동 방법	활동 방법 수정
1) 씨앗을 관찰한다. -(실제 사진 자료를 보여주며) 이 씨앗의 모습이 어떻게 생겼니? -(씨앗을 만져보며) 씨앗을 만져보니 어떤 느낌이 드니? -씨앗들은 어떤 점이 다르니? 어떤 점이 비슷하니? -왜 씨앗들은 서로 다를까?	1) 교사가 보여주는 여러 개의 씨앗 중 같은 씨앗끼리 짝짓는다. [성인의 지원] [활동의 단순화] -(실제 화분에 심을 씨앗을 보여주며) 똑같은 씨앗 어디 있니? 같은 씨앗 줄래? -(씨앗을 바로 찾으면) 와~ 잘 찾았다. 이것은 ○○야. 따라서 말해보자. ■ 시각장애 유아 -씨앗을 직접 충분히 만져보면서 씨앗의 크기나 모양을 구분하도록 한다. 약시일 경우에는 추가로 확대경을 이용해서 관찰할 수 있도록 한다. ■ 지체장애 유아 -손 사용이 불편한 경우 씨앗을 투명한 플라스틱 통에(작은 생수병이나 샬레 등) 담아 주어 잡기 편하도록 한다. 같은 씨앗 사진들을 짝지어 보여주면서 실제 같은 씨앗을 찾도록 한다.

<table>
<tr><th colspan="2">활동 방법</th><th>활동 방법 수정</th></tr>
<tr><td>가정
연계
활동</td><td colspan="2">1) 매일 화분에 물을 주고 씨앗의 변화를 엄마와 함께 관찰해 보는 경험을 갖도록 한다.
2) 씨앗의 변화를 관찰하고 성장과정 책을 만들어보도록 한다.
3) 학급에서 장애 유아가 활동할 씨앗을 가정에 미리 알려드려서 씨앗을 직접 구입해 보도록 한다.</td></tr>
<tr><td>사전
활동</td><td colspan="2">1) 씨앗을 구입하는 장면의 사진이나 씨앗을 심는 과정의 사진을 가지고 와서 친구들 앞에 나와 발표한다(씨앗 심는 방법, 씨앗 심기 도구 사진을 미리 가정으로 보내 활동 시 참고하도록 한다).</td></tr>
</table>

<table>
<tr><td>활동
자료</td><td>여러 종류의 씨앗, 씨앗이 자라는 과정, 땅속에서 씨앗이 자라서 밖으로 나오는 동영상, 화분, 흙, 모종삽, 물뿌리개 또는 분무기, 관찰지, 연필 등

〈여러 종류의 씨앗 사진〉
<table>
<tr><td></td><td>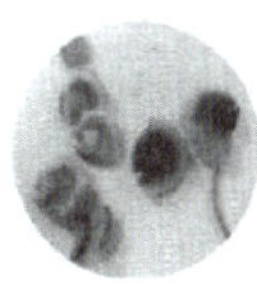</td><td>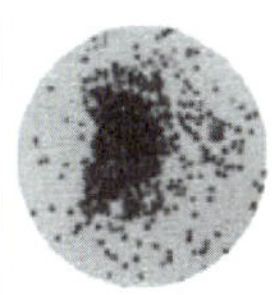</td><td>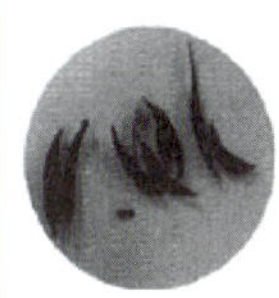</td><td>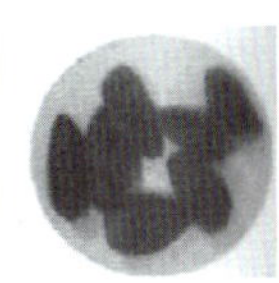</td></tr>
<tr><td>〈분꽃〉</td><td>〈접시꽃〉</td><td>〈채송화〉</td><td>〈코스모스〉</td><td>〈해바라기〉</td></tr>
</table></td></tr>
<tr><td>활동
자료
수정</td><td>- 여러 종류의 씨앗 사진, 씨앗 심는 방법 그림(사진) 자료와 PPT 자료, 나무젓가락, 확대경 또는 실물화상기, 화분 이름표(점자 이름표) 등
※ 활동 관련 활동지
※ 자유놀이지 - 씨앗 심는 순서 사진 오려 붙이기
※ 장애 유형별 자료 수정

■ 청각장애 유아
- 활동 중 주고받는 대화와 관련된 간단한 단어나 그림을 카드로 만들어 사용

■ 시각장애 유아 / ■ 지체장애 유아
• 확대경 또는 실물 화상기(약시 유아를 위한 자료)
• 씨앗 - 씨앗의 모양과 크기가 서로 달라 변별이 쉬운 것
• 꽃삽 - 작은 페트병으로 만든 삽
• 물뿌리개 - 모래놀이용 물뿌리개, 요구르트병, 구멍 뚫린 페트병 등
• 책상에 고무판 깔아주기
• 화분 - 재질을 고려해서 조금 무게감이 있는 것으로 제공(흙 옮겨 담을 때 쓰러지지 않도록)</td></tr>
</table>

〈여러 종류의 씨앗〉

유의점	장애 유아를 위한 활동의 유의점
1) 활동을 하기 전, 미리 씨앗을 충분히 관찰할 수 있도록 한다.	1) 감각적으로 예민한 유아 －씨앗을 심는 단계 중 씨앗 심을 자리의 구멍에 나무젓가락이나 다 사용한 색연필이나 사인펜 뚜껑 등을 이용하도록 한다. －흙 눌러줄 때 도구를 사용해서 누르도록 한다.
2) 씨앗에서 싹이 나고, 꽃이 피는 성장과정의 사진을 준비한다.	2) 의미 있는 집중시간이 매우 짧거나 착석이 힘든 유아 －교사나 또래가 구멍을 뚫어준 후 씨앗을 구멍에 넣는 단계와 마지막 물을 주는 단계만 참여하는 등으로 참여시간을 조절해준다.
활동평가	**활동 평가 수정**
1) 씨앗을 심는 활동을 관찰하여 평가한다. 가) 씨앗을 심는 순서와 방법을 아는가?	1) 자신이 심는 씨앗을 명칭을 말하는지 평가한다. 가) 교사가 보여준 씨앗 중 자신이 심은 씨앗을 구분해서 가리키는가? ■ 시각장애 유아 －교사가 만지게 해준 씨앗의 명칭을 말하는가?
2) 씨앗을 길러보는 활동을 통하여 평가한다.	2) 씨앗심기에 필요한 도구를 구별하여 찾는지 평가한다.

[그림 4-25] 누리과정 활동 수정의 예

출처: 국립특수교육원(2012). 장애유아 통합 교육 교사용 지도서 현장 활용 세미나 자료집. (p. 112). 국립특수교육원.

블록 탐색하고 자유롭게 구성하기

장애 ①	5세
3월 즐거운 어린이집	1주 새로 만난 우리 반
오전 자유놀이	쌓기 영역

목표	가. 수준 • 놀이하고 싶은 블록을 선택할 수 있다. • 블록 구성 사진을 보며 블록 조각을 2개 이상 이용하여 구성할 수 있다. 나. 수준 • 놀이하고 싶은 블록을 구별하여 정리할 수 있다. • 선택한 블록 조각을 5개 이상 이용하여 구성할 수 있다.
누리과정 관련요소	• 신체운동·건강 > 신체 조절과 기본 운동하기 > 신체 조절하기 > 눈과 손을 협응하여 소근육을 조절해 본다. • 자연탐구 > 탐구하는 태도 기르기 > 주변 사물과 자연세계에 대해 지속적으로 호기심을 갖고 알고자 한다.

가. 활동 자료: 다양한 종류의 블록(유닛블록, 종이벽돌블록, 플라스틱블록 등), 사람 모형, 자동차 모형(택시, 버스, 트럭, 배, 비행기, 오토바이 등), 각종 건물 사진 등

가) 다양한 크기의 블록, 블록 구성 사진, 블록 사진이 있는 바구니, 모형

나) 다양한 자료의 블록(유닛블록, 종이벽돌블록, 플라스틱블록 등), 사람 모형, 자동차 모형(택시, 버스, 트럭, 배, 비행기, 오토바이 등), 각종 건물사진 등

나. 활동 방법

1. 쌓기놀이 영역에 놀잇감은 무엇이 있는지 살펴본다.
   가-1. 교사와 함께 손을 잡고 놀잇감을 만져본다.
   가-2. 놀잇감에는 무엇이 있는지 살펴본다.
   나-1. 쌓기놀이영역에 놀잇감은 무엇이 있는지 살펴본다.

2. 놀잇감을 자유롭게 탐색한다.
   가-1. 교사와 함께 놀잇감을 한 가지씩 탐색한다.
   가-2. 블록으로 구성된 모형들을 2~3가지 본다.
   나-1. 또래가 블록을 구성하는 것을 교사와 함께 탐색한다.

3. 놀잇감을 가지고 자유롭게 놀이를 한다.
   가-1. 교사와 함께 블록을 잡고 자유롭게 놓아본다.
   가-2. 교사와 함께 블록 조각을 2개 이상 이용하여 구성해 본다.
   나-1. 놀이하고 싶은 놀잇감(블록)을 한 가지 선택한다.
   나-2. 선택한 블록 조각을 5개 이상 이용하여 구성해 본다.

[자유롭게 블록놀이를 하는 모습]

[교사와 함께 블록놀이에 참여하는 모습]

4. 놀이 후 두 가지 준거에 의해서 정리해 본다.
   가-1. 교사가 놀잇감을 정리하는 시범을 바라본다.
   가-2. 교사가 제시해준 블록(같은 색깔 블록)을 한 개씩 바구니에 정리한다.
   나-1. 놀이 후 바구니에 붙여진 사진을 보고 색깔(모양, 끼우기형, 쌓기형)이 같은 것끼리 정리한다(필요하면 또래가 지원을 해준다).

다. 활동의 유의점

- 정해진 공간 안에서 블록을 여러 가지 활동(보기, 만지기, 쥐고 옮기기 등)을 통해 탐색할 수 있는 시간을 충분히 준다.
- 자폐성향의 유아는 특정 모양과 색깔의 블록만을 선택하려고 할 수 있으므로 선호하는 블록을 활용하되 단계적으로 다른 블록도 조작해 보도록 한다.

라. 활동 평가

1. 수준
• 놀이하고 싶은 블록을 선택했는가? • 블록 구성 사진을 보며 블록 조각을 2개 이상 이용하여 구성하였는가? • 선택한 블록 조각을 2개 이상 이용하여 구성하였는가?
2. 수준
• 놀이하고 싶은 블록을 구별하여 정리할 수 있는가? • 선택한 블록 조각을 5개 이상 이용하여 구성하였는가?

마. 확장 활동

1. 가족이 모여 여러 가지 물건들을 쌓아보거나 옆에 놓아보는 활동을 해본다.
2. 가족이 제시해주는 블록 모양, 색깔 등을 보거나 언어를 통해 듣고 같은 모양, 같은 색깔을 찾아본다.

[그림 4-26] 누리과정 활동 수정의 예 2

출처: 보건복지부(2014). 장애아보육프로그램 2권. (p. 8). 한국보육진흥원.

(2) 초등학생 교육과정 수정의 적용 실제와 평가의 예

다음은 초등학교 수정 주간 교육 계획안으로 다양한 교육과정 수정 유형을 다양한 기회를 활용하여 계획한 예이다.

〈표 4-10〉 초등학교 수정 주간 교육 활동 계획안의 예

		활동 내용	평 가
개별 지도	국어	1. 아기 나무 • 따라 읽은 후 그림과 문장 연결하기 • 3인 소그룹에서 순서 지켜 읽기 • 책 보고 쓰기, 칠판 보고 쓰기	1. 아기 나무: 그림과 포스트잇 위의 문장을 연결하기 70% 수행 • 책 보고 쓰기: 띄어쓰기 어려움 • 칠판 보고 쓰기: 60% 수행
		2. 쉬운 책 '꼬마야, 꼬마야' • 그림 보고 읽기 • 의성어, 의태어, 동작과 함께 따라 하기	2. 꼬마야 꼬마야: 외워서 읽기 70% 이상 수행, 즐거워함
		3. 로지코 2 • 그림과 낱말 연결하기 • 로지코 판에서 그림, 낱말 연결하기 • 낱말 보고 쓰기 • 짧은 문장 말해 보기	3. 로지코: 로지코 판에서 수행 80%, 읽기는 100%, 받아쓰기 10% 미만
		4. 낱말장 확인: 물고기 이름	4. 낱말장 익히기: 어류 이름 70% 정도 성취
		5. 심부름 쪽지 게임 • 한 가지 지시에 대하여 읽고 행동하기	5. 쪽지 보고 심부름: 도움에 의존
	수학	1. 화폐 구분하기(백 원, 오백 원)	1. 화폐 구분 70%
		2. 더하는 경우 알기 ("더 주세요"와 연결하기) 3. 수 1~6 언어 수, 숫자 수, 구체물, 손가락 연계시키기	2. 1~3 손가락 연계 75%
통합 학급 지도 목표	국어	• 교과서 함께 같은 쪽 펴기 • 그림 단서가 있는 낱말 카드와 그림 연결하기 • 친구 따라 책 읽기	교과서 그림을 보고 '누가……를 한다'로 말할 수 있음. 질문이 증가됨
	바른 생활	1. 알아서 척척 • 준비물 도움 받아 챙기기 • 자기 물건과 다른 친구의 물건 구분하기 • 자기 물건 도움 받아 정리하기	존댓말로 어른에게 하는 태도 반복 지도 중. 평어와 존댓말의 사용을 구분하여 사용하는 데 어려움

	활동 내용		평가
통합 학급 지도 목표	슬기로운 생활	1. 재미있는 놀이터 • 놀이기구 이름 익히기 • 놀이기구 친구들과 함께 타보기	봄에 피는 꽃 스크랩 후 진달래, 개나리, 목련, 민들레꽃 익힘
	즐거운 생활	1. 씩씩한 어린이 • 내 몸의 여러 부분 이름 알기 • 테두리가 그려진 내 얼굴에 색칠하기	깡충깡충 뛰는 것을 매우 잘하나 줄을 놓고 넘는 데는 목표 의식이 별로 없음
부적응 행동 교정 · 사회 적응능력 신장 프로그램		1. 공부 시간 중에 착석 유지하기	1. 착석 유지: 안정됨, 이탈횟수 0~1 수준
		2. 수업 일과표와 일치하는 교과서 펴기	2. 교과서 펴기: 완벽히 수행, 쪽수 찾는 데 도움 필요(친구)
		3. 날씨, 해, 달, 그림 스크랩 보며 욕구 불만 해소하기	3. 날씨에 대한 질문 반복
		4. 소리 지르는 경우 1일 1회 정도만 허용하기	4. 소리 지르기 1일 3, 4회
		5. 노는 시간 중 운동장에서 놀기 - 공부 시간 종소리를 듣고 친구 도움 받고 교실로 돌아오기	5. 나가서 놀려 하지 않고 창밖만 봄
		6. 친구에게 다정하게 말하기를 도움 받아 따라 말하기	6. 작은 소리로 다정하게 말하기 수행 중. 장난으로 일부러 큰 소리를 내기도 함
		7. 우유 스스로 마시기	7. 우유 당번 책무성 이해

출처: 고은진(2001). **특수학급 운영의 실제**. 국립특수교육원 직무 연수 12기 자료집. (p. 231). 국립특수교육원.

[그림 4-27]은 초등학교 3-4년 사회 교과 내용으로 시각장애 학생을 위해 자료 수정 및 활동의 단순화 등 교육과정 수정 전략을 활용해 교육과정 성취 수준을 수정한 예이다.

● 전맹 ○ 저시력 ■ 전맹 · 저시력 공통

<table>
<tr><th>교육과정 내용</th><th>핵심성취 기준</th><th colspan="2">성취기준</th><th colspan="2">성취수준 재구성 사례</th></tr>
<tr><td rowspan="3">사 4011 우리가 살고 있는 곳의 위치를 지도, 인터넷 등을 이용하여 찾아보고 우리나라에서 어디에 위치하고 있는지 말할 수 있다.</td><td rowspan="3">사 4011 다양한 자료(예: 지도, 인터넷)에서 우리 지역의 위치를 확인하고 우리 지역이 우리나라에서 어디에 위치하고 있는지를 말할 수 있다.</td><td>상</td><td>지도, 인터넷 등의 자료를 활용하여 우리 지역의 위치를 찾고 그것을 바탕으로 우리 지역이 우리나라에서 어디에 위치하고 있는지 설명할 수 있다.</td><td>상</td><td>● 촉각 지도, 인터넷 자료 등을 활용하여 우리 지역의 위치를 찾고 우리 지역이 우리나라에서 어디에 위치하고 있는지 설명할 수 있다
○ 지도, 인터넷 등의 자료를 활용하여 우리 지역의 위치를 찾고 우리 지역이 우리나라에서 어디에 위치하고 있는지 설명할 수 있다.</td></tr>
<tr><td>중</td><td>지도, 인터넷 등의 자료를 활용하여 주어진 자료에서 우리 지역의 위치를 찾을 수 있다.</td><td>중</td><td>● 촉각 지도, 인터넷 자료 등의 주어진 자료를 활용하여 우리 지역의 위치를 찾을 수 있다.
○ 지도, 인터넷 자료 등 주어진 자료를 활용하여 우리 지역의 위치를 찾을 수 있다.</td></tr>
<tr><td>하</td><td>우리 지역의 위치를 확인할 수 있는 자료에서 무엇이 있는지 나열할 수 있다.</td><td>하</td><td>■ 우리 지역의 위치를 확인할 수 있는 자료에는 무엇이 있는지 말할 수 있다.</td></tr>
</table>

[그림 4-27] 초등학교 시각장애 학생을 위한 교육과정 수정 예시

출처: 국립특수교육원(2013). 특수교육 교수·학습 지원 자료 현장 활용 세미나(p. 79). 국립특수교육원.

[그림 4-28]은 장애 학생 통합 교육을 위해 초등학교 1-2학년 국어 교과서 내용을 3가지 수준으로 나누어 다양한 수정 전략을 적용한 활동 예이다.

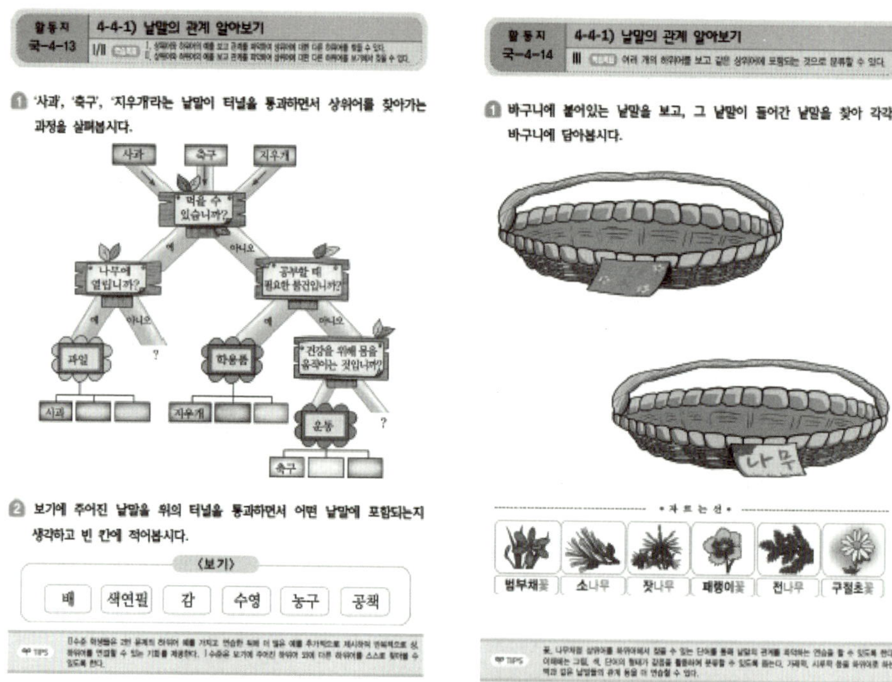

[그림 4-28] 초등학교 시각장애 학생을 위한 교육과정 수정 예시

출처: 국립특수교육원(2013). 통합 교육 교수·학습 자료 현장 활용 세미나: 초등학교 1~2학년 통합 교육 교수·학습 자료 활용 방안. (p. 34). 국립특수교육원.

(3) 중학생 교육과정 수정의 적용 실제와 평가의 예

[그림 4-29]는 중학교 체육 수업 시간에 다양한 수정 전략을 적용하여 활동 참여 증진을 계획한 활동의 예이다.

<table>
<tr><th colspan="3">일반교육과정</th><th colspan="5">학생 1의 교수적합화</th></tr>
<tr><th>단원</th><th>제재</th><th>학습목표</th><th>교수내용의 적합화: 적합화한 교수목표</th><th colspan="2">교수 환경의 적합화</th><th>교사 옆 배치, 또래활동을 위한 배치, 모음활동을 위한 자리배치, 모둠구성원 조정</th><th>평가 방법의 적합화</th></tr>
<tr><td rowspan="12">Ⅲ. 경쟁 활동 플로어볼</td><td rowspan="4">기초 가능 1 (자세 드리블)</td><td rowspan="4">• 스틱을 두 손으로 잡고 낮은 자세로 드리블을 하여 목표지점까지 갈 수 있다.</td><td rowspan="4">• 적합화된 스틱을 가지고 안전한 자세로 드리블을 하여 지점까지 갈 수 있다.</td><td colspan="2">교수적 집단화</td><td>개별활동</td><td rowspan="4">준거 수준 점수</td></tr>
<tr><td rowspan="3">교수 방법</td><td>교수 활동</td><td rowspan="3">• 교사가 적합화된 스틱을 가지고 안전한 자세로 드리블 시범 보이기
• 교사가 함께 이동하며 언어적 지시(천천히, 정확히)하기
• 적합화된 스틱을 가지고 안전한 자세로 드리블하기</td></tr>
<tr><td>교수 전략</td></tr>
<tr><td>교수 자료</td></tr>
<tr><td rowspan="4">기초 가능 2 (패스, 슈팅)</td><td rowspan="4">• 숏패스 5m 거리에서 정확하게 패스할 수 있다.
• 롱패스 15m 거리에서 정확하게 패스할 수 있다.
• 스틱을 두 손으로 잡고 낮은 자세의 슈팅자세로 10번 중 3번 이상 성공시킬 수 있다.</td><td rowspan="4">• 숏패스 3m 거리에서 정확하게 패스할 수 있다.
• 롱패스 7m 거리에서 정확하게 패스할 수 있다.
• 적합화된 스틱을 가지고 슈팅 방법으로 10번 중 3번 이상 성공시킬 수 있다.</td><td colspan="2">교수적 집단화</td><td>또래교수, 또래 파트너활동</td><td rowspan="4">준거 수준 점수</td></tr>
<tr><td rowspan="3">교수 방법</td><td>교수 활동</td><td rowspan="3">• 교사와 또래파트너가 숏패스와 롱패스 시범 보이기
• 교사가 언어적 지시(천천히, 상대방을 보고 정확히)하기
• 적합화된 스틱을 가지고 또래교사와 함께 숏패스와 롱패스 하기</td></tr>
<tr><td>교수 전략</td></tr>
<tr><td>교수 자료</td></tr>
<tr><td rowspan="4">스테이션 학습 1</td><td rowspan="4">• 드리블, 패스, 슛하기 등의 기초기능을 수행할 수 있다.
• 모둠별 게임에서 상대방의 수비에 대응하여 기초기능을 적용할 수 있다.
• 모둠별 협동학습을 통한 협동심, 단결심을 기를 수 있다.</td><td rowspan="4">• 적합화된 드리블, 패스, 슛하기 등의 기초기능을 수행할 수 있다.
• 모둠별 게임에서 기초기능을 적용할 수 있다.
• 모둠별 협동학습을 통한 협동심, 단결심을 기를 수 있다.</td><td colspan="2">교수적 집단화</td><td>또래 파트너활동, 모둠활동</td><td rowspan="4">준거 수준 점수</td></tr>
<tr><td rowspan="3">교수 방법</td><td>교수 활동</td><td rowspan="3">• 교사 또는 또래 파트너가 드리블, 패스, 슛하기 등의 기초기능 시범 보이기
• 교사가 언어적 지시(천천히, 상대방을 보고, 정확히)하기
• 적합화된 스틱을 가지고 모둠 안에서 게임활동 하기</td></tr>
<tr><td>교수 전략</td></tr>
<tr><td>교수 자료</td></tr>
</table>

[그림 4-29] 평가를 포함한 교육과정 수정 계획 예시

출처: 윤형준(2014). 중학교 통합체육수업의 교수적합화가 경도지체장애 학생의 신체활동수준과 상호작용에 미치는 영향. 한국특수체육학회지, 22(3), 43-63.

6) 교육과정 수정 적용 평가

교육과정 수정은 평가를 통해 효과성 검증 후 평가 결과를 반영하여 수정 계획, 적용할 수 있어야 한다. [그림 4-30]의 양식을 활용하여 교육과정 수정 내용을 검토 및 평가해볼 수 있다.

교육 계획 점검표

1. 교육 계획 세우기
   - _______ IEP/IFSP
   - _______ 아동에 관한 관련 보고서
   - _______ 이용 가능한 자원과 자원의 유형

2. 팀구성 계획
   - _______ 누가 팀의 일원인가?
   - _______ 언제 회의를 하는가?
   - _______ 얼마나 자주 회의를 하는가?
   - _______ 모든 회의에 모든 팀원이 참여해야 하는가?
   - _______ 회의주제는 누가 작성하며, 어떻게 작성하는가?

3. 수정 설계
   - _______ 일과 계획의 각 부분(대집단, 소집단, 자유놀이, 식사 등)에서 아동이 이 일과에서 무엇을 얻어야 하는가?에 답한다.
   - _______ 수정의 선택권과 수준을 검토한다(아동이 일과의 각 단계에서 배울 수 있도록 무엇을 변화시키거나 추가해야 하는가?).

4. 실행(수정된 계획을 어떻게 실행하는가?)
   - _______ 수정하거나 대체할 자료와 활동을 누가 개발하는가?
   - _______ 어떤 수행 단계가 포함되는가?
   - _______ 수정에 필요한 자료와 직원을 결정한다.
   - _______ 지원을 배분한다.
   - _______ 아동과 또래 아동에게 수정을 어떻게 설명하고 사용할 것인가?
   - _______ 수정 작업을 어떻게 결정할 것인가?

5. 평가
   - _______ 수정과 실행이 아동에게 성공적이었는가?
   - _______ 수정을 유지, 변경, 반복 사용할 것인가?

[그림 4-30] 교육 계획 점검표

출처: Cook, R. E., Klein, M. D., & Tessier, A. (2008). *Adapting early childhood curricula for children with special needs*. 7th edition. (p. 452). Pearson Education, Inc.

3 삽입 학습 기회

삽입 학습 기회(ELO: Embedding Learning Opportunity)는 수정에 기반을 두고 보다 구체적으로 진행되는 일과와 활동에 개별 목표를 적용하는 방법이다. 삽입 학습 기회 실행은 먼저 목표를 적용할 수 있는 기회를 명확히 한 후 구조화되고 체계적인 목표 적용 교수 계획이 뒷받침되어야 한다(Horn & Banerjee, 2009). 효과적인 삽입 학습을 위해서는 특수교육대상자의 목표를 확인하고, 적절한 목표 적용 기회를 계획하여야 한다(Bowe, 2004). 장·단기 목표를 다양한 활동에 삽입하는 것은 일상생활과 시작 행동을 기반으로 목표를 적용하는 것으로 일과의 맥락 안에서 개별 목표의 삽입은 아침 기상에서부터 시작하여 취침까지의 하루 일과의 모든 과정 안에 개별 목표를 삽입하여 지도한다는 것이다(Kiglo & McCormick, 1998).

삽입 학습 기회는 자연스러운 것이어야 하는데 여기서의 자연스러움이란 무계획 속에서의 자연스러움이 아닌 체계적인 계획을 통하여 일과 속에서 자연스럽게 개별 목표를 교수활동에 적용하는 것으로 특수교육대상자에 대한 특별한 요구와 일과를 적절히 접목시키는 교사의 구조화된 전략이 필요하다.

1) 삽입 학습 기회 이해

(1) 삽입 학습 기회 장점

삽입 학습 기회 장점은 첫째, 진행되고 있는 일과 또는 활동을 활용함으로써 큰 변화를 요구하지 않으며 둘째, 교사가 아동의 관심 및 선호도를 활용함으로 아동의 동기 유발과 참여에 많은 이점이 있고 셋째, 교수활동이 교실의 자연스러운 상황에서 이루어지므로 아동 스스로 새로운 학습 기술을 습득할 수 있다. 마지막으로, 일과 중 다양한 상황에 여러 번 삽입 학습의 기회를 활용함으로 다양한 상황에서 습득한 기술을 적용하여 강화를 얻을 수 있다(Sandall & Schwartz, 2008).

다음은 3세 유아의 인지 영역 교육 목표 중 '빨간색, 파란색, 노란색 삼색 변별하기'라는 목표를 적용하여 지도하는 예이다. 제한적인 방법으로 지도한 경우와 일과의 맥락을 삽입 교수를 진행하여 지도한 경우로 진행 중인 일과를 활용하여 지도한 경우 주변의 다양한 자원을 이용할 수 있는 장점과 자연스러운 강화 또는 일반화가 용이하다는 장점이 있다.

〈표 4-11〉 상황에 따른 IEP 목표 적용 비교의 예

인지 영역 목표: 빨간색, 파란색, 노란색을 변별할 수 있다.	
실제 상황과 분리된 상황에서 IEP 목표 적용	진행 중인 일과의 맥락을 이용한 IEP 목표 적용
• 지도 상황: 교실의 전체 활동이 진행되고 있는 동안 개별교실에서 교사와 아동이 1:1로 학습하였다. • 지도 방법: 교사와 1:1로 앉아 12색 색연필을 이용해 색깔 구분을 반복 연습한다.	• 지도 상황: 블록 정리시간 이야기 나누기 • 지도 방법 -블록 정리시간에 또래와 함께 블록의 색깔에 따라 빨간색, 파란색, 노란색 바구니에 블록을 분류하여 담는다(이때 바구니를 빨간색, 파란색, 노란색으로 준비하거나 바구니가 준비되지 않았을 경우 색깔시트지 등으로 색깔 표시). -이야기 나누기 시간 의자를 다양한 색으로 준비하여 원하는 색 또는 교사가 지명하는 색 이름을 말해보고 의자에 앉는다.

[그림 4-31] 블록놀이를 이용한 색변별 지도

[그림 4-32] 색깔의자를 이용한 색변별 지도

(2) 삽입 학습 기회 실행 지침

삽입 학습 기회 장점을 충분히 활용하기 위해서는 〈표 4-12〉에서 제시하고 있는 체계적인 삽입 학습 지침을 따르면 효과적이다.

〈표 4-12〉 삽입 학습을 위한 지침과 예

1. 삽입 학습의 기회를 명확히 하라.
   일과 중에 언제, 어떤 활동 때 삽입 학습을 실시할 것인지 구체적으로 계획하기
   예: 등·하교 시간에 학급 친구들과 인사하기

2. 복합적인 삽입 학습의 기회를 만들어라.
   일과 중에 여러 번 반복적으로 삽입 학습의 기회가 생길 수 있도록 계획하기
   예: '두 손 사용하기'를 위한 일과: 옷 입기, 수업 시간(쓰기와 그리기), 실외 놀이

3. 교수 상황을 계획하라.
   구체적인 교수 방법에 대해 미리 계획하기
   예: 교사의 언어 촉진과 시각적 단서 제공으로 수행하기

4. 진보정도를 계속 평가하라.
   삽입 학습 기회 활용에 따른 변화를 지속적으로 평가하여 다음 활동에 반영하기
   예: 일일 단위로 연속 5회 수행을 평가하기

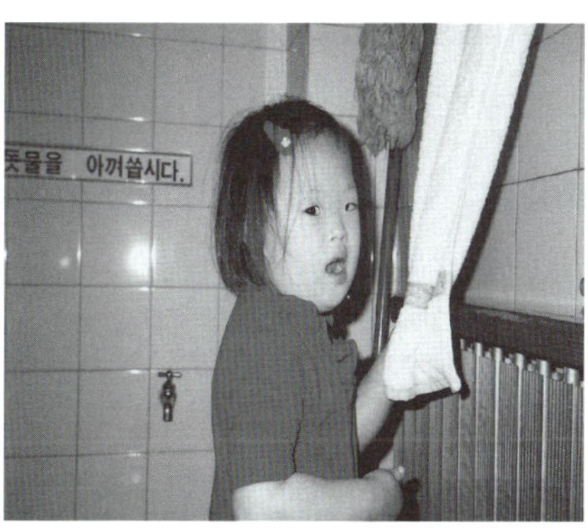

[그림 4-33] 간식 먹기 전의 손씻기 활동

[그림 4-34] 일과 활동에서 요구되는 쓰기 활동

(3) 개별 목표 도표를 활용한 삽입 학습 기회 실행

개별 활동 일정에 대한 정보는 반복되는 활동을 어떻게 활용할지에 대한 구체적인 정보를 제공한다. 즉 언제, 어떤 상황에서, 얼마나 자주 아동 목표 기술의 삽입 학습 기회를 적용할 것인지에 대한 계획을 설정할 수 있다.

하루 일과 모든 과정 안에 자연스러운 실제 환경에서 개별 목표를 삽입할 수 있는 방법으로 목표 도표(matrix)를 활용할 수 있다. 활동 도표는 일과 중의 삽입 교수 내용을 구체적으로 기록한 표로, 학급에서의 일과를 시간적인 순서로 적은 후 일과 내의 각 활동마다 교수할 개별교육목표와 교수 전략, 교수할 상황을 구체적으로 기록한 활동 계획표이다. 목표 도표를 작성하면 각 영역별 개별화 교육 목표들을 간단하게 한눈에 볼 수 있다. 그리고 개별 목표들이 하루 일과를 통해서 어느 시간에 어떤 교수전략으로 교수될 것인지를 점검해 볼 수 있으며, 교실 벽면에 게시하면 누구든지 계획을 공유할 수 있다. 활동 도표의 작성 방법은 〈표 4-13〉에 설명되어 있으며, 기본적인 내용이 포함된다면 다양한 형태로의 변형이 가능하다. 목표 도표는 개별 활동 도표와 학급 전체 유아를 대상으로 하는 학급 활동 도표가 있다.

〈표 4-13〉 목표 도표의 작성 방법

1. 하루 중 참여하게 될 사건들(활동 등)을 왼쪽에 나열한다. 사건들은 매일 발생하는 순서에 따라 기록한다.
2. 도표의 왼쪽에 나열된 사건들의 바로 밑에 사건이 발생하는 장소를 기록한다.
   장소의 기록은 하루 전체를 포함해야 하며, 기록하는 목적은 모든 관련 장소에서 교수 활동이 이루어질 수 있게 하는 것이다.
3. 도표의 왼쪽에 각 활동이 시작하는 시간과 하루 중 예상되는 지속시간도 기록한다.
4. 도표의 왼쪽에 교수 실시의 책임을 지게 될 성인의 이름도 기록한다.
   만일 또래친구들이 이용된다면 이들의 이름도 함께 기록되어야 한다.
5. 도표의 상단에 교수활동을 위해서 선정된 기술(목표)들을 모두 열거한다. 각 세로 행은 한 가지 행동을 포함해야 한다.
6. 도표의 각 칸마다 사용할 교재와 교수전략을 기록한다. 만일 주어진 사건/시간에 기술이 다루어지지 않으면 그 칸은 빈칸으로 남겨 둔다.
7. 기술들이 일반화를 촉진할 수 있도록 다양한 성인, 교재, 상황에 걸쳐서 다루어지고 있는지 도표를 점검한다.

출처: 이소현(역)(2000). 장애 영유아를 위한 교육. (p. 148). 서울: 이화여자대학교출판부.

〈표 4-14〉 IEP 단기 목표에 따른 일과 중 목표 연습의 기회 계획

목표 / 일과	자기 물건 정리	컵정리	1-3 분류	자리 찾기	손들기	지시 사항 따르기	인사	손잡기	그리기 도구 잡기	동작 모방
등원/자유놀이	환경 수정/선호도 이용		또래 지원	성인 지원			또래 지원		성인 지원	성인 지원
이야기 나누기				자료 수정/성인 지원	성인 지원		또래 지원	또래 지원		성인 지원
간식 시간		또래 지원/환경 지원	성인 지원		성인 지원	또래 지원	또래 지원			성인 지원
소그룹 활동 (작업)			또래 지원			성인 지원		성인 지원	특수한 장비	
전이				성인 지원		또래 지원		또래 지원/성인 지원		또래 지원
화장실 사용		또래 지원				성인 지원		또래 지원		성인 지원
바깥 놀이				환경 지원		또래 지원				
귀가	환경 수정		성인 지원				성인 지원			성인 지원

다음의 〈표 4-15〉의 언어 영역 개별화 목표는 〈표 4-16〉의 목표 도표와 같이 목표가 지도될 일과 기회를 표시할 수 있으며, 〈표 4-17〉과 같이 구체적인 지도방법이 함께 계획될 수 있다.

〈표 4-15〉 언어 영역 목표

1-1 자신의 이름을 찾을 수 있다.
2-1 교실 내에서 한 가지 지시 사항을 따를 수 있다.
3-1 적절한 크기의 목소리로 또래들에게 이야기할 수 있다.
4-1 원하는 것을 선택하여 말할 수 있다.

〈표 4-16〉 일과 중 IEP 목표를 적용할 수 있는 기회 계획

일과 \ 목표	1-1 (이름 찾기)	2-1 (지시사항 따르기)	3-1 (적절한 소리로 이야기하기)	4-1 (선택하기)
자유놀이	V	V	V	V
간식시간	V	V	V	V
이야기 나누기	V	V	V	
작 업	V	V	V	V
바깥놀이	V	V	V	V
점 심	V	V	V	V

〈표 4-17〉 일과적용 계획에 따른 구체적 지도 방법

목표 일과	이름 찾기	지시사항 따르기	적절한 목소리로 이야기하기	선택하기
자유놀이	자신 이름표 찾아 영역에 붙이기 놀이 계획표에 이름스티커 붙이기(3가지 이름표 중 선택해 보기)	놀잇감 정리 시 지시사항 따르기(예: 의자 정리하세요)	또래에게 놀잇감을 빌려야 하는 경우 말하기(아동이 좋아하는 영역의 놀잇감 수를 적게 준비하기)	"어디서 놀이할 거니?"라는 교사의 질문에 장소를 선택하여 대답하기
간식시간	자신의 이름을 찾아서 앉기	노래 부를 때까지 먹지 않고 기다리기	이름 호명 시 적절한 크기의 소리로 대답하기	초코 쿠키와 아몬드 쿠키 중 원하는 것 선택하기
이야기 나누기	주말 지낸 이야기한 사람 화이트보드에 자신의 이름 자석 찾아 붙이기	교사의 "모이자" 신호에 모이기	주말 지낸 이야기 앞에 나와 발표하기(사진자료 가정에서 준비) 상황에 따라 마이크에 대고 이야기하기	
미술활동	결과물에 이름 스티커 찾아 붙이기	필요한 도구를 지시사항을 듣고 가져오기	도구를 친구에게 빌려야 할 경우 적절히 이야기하기	도구를 선택하기
바깥놀이	신발장에서 이름 찾기	모이자는 신호에 모이는 장소로 오기	교사에게 도움을 청해야 할 경우 적절한 목소리로 이야기하기(뒤에서 친구가 밀거나 위험한 경우 "도와주세요")	놀이기구(예: 시소, 미끄럼틀, 그네, 정글짐) 선택하기
점심	자신의 자리 찾기	점심 도우미로 교사의 설명을 듣고 식판 나누어 주기	더 먹고 싶은 음식을 적절한 크기로 이야기하기	더 먹고 싶은 음식 선택하기

2) 삽입 학습 기회 활용 실제

〈표 4-18〉에서는 놀이 시간 동안 친구와 일정 시간 놀이를 지속할 수 있다는 활동 목표를 가진 민지의 삽입 학습 기회 적용을 위한 계획서이다. 계획서에는

참여자와 삽입 학습 기회에 대한 내용이 포함되어 있다. 즉, 누가 참여할 것이며 어떤 상황에서 얼마나 자주 적용할지에 대한 계획으로 구체적인 교수방법에 대한 계획과 교사가 준비해두어야 할 상황들이 모두 포함되어 있다.

〈표 4-18〉 삽입 학습 기회 기록 양식(유아)

민지를 위한 삽입 학습 기회

- 날짜: 2022 / 11 / 5
- 팀 구성원: 일반 교사, 통합 교사, 언어치료사
- 일과: 자유선택
- 활동시간: 게임 영역
- 영역목표: 놀이시간 동안 민지가 또래와 함께 놀이에 참여하며 5분 이상 놀이시간 지속하기

- 교사가 무엇을 해야 합니까?
  게임 영역을 함께 지적해 주기, 준비된 게임 함께 살펴보기
- 교사가 뭐라고 이야기할 것입니까?
  "민지야 네 차례야"라고 언어적 촉진하기
- 아동의 행동에 대해 어떻게 반응할 것입니까?
  - 교수활동이 적절히 이루어졌을 경우 칭찬과 함께 놀이한 것에 대해 다시 한번 강조하기
  - 교수 활동이 적절히 이루어지지 못했을 경우 다시 한번 기회를 제공하기
- 어떠한 자료가 필요합니까?
  게임 활동을 2명 이상의 아동이 참여할 수 있도록 다양한 게임 도구 준비하기
- 얼마나 자주 아동에게 기회를 제공할 것인가?

월요일	화요일	수요일	목요일	금요일
자유놀이	자유놀이	자유놀이	자유놀이	자유놀이

출처: Sandall, S. R. & Schwartz, I. S. (2008). *Building blocks for teaching preschoolers with special needs(2th ed.)*(p. 58). Baltimore: Paul H. Brooks Publishing Co.

개별화교육프로그램 팀 구성원들이 효과적으로 반복적인 가정 일과 속에서 아동의 학습 기회를 제공하기 위해서는 아동의 목표와 가족의 능력, 요구 사이의 조정이 필요하고 팀 구성원과 가족이 협력할 수 있다면 가장 성공적인 개별화교육프로그램이 이루어질 것이다.

(1) 가정 일과 삽입

특수교육대상자의 일상생활 시간, 빈도 및 반복된 일과 순서와 아동의 현재 참여 정도, 개별화교육프로그램 삽입 학습 기회 적용 여부를 포함하여 다음과 같이 계획할 수 있다.

〈표 4-19〉 가정 활동 일정 안내

일상생활	시간/빈도	반복된 일과 순서	아동의 참여 정도	부모가 요구한 IEP 목표의 삽입 학습 가능 여부
옷 입기	오전 8:00 (1회/일)	• 잠옷 벗기 • 입을 옷 고르기 • 옷 입기 • 세수하기	• 엄마가 옷을 입혀주는 동안 팔, 다리, 머리 움직이기 • 이 닦기 가능	–
아침 식사	오전 8:30 (1회/일)	• 엄마가 아침을 준비 • 스스로 밥 먹기 • 먹고 난 그릇 싱크대에 놓기	• 누나가 음식물 입으로 가지고 가는 것 도와 줌	–
자동차 타기	오전 9:00 (1회/1일)	• 엄마가 카시트에 앉힘 • 엄마가 내려서 휠체어에 앉히기 • 교실로 이동	• 카시트 벨트 잡기 • 엄마가 휠체어 조작할 때 돕기	+
목욕하기	오후 7:00 (1회/일)	• 물 받기/옷 벗기 • 장난감 넣기 • 비누로 몸 닦고 헹구기 • 타올로 닦기/옷 입기	• 욕조에서 장난감 갖고 놀기	+

출처: Bricker, D. (1998). *An activity-based approach to early intervention.* (p. 113). Baltimore: Paul H. Brookes Pubulishing Co.

(2) 학급 일과 삽입

특수교육대상에게 특정한 기술 습득을 위해 교수할 때 별도의 학습 시간을 계획하기보다 학급 일과 구성을 이해하고 일과 중에서 반복되는 활동을 통해 실제 환경 속에서 접근할 때 효과적이다. 교육기관 일과에 따라 어떤 목표가 수행될 수 있는지 다음의 〈표 4-20〉, 〈표 4-21〉에서 보여주고 있다. 학급의 자연스러운 일과 가운데 다음의 목표를 삽입하여 지도하면 보다 효과적일 것이다.

〈표 4-20〉 일과에 삽입된 학습 기회(유아)

일과/활동	적용 가능한 개별 목표
등원	• 교사 및 친구에게 인사하기 • 교사 및 친구의 인사에 응답하기 • 이동하기 • 외투 벗기 • 자신의 사물 정리하기
자유놀이	• 활동 선택하기 • 놀잇감 적절히 이용하기 • 놀이 규칙 지키기 • 기다리기 • 도구 이용하기 • 이동하기
전체 활동	• 자신의 자리 찾기 • 앉는 자세 유지하기 • 자신의 이름 호명에 반응하기 • 교사의 질문에 반응하기
간식시간	• 자신의 자리 찾기 • 이동하기 • 기다리기

〈표 4-21〉 일과에 삽입된 학습 기회(초등학령기)

일과/활동	적용 가능한 IEP 목표
모둠 활동	• 수업 시간 동안 착석하기 • 작업 도구 이용하기(풀, 가위 등) • 친구들과 도구 나누기 • 자신의 물품 찾기 • 필요시 도움 요청하기
실외 활동(운동장 활동)	• 외투 입기 • 실내화 벗기 • 실내화를 신발장에 넣기 • 자신의 신발 찾기 • 신발 신기 • 놀이 기구 선택하기 • 놀이 기구 이용하기 • 놀이 규칙 지키기 • 기다리기 • 필요시 적절히 도움 요청하기 • 모이자는 신호에 모이기 • 신발 벗기 • 신발 정리하기 • 실내화 신기 • 외투 벗어 정리하기
점심 식사	• 식당으로 이동하기 • 자신의 자리 찾기 • 기다리기 • 숟가락과 젓가락 잡기 • 식판 이동하기 • 일정 시간 동안 식사하기 • 음식 골고루 먹기 • 다 먹은 후 뒷정리하기
화장실 사용	• 이동하기 • 기다리기 • 남녀 화장실 구분하기 • 적절히 대/소변 보기 • 뒤처리하기 • 화장실 물 내리기 • 손 씻기

학급 일과에서 개별 목표는 학생의 현재 성취 수준에 따라 구체적인 계획을 가지고 삽입되어야 한다(〈표 4-22〉, 〈표 4-23〉 참조).

〈표 4-22〉 학급 일과에 삽입된 목표 계획(초등 학령기)

장기 목표	• 자신의 물건을 스스로 정리할 수 있다. • 화장실을 스스로 사용할 수 있다. • 스스로 식사할 수 있다. • 3단어 문장으로 의사표현을 할 수 있다.		
일과/활동	목표 적용 계획	평 가	
등교	1. 가방을 정해진 곳에 놓을 수 있다.		
수업시간	2. 활동 후 공책(노트), 가위, 연필 등을 제자리에 놓을 수 있다.		
화장실 사용	3. 대변 시 휴지를 잘라 뒤처리를 할 수 있다.		
	4. 거울을 보고 얼굴에 묻은 것을 닦을 수 있다.		
식사	6. 식판과 수저를 꺼낼 수 있다.		
	7. 음식물을 흘렸거나 묻었을 때 스스로 휴지로 닦을 수 있다.		
	8. 먹은 후 정해진 곳에 식판을 놓을 수 있다.		
일과 중	10. 요구상황이나 의사표현 시 천천히 3단어 이상으로 이야기할 수 있다.		
	12. 어제, 오늘 경험한 일을 연상하여 3단어 문장으로 이야기할 수 있다.		
	13. 내일 하고 싶은 일 또는 내일 할 일에 대해서 3단어 문장으로 이야기할 수 있다.		
가정연계	교사(부모)가 알려주는 3단어 문장을 듣고, 부모(교사)에게 전달할 수 있다.		

* 평가표시: + 수행 / △ 숙달 필요 / − 조정 필요

〈표 4-23〉 학급 일과에 삽입된 목표 계획(중등 학령기)

■ 이름: 최민정 / 기간: 2022년 5월~9월

<table>
<tr><td>목 표</td><td colspan="3">• 교실 시계를 보고 교과서와 준비물을 책상 위에 놓을 수 있다.
• 1~10까지의 구체물을 셀 수 있다.
• 10, 100, 500원 동전을 구별하여 물건을 살 수 있다.
• 주제와 관련된 자료를 보고 내용을 말할 수 있다.</td></tr>
<tr><td>일과/활동</td><td>목표 적용 계획</td><td colspan="2">평 가</td></tr>
<tr><td>등교</td><td>1. 시계를 보고 1교시 준비물을 책상 위에 놓을 수 있다.</td><td></td><td></td></tr>
<tr><td rowspan="2">수학</td><td>2. 수학 시간이 끝나면 시계를 본 후 식당으로 걸어갈 수 있다.</td><td></td><td></td></tr>
<tr><td>3. 10 이내의 더하기를 할 수 있다.</td><td></td><td></td></tr>
<tr><td rowspan="5">쉬는 시간</td><td>4. 100원짜리 동전을 사용하여 매점에서 과자를 살 수 있다.</td><td></td><td></td></tr>
<tr><td>5. 동전과 지폐를 구별하여 지갑에 넣을 수 있다.</td><td></td><td></td></tr>
<tr><td>6. 1000원 지폐로 자판기에서 음료를 살 수 있다.</td><td></td><td></td></tr>
<tr><td>7. 쉬는 시간이 끝나면 교실로 돌아올 수 있다.</td><td></td><td></td></tr>
<tr><td>8. 모둠의 친구 수만큼 우유를 가지고 올 수 있다.</td><td></td><td></td></tr>
<tr><td rowspan="4">모둠 활동</td><td>9. 상징 그림을 보고 질문에 적절하게 대답할 수 있다.</td><td></td><td></td></tr>
<tr><td>10. 학교 팻말 사진을 보고 읽으면 따라 쓸 수 있다.</td><td></td><td></td></tr>
<tr><td>11. 두 개의 그림을 보고 질문에 적절한 그림을 찾을 수 있다(예: 청결한 옷차림과 아닌 그림 구별).</td><td></td><td></td></tr>
<tr><td>12. 장소에 적절한 사물의 용도를 대답할 수 있다(예: 도서관에서 볼 수 있는 사물의 기능 말하기)</td><td></td><td></td></tr>
<tr><td>가정연계</td><td colspan="3">시계 보고 일과 말하기, 동전과 지폐 구별하여 물건 사기</td></tr>
</table>

* 평가표시: + 수행 / △ 숙달 필요 / − 조정 필요

다음은 통합 상황에서 유아의 삽입 학습 기회 계획에 대한 예시로 일반 교육 계획안, 수정 교육 계획안, 일일 교육 계획안, 수정된 활동의 예시 순서로 제시되어 있다.

〈표 4-24〉 일반 교육계획안 예(유아)

주 제	개미
목 표	우리 주변에서 볼 수 있는 개미의 종류와 하는 일에 대해 알 수 있다.
영 역	활동내용
이야기 나누기	• 도입 단계 - 개미에 대해 조사하기 - 생각 모으기 한 것 분류하기 - 개미 먹이 알아보기
동화, 동시	• 동화 – 쥐며느리 동글이 • 동화 – 우리 엄마
언어	• 언어사전 – 개미, 곤충 • 친구 찾기 • 개미에게 편지 쓰기
수, 조작	• 개미퍼즐 • 곤충 분류하기
과학	• 개미 관찰하기
미술, 작업	• 개미 1차 표상하기 • 개미 만들기
음률 신체표현	• 새노래 – 개미가 개미가 • 개미처럼 기어봐요
게임	• 바깥놀이 – 개미 관찰하기, 개미집 찾기
소임	• 엄마, 아빠 되어보기
기본생활	• 바르게 앉아서 식사하기

〈표 4-25〉 수정교육계획 예(유아)

활동명	교육내용	개별화 교육 프로그램 목표
이야기 나누기	〈주제: 개미〉 • 곤충 "개미"의 이름 알기 - 그림을 보고 개미의 모양을 살펴보고 "개미" 명칭에 대해 이야기하기 • 개미에 대한 조사 - 개미의 생김새(머리, 가슴, 꼬리, 더듬이, 다리)의 명칭 알기	〈인지〉 1. 교사의 질문을 듣고 생김새 손가락으로 2개 이상 가리키기
언어	• 그림사전 - 개미 그림 보고 개미 AAC 누르기 • 개미에게 쓴 편지 감상하기 - 친구 아동들이 쓴 개미 편지 감상하여 듣기	〈언어 - 쓰기〉 2. 그림카드 또는 AAC 전자도구 아이콘 누르기로 표현하기
수, 조작	• 개미 숫자만큼 색깔 스티커 부착하기 • 개미와 다른 곤충 분류하기 - 개미, 메뚜기, 무당벌레 곤충 분류하기	〈인지 - 수〉 3. 1~5까지의 수를 세어 보고 1:1 대응하기
과학	• 개미의 생김새 관찰하기 - 돋보기를 사용해 개미의 움직임, 생김새 관찰하기 • 개미에게 먹이 주기 - 설탕, 빵, 쌀을 주고 개미가 좋아하는 먹이 찾아보기	〈언어〉 4. 교사의 질문을 듣고 그림카드 또는 AAC 전자도구 아이콘 누르기로 상황 표현하기
미술, 작업	• 지문 찍기 - 지문을 찍어 개미 표현하기 • 개미 그리기 - 개미 선 따라 그려서 표현하고 색칠하기 • 개미 만들기 - 뽕뽕이를 세 개 부착하여 개미 만들기 • 색종이 꾸미기 - 동그라미 이용하여 개미 꾸미기	〈소근육〉 5. 손가락 지문을 연속적으로 찍고 선으로 모방하여 표현하기
게임, 율동	• 바깥놀이 - 풀과 흙에서 개미 관찰하고 개미 찾아보기 • 신체표현 - 개미 가면을 쓰고 음악에 맞추어 개미처럼 기어서 표현하기	〈대근육〉 6. 팔과 다리를 연속적으로 움직여 빠른 속도로 조절하여 걷기
식사	• 식사 시 젓가락 사용 바르게 하기 • 식사 후 바르게 양치하기	〈신변처리〉 7. 식사 후 교사의 언어적 도움 없이 스스로 양치질하기

〈표 4-26〉 일일 계획안(유아)

<table>
<tr><td>주 제</td><td colspan="2">개미</td><td>수업일자</td><td>2022년 5월 7일</td></tr>
<tr><td rowspan="3">수정된
활동목표</td><td colspan="3">가: 개미의 생김새를 보고 4가지 이상 구별하여 언어로 표현할 수 있다(김현수, 조민경).</td><td>■ △ ○</td></tr>
<tr><td colspan="3">나: 개미 생김새 모양을 3가지 이상 손가락으로 가리켜 표현할 수 있다(서지우).</td><td>■ △ ○</td></tr>
<tr><td colspan="3">다: 개미 모양을 보고 “개미”라고 1~2음절 단어로 표현할 수 있다(강예림).</td><td>■ △ ○</td></tr>
<tr><td>수업
활동명</td><td colspan="2">교수전략 및 활동내용</td><td>준비물 및 유의점</td><td>개별화교육프로그램 목표</td></tr>
<tr><td>1.
그림사전
쓰기
(선택활동)
10:00~
10:40</td><td colspan="2">• 활동방법 – 2차시수업
– 개미의 부분 명칭(다리, 가슴, 꼬리)을 보고 명칭에 따른 부분 색칠하고 점선 따라 쓴 후 다양한 언어적 방법으로 질문 제시
예: ~개미 가슴은 어디일까?
– 이것의 이름은 무엇일까?
– 수정방법: 자료 수정, 시각적 도움 제시</td><td>• 그림자료
• 색연필
• 개미 부분 명칭
• 시각자료
정확하게 발음하도록 입 모양 제시</td><td>〈언어〉
말하기
1. 2~3음절 단어 모방하여 발음하기</td></tr>
<tr><td>2.
개미와
곤충분류
(선택활동)
11:00~
12:00</td><td colspan="2">– 개미와 다른 곤충(메뚜기, 무당벌레)을 제시하여 같은 곤충끼리 분류
– 교사가 같은 곤충끼리 분류하여 모델링을 제시하고 같은 곤충끼리 분류함
• 확장적 방법: 분류한 곤충을 세어 보고 각각 수를 비교하여 “많다, 적다”의 개념을 학습.</td><td>• 개미, 메뚜기, 무당벌레 그림
• 1차시 세 가지 분류가 어려울 경우 먼저 두 가지만 제시</td><td>〈수 – 분류〉
3. 같은 곤충 분류(가 그룹)</td></tr>
<tr><td>3.
지문
찍기
(소그룹)
2:00~
2:30</td><td colspan="2">– 연상된 표현활동이 어려우므로 지문을 연속적으로 찍어서 개미를 표현하도록 함.
– 손가락을 사용해 지문을 찍고 또는 친구 아동의 손가락으로 지문을 찍어주는 활동으로 전개(친구 관계형성의 도움)
– 수정방법 – 개미 그리기를 통한 활동방법 수정</td><td>• 인주
• 조그마한 종이
• 색연필
• 어떤 친구와 함께 지문을 찍을지 이야기하고 권유방법 제시</td><td>〈소근육〉
4. 손가락 이용하여 찍기</td></tr>
<tr><td rowspan="3">일일활동
평가</td><td>활동목표의 적합성</td><td>상 중 하</td><td colspan="2" rowspan="3">소근육 발달이 아직 부족한 유아를 위해 좀 더 큰 글씨 쓰기 자료를 요함.</td></tr>
<tr><td>활동자료의 효율성</td><td>상 중 하</td></tr>
<tr><td>교사중재의 적절성</td><td>상 중 하</td></tr>
<tr><td>협의사항</td><td>공유할 수 있는 통합자료를 함께 비치하여 친구 아동과 함께 활용</td><td>부모상담</td><td colspan="2">반복적으로 뛰는 행동 문제에 대해 의논함</td></tr>
</table>

* ○스스로 수행 가능 / △도움 받아 수행 / ■수행 안 됨

〈표 4-27〉 수정교육 활동 예(유아)

- 아동정보: 뇌성마비
- 수정전략: 소근육 기능의 어려움으로 개미의 각 부위명을 쓰는 활동을 교사가 부위명을 이야기하면 스티커를 부착하는 활동으로 수정함.

활동명	개미의 생김새를 알아봐요
영 역	언어 – 쓰기
일반 교육활동	수정된 교육활동
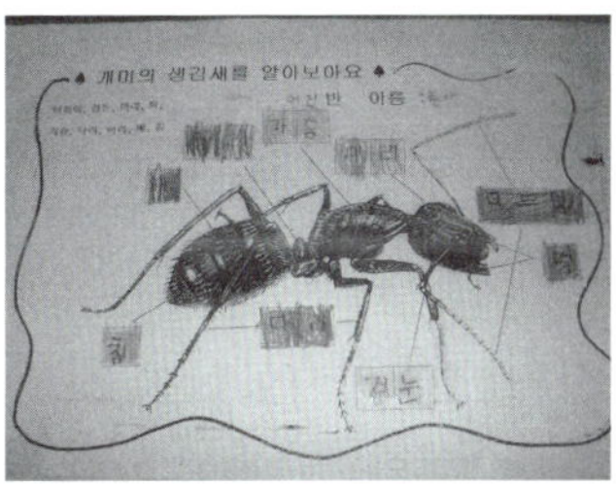	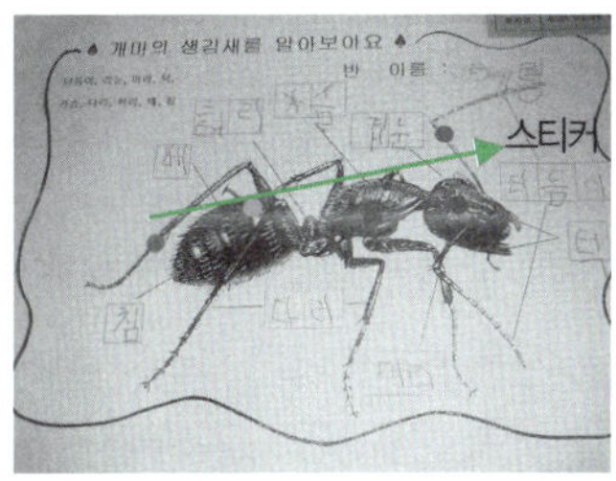

- 수정전략: 색연필을 이용해 개미를 그리는 활동을 수정해 손가락으로 개미를 찍어서 표현하고 개미집에 넣어서 풀칠하여 개미 표현함.

활동명	개미 1차 표상활동
영 역	미술활동
일반 교육활동	수정된 교육활동
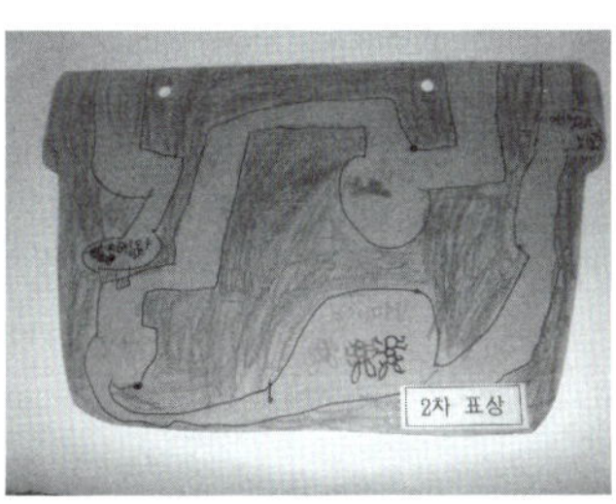	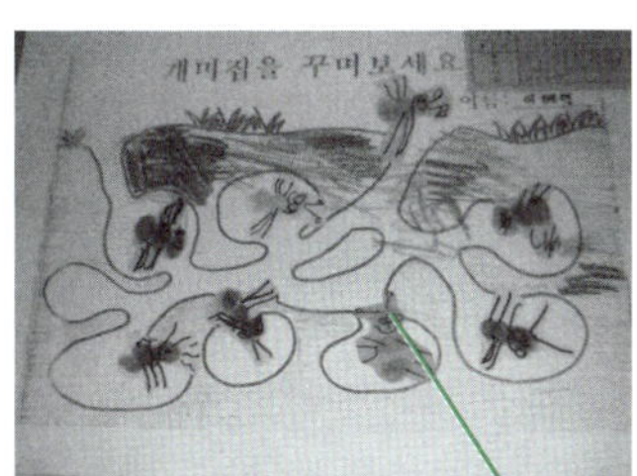 지문으로 찍기

3) 삽입 학습 기회 적용 평가

삽입 학습 기회는 교육과정과 진행되는 활동을 기반으로 계획, 적용, 평가되어야 한다. 학습 기회 적용을 위한 단계는 다음과 같으며 각 단계가 순차적으로 포함되어 구조화되어 실행되고 평가로 이어지며 이러한 평가 과정이 순환 반복되어야 한다.

① 학습 목표를 설정하고 평가 기준을 마련하기
② 현행 수준에 관한 기초선 정보 수집하기
③ 교수가 삽입될 활동, 교과, 일과를 나타내는 활동 도표나 다른 형태의 계획표 작성하기
④ 교수적 상호작용 계획하기(반응 행동, 강화 계획, 기록 형태 등)
⑤ 계획된 기회에 교수 시도하기, 일련의 기회 제공하기
⑥ 기간을 두고 진보를 평가하기

삽입 학습 기회 적용의 효과는 목표 행동 성취 정도로 측정될 수 있다. 만약, 진보가 보인다면 교수는 계속되어야 하겠지만, 적절한 진보를 보이지 않는다면 계획을 수정하여야 한다(Sandall & Schwartz, 2008). 진보 평가의 결과가 삽입 학습 기회 적용에 반영되고 다시 평가하는 과정이 순환 반복적으로 이루어져야 한다. 이소현(2011)에서는 삽입교수 평가와 관련하여 다음과 같은 주의점을 제시하고 있다.

〈표 4-28〉 삽입교수 평가 주의점

① 모든 교수 활동에 있어서 진도 점검 및 기록은 유아의 향후 학습 계획에 기준 자료로 활용된다. ☞ 체계적인 진도 점검을 통한 자료에 근거한 의사결정 및 학생 성취도에 민감한 결정 가능
② 일정 시간이 흘러도 유아가 예상했던 진보를 보이지 않는 경우에는 교수계획에 대한 전반적인 점검이 이루어져야 한다. ☞ 중재 충실도 점검 및 충분한 기회 제공, 교수 전략의 적절성에 대한 점검 실시

출처: 이소현(2011). 개별화교육과정. (p. 295). 학지사.

4 학생 중심 직접교수

학생 중심 직접교수는 교사의 개입 강도가 가장 높은 접근법으로 장애 학생 개별화교육프로그램의 특정 기술이나 개념을 직접적으로 지도해야 할 때 사용된다. 교수 전략의 위계에 따르면 학생 중심 교수는 교육과정 수정, 삽입 교수보다 훨씬 더 교사의 집중적 개입이 필요한 전략이다. 그러므로 특수교육대상자에게 적용할 때 보다 더 신중하고 체계적으로 잘 계획하여 적용하여야 한다. 즉, 학생 중심 직접교수를 적용하기 전에 교육과정 수정, 삽입 교수 방법들을 충분히 적용해본 결과 특수교육대상자의 참여 및 목표 성취가 효과적이지 않은 경우 또는 개별화교육 목표가 독특하여 일반 교육과정을 통해 습득하기 어려운 경우 특수교육대상자 중심의 직접 교수를 활용해야 한다. 특수교육대상자에 따라 개별적인 학습 욕구가 있는 경우가 있으며, 보다 집중적인 교수 상황이 필요한 경우가 있다(이명희, 김지영, 이지연, 2011).

학생 중심 교수 활동은 교육과정에서 좀 더 집중적이고 개입적인 접근이므로 신중하고 체계적으로 계획하여 적용해야 한다. 학생 중심 교수 활동에서 사용되는 대부분의 교수전략이 교육과정 수정 또는 삽입 학습 기회를 위한 교수 전략으로 사용될 수 있으며, 자연적 중재 위계상 세 가지 전략이 구분되는 것이다(이소현, 2011).

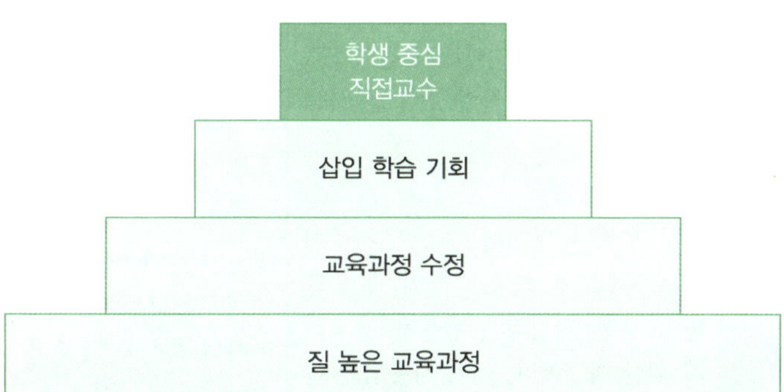

[그림 4-35] Building blocks 모델

출처: Sandal, S. R. & Schwartz, I. (2008). *Building blocks for teaching preschoolers with special needs* (p. 46). Baltimore: Paul H. Brookes Publishing Co.

학생 중심 직접교수 활동에 사용될 수 있는 구체적인 교수 전략은 〈표 4-29〉와 같다.

〈표 4-29〉 교사촉진 종류와 적용방법

종 류	방 법	적용의 예
언어적 촉진	언어적 촉진은 현재 주어진 과제를 수행하도록 지원하는 단순한 설명	손을 씻기 위해서 수도 손잡이를 잘못된 방향으로 돌리고 있는 특수교육대상자에게 "파란색 쪽으로 돌려 또는 오른쪽으로 돌려봐"라고 말한다.
시범촉진	시범 촉진은 목표 행동을 수행할 수 있을 때 주어지는 방법으로 언어나 몸짓, 또는 두 가지를 함께 사용	체육 활동을 위해 운동장으로 나갈 때 교사가 한쪽 운동화를 신는 모습을 보여주며 "선생님이 하는 모습 잘 보고 혼자 신어보렴"이라고 말한다.
신체적 촉진	신체적 촉진은 과제를 수행하도록 신체적으로 보조해 주는 방법으로 부분적이거나 완전한 보조의 형태	식사 시간에 숟가락을 사용하도록 팔꿈치에 가만히 손을 대고 있거나(부분적인 촉진), 숟가락을 잡을 손을 붙들고 음식을 먹도록 움직여준다(완전한 촉진).
공간적 촉진	공간적 촉진은 행동 발생 가능성을 높이기 위해서 사물을 특정 위치(예: 과제 수행을 위해서 필요한 장소, 유아에게 더 가까운 장소)에 놓는 방법	손을 씻을 때 수건을 세면대 가까이에 가져다 놓는다.
시각적 촉진	시각적 촉진은 그림이나 사진, 색깔, 그래픽 등의 시각적인 단서를 사용하는 방법	교육 기관에서 사물함이나 소유물에 개인이 선호하는 색깔 또는 그림으로 표시하거나, 손 씻는 순서를 사진으로 붙여 놓는다.
단서 촉진	단서 촉진은 언어나 몸짓으로 주어지는 촉진으로 과제 수행의 특정 측면에 대한 직접적인 관심을 유도하기 위한 방법이다. 이때 사용되는 단서는 자극이나 과제를 가장 잘 대표할 수 있는 특성이어야 함	교사가 손가락으로 숟가락을 가리키면서 "자 식사 시간이다"라고 말한다. 식사의 특성을 가장 잘 나타내는 숟가락이라는 단서를 사용해서 독립적인 식사 기술을 촉진한다.

출처: 이소현(2003). 유아특수교육. (p. 585). 학지사.

제5장

개별화교육프로그램 평가

■ 주요 질문 ■

- 개별화교육프로그램 평가는 어떻게 진행되는가?
- 평가지는 어떻게 작성해야 하는가?
- 일과 삽입 목표를 평가하는 방법은 무엇인가?
- 활동에 삽입된 개별 목표와 평가는 어떻게 실행될 수 있는가?

1 평가의 이해

1) 평가의 단계

개별화교육프로그램은 진단 · 평가(assessment)를 통해 설정된 목표들을 성취하기 위한 실행과정에 이어서 계획된 일정 시간이 지나고 어느 정도 목표 행동의 진보를 보였는지를 점검하고 평가하는 단계를 갖는다. 이를 통해서 개별화교육프로그램이 수정되는 순환의 과정을 거치게 된다. 개별화교육프로그램의 평가(Evaluation)를 위해서 교사는 특수교육대상자의 진보 상황에 대하여 진단 · 평가와 목표설정, 실행, 평가의 전 단계와 연계하여 지속적으로 점검하여야 한다. 하루 일정이나 주 단위 간격으로 개별 목표행동에 대한 진보 상황 점검이 필요하다.

개별화교육프로그램을 성공적으로 실행하기 위해서는 그 효과는 검토되어야 하며, 만일 계획이 바르게 실시되지 않으면 수정되어야 한다. 목표로 선정된 행동들이 실제로 지도되고 습득되었는지, 학습 기회로 선택한 일과와 활동은 적절했는지, 교사의 교수 방법은 적절했는지를 평가하여야 한다. 목표 행동 진보 평가를 위한 직접 관찰의 구체적인 방법은 [그림 5−1]의 4단계로 진행된다.

1단계
평가할 행동 결정하기

↓

2단계
자료 수집 방법 정하기
(빈도, 반응지연시간, 비율, 지속시간)

↓

3단계
(점검 상황과 횟수 정하여) 평가 실행

↓

4단계
자료 수집의 정확성 검토

[그림 5−1] 평가의 단계

〈표 5-1〉과 같이 '대화하기'의 장기 목표와 관련된 단기 목표를 평가하기 위해 교수 상황에서 질문을 하고 어느 정도의 기간을 두고 수행도를 평가하고 다음 목표를 설정할지를 계획하여야 한다.

〈표 5-1〉 개별 목표의 교수 계획과 평가 계획(초등 학령기)

아동: 최아영　　　　　　　　　　교사: 김수진 시작: 2022년 3월　　　　　　　　예상되는 종료: 2022년 8월 영역: 소근육 / 대근육 / 적응 / 인지 / **의사소통 / 사회성** *장기 목표: 대화하기 *단기 목표: 학급 활동 중에 '어디 있어?'라는 또래나 성인의 질문에 지적하며 대답할 수 있다. # 중재 활동: • 등교 시간 중에 다음과 같이 물을 수 있다: 1. 사물함 어디 있어? 2. 신발장은 어디 있어? 3. **(또래 이름) 어디 있어? • 점심시간에 다음과 같이 물을 수 있다: 1. 아영이 자리 어디 있어? 2. **(반찬 이름) 어디 있어? 3. 정리하는 데 어디 있어? • 음악 시간에 다음과 같이 물을 수 있다: 1. **(악기 이름) 어디 있어? 2. 같이 나와서 율동하고 싶은 **(또래 이름) 어디 있어? 3. (다 같이 합주할 때) 너 자리 어디 있어? *진보 과정 평가: 교사는 등교, 점심, 음악 시간에 아영의 반응을 기록한다. (2주 동안 매일) 계획: 만약 2주가 끝날 때 진보가 없다면, 바람직한 반응에 대한 시범이나 촉진을 제공할 계획을 수정하여 세운다.

2) 평가의 방법

진보 상황을 점검 또는 평가하는 상황은 진단·평가 과정에서처럼 자연스러운 상황 속에서 이루어져야 하며 진보상황을 평가하는 데 직접 관찰, 관찰자 소견 기록, 체크리스트, 교사 또는 가족의 판단, 결과물 수집, 동영상과 음성파일 등의 다양한 방법들이 적절히 사용될 수 있다.

사진이나 동영상 자료를 통하여 실제 상황에서의 수행도를 보다 신뢰롭게 평가할 수 있다. 아래 〈표 5-2〉와 같이 자조 기술에 대한 실제 수행 장면을 찍은 사진을 통해 평가한다. 〈표 5-3〉은 결과물에 대한 수집을 개별 포트폴리오로 구성하여 수행, 평가한 것이다. 〈표 5-4〉는 사진과 함께 체크리스트를 작성하여 평가한 예시이다.

〈표 5-2〉 수행 평가 형식에 의한 평가 양식의 예(유아)

<table>
<tr><td>유 아 명</td><td>이나무</td><td>생년월일</td><td>2017년 8월 25일</td></tr>
<tr><td>평가영역</td><td>신변 처리(식사, 청결, 배변)</td><td>작 성 일</td><td>2022년 7월 22일</td></tr>
<tr><td rowspan="4">평가항목</td><td colspan="2">1-1. 숟가락, 포크를 스스로 바르게 잡을 수 있는가?</td><td>○</td></tr>
<tr><td colspan="2">1-2. 숟가락, 포크를 사용해 5회 이상 스스로 밥과 반찬을 먹을 수 있는가?</td><td>○</td></tr>
<tr><td colspan="2">2. 대·소변에 대한 욕구를 "화장실 가고 싶어요"라고 정확하게 표현하는가?</td><td>○</td></tr>
<tr><td colspan="2">3. 교사의 언어적 도움 없이 스스로 컵과 칫솔을 가져오는가?</td><td>○</td></tr>
<tr><td>성취여부</td><td colspan="3">○ : 스스로 수행함 △ : 도움이 요구됨 - : 현재 성취 어려움.</td></tr>
<tr><td>평가 참고자료</td><td colspan="3"> 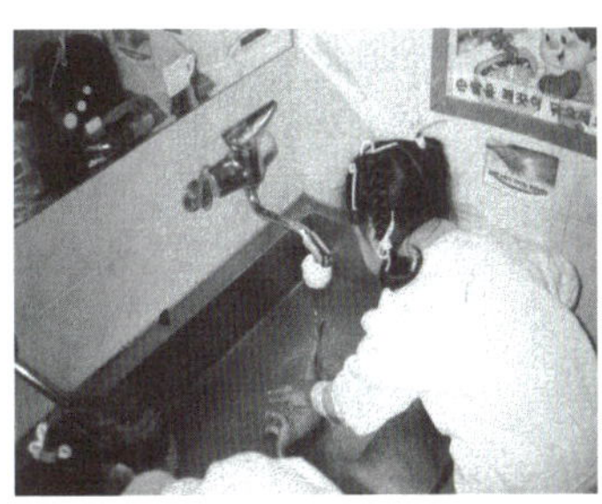</td></tr>
<tr><td>총 평</td><td colspan="3">일상생활에서 필요한 식생활 기능이 학기 초보다 스스로 하는 영역이 많아진 것을 볼 수 있습니다. 식사 습관에 있어 식사도구를 바르게 잡고 숟가락을 조작하고 조절하는 능력이 많이 향상되어 음식을 많이 흘리지 않고 식사하는 자세가 점차적으로 안정된 모습이 보이고 음식을 골고루 섭취하는 식사태도가 매우 바람직합니다. 또한 국물이 있는 음식도 조금씩 스스로 숟가락을 사용해 떠서 먹으려고 하는 태도가 보입니다.</td></tr>
</table>

〈표 5-3〉 수행 평가에 의한 평가 양식의 예(초등학생)

<table>
<tr><td>평가 일시</td><td>2022년 9월 25일 9:00~10:30</td><td>평가 장소</td><td>초등부 1학년 2반 교실</td></tr>
<tr><td>일과/활동</td><td>미술시간/ 환경게시판 꾸미기</td><td>평가자</td><td>채승현 교사</td></tr>
<tr><td>자료</td><td colspan="3"> 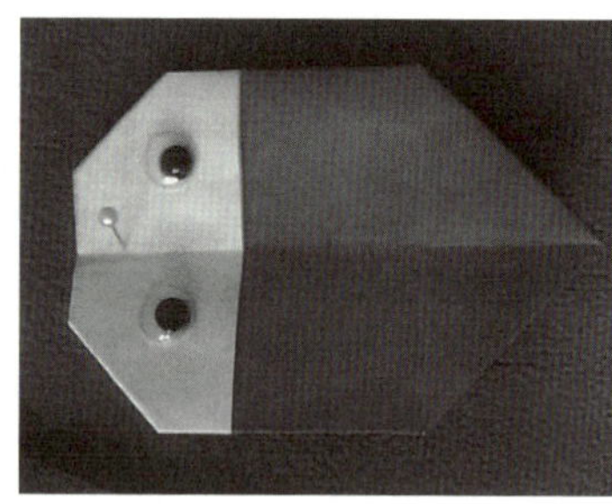</td></tr>
<tr><td>평가</td><td colspan="3">• 꽃 꾸미기: 먼저 한 장의 색종이는 선생님의 지시에 따라 가로, 세로 접기를 하고 펴서 삼각형 접기를 하였다. 선생님의 언어적 지시를 수용하여 간단한 종이 접기 수행이 가능하나 색종이의 모서리를 정확하게 맞추어 접으려는 의지는 있으나 종이를 눌러서 접는 과정에서 조금씩 어긋나는 것으로 보아 정교한 손가락 기능이 필요한 작업에는 어려움이 있다.
접은 색종이는 딱풀을 사용하여 모아 붙이는데 3장의 모서리를 정확히 맞추기는 어려움을 보인다.
• 도토리 접기: 언어적 촉진만으로 독립적으로 처음부터 끝까지 잘 수행하였다. 접은 선이 확실히 드러나도록 힘을 주어 접었으며 중앙선을 기준으로 적절한 간격을 두었고 바른 위치에 눈도 잘 붙였다.</td></tr>
</table>

〈표 5-4〉 체크리스트에 의한 평가 양식의 예(고등학생)

<table>
<tr><td>평가 일시</td><td>2022년 9월 10일 15:00~15:30</td><td>평가 장소</td><td>지하철 역사</td></tr>
<tr><td>일과/활동</td><td>지하철 타고 귀가하기</td><td>평가자</td><td>김진영 교사</td></tr>
<tr><td>자료</td><td colspan="3"></td></tr>
<tr><td>평가 행동</td><td colspan="3">1. 합정역 방향의 지하철 타는 곳으로 갈 수 있는가?
2. 지하철 기다리는 장소에 설 수 있는가?
3. 지하철이 올 때까지 자리를 이탈하지 않고 조용히 서서 기다릴 수 있는가?
4. 문이 열리고 사람들이 내릴 때까지 기다려서 지하철 안으로 들어갈 수 있는가?
5. 빈자리가 있는 경우 빈자리에 앉을 수 있는가?
6. 빈자리가 없는 경우 손잡이를 잡고 서 있을 수 있는가?
7. 무조건 먼저 앉지 말고 연장자에게 자리를 양보할 수 있는가?
8. 왔다 갔다 하지 않고 조용히 앉거나 서 있을 수 있는가?
9. 내려야 하는 역 안내를 듣고 문 앞에 설 수 있는가?</td></tr>
</table>

3) 교수 평가

개별화 교육 목표가 예상한 만큼의 진보를 보이지 않거나 성취하지 못하는 경우 지도하는 사람의 지도(교수)에 대한 점검과 평가도 필요하다. 개별화 목표에 대한 지도가 충실하게 이루어졌는지를 점검하기 위해서 교수 평가가 이루어져야 한다. 특히 두 명 이상의 교사(또는 부모, 치료사)가 개별화 목표 지도를 함께 실행하는 경우 지도에 대한 피드백을 주고받으며 수정되어야 할 부분을 공유하면서 목표 행동 습득을 지원하여야 한다. 개별화 목표 지도에 대한 교수 평가의 내용은 다음과 같다.

- 목표 행동을 연습할 충분한 기회를 계획하여 시행하였는가?
- 계획된 촉진(언어적/ 신체적, 시각적 등)을 바르게 실행하였는가?
- 시범 보이는 과정이 적절하게 실행되었는가?
- 목표 행동을 수행하였을 때 적절한 강화를 제공하였는가?
- (계획된)평가표를 사용하여 수행도를 기록하였는가?
- 정반응과 오반응을 구분하여 평가하였는가?

2 평가의 실제

1) 평가지 만들기

목표 행동에 대한 평가 기준과 일정을 계획하여 평가할 때에는 진단·평가 과정에서 강조된 것처럼 다양한 상황에서의 수렴적 평가를 하여야 하며 이를 위해 다양한 형태의 평가지를 고안할 수 있다.

〈표 5-5〉와 같이 '횡단보도 건너기'를 위한 몇 개의 구체적인 행동들을 기록하고 개별화교육 전과 후의 수행도를 평가해 볼 수 있다. 독립적인 수행 정도와 도움의 정도를 평가하고 도움의 정도를 구체적으로 계획하여 다음의 개별화교육 목표를 설정하는 것이 바람직하다.

〈표 5-5〉 개별화교육프로그램 목표 평가의 예(학령기)

<table>
<tr><th>행동</th><th colspan="6">평가</th></tr>
<tr><td rowspan="2">횡단보도 건너기</td><td colspan="3">교육 전</td><td colspan="3">교육 후</td></tr>
<tr><td>독립적 수행 가능</td><td>도움 주면 수행 가능</td><td>전혀 수행 안 됨</td><td>독립적 수행 가능</td><td>도움 주면 수행 가능</td><td>전혀 수행 안 됨</td></tr>
<tr><td>신호등 횡단보도 건너기</td><td></td><td></td><td></td><td></td><td></td><td></td></tr>
<tr><td>길을 건널 때에 좌우를 살피면서 안전하게 건너기</td><td></td><td></td><td></td><td></td><td></td><td></td></tr>
<tr><td>손 들고 건너기</td><td></td><td></td><td></td><td></td><td></td><td></td></tr>
<tr><td>횡단보도 선 안으로 걷기</td><td></td><td></td><td></td><td></td><td></td><td></td></tr>
<tr><td>진행 방향 도보로 이어서 걸어가기</td><td></td><td></td><td></td><td></td><td></td><td></td></tr>
<tr><td></td><td></td><td></td><td></td><td></td><td></td><td></td></tr>
<tr><td></td><td></td><td></td><td></td><td></td><td></td><td></td></tr>
</table>

관찰 내용:

2) 평가 기록 표시

(1) 기록 코드

목표 행동 습득 여부에 따라 다음 단계의 목표 행동을 결정하여야 하는데 너무 쉽게 습득된 행동이나 습득이 어려웠던 행동을 평가한다. 기록표시를 가지고 목표 행동을 평가하여 어떤 목표가 습득되었고, 계속되어 지도되어야 할지를 결정하여 목표 행동을 조정한다. 도움을 주어야 수행하는 경우에도 도움의 수준을 어느 정도로 할지 등을 조정하여야 한다. 진보 평가를 표시할 때에는 아래의 [그림 5-2]처럼 기록 코드를 정하여 표시하여야 한다.

예 1) ○: 습득됨 / △: 도움 주면 수행 / √: 계속 지도되어야 함
예 2) +: 수행 / △: 숙달 필요 / −: 조정 필요
예 3) ◎: 독립적으로 수행 / ○: 촉진받아 수행 / •: 수행 어려움

[그림 5-2] 기록코드의 예

(2) 척도 평가

진행되는 활동에 삽입된 목표는 개별적으로 다르므로 다음의 〈표 5-6〉과 같이 독립적인 수행 정도에 대한 1~5의 수행 척도를 표시하여 평가하는 것도 효율적인 방법이다.

〈표 5-6〉 진보 평가 형식의 예(유아)

활동: 자동차 놀이

날짜: ________ 기록자: ________

활동 설명:

1. 벽이나 상자를 이용해 판을 기울여 놓는다.
2. 마스킹 테이프로 길을 표시한다.
3. 작은 놀잇감 차를 굴려 본다(올라가기, 내려가기)
4. 블록을 이용해서 장애물을 만들어 놓는다.

준비물: 판, 테이프, 장난감 차, 블록

아동	발달 영역 목표				
	소근육	대근육	인지	사회적 의사소통	사회성
박진영	차에 손을 뻗치고 쥐기 1 2 3 4 5	지지받고 서있기(테이블에 기대기) 1 2 3 4 5	차가 움직일 때 시선 따라가기 1 2 3 4 5	설명 듣고 반응하기 1 2 3 4 5	또래 곁에서 놀기 1 2 3 4 5
이수아	쥐기, 놓기, 왼손에서 오른손으로 옮기기 1 2 3 4 5	지지 없는 상태로 서 있기 (독립적으로 지지대 없이 서 있기) 1 2 3 4 5	차를 가지고 기능적으로 놀기 (바퀴 굴리기) 1 2 3 4 5	차 종류 2가지 말하기 (트럭, 버스) 차 소리 내기 1 2 3 4 5	또래 놀이 과정 보기 또래에게 시도하기 1 2 3 4 5
최병진	코스 따라 차 움직이기: 장애물 피하기 1 2 3 4 5	구부렸다 서기 균형 유지하기 1 2 3 4 5	길 따라 차 움직이기: 장애물 피하기 (길 따라 움직이기), 올라가고 내려오기, 서고 멈추기 1 2 3 4 5	두 단어 발화 (예: 버스 간다) 1 2 3 4 5	또래와 상호작용: 시작하고 반응하기 1 2 3 4 5

*기록코드;

1(독립적 수행), 2(언어적 도움 수행), 3(신체적 도움 수행), 4(수행 어려움), 5(목표 수정 요)

활동 참여도에 대한 개별적으로 다른 목표 행동에 대한 척도 외에도 특정 과제에 대한 독립적인 수행도를 척도를 정하여 평가할 수도 있는데 1~4까지 평가 기준을 정하여 수행도를 평가한다. 도움을 받는 형태에 따라 언어적 도움과 신체적 도움을 나누어 기록한다.

〈표 5-7〉 진보 평가 양식의 예(고등학생)

활동	평가내용	이름	내용	성취수준			
				1	2	3	4
물건 사기	① 사고 싶은 물건을 마트 진열대에서 꺼내어 바구니에 넣을 수 있다. ② 계산대 앞으로 갈 수 있다. ③ 금액에 맞는 돈(현금카드)을 지불할 수 있다.	최지웅	①				
			②				
			③				
		홍민철	①				
			②				
			③				
		박수연	①				
			②				
			③				
		김민아	①				
			②				
			③				

〈 평가기준 〉
1 - 수행 안 됨
2 - 신체적 촉진을 받아 과제 수행
3 - 언어적 촉진을 받아 과제 수행
4 - 스스로 과제 수행

하나의 과제 이외에 다양한 일과와 각각의 일과에서 요구되는 참여 행동들에 대한 목표를 다음의 〈표 5-8〉과 같이 평가해 보는 것도 효과적인 평가 방법이다. 사회성 발달 영역에 대한 장기 목표와 일과별 목표들을 하나의 표에 기록하여 평가 방법과 기준을 명시하고 평가된 내용을 기록할 수 있다.

〈표 5-8〉 개별화교육프로그램 목표 평가의 예(유아)

영 역	사회성 발달			
장기 목표	• 친구들과 자유놀이를 할 수 있다. • 일과 중 규칙을 알고 따를 수 있다.			
일과/활동	단기 목표	평가기준	평 가	관찰 내용
등 원	1. 친구 이름 부르며 인사할 수 있다.	또래 3명에게 인사	△	
자유놀이	2. 원하는 놀이를 친구, 동생에게 "같이 놀래?" 하고 물어볼 수 있다.	연속 5회 수행	△	교사 촉진 필요
	3. 놀이상황에서 "고마워", "싫어", "기다려", "같이 하자", "그만 할래", "나도 할래" 등 적절한 표현어를 상황에 맞게 사용할 수 있다.	정확성(80%)	△	부정적 의사표현만 독립적으로 수행
	4. 놀이 시 차례를 지킬 수 있다.	연속 3회 수행	+	
대소집단 활동	5. 도움 받아 다음 활동의 장소로 갈 수 있다.	연속 5회 수행	+	
	6. 교사의 이야기를 듣고 필요한 자료를 찾을 수 있다.	정확성(80%)	+	
간 식	7. 간식 도우미로 식당에서 접시, 컵을 가져오고 제자리에 놓을 수 있다.	정확성(80%)	+	
	8. 친구에게 간식을 나누어 줄 수 있다.	연속 3회 수행	+	
특별활동	9. 교사의 지시를 또래와 같이 따를 수 있다.	연속 5회 수행	△	
이 동	10. 정해진 거리까지 교사, 친구와 손을 잡고 걸어갈 수 있다.	지속 시간(3분)	+	
가정연계	동네 놀이터에서 놀기, 가게 가서 물건 사기			

* 평가표시: + 수행 / △ 숙달 필요 / − 조정 필요

통합 환경에서는 진행되는 활동에 대한 교육과정 평가의 내용을 개별적으로 수정하여 적용할 수도 있다. 〈표 5-9〉에서 보듯이 만 3, 4, 5세 유아를 대상으로 하는 국가수준의 표준 교육과정인 누리과정의 요소들도 개별적인 목표에 따라 적용될 수 있는데 이런 경우 생활연령을 기준으로 하기보다 개별적인 수행 정도에 따른 개별 목표를 기준으로 하는 것이 바람직하다.

〈표 5-9〉 진보 평가 형식의 예(유아)

*활동명: 도토리 옮기기 게임

1. 개별 목표
   1) 의사소통: 도토리를 본 경험의 질문에 "예 / 아니오"로 대답할 수 있다.
      활동 후 교사의 질문을 듣고 게임에 참여한 느낌을 한 문장으로 말할 수 있다.
      의사소통>말하기>낱말과 문장으로 말하기
   2) 사회성: 집단 활동(게임)이 진행되는 동안 집단 안에 머무를 수 있다.
      규칙과 질서를 지키며 또래와 함께 게임을 할 수 있다.
      신체운동 · 건강>신체 조절과 기본 운동하기>기본 운동하기
   3) 인지: 신호음에 맞춰 목적지를 향해 출발할 수 있다.
      교사가 요구하는 색(빨간색, 파란색)을 찾아 점수판에 붙일 수 있다.
      자연탐구>수학적 탐구하기>규칙성 이해하기
   4) 소근육: 국자를 사용하여 도토리를 담을 수 있다.
      신체운동 · 건강>신체 조절과 기본 운동하기>신체 조절하기
   5) 대근육: 균형을 잡고 반환점을 돌아올 수 있다.
      신체운동 · 건강>신체 활동에 참여하기>자발적으로 신체활동에 참여하기

2. 평가
   1) 도토리를 본 경험의 질문에 "예 / 아니오"로 대답할 수 있는가?
   2) 게임에 참여한 느낌을 한 문장으로 말할 수 있는가?
   3) 집단 활동(게임)이 진행되는 시간 동안 계속 참여할 수 있는가?
   4) 규칙과 질서를 지키며 또래와 함께 게임을 할 수 있는가?
   5) 신호음에 맞춰 목적지를 향해 출발할 수 있는가?
   6) 교사가 요구하는 색(빨간색, 파란색)을 찾아 점수판에 붙일 수 있는가?
   7) 국자를 떠서 도토리를 담을 수 있는가?
   8) 균형을 잡으며 반환점을 돌아올 수 있는가?

출처: 김수진, 이정화(2014). 누리과정/표준보육과정과 연계한 장애 영유아 통합교육. (p. 263). 경기: 공동체

중·고등 학령기의 활동에서도 구체적인 목표를 설정하고 활동에 삽입된 목표를 평가하는 것이 필요하다. 〈표 5-10〉에서 보듯이, '카페에서 청소하기 중에서 분리 수거에 대한 행동'을 수행하기 위해서는 다음의 구체적인 목표를 설정하고 교수 후에 다음과 같이 목표행동을 평가할 수 있다. 목표 행동은 수행도에 따라 가, 나, 다와 같은 그룹으로 나누어서 정할 수 있으며 평가도 목표 행동을 평가 내용으로 하여야 한다.

〈표 5-10〉 교수학습 계획안 학습목표의 예

<table>
<tr><td colspan="2">일시</td><td>2022.12.8.
(화) 4교시</td><td>교과</td><td>직업</td><td>단원</td><td>지역사회
청소 실습</td><td>제재</td><td>카페에서
청소하기</td></tr>
<tr><td colspan="2">대상</td><td>고1-3
남(2명)
여(4명)</td><td>차시</td><td>6/7</td><td>장소</td><td>고 1-3 교실</td><td>지도
교사</td><td></td></tr>
<tr><td rowspan="3">학습목표</td><td>가</td><td colspan="7">• 카페 내 쓰레기를 분리기준(남은 음료, 플라스틱 컵, 일반쓰레기)에 맞게 쓰레기통에 넣을 수 있다.
• 80% 이상 채워진 쓰레기봉투를 묶어 쓰레기장에 가지고 가서 버릴 수 있다.</td></tr>
<tr><td>나</td><td colspan="7">• 카페 쓰레기 분류 기준표를 보고 카페 내 쓰레기를 분리기준(남은 음료, 플라스틱 컵, 일반쓰레기)에 맞게 쓰레기통에 넣을 수 있다.
• 쓰레기 묶어 버리기 활동 과제분석 카드를 보고 80% 이상 채워진 쓰레기봉투를 묶어 쓰레기장에 가지고 가서 버릴 수 있다.</td></tr>
<tr><td>다</td><td colspan="7">• 카페 내 쓰레기를 쓰레기통에 넣을 수 있다.
• 묶인 쓰레기봉투를 쓰레기장에 가지고 가서 버릴 수 있다.</td></tr>
</table>

개별화 교수를 시행한 후에는 다음 〈표 5-11〉처럼 목표를 평가 내용으로 하고 〈표 5-12〉와 같이 평가 기준도 독립적인 수행 정도에 따라 촉진이 필요한 정도를 1, 2, 3 수준으로 나누어서 평가하는 것이 구체적이고 실질적인 수행을 평가하는 방법이 된다.

〈표 5-11〉 관찰 평가의 예

그룹	(목표 행동)평가 내용	평가기준		
		1	2	3
가	카페 내 쓰레기를 분리기준(남은 음료, 플라스틱 컵, 일반쓰레기)에 맞게 쓰레기통에 넣을 수 있다.			
	80% 이상 채워진 쓰레기봉투를 묶어 쓰레기장에 가지고 가서 버릴 수 있다.			
나	카페 쓰레기 분류 기준표를 보고 카페 내 쓰레기를 분리기준(남은 음료, 플라스틱 컵, 일반쓰레기)에 맞게 쓰레기통에 넣을 수 있다.			
	쓰레기 묶어 버리기 활동 과제분석 카드를 보고 80% 이상 채워진 쓰레기봉투를 묶어 쓰레기장에 가지고 가서 버릴 수 있다.			
다	카페 내 쓰레기를 쓰레기통에 넣을 수 있다.			
	묶인 쓰레기봉투를 쓰레기장에 가지고 가서 버릴 수 있다.			

〈표 5-12〉 평가 기준의 예

1	분리수거와 쓰레기봉투 묶어 버리기 활동의 모든 단계에서 70% 이상의 집중적인 신체적/언어적 촉진이 필요하다.
2	분리수거와 쓰레기봉투 묶어 버리기 활동의 모든 단계에서 30~70% 정도의 간헐적인 신체적/언어적 촉진이 필요하다.
3	분리수거와 쓰레기봉투 묶어 버리기 활동의 모든 단계에서 30% 이하의 최소한의 언어적 촉진이 필요하다.

3) 도표 활용 평가

목표 도표를 활용한 평가 양식은 실제 일과와 환경에서 개별 목표를 평가하는 양식으로 간편하게 한눈에 점검할 수 있으므로 이를 근거로 다음 목표를 선정하는 데 매우 유용한 평가 자료가 된다.

다음에 제시된 〈표 5-13〉, 〈표 5-14〉, 〈표 5-15〉는 목표 도표 양식을 활용한 진보 상황 평가의 예들이다. 〈표 5-13〉은 각각의 일과에 평가할 목표 행동들과 어떤 형식을 활용할 것인지가 같이 표시되어 있다. 관찰에 의한 목표와 결과물이나 시청각 자료를 활용할지에 대한 계획이 표시되어 있다.

〈표 5-13〉 진보상황 모니터의 예(유아)

이름: ______________________ 날짜: ______________________

영 역	의사소통		인 지	대근육	소근육	자조 기술	사회-정서
목 표	교실 내의 한 가지 지시사항 따르기	적절한 크기의 목소리로 이야기하기	같은 블록 분류하기	놀잇감 말 타기	세모 그리기	화장실 이용	차례 기다리기
9:00~9:25 도착							
9:25~9:40 자유놀이		V	V				V
9:40~10:15 이야기 나누기	V	V					V
10:15~10:30 소그룹 활동		R	V		P		V
미술	P	P			P		
소근육 활동		O					
10:30~10:40 화장실	O					O	
10:40~11:30 신체활동				O			
11:30 간식	O	O					O
11:45 정리/화장실	O					O	

O=observation(관찰), P=product(결과물), V=video, R=recording

〈표 5-14〉는 평가 기회(−)에 정반응(+)과 오반응(↓), 무반응(㊀)을 평가한 것으로 연속적으로 정반응이 5회의 기회에서 3회 이상 평가되는 경우 목표 행동이 습득된 것으로 간주될 수 있다. 〈표 5-15〉는 하나의 도표에 3명의 개별화교육 목표를 같이 평가하도록 고안된 형식인데 동일한 일과를 경험하는 경우 이러한 방법으로 평가를 효율적으로 할 수 있게 된다.

〈표 5-14〉 교실 환경에서의 개별 평가 양식의 예(유아)

일과/ 개별 목표	선생님 부르기	"무엇" 묻기	요구 하기	단어 말하기	붙잡고 서기	지지받고 앉기
도착(8:00~8:15)	+++↓	+⊖	⊖+	+		
화장실(8:15~8:30)	++	+	↓	↓+		
자유놀이(8:30~9:00)	+			++		
대그룹활동(9:00~9:30)			++	++		+
간식(9:30~9:50)	++	+↓↓⊖⊖	⊖⊖+	+		
작업(9:50~10:30)	++			+++	+	+

평가 기간: 2022년 4월 1주
[기록코드; (발생)기회: −/ 정반응: + / 무반응: ⊖/ 오반응: ↓]

〈표 5-15〉 집단 목표 평가 도표의 예(초등)

	김민정						이수아						최진호					
장·단기 목표	연속적인세가지 지시어 따르기			재료, 물건 선택하기			질문에 대답하기			대화 참여하기			짝 활동 참여하기			협동 활동에 참여하기		
일과/ 날짜	4/7			4/8			4/7			4/7			4/8	4/20		4/8	4/15	
도착																		
자습 (책 보기 외)	+ −−			p−			−p			++ +			+	++		++	+	
교과 수업 (실내)	++									− p+			+	++		+		
화장실	++			++			−− p+									− p+	++	
교과 수업 (실외)							p+			+ p+			++	++ +		+	−	
쉬는 시간	++ +			++						++			+	++				
특별 활동							+						− p+	+		++	+	
점심	++ ++ +									− p+								
귀가	p+									−− p								

* 기록코드: + 독립 수행, − 수행하지 못함, p 도움이나 촉진 받고 수행

3 개별화교육프로그램 점검표

개별화교육프로그램의 전체적인 진행과 관련되어 각 단계에서 점검하여야 할 내용은 유아는 〈표 5-16〉의 내용을 중심으로 하고, 학령기의 특수교육대상자는 〈표 5-17〉의 내용으로 평가하여 각 내용에서 보완될 점을 살펴보는 것이 실질적인 개별화교육프로그램 실행에서 중요하다.

〈표 5-16〉 개별화교육프로그램 점검표(유아)

항 목	내 용
기본 정보	1. 개별화교육목표 설정과 관련된 정보가 잘 담겨 있는가?
	1-1. 추가되어야 할 기본 정보는 무엇인가?
진단 · 평가	2. 일과적응평가 항목은 적절한 참여 행동으로 구성되어 있는가?
	2-1. 보완되거나 추가, 조정되어야 할 행동은 무엇인가?
	2-2. 평가할 일과 중 현재 빠진 일과는 무엇인가?
	3. 일화 기록은 행동(B)의 선행사건(A)과 후속결과(C)를 포함하여 기술되었는가?
	4. 수행 평가는 현재 수행에 관한 정보를 적절하게 담고 있는가?
	5. 발달 평가는 적절하게 이루어졌는가?
	6. 모든 진단 · 평가는 일시(년, 월, 일)와 평가자가 표시되어 있는가?
	7. 현재수행평가표는 여러 가지 진단 · 평가의 결과를 반영하여 기술되어 있는가?
	8. 장점과 지도점이 균형 있게 서술되었는가?
	8-1. 추가되거나 조정되어야 할 현재수행평가 내용은 무엇인가?
목표 설정	9. 현재수행을 반영한 목표가 적절하게 선정되었는가?
	9-1. 추가되어야 할 목표 행동은 무엇이 있는가?
	10. 목표 행동은 발달 영역에 맞게 세워졌는가?
	11. 일과 삽입 도표가 적절하게 작성되어 있어 알아보기 쉽게 되어 있는가?
	12. 기능적이고 의미 있는 목표가 설정되었는가?
실행/평가	13. 진행되는 교육활동에 대한 참여 계획은 적절하게 작성되었는가?
	14. 활동계획안에 개별화 목표가 적절하게 포함되었는가?
	14-1. 추가되거나 조정될 목표는 무엇인가?
	15. 목표와 평가 계획은 조작적 정의로 서술되어 있는가?
	16. 목표에 대한 평가 계획은 체계적인 양식으로 진행되는가?

〈표 5-17〉 개별화교육프로그램 점검표(학령기)

항 목	내 용
기본 정보	1. 개별화교육 목표 설정과 관련된 정보가 잘 담겨 있는가?
진단 · 평가	2. 학령기 특수교육대상자에게 필요한 주요 영역의 평가내용이 포함되어 있나?
	3. 평가 과정에 가족 및 다양한 전문가들이 참여하였나?
	4. 다양한 근거(예: 표준화검사, 수행평가, 생태학적 평가 등)를 통해 정보를 수집함으로 수렴적 진단이 되었나?
	5. 자연적 환경에서 평가되었으며 평가 종류가 특수교육대상자를 파악하는 데 적절한가?
	6. 평가 결과 언급(소견서)이 특수교육대상자의 현행수준(수행)과 장 · 단기 목표를 세우기 위해서 조작적 정의를 사용해서 서술되어 있는가?
현행수준(수행) 평가	7. 현행수준(수행)평가 내용이 평가결과와 연계되어 있는가?
	8. 현행수준(수행)평가 내용이 장 · 단기 목표를 세우기 위해서 조작적 정의로 서술되어 있는가?
	9. 장점과 (우선)지도점이 균형 있게 서술되었는가?
목표 설정	10. 장 · 단기 목표를 조작적 정의로 서술하였는가?
	11. 장 · 단기 목표를 선정할 때에 고려해야 할 점이 잘 반영되었나?
	12. 장기목표와 연계하여서 단기목표를 설정하였는가?
	13. 단기목표 서술에 목표 행동, 기준, 조건이 모두 포함되었는가?
실행/평가	14. 목표와 평가계획은 연계되어 있는가?
	15. 평가 계획은 조작적 정의로 서술되어 있는가?

제6장

유아 개별화교육프로그램의 실제

■ 주요 질문 ■

- 유아의 주요 발달 영역과 발달 영역별 특징은 무엇인가?
- 주요 발달 영역별 특징을 알아보기 위해서 어떤 점을 관찰하여야 하는가?
- 발달 영역별 효과적인 지도 방법은 무엇인가?

1 신변처리 기술

1) 신변처리 기술의 중요성

신변처리 기술이란 스스로 살아가고 생활하는 사회에서 독립적인 생활을 유지하기 위한 기술로 유아기와 초등 학령기와 청소년기를 거쳐 성인기의 자조 기술(self-help skill)에 해당되는 적응 행동을 의미한다. 이러한 신변처리 기술은 유아의 생활에 있어 부모로부터의 독립을 나타내는 대표적인 활동이며 신변처리 기술의 습득을 통해 점차 유아의 독립성이 증진될 수 있다(Snell & Brown, 2000). 신변처리 기술의 독립적인 수행은 유아의 삶의 질과 자존감을 향상시켜 이를 바탕으로 다른 영역의 기술들의 습득이 촉진될 수 있다. 신변처리 기술의 습득을 통해 유아는 보다 독립적으로 되고 이로 인해 가정의 일반 활동, 학교, 지역사회 활동에 참여 기회가 더욱 많아지게 된다.

신변처리 기술은 다른 발달 영역의 기술과 밀접한 관련을 가지고 있으며 특히 유아의 대·소근육 기술의 사용과 밀접한 관계를 갖고 대·소근육의 능력에 따라 자신의 신체를 조절하여 적절한 신변처리 기술을 수행할 수 있게 된다. 예를 들어, 어떠한 음식을 손으로 잡아서 자신의 입으로 가져가는 먹기 행동의 경우 다양한 대·소근육 기술을 필요로 한다. 그러므로 신변처리 기술 습득을 지도할 때 반드시 현재 유아의 발달 단계 및 대·소근육의 사용 능력에 대한 고려가 있어야 한다. 신변처리 기술을 습득하고 숙달되는 과정을 통하여 다른 영역의 발달 또한 촉진된다. 예를 들어, 신변처리 기술 중 신발 신기 또는 식사하기의 신변처리 기술을 지도하면서 이와 동시에 대·소근육 기술의 사용, 사물을 변별하는 인지 영역, 사회적 의사소통에 대한 지도 또한 함께 이루어지므로 신변처리 기술 이외의 다양한 발달 영역에도 영향을 미친다.

특별히 신변처리 기술 중 먹기, 옷 입기, 화장실 사용의 기술은 유아 특수교육과정에 있어 매우 중요한 요소로 연령에 적합한 신변처리 기술은 놀이 활동과 교실 생활에 중요한 영향을 미친다. 적절한 옷 입기, 화장실 사용, 먹기의 적절한 기술의 습득을 통해 또래로부터 보다 잘 수용될 수 있으며, 지역사회 환경 내에서의 접근성이 증진된다고 볼 수 있다(Snell & Brown, 2000). 나이에 적절한 신변처리 기술이 습득되지 못한 경우에는 점차로 통합 환경에 적응 및 참여가 어려워지게 된다.

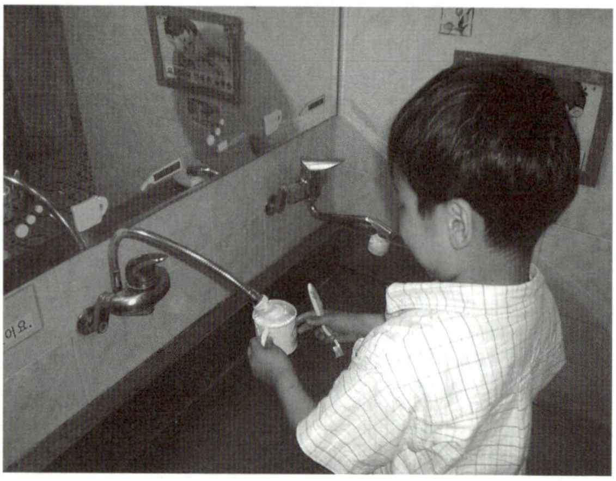

[그림 6-1] 신변처리 기술의 주요 기술인 '칫솔 사용하기'

(1) 신변처리 기술의 구성 요소

신변처리 기술은 독립적으로 생활하기 위해 매우 중요한 기술이며 일상생활을 통해 자연스럽게 반복하여서 지도하여야 한다(Eileen & Schwartz, 1996).

신변처리 기술은 식사, 몸치장, 옷 입고 벗기, 용변 등의 네 가지 범주로 나눌 수 있으며 생활 연령에 따른 신변처리 기술의 연령별 발달 단계는 다음에 제시하는 〈표 6-1〉과 같다. 이를 바탕으로 현 성취 수준과 생활연령을 함께 고려한 신변처리 기술을 지도해야 한다. 생활 연령보다 너무 쉽거나 또는 너무 어려운 과제를 요구할 수도 있으므로 신변처리 기술의 발달 단계를 참고로 지도하면 효과적이다.

〈표 6-1〉 연령에 따른 신변처리 기술 평가표

기술 연령	먹 기	옷 입고 벗기
0~3 개월	• 젖병을 빤다. • 음식이나 물건의 빨기가 줄어든다.	해당 없음
3~6 개월	• 숟가락을 깨무는 것이 줄어든다. • 토하는 반사가 줄어든다. • 음식을 입으로 베어 물고 턱을 아래위로 하여 씹어 먹는다. • 의도적으로 혀를 움직여서 먹는다. • 입술로 숟가락의 음식을 깨끗이 먹는다. • 우유병 잡기를 시도한다.	해당 없음
6~9 개월	• 혼자 우유병을 잡는다. • 어른이 컵을 잡고 있는 상태에서 마신다. • 토하는 반응 없이 과자, 으깨어 놓은 음식을 먹는다. • 이로 아랫입술에 묻은 음식을 깨끗이 먹는다. • 턱을 돌리거나 좌우로 움직이며 씹는다.	해당 없음
9~12 개월	• 스스로 음식 먹기를 시도한다. • 손가락으로 음식을 잡고 먹는다.	• 옷 입고 벗는 데 협조한다(예: 소매에 팔 넣을 때 신 벗는 것). • 양말을 벗고 머리 위로 윗옷을 일부분 잡아당긴다.
12~15 개월	• 컵을 잡고 마신다. • 숟가락을 입으로 가져가서 음식을 먹는다.	• 젖은 기저귀나 바지를 바꿔 입혀 달라는 요구를 한다. • 느슨한 옷을 벗는다(예: 양말, 장갑, 모자, 끈 없는 신발). • 손 씻는 것과 수건에 닦는 것에 협조한다.

연령 \ 기술	먹 기	옷 입고 벗기
15~18 개월	• 숟가락으로 그릇의 음식을 뜬다. • 잘 씹는다.	• 신발, 모자들의 끈을 푼다. • 이를 닦아주는 것에 협조한다.
18~21 개월	• 젖병을 쓰거나 모유를 더 이상 먹지 않는다. • 거의 흘리지 않고 혼자 먹는다.	• 큰 고리가 끈에 달린 옷의 지퍼를 내린다. • 모자를 쓴다. • 자신의 손을 씻는다.
21~24 개월	• 숟가락을 사용하여 스스로 밥을 먹는다. • 컵으로 마신다. • 먹을 수 있는 것과 먹을 수 없는 것을 구별한다.	• 양말을 신고, 느슨한 신발을 신고 바지를 올린다. • 간단한 옷(예: 앞이 열린 셔츠나 겉옷)을 벗는다. • 휴지를 주면 코를 닦는다.

[그림 6-2] 유아가 점심 시간에 스스로 밥을 먹고 있다.

연령 \ 기술	먹 기	화장실 사용	옷 입고 벗기
2.5세	• 혼자서 순가락으로 식사를 한다. • 포크를 사용하기 시작한다. • 한 손으로 작은 컵을 잡고 마신다. • 스스로 마실 물을 준비한다(예: 수도꼭지를 틀고 잠근다).	• 보통은 배변 의사표현을 한다(거의 대변 실수를 하지 않는다).	• 신발을 벗는다. • 외투를 벗는다. • 간단한 옷을 입는다(예: 모자, 고무줄 바지).
3세	• 한 그릇에서 다른 그릇으로 물을 붓는다. • 잼을 펴 바른다. • 포크나 순가락 옆부분을 이용해 간단한 음식을 자른다.	• 배변 후 닦는 것을 제외하고 혼자서 화장실을 사용한다.	• 지퍼나 단추 등의 잠그는 장치를 제외하고 모든 옷을 입고 벗는다. • 잠그는 장치를 푼다(예: 단추, 신발끈, 지퍼). • 스스로 손을 씻는다.
3.5세	• 다른 조각을 먹기 전에 입안의 음식을 삼킨다.	• 용변 시 입고 벗기 어려운 옷은 도움이 필요하나 거의 실수하지 않는다.	• 도움 없이 얼굴과 손을 씻는다.
4세	• 혼자서 우유를 따른다. • 손가락으로 포크를 잡는다.	• 화장실에서 스스로 처리한다(닦는 것은 완벽하지 못해 조금 도움이 필요할 수 있다).	• 옷의 단추를 잠근다. • 이를 닦는다.
4.5세	• 혼자서 식수대의 물을 마신다.	• 화장지를 찢고 사용 후 물을 내린다.	• 약간의 도움으로 스스로 옷을 입고 벗는다. • 빗으로 머리를 빗는다.
5세	• 혼자서 간단한 음식을 준비한다. • 젓가락 사용을 시도한다.	• 배변 후 스스로 닦는다.	• 점퍼처럼 앞이 열린 옷의 지퍼를 잠근다. • 요구하면 스스로 코를 푼다.

출처: Cook, R. E., Klein, M. D., & Tessier, A. (2020). Adapting early childhood curricula for children with special needs. 7th edition. (p. 271). Pearson Education, Inc.

2) 신변처리 기술 지도의 실제

(1) 개별적인 특성과 현재 성취 수준 평가

신변처리 기술 발달 단계는 앞에서 제시한 〈표 6-1〉과 같이 일정한 발달 순서에 따른다. 그러나 개별 유아별로 어느 정도의 개인 차이가 있어 어떤 단계는 생략되기도 하고 어떤 단계는 조금 빨리 또는 조금 늦게 발달하기도 한다. 장애 유아의 경우도 마찬가지로 발달 단계가 개인차에 따라 다르게 나타나기도 하며 많은 단계의 활동들이 지체되어 나타나기도 한다는 점을 고려해 융통성 있는 접근이 필요하다.

신변처리 기술 지도를 위해서는 먼저 현행 수준에 대한 평가가 있어야 하며 효과적인 신변처리 기술 프로그램은 개별적인 수준을 고려하여 대근육, 사회성, 의사소통 능력에 따라 다양하게 반복 지도해야 한다. 유아에 따라 습득에 필요한 시간과 촉진 정도가 다르며 장애유무에 상관없이 아주 쉽게 신변처리 기술을 습득하는 경우도 있으므로 현재 유아의 신변처리 기술 수준에 대한 정확한 평가 후 지도가 이루어져야 한다(Allen & Schwart, 1996). 예를 들어, 화장실 사용 기술과 함께 용변 지도가 필요할 경우 다음과 같이 현재 유아의 수행 정도를 먼저 정확히 평가한 후 이에 적절한 화장실 사용법 및 용변 지도 계획을 세워야 한다.

현행 수준을 평가하기 위해 다양한 방법들이 적용되는데 주로 관찰의 방법이 많이 사용되며 관찰의 방법 또한 각각의 상황과 과제 특성에 맞게 다양한 형식과 방법 적용이 필요하다.

〈표 6-2〉는 신변처리 기술 영역의 성취수준의 확인을 위해 사용하는 관찰 방법 중 보다 체계적으로 관찰하는 방법의 예로 〈표 6-2〉를 이용해 일정 기간 지속적인 관찰 및 기록을 통해 용변 관련하여 현행 수행 수준 및 규칙성들을 알아볼 수 있다. 다음의 관찰 기록표를 바탕으로 유아의 용변 간격 및 습관 특성들을 파악하여 적절한 시점과 지도 방법을 통해 신변처리 기술 지도로 연결하여 지도할 수 있다.

〈표 6-2〉 용변 기록표

용변 기록표

아 동 명:
작성 교사:

시간 / 요일	월요일	화요일	수요일	목요일	금요일
9:30					
10:00					
10:30					
11:00					
11:30					
12:00					
12:30					
1:00					
1:30					
2:00					
총 횟수	−: +: △: ·:	−: +: △: ·:	−: +: △: ·:	−: +: △: ·:	−: +: △: ·:
특이사항					

기록표:
(−) 속옷에 실수한 경우
(+) 교사의 제의에 화장실에 가서 용변을 봄
(△) 화장실에 갔으나 용변을 하지 않음
(·) 용변 시 스스로 화장실로 감

(2) 과제 분석과 반복 지도

신변처리 기술 지도에서는 먼저 유아의 신변처리 기술 성취수준을 평가한 후 특히 그 유아가 어려움을 보이는 신변처리 기술 부분에 관해서는 보다 세분화하여 작은 단계로 과제분석(task analysis)을 하여 지도하는 것이 효과적이다.

신변처리 기술 과제들은 일련의 연속된 행동들로 구성되어 있으므로(Snell & Brown, 2000) 계열적 순서로 구성되어 있는 이러한 활동을 각각의 유아의 수준과 특성에 맞게 과제분석을 하여서 단계별로 반복 지도하는 것이 효과적이다.

'숟가락으로 먹기' 기술을 다음과 같이 과제분석해보면 다음의 행동들로 구체화된다.

① 숟가락을 든다.
② 그릇에 숟가락을 가져간다.
③ 숟가락으로 음식을 뜬다.
④ 숟가락을 입으로 가져간다.
⑤ 입을 벌린다.
⑥ 음식을 입에 넣는다.
⑦ 숟가락을 그릇에 다시 가져온다.
⑧ 씹고 삼킨다.

같은 활동의 과제분석도 각각 유아의 수행도에 따라 또는 지도하는 교사에 따라 매우 다양한 방법으로 세분화하여 작성할 수 있다. 과제에 따라 똑같은 과제분석을 적용해야 하는 것은 아니며 유아의 특성, 상황의 특성, 교사의 특성에 따라 다양하게 수정 적용할 수 있다.

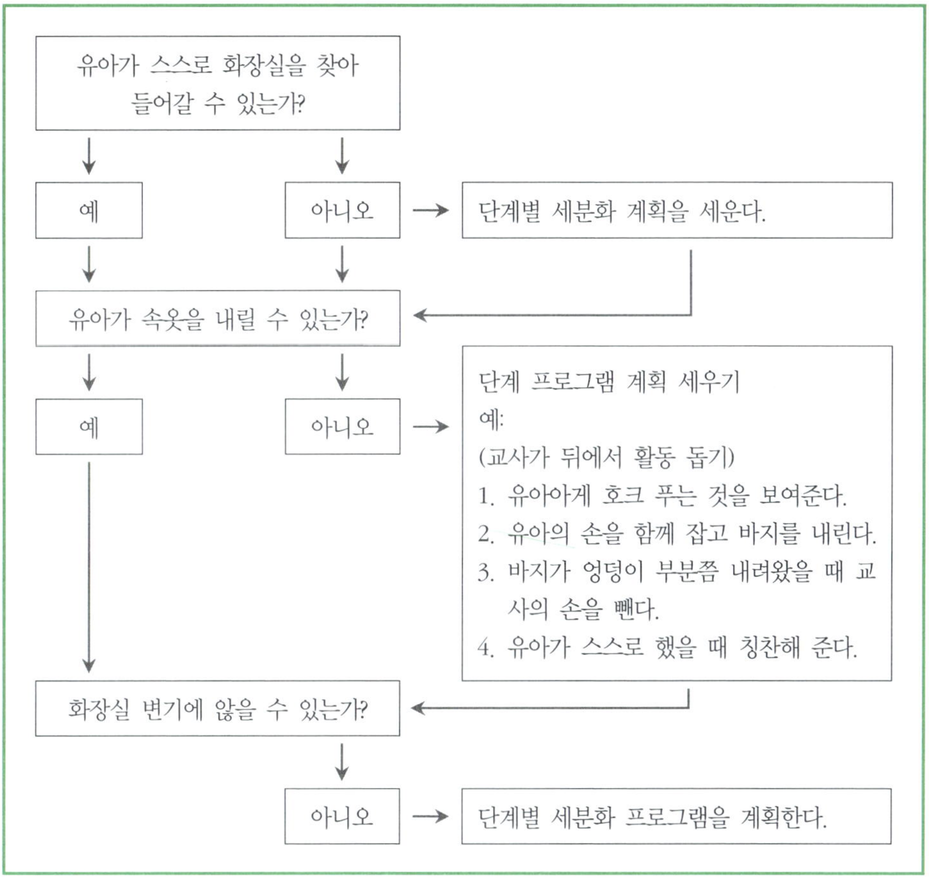

[그림 6-3] 화장실 사용 단계별 세분화 지도 계획

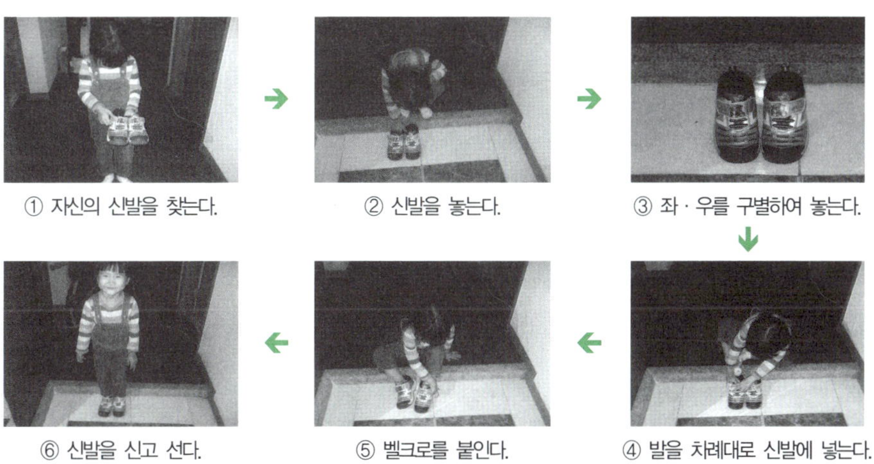

[그림 6-4] 신발 신기의 과제분석에 따른 각 단계별 행동

과제분석은 목표 행동이 한 번에 가르치기 어려울 만큼 큰 기술이라는 전제하에 사용되는 방법이다. 과제를 몇 개의 작은 단계로 나누는 것은 기술 습득의 기능성을 증가시키는데, 그 이유는 교사와 아동 모두 복잡한 과제의 아주 구체적인 부분에 초점을 맞추도록 해 주기 때문이다. 과제 분석은 아동에 따라서 좀 더 상세하고 자세한 작은 단계들을 필요로 하거나 그렇지 않을 수 있다. 수행되는 순서나 난이도에 따라 교수 순서가 결정된다. 과제 분석을 지도할 때에는 과제 분석의 가장 쉬운 단계를 시행하는 데 필요한 기술을 먼저 점검하여야 하는데 이를 선수 행동이라고 한다. 예를 들어, 양말을 잡을 수 있는 쥐기 능력이나, 신발을 쳐다볼 수 있는 행동들이 점검되어야 한다.

신변처리 기술 행동을 과제 분석하여 지도하는 방법에는 전진형, 후진형, 전체과제 교수법이 있다.

전진형 교수법은 먼저 일련의 행동 순서 중 첫 단계를 가르치고 이것이 습득되면 다음 단계를 학습시키는 방법으로 전체적인 기술이 완전히 습득될 때까지 이러한 과정을 계속해서 반복하는 방법이다. 바지 입기 예를 들어 보면, 먼저 바지를 바르게 펴는 단계부터 연습시키고 바지에 다리를 넣는 단계, 바지를 올리는 차례대로 지도하는 것이다. 목욕하기도 전진형을 사용하여 단계를 가르치는 방법의 좋은 예다. 여기에서 단계 1은 "비누를 잡는 것"이다. 아동의 손에 있는 비누는 목욕수건을 잡는 행동(단계 2)의 단서가 되고 수건은 다음의 단계에서 비누를 칠하는 행동(단계 3)의 단서가 된다. 따라서, 한 단계를 구성하는 행동은 다음 단계를 수행하기 위한 신호(단서)가 된다. 만일 개개 단계들에서 쓰일 언어적 단서가 없어도, 아동은 다음 단계에 대한 신호로서 이전의 단계에 포함된 행동에 의존하여 학습하게 될 것이다.

후진형 교수법은 마지막 단계를 먼저 학습시키고 전체적인 기술들이 전부 학습될 때까지 한 단계씩 후진해서 지도하는 방법이다. 전진형과는 반대로 처음 단계부터 도움을 주고 마지막 단계를 시도하도록 한다. 후진형 교수법의 장점은 연속된 행동들의 마지막 단계에서의 독립적인 수행을 통해서 자연적인 강화를 제공받을 수 있다는 것이다. 후진형은 음식 먹기와 옷 입기 등과 같이 기초 기능을 학습하는 데 주로 이용된다. 음식 먹기에서는 강화자(음식)에 의해 초기 단계를 제일 먼저 가르치고, 나머지 부가적인 단계들(숟가락을 입까지 들어올리기, 숟가락을 입에 넣기, 숟가락을 접시에 되돌려놓기)은 아동이 그 연쇄의 모든 단위를 완수할 때까지 점진적으로 익혀야 할 단계들이다. 신발 신기를 지도할 때에도 신발 신기의 마지막 단계인 신발의 찍찍이를 붙임으로 해서 자신이 신발을 신었다는 성취감을 느껴 신발 신기에 대한 강화를 받을 수 있는 것이다. 신발 신기를 후진형 교수법으로 지도한다면 마지막 단계인 찍찍이를 붙이는 단계의 교수에서부터 시작하여 신발의 접힌 뒤꿈치 부분 펴기, 신발에 발 넣기 등의 순서로 교수하는 것이다.

전체과제 교수법은 과제의 모든 단계를 동시에 가르치는 방법이다. 연속된 과제의 모든 단계를 진행하면서 한 단계만을 집중적으로 가르치는 것이 아니라 단계 단계마다 그 단계의 유아 목표 행동을 가르치는 방법이다. 전체과제 교수법은 각각의 단위 행동을 순서대로 수행하는 데 어려움을 보이는 경우에 효과적인 지도 방법이다. 예를 들어, 티셔츠 입기 과제를 지도할 때 티셔츠의 앞, 뒤 구분, 티셔츠에 팔과 목 넣기, 티셔츠 단추 끼우기, 티셔츠 옷매무새 정리하기 등을 모두 함께 같이 지도하는 것이다.

신변처리 기술 과제 지도에 있어서 이 세 가지 방법들을 어떻게 사용할 것인지를 결정해야 한다. 각각의 과제의 특성에 따라 보다 효율적인 방법이 있으므로 과제에 따라 적용할 방법을 결정하여 사용하는데 이 세 가지 방법은 반드시 따로 따로 하나씩만 사용해야 하는 것이 아니고 과제의 특성에 따라 함께 사용할 수도 있다. 교수 방법의 결정에 있어 과제의 특성에 대한 고려와 함께 유아의 정서적인 특성도 함께 고려한 교수법의 선택이 이루어져야 효과적인 결과를 얻을 수 있다.

(3) 난이도에 따른 지도

신변처리 기술 활동 중 쉬운 활동을 먼저 가르치고 점차 어려운 활동을 가르치는 것이 효과적이다. 이는 유아의 현 수준에 맞는 적절한 과제의 제시를 의미하기도 한다. 예를 들어, 옷 입기보다 옷 벗기 기술의 습득이 더 쉬우므로 유아에게 옷 입기보다 옷 벗기를 먼저 가르쳐야 한다. 그러나 옷 입기 기술을 배우기 전에 모든 옷을 다 벗을 수 있어야 한다는 것을 의미하는 것은 아니다.

비고츠키의 근접발달 영역의 이론에서 보면 유아는 자신의 현 수준보다 조금 어려운 과제를 제시해 주면 그에 대한 동기가 유발돼 과제에 대한 도전을 하지만 과제가 너무 쉽거나 또는 너무 어려울 경우 그 과제를 하고자 하는 동기가 유발되지 않는다고 한다(홍용희 역, 1995). 그러므로 난이도의 순서에 따라 지도해야 한다는 것은 무조건 쉬운 과제의 제시만을 의미하는 것은 아니다. 난이도 또한 유아의 현 성취 수준을 고려한 조절이 필요한 부분이다.

고무줄 바지

호크 바지

멜빵 바지

[그림 6-5] 난이도에 따른 다양한 유형의 바지로 연습한다.

(4) 실제 상황에서의 지도

신변처리 기술은 그 기술을 필요로 할 때 가르쳐야 가장 효과적이다(McBride & Schwartz, 2003). 이것은 신변처리 기술뿐 아니라 다른 영역의 기술을 학습하는 데 있어서도 동일하게 적용되는 부분이다.

대·소변 가리기 기술은 유아가 배뇨 또는 배변의 필요성을 보일 때에만 학습이 가능하다. 손이 깨끗할 때 손을 씻는 행동은 의미가 없으며, 옷을 입고 벗어야 할 필요가 없을 때 옷을 입고 벗는 행위 또한 의미가 없다. 그러므로 이러한 기술을 학습시키기 위한 시간과 상황은 학습활동을 위한 결정적인 의미를 시사한다. 실제 상황이 아닌 인위적인 상황에서의 학습이나 교구를 이용한 신변처리 기술에 대한 학습은 전이의 과정 또는 일반화의 과정을 다시 학습해야 하는 어려움이 있다.

식사 활동을 이용한 실제 상황에서의 지도를 계획해 보면 다음과 같다. 자연적인 일과의 맥락에서 이루어지는 활동을 이용하여 다양한 영역의 접근을 다음과 같이 계획할 수 있다. 식사활동의 경우에 식사시간은 즐거워야 하며 단순한 영양 섭취의 수단으로 여겨져서는 안 된다. 식사 시간이라는 실제 상황에서의 지도는 신변처리 기술 이외에도 다양한 행동 지도가 가능하게 된다.

1. 식사 준비에 유아를 참여시킨다.
간식과 식사를 준비할 때 적극적인 역할이 유아에게 주어져야 한다. 식탁 준비(예: 국그릇, 컵, 수저 놓기)와 음식 배식 활동에 유아가 참여할 수 있도록 기회를 제공한다.

2. 유아에게 선택할 기회를 준다.
유아에게 음식의 종류, 음료수 종류, 컵 색깔 등을 선택하도록 한다.
예를 들어, 유아에게 먹고 싶은 접시를 선택하게 하거나 식사 준비 활동에서 유아가 도움을 줄 수 있는 부분을 스스로 선택할 수 있도록 한다. 식탁에 수저를 놓을 것인지 아니면 밥과 국그릇을 놓을 것인지를 스스로 선택할 수 있도록 한다.

3. 유아도 스스로 음식을 차리는 과정에 참여하도록 한다.
유아가 음식을 차릴 수 있도록 적절한 도구들이 사용되어야 한다. 예를 들어, 일반 주전자가 아닌 유아의 신체적 크기에 적절한 작은 주전자를 사용한다. 그 외의 도구들도 유아가 사용할 수 있는 적절한 크기와 무게의 것을 준비한다.
컵의 경우도 유아가 쉽게 사용할 수 있도록 손잡이가 없는 것보다는 손잡이가 있는 컵을 사용할 수 있도록 한다.

4. 유아 간의 사회적 상호작용을 촉진시킨다.
식사시간을 살펴보면 교사와 유아 또는 유아와 유아 간의 대화가 거의 이루어지지 않는 경우가 종종 있다. 이러한 경우는 주로 유아에게 빨리 식사를 마치게 하여 다음 교수활동을 하고자 하는 의도에서 유아들이 식사활동에만 집중하도록 요구함으로써 나타나곤 한다. 유아들은 식사시간 중에 다른 유아들과 상호작용하도록 권장되어야 하며 긍정적인 의사소통으로 서로 간의 상호작용이 촉진되어야 한다. 식사시간 동안 오늘의 메뉴에 대해서나 그 외의 음식의 맛 등을 자연스럽게 얘기할 수 있는 상황 등을 마련하는 것이 좋다.

5. 유아의 신체 사용 능력에 따라 필요한 경우 수정된 도구를 사용하여 독립적인 식사 활동을 돕는다.
유아의 장애 유형 및 정도에 따라 수정된 도구를 이용하여 식사를 해야 하는 경우가 있다. 예를 들어, 머리를 뒤로 젖히는 것이 어려운 유아에게는 가장자리를 잘라낸 컵을 사용하고 소근육 사용이 어려워 잡기활동에 도움이 필요한 경우는 손잡이가 두 개 달린 컵을 주면 유아가 쉽게 잡을 수 있으며 투명한 컵의 경우 내용물을 볼 수 있으므로 컵 조절에 도움이 될 수 있다. 그 외에 수정된 숟가락, 미끄럼 방지 매트 등이 있다.

6. 신변처리 기술 행동 이외의 다른 개념들을 학습시킨다.
식사 시간 동안 영양 섭취뿐만 아니라 음식물과 컵의 색깔을 식별하고 원하는 음식물의 항목 수를 세며 음식물을 종류별로 분류하는 등의 인지적인 기술이 자연스럽게 이루어질 수 있다. 예를 들어, 자신이 원하는 음식을 정해진 수에 맞추어 자신의 그릇으로 분류하는 활동을 통해 수 분류 개념을 함께 연습할 수 있는 기회로 활용할 수 있다. 그 외에도 음식의 색깔이나 모양 등을 함께 이야기 나눌 수 있다.

7. 식사시간은 언어학습을 위한 기회로도 활용될 수 있다.
음식에 대한 요구를 표현하므로 단어 표현을 증가시킬 수 있다.
식사시간에 유아가 좋아하는 음식을 일부러 조금 주어 유아가 요구할 수 있는 상황을 구성해 두는 것도 중요하다. 그 외에도 음식의 맛을 함께 이야기 나누어보는 자연스러운 의사소통 상황도 도움이 된다.

8. 식사 후 정리 활동에 유아를 참여시킨다.
식사를 준비하는 것 외에도 식사가 끝난 후 치우도록 격려해야 한다. 정리 활동은 남은 음식을 버리기, 식탁 닦기, 그릇을 개수대에 담는 행동들이 있다.

9. 식사 후 적절한 씻기 활동을 격려한다.
식사 후 씻기 활동은 손 씻기와 양치질을 포함한다. 손 씻기와 양치질을 적절히 할 수 있도록 교수 기회가 제공되어야 한다.

(5) 가정 연계를 통한 지도

연령이 어릴수록 신변처리 기술들을 가르치기 위한 대부분의 시간들은 가정에서 발생하며 앞에서도 언급했듯이 기술이 필요한 자연적인 시간에 학습하는 것이 가장 효과적이며 학습한 신변처리 기술들은 일반화될 필요가 있다. 그러므로 가정에서도 연계하여 신변처리 기술을 지도하는 것이 반드시 필요하다.

교사의 지도 방법과 가정에서의 지도 방법에 있어 일관성이 있을 때 유아 교육에 있어 더욱 효과적인 지도가 이루어질 수 있을 것이다. 그러므로 신변처리 기술 지도에 있어서의 요구, 우선순위, 방법 등에 대한 교사와 부모와의 충분하고 지속적인 상담을 통해 신변처리 기술 지도가 이루어져야 한다.

교육의 목표는 유아가 자신이 소속된 사회에서 적절히 기능하도록 준비시키는 것이다. 그러므로 교수 활동은 유아의 환경에 민감해야 하며 교수 상황을 능가하는 학습을 촉진하도록 고려해야 한다. 예를 들어, 유아가 신발 신기를 배웠을 경우 다양한 상황에서 배운 기술을 연습하는 것은 일반화에 도움이 된다.

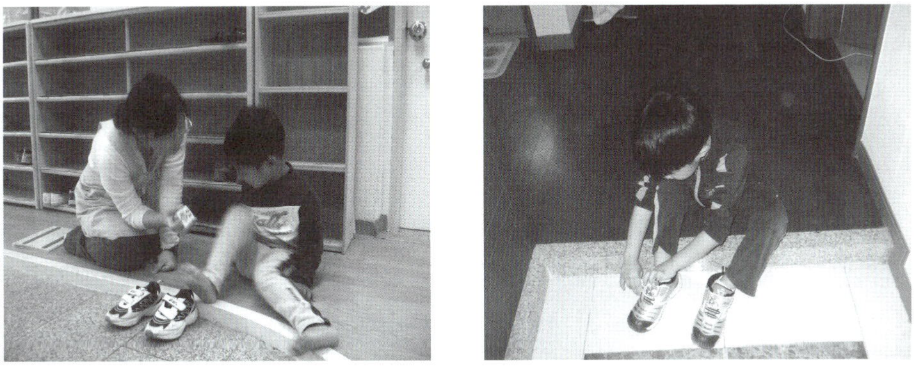

[그림 6-6] 교육기관과 가정이 연계하여 신발 신기를 지도하는 상황

2 의사소통 기술

1) 의사소통 기술의 중요성

의사소통은 사람의 상호작용을 하기 위한 수단으로서의 글과 말, 표정, 몸짓, 그림이나 단서 등을 모두 포함한다. 특별히 구어를 통한 의사소통이란 말의 의미를 이해하는 언어이해력과 말을 표현하는 언어표현력으로 나눌 수 있다. 언어습득 과정을 보면 대부분 언어표현력보다는 언어이해력이 먼저 발달된다. 언어 발달에 지체를 보이는 경우 언어이해력과 언어표현력에 지체를 보이며 언어 습득이 늦어지게 된다. 언어의 두 가지 측면에 대한 발달을 이해하고 어느 부분에 지체가 있는지를 평가하는 것은 언어 지도에 필수적인 과정이다.

언어이해력에 심각한 문제가 있는 경우에는 거의 말뜻을 이해하지 못하여 간단한 일상 사물조차도 말과 함께 손으로 지적하여야 이해하는 경우가 있다. 언어발달은 언어이해력이 먼저 발달되고 이해된 말을 적절히 표현하는 표현 언어가 발달되기 때문에 언어를 이해하는 데 문제가 있는 경우, 표현에 어려움이 나타난다. 그러므로 언어표현에 지체를 보이는 경우에는 대부분 언어이해력에도 문제를 보이므로 언어 이해력에 문제가 없는지 함께 평가해 보아야 한다.

표현 언어는 조음기관(예: 혀, 입술, 성대, 입천장, 턱)을 통해서 의사를 표현하는 말과 제스처, 표정, 사인 등을 의미한다. 말에 문제를 보이는 장애 유아의 경우에는 또래 유아보다 적은 수의 단어로 이야기를 한다. 언어표현력의 지체가 심한 경우에는 전혀 말을 못하거나 몸짓만을 사용하기도 하고 말이 어느 정도 발달된 유아의 경우에는 "나 집에 가고 싶어"처럼 완전한 문장을 구사하지 못하고 "나 집에" 또는 "집" 등의 간단한 단어만으로 표현하게 된다. 그리고 표현 언어에 지체를 보이는 대부분의 장애 유아들은 발음도 정확하지 않아서 무슨 말을 하는지 이해하기가 어려운 경우가 많다. 이와 같은 경우에 AAC 전자도구, 그림카드, 장애 유아에게 맞게 수정된 수화를 사용하여서 의사소통을 할 수 있게 지원하여야 한다([그림 6-7], [그림 6-8], [그림 6-9] 참조).

[그림 6-7] AAC 전자도구를 사용한 의사소통방법

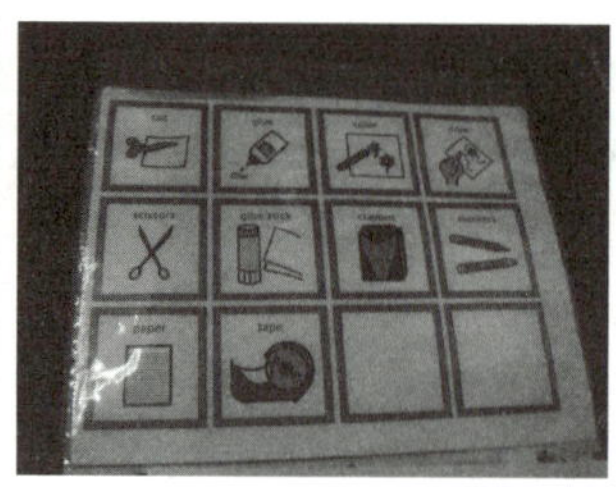
[그림 6-8] 그림카드를 이용한 의사소통방법

[그림 6-9] 수정된 수화를 이용한 의사소통방법

2) 의사소통 기술 지도의 실제

(1) 의사소통지도의 변화

장애 유아를 언어치료실에서 개별로 지도하던 전통적인 언어치료방법이 변화되고 있다. 일반 교육기관에서 통합 교육을 받는 것이 강조되고 실제 의사소통이 필요한 자연적인 맥락에서 지도하는 것이 강조되면서 인위적인 환경인 언어치료실에서의 언어서비스는 장애 유아에게 일반화를 어렵게 한다는 비판이 증가하였다. 그리고 교실에서 교육을 받고 있는 장애 유아를 교실 상황이 아닌 언어치료실로 분리해서 서비스를 제공하는 pull-out 형태의 언어치료보다는 교실 안에서의 언어서비스를 제공하는 pull-in 형태의 언어치료가 더 효과적이라고 인식하기 시작되었다(강혜경, 박은혜, 2006; 장혜성, 박승희, 2002).

장애 유아에게 적절한 언어지원을 위해서는 개별화교육프로그램의 목표도 실제 환경에서의 장·단기 목표의 성취를 기본으로 해야 한다. pull-in 형태의 언어지원은 단순히 언어치료실에서 교실로 장소만을 이동하는 것이 아니고 교육과정적 맥락에서 전문적인 언어서비스가 제공되어서 유아의 교육적 성취를 최대화하고자 하는 것이다(강혜경, 박은혜, 2006). 그리고 pull-out 형태로 언어치료실에서 장애 유아를 지도하더라도 언어목표는 장애 유아가 교육기관에서 교육과정을 중심으로 일반또래와 함께 성공적으로 수행할 수 있도록 해야 한다.

많은 학자들이 pull-in 형태의 언어치료 방법에 대한 효과를 다음과 같이 제시하고 있다.

Wilcox와 그 동료(1991)들은 장애 유아를 대상으로 pull-out 형태의 언어치료와 pull-in 형태의 언어치료를 비교하였는데, pull-in 형태의 언어치료가 매우 효과적이었다고 보고하였다(Farber & Klein, 1999). Beck과 Dennis(1997)는 언어치료사와 교사를 대상으로 조사를 하였는데, 모두 pull-in 형태의 언어치료의 장점을 '또래로부터의 배움', '의사소통 시의 주고받기의 진보', '새로 습득된 기술의 일반화', '적절한 강화를 제시할 수 있는 많은 기회 제공', '일반 유아의 의사소통 기술의 진보'라고 응답하였다. 그리고 언어치료사와 교사들이 장애 유아가 자연적인 상황인 학교에서 생활할 수 있도록 도울 수 있다고 하였고, 교사가 장애 유아의 언어치료의 목표를 이해함으로써 교실에서 적절하게 의사소통을 도울 수 있다고 하였다.

pull-in 형태의 언어치료의 가장 큰 장점은 교실환경 안에서 언어치료사와 교사가 적절한 언어서비스를 제공하게 되면 몇 배의 언어치료의 효과를 가져올 수 있고 전문가들이 서로 상대방의 전문영역에 대한 지도방법을 배울 수 있다는 점이다(강혜경, 박은혜, 2006). 그리고 개별지도실이 아닌 교실은 자연스럽게 언어치료를 할 기회가 많고 익숙한 일과 안에서 대화 기술을 촉진함으로써 의사소통 능력을 발전시킬 수 있게 된다.

[그림 6-10] 언어치료사가 pull-in 상황에서 언어지도를 하고 있다.

(2) 언어치료사와 교사의 역할

언어치료사들이 언어만을 치료하는 전문가의 입장에서 교육환경에서 교사들과 함께 장애 유아의 언어를 지원하는 협력자의 역할로 변화되기 시작하였다(강혜경, 박은혜, 2006). 그러나 교사는 언어치료사가 교실에 들어와서 함께 일하는 것에 대해서 거부감을 느낄 수 있고, 언어치료사는 교실에 들어가서 교육과정을 중심으로 지도하고 있는 교사와 함께 일을 할 때에 자신의 전문성이 희석될까 봐 걱정을 하기도 한다. 그러므로 언어치료사는 언어적인 면에서 가장 전문성을 가지고 장애 유아의 언어발달과 언어장애를 도와야 하며 교사는 교육과정지도에 대한 전문성을 가지고 일해야 한다. 그리고 교사는 언어치료사에게 언어치료사는 교사에게 자신의 전문성을 나눔으로써 다른 전문인들도 동일한 방법으로 장애 유아를 도울 수 있도록 하여야 한다. 이렇게 될 때에 장애 유아가 최선의 환경 안에서 질적인 교육을 받게 되는 것이다.

다음의 〈표 6-3〉은 교실에서 언어치료를 실시할 때에 언어치료사와 교사의 역할이다(Owens, 1999).

〈표 6-3〉 언어치료사와 교사의 역할

언어치료사의 역할	교사의 역할	공동의 역할
• 언어치료사는 교사, 부모 연수를 통해서 적절한 언어치료방법에 대한 정보를 줌 • 언어치료사는 언어적 문제를 평가하고 이 평가는 언어치료과정에 반영됨 • 언어치료사는 필요하다면 pull-out으로 개별, 소·대그룹으로 서비스를 제공할 수 있음	• 교사는 연수를 통해서 교육과정에 대한 정보를 언어치료사에게 줌 • 교사는 교실상황에서 관찰로 장애 유아의 언어능력을 파악함 • 교사는 매일 일과 안에서 장애 유아의 언어발달을 위해서 지속적으로 촉진함	• 언어치료사, 교사는 교실 안에서 다양한 협력교수 형태로서 교육과정 안에서 지도함

장애 유아의 언어를 돕기 위해서는 교사와 언어치료사의 교실 안에서의 협력이 중요하게 되었고, 교사와 언어치료사의 협력 정도가 교실 안에서의 언어치료의 성공 여부를 결정하게 된다(강혜경, 박은혜, 2006).

언어치료사는 전문성을 가지고 차별적인 역할을 하면서도 협력적이어야 한다. 대부분 언어치료는 언어치료사의 역할이고 학습은 교사의 역할이라고 생각하나 전체 유아가 교실 안에서 질 높은 교육을 받기 위해서는 다음과 같이 각자가 전문성을 가지면서도 서로 협력적으로 일을 하여야 한다. 언어치료사는 개별화교육프로그램을 계획하고 실행하는 모든 과정에 중요한 구성원으로서 다음과 같이 참여하여야 한다.

- 언어치료사는 개별화교육프로그램의 목표를 달성하기 위해서 교사와 함께 협력적으로 일하여야 한다.
- 언어치료사가 개별화교육프로그램 회의에 참석하여서 언어평가, 언어교수 방법, 교육계획안을 장애 유아의 언어능력에 맞게 수정하는 방법에 대한 정보를 주어야 한다.
- 교실에서 교사가 언어를 지원하는 방법에 대한 정보를 주어야 한다.
- 과외 활동에서 언어지원 계획을 교사와 함께 준비하여야 한다.
- 교사가 교실에서 장애 유아의 언어진보를 평가할 수 있는 구체적인 방법을 제시하여야 한다.

언어치료사와 교사가 협력적으로 유아의 의사소통 능력을 지원하기 위해서는 계획하는 단계에서부터 활동에 개별화 목표를 삽입하는 실제 과정에 이르기까지 지속적으로 상호작용하여야 한다. 언어치료사와 교사가 같은 기관에서 근무하지 않는 경우에도 개별화목표를 공유하는 것이 바람직하다.

① 계획하기

언어치료사는 장애 유아의 언어평가계획, 언어치료목표결정, 적절한 언어치료과정 선택, 언어치료 계획 조정 등의 역할을 담당하여야 한다. 만일 언어치료사 자신의 전문성이 부족하게 되면 교사를 단순하게 지원하는 보조교사의 역할을 하게 되므로(장혜성, 김수진, 김호연, 최승숙, 최윤희(역), 2014) 계획 단계에서부터 전문성을 가지고 명확한 역할을 계획하여야 한다.

만일 교실에서의 수업이 개별화교육프로그램에 기초하여서 진행되지 않는다면 언어치료사는 교사에게 도움을 주어서 문제를 해결하여야 한다.

언어치료사와 교사는 정기적 만남을 통해서 어떤 시간에 언어치료사가 들어갈 것인지, 언제 어떤 활동을 어디에서 할 것인지 명확하게 의논하여야 한다. 언어치료사는 교실 안에서 일어나는 활동을 관찰하여서 교실상황에 적절하게 계획하여야 한다. 학교에서 사용되는 교육과정 기준, 목표에 적절한 언어수준을 분석해야 하며 학습 성공을 위해서 언어기술, 전략을 계획하여야 한다.

[그림 6-11] 언어치료사와 교사가 협력교수를 통해서 활동 중 의사소통기술을 지원한다.

② 개별화교육프로그램의 의사소통 영역 목표를 일과에 삽입하기

교사는 매일 일과 안에서 장애 유아의 언어발달을 지속적으로 촉진하여야 한다. 〈표 6-4〉는 개별화교육프로그램에서의 언어 영역의 단기 목표가 일과에 삽입되어서 지도할 수 있게 계획된 예이다.

〈표 6-4〉 개별화교육프로그램에서 의사소통 영역의 장·단기 목표 예

영역	장기 목표	단기 목표
의사소통	1. 수업 시 다른 사람의 이야기를 집중하여 들을 수 있다.	1.1 주말 지낸 이야기 시 바른 자세를 유지해 발표하는 친구의 이야기를 들을 수 있다.
	2. 경험했던 일이나 이야기를 듣고 간단한 질문에 적절히 대답할 수 있다.	2.1 수업 내용을 기억하여 "누가, 무엇, 어디"를 사용한 간단한 질문에 AAC 전자도구 아이콘을 눌러서 대답할 수 있다.
	3. 일과 중 자신의 요구사항을 문장을 사용하여 천천히 말할 수 있다.	3.1 자신의 요구 사항을 이야기할 때 대화상대자의 눈을 보며 말할 수 있다.
		3.2 교사의 언어 촉진으로 "~주세요, 화장실 갈래요, 도와 주세요"와 같은 자신의 요구사항에 해당되는 AAC 전자도구 아이콘을 누를 수 있다.
	4. 두 가지 이상의 의미를 담은 지시사항을 따를 수 있다.	4.1 교실 상황에서 두 가지 이상의 의미를 내포한 심부름을 수행할 수 있다.
	5. 일과 중 자신의 감정을 말로 표현할 수 있다.	5.1 친구와의 상호작용 시 교사의 언어적 촉진으로 친구를 때리는 행동 대신 "내가 안 그랬어, 미안해, 나도 하자, 싫어"에 해당되는 AAC 전자도구 아이콘을 누를 수 있다.

다음의 〈표 6-5〉는 개별화교육프로그램에서 의사소통 영역의 단기 목표가 일과 안에 삽입된 예이다.

〈표 6-5〉 개별화교육프로그램에서 의사소통 영역의 단기 목표가 일과 안에 삽입된 예

일과/활동	목 표	수행 결과				
		5/8				
등 원	교사의 언어적 촉진으로 신발의 좌우를 구분하여서 놓을 수 있다.	–				
	교사의 언어적 촉진으로 친숙한 친구(작년 같은 반 친구) 이름을 부르며 인사할 수 있다.	–				
화장실	화장실 사용 시 교사의 언어적 중재로 바지의 호크를 풀고 잠글 수 있다. 교사의 언어적 지시로 윗옷을 바지 안에 넣어 입을 수 있다.	△				
이야기 나누기	주말 지낸 이야기 시 바른 자세를 유지해 발표하는 친구의 이야기를 들을 수 있다.	–				
	수업 후 들은 내용을 기억하여 "누가, 무엇, 어디"를 사용한 간단한 질문에 AAC 전자도구 아이콘을 눌러서 대답할 수 있다.	–				
	발표 상황에서 손을 들어 의사 표현을 한 후 발표 때까지 차례를 기다릴 수 있다.	–				
자유 놀이	친구와의 상호작용 시 교사의 언어적 촉진으로 친구를 때리는 행동 대신 "내가 안 그랬어, 미안해, 나도 하자, 싫어"에 해당되는 AAC 전자도구 아이콘을 누를 수 있다.					
	친구의 놀이를 방해하지 않으면서, 놀잇감을 빌리기 위해서 양해를 구한 후 친구가 줄 때까지 기다릴 수 있다.	–				
	한 가지 놀이를 5분 이상 지속하여 놀 수 있다.	–				
	교사의 언어적 촉진으로 게임의 순서와 규칙을 알고 친구와 게임을 5분 이상 할 수 있다.	△				

일과/활동	목 표	수행 결과				
		5/8				
점심 시간	교사의 신체적 촉진으로 식탁 의자에 등을 붙이고 앉아서 식사할 수 있다.	△				
	점심 식사 후 언어적 촉진으로 흘리거나 옷에 붙은 밥풀을 뗄 수 있다.	△				
운동장 활동, 귀가	교사의 언어적 촉진을 받아서 신발의 좌우를 구분하여서 놓을 수 있다.	−				
	교사의 언어적 촉진으로 친숙한 친구(작년 같은 반 친구) 이름을 부르며 인사할 수 있다.	−				
기타 일상	자신의 요구 사항을 이야기할 때 말하는 사람의 눈을 보며 말할 수 있다.	△				
	교사의 언어 촉진으로 "~주세요, 화장실 갈래요, 도와주세요"와 같은 자신의 요구사항에 해당되는 AAC 전자도구 아이콘을 누를 수 있다.	−				
	교실 상황에서 두 가지 이상의 의미를 내포한 심부름을 할 수 있다.	−				

* 평가표시: + 독립적 수행 / △ 조금 도와주면 수행 가능 / − 거의 수행이 안 됨
* 음영 부분이 의사소통영역임

[그림 6-12] 교사가 음악 활동 안에서 언어를 지도하고 있다(북소리 표현해 보기).

3 사회성 기술

1) 사회성 기술의 중요성

사회성 기술이란 일상생활에서 다른 사람과 잘 지내는 능력으로 주어진 환경 안에서 상황에 적절하게 자신의 요구를 전달하고 상대방의 의사를 파악하여 바람직한 방법으로 상호작용을 하는 기술을 말한다(Bricker & Waddell, 1996). 사회성 기술들은 매우 다양하며 각각의 행동들은 상황에 따라 다양한 기능을 가진다. 예를 들어, 신생아가 양육자를 향해 눈을 맞추는 것에서부터 유아가 또래와 놀잇감을 나누어 노는 것 그리고 자신의 감정을 적절한 방법으로 표현하고 상대방의 감정을 이해하는 질 높은 능력까지 사회성 기술은 다양하다. 특별히 사회적인 상호작용 행동은 일반적으로 운동적, 의사소통적, 인지적인 영역과 연관을 가지고 발달하게 된다. 또래가 큰 블록을 옮기는 것을 함께 하자고 하는 상황에서, 균형을 잡는 운동 기술과 다른 사람에게 제의하는 의사소통 기술, 인지적인 기술로써 문제 해결 기술을 다 활용해야 한다. 그러므로 관찰자는 다양한 환경과 상황에 걸쳐서 다른 영역의 기술과 관계되어 사회적인 행동을 사용하는 것을 관찰해야 한다(Bricker, 1998).

사회성 기술 발달은 영아기부터 시작되며 유아는 양육자, 형제, 또래와 상호작용에 의해서 의미 있는 사람들과의 다양한 상호작용을 통해 사회적인 행동을 형성해 나간다. 그러므로 장애 유아도 영아기, 유아기와 학령기를 거치면서 사회적으로 수용이 가능한 방법으로, 집단에서 기대되는 행동과 규칙을 따르는 행동을 경험하여야 한다. 성인기를 대비하여 점점 복잡해지는 사회적인 변화에 참여하고, 변화를 이해하는 기반을 제공해 주어서 사회적인 기술의 발달을 격려해야 한다.

사회성 기술은 일반 유아와 장애 유아 모두 발달 과정 중에서도 일어난다. 일반 유아의 경우 일상 속에서 자연 발생적인 상황을 통하여 사회성 기술이 자연스럽게 발달되나 장애 유아의 경우에는 인지, 언어능력, 신체발달 등의 장애 문제로 인하여 사회성 기술도 지체를 가져오게 된다. 예를 들어, 언어 발달에 지체를 보이는 경우 자신의 의사를 정확하게 상대방에게 전달하지 못하기 때문에 상호작용을 원활히 하는 데 방해가 될 수 있다. 신체적인 움직임이 어려운 경우에도 타인에게 다가가는 것이 어렵기 때문에 사회적 행동을 전개하는 데 제한을 받을 수 있다. 그러므로 장애 유아가 적절한 사회성 기술을 갖기 위해서는 사회성 기술의 목표를 가진 프로그램이 준비되어야 한다.

(1) 사회성 기술의 범주

유아기 사회적 발달 행동은 크게 자기 자신에 대한 인식과 다른 사람에 대한 인식이 조화롭게 발달해 나가야 하는 과정으로 구체적인 사회적 발달 행동은 〈표 6-6〉에 정리된 요소와 내용으로 구분될 수 있다.

〈표 6-6〉 사회성 기술의 범주

요 소	내 용
다른 사람과 상호작용하기	• 놀이 파트너: 또래의 도움 청하기에 반응하기, 또래와 근접성을 허용하고 유지하기, 친숙한 또래와 인사하기, 또래의 친밀한 시도에 반응하기 • 협동 놀이를 시작하기: 다른 사람과 협동놀이 하기, 다른 사람과 협동적인 참여 유지하기, 사물 나누기와 바꾸기 • 효과적인 방법으로 갈등 해결하기: 갈등 해결을 위해 협상하기, 갈등 해결을 위해 간단한 방법 사용하기, 자기 것 유지하고 요구하기
환경과 상호작용하기	• 사회적으로 수용 가능한 방법으로 신체적인 요구에 대처하기: 불편하고, 아프고, 다치고, 힘들 때 대처하기, 관찰될 수 있는 신체적인 요구에 대처하기, 배고프고 목마를 때 대처하기 • 가정과 교실, 기타 상황에서 요구되는 특별한 규칙 따르기: 성인의 허락 구하기, 가정과 교실에 정해진 규칙 따르기
자기와 다른 사람에 관한 지식	• 개인적인 선호와 비선호 표현하기: 활동, 사물 선택하기, 선호하는 활동 시작하기 • 자기와 다른 사람에 관한 정보 인지하기: 이름과 나이 알기, 자기와 다른 사람의 성별 알기, 형제 이름과 성 알기, 생일 알기, 주소, 전화번호 말하기 • 다른 사람의 감정과 호감 알기와 행동의 일관성 보이기: 자신의 감정과 호감 알기, 다른 사람의 감정과 호감에 대해 인지하기

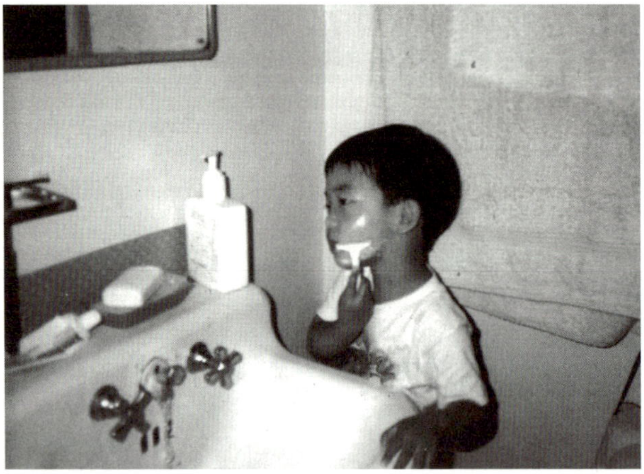

[그림 6-13] 다른 사람의 행동에 관심을 가지고 모방한다

사회성 기술들은 영유아기에 배우기 시작하여 학령기나 성인에 이르기까지 계속적으로 배워나가게 되는 것으로 집단 활동에 참여할 수 있는 적절한 행동들을 포함한다. 다음의 〈표 6-7〉의 구체적인 기술들은 3세 이후에 또래와의 활동 참여를 보다 능숙하게 하는 사회성 기술들로 정상 발달을 하는 경우에 구체적인 행동으로 관찰되는 것들이다.

〈표 6-7〉 발달 연령별 사회적 발달 행동 목록

연령	3, 4세 이후 필요한 기술	5세 이후 필요한 기술
행동	• 활동과 활동 사이의 변화(전이) • 지시 따르기 • 과제에 집중하기 • 말하는 사람에게 주의 기울이기 • 또래나 성인과 의사소통하기 • 차례 지키기 • 또래와 놀잇감 나누기 • 협력하여 돕기 • 방해하지 않기 • 활동 중에 적절한 언어 표현하기	• 성인이나 또래에게 상호작용 시도하기 • 상호작용 전개하기 • 그룹 내에서 말하는 사람에게 집중하기 • 10~15분 동안 과제에 참여하기 • 일과 중에 한 활동에서 다른 활동으로 바꾸기 • 또래나 성인과 질문하고 대답하기 • 줄 섰을 때 이탈하지 않고 줄 안에 머무르기 • 손 들고 질문하기 • 차례 기다리기 • 교실 내에서 목소리 조절하기 • 활동 영역 안에 머무르기

출처: Noonan & McCormick, 1993

2) 사회성 기술 지도의 실제

(1) 사회성 발달을 위한 환경 마련해 주기

사회성 기술을 발달시키는 데에 가장 기본적인 조건은 놀며 조작해 볼 수 있으며 나누어서 놀 수 있는 놀잇감과 머물러서 활동을 할 수 있는 공간 그리고 공간 안의 적절한 또래의 수 등을 조절해 주는 물리적 환경의 마련이다. 놀잇감과 교재는 종류에 따라서 고립되기도 하고 상호작용을 촉진하기도 한다. 특히 자발적인 놀이 행동이 활발하지 않은 경우, 구조화된 놀이 환경과 성인의 적절한 중재가 꼭 필요하다. 부적절한 놀잇감, 놀이 자료가 장애 유아의 놀이 활동을 어렵게 한다. 상징 놀이에 알맞은 인형은 그 단계가 되지 않은 장애 유아에게는 적절하지 않다. 주의 산만, 모방 능력, 의사소통에 문제가 있는 유아는 놀잇감을 나누어 쓰고 번갈아 사용하는 데 어려움이 있다. 그러므로 교사는 유아의 발달 상황을 평가하고 장단점을 고려하여 적절한 놀이 활동을 계획해야 하고 자료의 사용법을 모르면 좌절감을 느끼게 되고 산만하게 하며 위축하게 되는 요인이 되므로 먼저 유아에게 자료 사용법을 가르치는 것이 필요하다. 예를 들어, 퍼즐은 종종 고립된 놀이의 형태를 보이나 두 유아가 함께 하나의 퍼즐을 완성하도록 하거나 하나의 퍼즐을 두 유아가 차례대로 한 조각씩 맞추게 할 때 사회적 상호작용은 증가할 수 있다. 구조화되지 않고 자유롭게 놀 수 있는 모래놀이보다는 간단한 규칙이 있는 책상 위에서 하는 게임(예: 주사위를 굴려서 나온 색과 같은 색 짝짓기 등)이 더 상호작용을 잘 할 수 있다. 상호작용을 위한 놀이는 먼저 구조화된 놀이를 충분히 하게 한 다음에 자유롭게 규칙 없이 놀 수 있는 모래놀이와 같은 비구조화 놀이로 조금씩 바꾸어간다.

(2) 사회성 지도의 고려점

사회성 기술은 그 행동이 발생하는 상황과 직접적으로 연결된다. 즉 한 상황에서 효율적이고 적절한 행동이나 기술들은 다른 상황에서도 효과적이고 적절할 수도 있지만 그렇지 않을 수도 있다. 예를 들어, 영아들이 또래와 상호작용을 시작하기 위해서 필요한 기술은 협동놀이 중 상호작용을 유지하기 위해서 필요한 기술과는 다를 수 있다. 사회적인 행동은 유아가 속한 사회의 문화적인 가치에 영향을 받는다는 것을 고려하여 중재의 목표와 계획을 세우는 것이 중요하다. 문화적으로 수용 가능하며 가족의 가치를 우선으로 두어야 한다. 친숙한 환경에서 가장 가깝게 상호작용하는 가족이나 또래와의 현재 능력을 파악하여 프로그램을 계획한다. 일과를 중심으로 사회성 기술을 가르치는 것도 중요한데 일과는 사회적으로 적절한 행동을 배울 많은 기회를 제공해 준다.

사회성을 지도하기 위해서는 다음의 네 가지 측면에 대한 충분한 고려가 있어야 한다(이소현, 2003; Bricker, 1998).

첫째, 사회성 기술에 대한 평가는 기술을 필요로 하는 상황, 즉 다양한 상황 내에서 이루어져야 한다. 이를 위해서 사회적 상황에서의 광범위한 직접 관찰이 필요하다. 사회적 행동의 범위는 매우 다양하므로 유아의 기질과 적절한 상호작용 기술을 발달시키도록 이끌어 주어야 하며 어떻게 의사소통하는지를 주의 깊게 고려하여야 한다.

둘째, 사회적 능력을 촉진하기 위한 목표는 특정 상황에 대해서 매우 다양할 수 있다.

교사가 사회성 기술의 중요성을 인식하여 각각의 행동들을 장애 유아의 개별 목표로 삼을 수 있어야 한다. 사회성 발달을 위한 주요 목표 행동 목록은 다음과 같다.

- 가정 내에서나 그 외의 장소에서 성인과 다양한 형태의 상호작용을 할 수 있다.
- 부모 외의 자주 접하는 성인들에 대해 신뢰하고 상호작용을 즐길 수 있다.
- 가족 중에서 자주 접하지 않는 가족과 상호작용을 할 수 있다.
- 집이나 기타 장소에서 적절한 방법으로 신변처리를 수행할 수 있다.
- 또래와의 놀이 중 시도하기나 따라 하기(반응하기)를 할 수 있다.
- 그룹 안에서 차례 지키기나 주의 집중하기 등의 행동을 할 수 있다.
- 그룹 안에서 개별적 흥미와 필요한 것을 요구하고 표현할 수 있다.
- 협력하여 놀 수 있다.
- 병행 놀이 시 방해하지 않고 놀 수 있다.
- 집단에서 이탈되거나 고립되는 것이 아니라 집단 안에서 스스로 놀이를 전개할 수 있다.
- 설명하기, 요구하기, 문제를 해결해야 될 때 적절하게 표현할 수 있다.

[그림 6-14] 부모와 놀잇감을 가지고 가정 외의 장소에서 상호작용하고 있다.

셋째, 교수 전략은 다양한 상황 내에서 수행될 수 있도록 미리 계획되어야 한다. 그러므로 유아와 자주 상호작용하는 사람들이 교수 과정에 포함되어야 한다.

넷째, 효율적이고 적절한 사회적 행동들이 상황에 따라 다양하기 때문에 유아들은 언제 어떤 상황하에서 특정 행동을 해야 하는지를 분별할 수 있도록 학습시켜야 한다. 교사들은 유아에게 특정 사회적 행동을 가르치는 것 이외에도 언제 특정 반응들이 효과적이고 적절할 것인지를 가르쳐야 한다. 사회적으로 수용 가능한 행동을 더 배울수록 부적응 행동은 줄어들게 되므로 적절한 방법으로 의사소통하도록 지도하여야 한다.

사회성이 발달되는 것은 다른 발달 영역과 관련이 되어 있고, 상대방과의 상호작용이 있을 때 가능하며 장애 영유아의 경우 개별적인 특성과 능력, 환경에 더욱 민감하게 반응을 보인다는 점을 고려할 때 사회성 기술을 촉진시키기 위한 교수 전략 또한 다각적인 면에서 검토될 수 있다.

4 기능적 인지 기술

1) 기능적 인지 기술의 중요성

기능적 인지 기술이란 자극에 대한 주의 집중, 자극 간의 유사점과 차이점에 대한 인식, 감각 자극의 지각 과정, 기억, 사고, 문제 해결 등의 능력을 포함한다(이소현, 2003). 기능적 인지 기술은 자신을 둘러싼 환경에 적응하는 데 영향을 미치는 중요한 발달 행동인데, 이는 신생아기의 반사 행동에서부터 시작된다. 생후 2년 동안의 감각 운동기를 거치고 만 3~5세의 유아기를 지나, 학령기에 이르기까지 인지 기술은 순차적이고 체계적인 과정을 통하여 발달된다.

기능적 인지 기술을 이해하기 위해서는 인지 기술에 관련된 특성을 살펴보아야 한다. 다음의 특성들은 인지 기술을 지도하기 위한 교수 방법에서도 필수적인 요소가 된다(이소현, 1995).

첫째, 인지 기술 능력은 기타 발달 영역의 행동 수행을 통하여 진단될 수 있고, 다른 영역의 기술들과 중복되어 상호작용한다는 점으로 만약 유아가 운동기능, 의사소통 기능, 사회적 영역의 결함을 가지고 있다면 인지 능력이 과소평가될 수도 있다. 또한 영·유아의 경우 놀이 행동에 나타난 많은 행동들은 인지 능력에 영향을 미치고 영향을 받는다.

둘째, 인지 기술을 가르치기 위해서는 시간표 구성, 물리적 공간, 사회적 구성 요소 및 소속된 집단의 행동, 놀잇감과 교재의 선정 및 활용, 환경 내에서의 또래 및 성인과의 상호작용 등을 포함한 요소를 고려하여야 한다.

셋째, 유아의 인지 기술은 장기적인 안목으로 다루어져야 한다. 인지 기술은 개념적인 지식과 학문적인 기술들을 습득하기 위한 기초가 되므로 유아가 세상을 이해하고 환경에 적응하기 위해서는 구체적인 인지 기술 목표들을 세워 가르쳐야 된다. 인지 기술을 교수하기 위해서는 먼저 유아의 관심과 활동을 기초로 계획되어야 한다. 유아가 현재 가지고 있는 개념들을 시험해 보고, 확인하고, 반박하고, 수정할 수 있는 기회를 제공해야 한다. 예를 들어, 유아가 인쇄된 그림이나 글자를 인식하고 이러한 인쇄물들이 의사소통의 수단이 될 수 있다는 사실을 아는 것이 목표라면, 이러한 목표를 충족시킬 수 있는 환경을 구성해 주어야 한다. 단순하게 책들을 배치해 두는 것만으로는 충분하지 않으며 유아가 인쇄물과 상호작용하고 인쇄물이 의미를 지니고 있다는 사실을 인식하도록 경험을 구성해 주어야 한다. 이를 위해, 어떤 식당의 간판은 햄버거를 먹을 수 있는 장소를 의미하는 반면 다른 식당의 이름은 피자를 살 수 있는 장소를 의미한다는 것과 같이 다양한 실례들을 제공해 주어야 한다.

(1) 기능적 인지 기술의 범주

생애 초기의 감각 운동기인 영아 시기를 지나 유아기에 이르면 더 진보된 감각으로 인과 관계를 이해하게 되고, 공간에서의 사물에 대한 인식, 분류에 대한 속성을 가지게 된다. 예를 들어, '개는 동물이지만, 콩은 동물이 아니다'라는 사실, 동물이나 채소에는 종류가 많다는 개념들을 가지게 되며, 복잡한 표상적 기술들을 가지게 된다. 엄청나게 향상된 언어 기술, 그림 그리기, 가장 놀이, 자신의 행동 조절력 등을 가지게 된다. 유아기에 가지게 되는 인지 중심의 주요 경험들은 다음의 〈표 6-8〉과 같다.

〈표 6-8〉 인지 중심의 교육 과정에 있어서의 주요 경험들

영 역	주요 경험
적극적인 학습 (Active Learning)	• 모든 감각을 활용한 탐구하기 • 직접적인 경험을 통한 관계 발전하기 • 교재의 조작, 변형, 혼합하기 • 도구 및 기구를 사용하는 기술 습득하기 • 대근육 사용하기 • 자신의 필요를 스스로 충족시키기
언어 (Language)	• 개인적으로 의미 있는 경험에 대해서 다른 사람에게 이야기하기 • 사물, 사건 및 이들의 관계에 대해서 설명하기 • 감정을 말로 표현하기 • 자신이 말한 이야기를 글로 쓰고 다시 읽기 • 언어를 통한 재미있는 경험하기
경험 및 표현 (Experiencing and Representing)	• 소리, 감촉, 맛, 냄새를 통한 사물 인식하기 • 동작 및 소리 모방하기 • 모델, 사진, 그림을 실제의 장소 및 사물과 연결시키기 • 역할놀이하기 • 시범 보이기 • 그림 그리기 • 말해진 단어들이 쓰이고 읽힐 수 있다는 사실을 관찰하기

영 역	주요 경험
분류 (Classification)	• 사물의 속성에 대한 관찰 및 설명하기 • 사물들이 어떻게 같고 어떻게 다른지 주의를 기울이고 설명하기 • 여러 가지 방법으로 사물을 활용하고 설명하기 • 사물이 소유하지 않는 특성이나 소속되지 않는 종류에 대해서 이야기하기 • 동시에 한 가지 이상의 속성을 생각하기 • '몇 개'와 '전부'를 구분하기
연속(Seriation)	• 비교하기 • 몇 개의 사물을 순서대로 나열하거나 이들의 관계를 설명하기 • 순서대로 정렬된 일련의 사물들을 시행착오를 통해서 다른 사물들에 끼워 넣기
수(Number)	• 양의 비교하기 • 두 집단의 사물들을 1:1대응으로 구성하기 • 사물의 개수 세기
공간 관계 (Spatial Relations)	• 사물들을 함께 모으고 서로 떨어뜨리기 • 사물의 재구성 및 재형성하기 • 여러 가지 공간적인 입장에서 사물들을 관찰하고 설명하기 • 사물의 위치, 방향, 거리를 경험하고 설명하기 • 자신의 신체에 대해서 경험하고 표현하기 • 교실, 학교, 이웃에서의 사물들의 장소 인식하기 • 그림, 사진의 공간적인 관계 표현을 해석하기 • 도형을 식별하고 설명하기
시간(Time)	• 신호에 맞추어 동작을 멈추고 시작하기 • 여러 가지 속도에 대해서 경험하고 설명하기 • 시간 간격을 경험하고 비교하기 • 계절의 변화를 관찰하기 • 시계 및 달력이 시간의 흐름을 나타내기 위해서 사용된다는 사실을 관찰하기 • 언어로 미래 사건을 예측하고 적절하게 준비하기 • 계획하고 자신이 계획한 것을 완수하기 • 과거 사건을 설명하고 표현하기 • 과거 및 미래 사건을 표현하기 위해서 전통적인 시간 단위를 사용하기 • 사건의 순서에 주의를 기울이고, 설명하고, 표현하기

출처: 이소현(1998). 장애 영유아를 위한 교육(p. 562-563). 서울: 이화여대출판부.

2) 기능적 인지 기술 지도의 실제

(1) 질적인 상호작용을 통한 지도

인지 기술의 발달은 생애 초기의 감각 운동 발달과 밀접한 관련이 있다. 이 시기의 발달을 기반으로 이후 인지 발달을 보다 효과적으로 이끌 수 있게 되며 이는 질적인 상호작용을 경험하게 하여 인지 발달을 촉진하게 된다.

다음의 다섯 가지 방법을 통하여 감각 운동 기술 및 상호작용 기술을 촉진하는 것이 효과적이다.

첫째, 유아의 행동에 민감하게 반응한다. 유아의 관심을 일으키고 유지하는 것에 대해서 주의를 기울이고 초점을 맞춤으로써 상호작용적인 사건을 설정할 수 있다.

둘째, 유아의 행동을 상호작용적인 의도로서 받아들인다. 유아의 주의 집중적인 능력을 사회적·비사회적 환경과 상호작용하고자 하는 의도로 해석하는 것은 유아의 시작 행동에 반응하도록 해준다.

셋째, 유아의 시작 행동에 반응한다. 유아의 시작 행동에 대한 반응으로서 강화적인 후속 자극을 제공하는 비사회적 환경의 구성은 사회적 행동에 대한 일관성 있는 반응과 마찬가지로 유아에게 높은 수준의 일관적인 행동 반응을 경험하게 해준다.

넷째, 진행 중인 유아의 시작 행동을 격려한다. 성인 주도의 상호작용과 반대되는 개념으로서 유아가 먼저 상호작용을 시도하였을 때 적극적으로 격려하여 시작행동이 증가되게 한다.

다섯째, 능력을 지지하고 격려한다. 유아가 자신의 능력 이상으로 시도하는 행동을 격려하고 지지하는 상호작용적인 사건들은 유아의 행동을 더욱 정교화시키고 관습적인 모습으로 변화시킨다.

이상에서 살펴본 바와 같이 기능적 인지 기술을 지도하기 위해서는 생활 중에서 진행 중인 활동과 그 가운데 일어나는 상호작용을 통하여 가장 잘 학습될 수 있다는 점을 기억하여야 한다(Bricker, 1998). 장애 유아는 일반 유아들에게 중요하다고 여겨지는 기술들을 학습해야 하며, 다양한 종류의 활동과 교재들이 배치된 환경을 경험해야 하고(〈표 6-9〉 참조), 장애 유아의 주변에는 질문과 공동 놀이를 통해서 유아의 행동에 반응해 주고 확장해 주는 성인이 있어야 한다. 장애 유아는 학령기의 학문적인 교수활동을 준비하기 위한 전 학문 기술을 진행 중인 일과와 활동 안에서 자연스럽게 습득하여야 한다(〈표 6-10〉 참조). 분리된 특별한 공간에서 제한된 자극을 통하여 의미 없는 반복 연습을 하기보다 자연스러운 환경 안에서 참여에 필요한 기술들을 인지적인 목표와 연관하여 지도하는 것이 바람직하다. 매일 진행되는 출석 부르기 활동을 통하여 자신의 이름과 타인의 이름을 구별하게 되며, 예측할 수 있는 시간표를 통하여 활동의 전이를 스스로 조절하게 되며, 식사 시간이 끝나고 정리를 하면서 분류의 개념을 습득하게 된다. 수 개념도 자신의 요구가 있는 상황에서 간식의 수를 셀 수 있고, 집 주소나 전화번호를 암기하는 과정에서도 기억력과 수 개념을 갖게 된다. 놀이 상황에서도 여러 가지 반대 개념을 학습할 수 있는데 블록 놀이를 할 때 크기가 다양한 블록을 구성하면서 길이와 크기에 대한 개념을 갖게 하고, 색깔을 구별하게 된다.

〈표 6-9〉 놀이 영역의 풍부화를 위한 문해 기술 소도구

놀이 영역의 풍부화를 통한 전 읽기와 쓰기 기술 소도구	
놀이 영역	소도구
역할 놀이 (주방)	• 인형/애완동물에게 읽어줄 책 • 실물 전화 • 작은 액자/장식용 자석 • 상품 쿠폰 • 모형돈 • 시장 바구니 • 작은 메모판 • 다양한 크기의 메모지 • 펜, 연필, 형광펜 • 커다란 클립보드

〈표 6-10〉 일과 중의 기능적 인지 기술 지도 도표

목 표	• 사물의 수(1~5)를 셀 수 있다. • 주제와 관련된 이야기 나누기 자료를 보고 지적할 수 있다. • 과제활동 방법에 따라 동작을 따라 할 수 있다.
일과/활동	목표 행동 연습 기회
등 원	오늘의 날짜를 따라서 읽어보고 같은 숫자를 찾아서 도장을 찍을 수 있다.
자유 놀이(작업)	그림 그리기 시 얼굴, 머리색을 구분하여 칠할 수 있다.
간 식	간식의 양(1~5개)을 세어 볼 수 있다.
동 화	그림 속에서 교사가 묻는 사물, 사람, 장소를 지적할 수 있다.
게 임	3단계 이상의 활동 방법에 맞게 연속 수행할 수 있다.

(2) 기능적 인지 기술 지도의 고려점

기능적 인지 기술의 중요성을 교수 활동에 적용시키는 과정에서 중요하게 고려되어야 할 점은 다음과 같다(이소현, 1995; Bricker & Waddell, 1996).

- 인지 기술 능력에 대한 진단은 다른 발달 영역의 행동 수행을 통해서 진단될 수 있다. 이 전제는 인지 기술을 지도하기 위한 중요한 의미를 내포한다. 인지 기술을 위한 목표들은 기타 영역의 행동들을 포함하여야 한다. 예를 들어, 계단을 오르면서 수 세기를 하게 하거나, 이름을 듣고 공을 주고받는 활동을 하면서 일대일 대응과 사람, 사물 인식을 할 수 있을 것이다.
- 인지 기술은 교수가 가능한 행동이다. 여기서의 교수는 환경 조작으로 폭넓게 정의되어야 하는데 환경 구성에 따라서 인지 발달을 촉진하는 정도가 다르게 된다. 인지 기술을 지도할 때에는 유아의 현행 수준에 따라 결정되어야 한다. 습득과 숙달, 유지, 일반화의 단계를 통해서 학습이 완료되는 것이다. 예를 들어, 교실의 안과 밖의 위치를 알게 된다면, 교실 이외의 환경에서도 안과 밖의 공간 개념을 가져야 된다.
- 인지 기술은 장기적인 안목을 가지고 다루어져야 한다. 이 전제가 교수 활동에 주는 의미는 세상을 이해하고 환경에 적응하며 일반 교육 프로그램의 교수 경험을 통해서 혜택을 받을 수 있도록 준비시키기 위한 기초를 형성하는 기술들을 가르쳐야 한다는 것이다. 이는 전 학문적 기술의 유용성을

의미하는 것으로 일반 교육 활동의 수정을 통하여 개별적인 목표에 접근할 수 있게 된다.

- 영아나 유아들에게 인지 기술의 많은 부분이 이를 학습해야 할 이유가 있을 때 가장 잘 학습된다. 이는 교수 활동을 계획할 때 유아의 관심과 선호도를 바탕으로 계획되어야 한다는 점과 다양한 연습 기회 제공을 통해 달성될 수 있다는 것을 의미한다. 수 세기를 가르치기 위해서는 제일 좋아하는 간식이 효과적이며, 색깔 이름은 옷 입기를 할 때 스스로 선택한 옷을 통하여 지도하는 것이 효과적일 것이다.
- 유아의 학습 스타일을 고려하여 강점을 파악하여서 일반화 촉진을 위한 추가적인 고려점을 두어야 한다. 다양한 상황에서(예: 사람, 사물, 환경) 개념을 이해하도록 한다(예: 다양한 종류의 공을 경험하기). 공간 개념은 시각장애 유아에게 어려울 수 있으므로 입체적인 것(3차원)과 2차원적인 큰 활자 자료를 활용하며 신체적으로 자유롭게 이동할 수 없는 것이 인지적인 발달을 방해할 수 있다. 또래와 상호작용하며 활동에 참여하는 것과 적극적으로 탐색하고 조작할 수 있도록 환경을 조정해 주어야 한다.

5 대 · 소근육 기술

1) 대 · 소근육 기술의 중요성

인간의 행동 중 움직임을 포함하지 않는 행동은 거의 없다. 모든 행동이 움직임을 기본으로 하여 그 다음의 행동을 수행할 수 있도록 연결되어 있다. '인사하기'라는 활동의 예를 들어 보면 친구에게 인사를 하기 위해서는 우선 친구를 향해 걸어가거나 그쪽을 바라보며 "안녕"이라고 이야기하기, 또는 손을 흔드는 행동이 필요하다. 운동은 유아가 처음으로 자신의 발달을 나타내는 표시가 될 뿐 아니라 여러 영역의 발달 기술들을 표현하는 수단이 되고, 인지와 언어발달의 기초가 된다는 점에서 특히 중요하다(조윤경, 이미경, 1991). 유아가 성장하고 발달함에 따라 서고, 걷고, 뛰는 행동들을 하면서 점차 독립적인 활동들이 증가하게 된다. 대·소근육 활동은 유아의 독립성과 밀접한 관계가 있으며 다른 모든 활동을 함에 있어 기본이 되는 활동영역이라고도 할 수 있다(Falvey, Grenot-Scheyer, Coots, & Bishop, 1995).

운동성에 주요한 기술을 일반적으로 대근육(Gross Motor)과 소근육(Fine Motor)의 두 가지로 범주화하고 있다. 대근육은 큰 근육 활동, 즉 목, 몸통, 팔, 다리 등을 이용해서 하는 활동을 포함하며 소근육 활동은 그보다 세밀한 활동으로 작은 근육들, 특별히 눈, 말 표현과 관련된 근육, 손, 손가락, 발가락 등을 사용하는 기술이다.

유아의 활동에서 대·소근육 활동 및 신체 활동은 종종 경쟁 또는 승, 패의 개념과 함께 활동 중에 이용되는 경우가 많으나 이러한 접근은 유아에게는 적절하지 않은 접근법이라 할 수 있다. 예를 들어, 신체 활동으로 이루어지는 게임 활동에서 게임의 의미를 이해하고 게임을 즐거운 활동으로 생각하고 즐기기보다는 게임에서 승, 패의 여부가 매우 중요한 요소로 작용하여 게임 활동의 유일한 목표로 생각하고 활동에 참여하는 경우도 있다. 유아기는 자신의 신체에 대한 이해와 함께 신체를 사용함에 있어 조화와 균형을 함께 발달시키는 시기이며 공간과 그들의 신체와의 관계를 인식하는 것도 매우 중요하다(Cook, Tessier, & Klein, 2000).

2) 대·소근육 기술 지도의 실제

(1) 운동 발달에 적합한 환경 준비

환경은 유아의 행동과 기술의 습득을 촉진하고 습득된 기술을 일반화하는 데 중요한 영향을 미치므로 유아가 독립적으로 행동하고 적절한 자극을 받을 수 있는 환경을 마련해 주는 것이 매우 중요하다. 신체 발달 수준에 따라 앉는 자세가 가능할 때 의자를 이용해 앉는 자세를 유도하고 서고 한 발, 두 발 걸음을 옮길 수 있을 때 보행기 등을 이용하여 발달에 도움을 줄 수 있는 것이다. 그러므로 물리적 환경이 유아의 발달수준에 적합하게 제시되어야 한다. 일상 환경에서 쉽게 생각할 수 있는 예시로 유아가 처음에 자전거 타기를 배울 때는 네발자전거에서부터 시작하여 점차 보조바퀴가 있는 자전거, 두발자전거로 옮겨가며 유아의 발달에 맞추어 제시하고 있다. 유아의 운동 발달 수준에 적절한 환경의 제시가 필요하다. 너무 쉽거나 또는 너무 어려울 경우 유아의 동기 유발이 어렵다.

물리적 환경이 유아의 운동발달을 촉진하는지 지속적으로 점검하는 것 또한 중요하다. 현재의 환경에서 안정감과 편안함을 느끼게 되면 환경의 탐구나 환경과의 상호작용이 활발히 이루어져 대·소근육 발달의 경험을 촉진할 수 있을 것이다. 예를 들어, 보행훈련이 필요한 유아에게는 교육기관의 복도, 화장실에 안전대를 설치해 줌으로써 유아의 보행 연습과 독립적 이동을 촉진할 수 있는 환경으로 구성되어야 한다. 그 외에도 유아의 키 또는 눈높이에 맞는 문손잡이, 불 켜는 스위치 설치와 유아의 보폭을 고려한 계단의 높이 조정, 문턱의 조정, 앉은키에 맞는 책상 및 의자 배치 등이 필요하다. 유아의 발달에 적합한 환경적 배치로 유아의 운동발달을 보다 촉진할 수 있을 것이다.

유아가 교실에서 휠체어를 사용하는 경우 스스로 휠체어를 조절할 수 있도록 적절한 환경의 수정과 충분한 공간 확보가 필요하다. 물리적 환경뿐만 아니라 인적 환경도 매우 중요한데 발달 연령에 적절한 도움을 주는 것이 중요하다. 유아가 적절한 발달시기가 되었을 때는 넘어져도 스스로 걸을 수 있도록 기다려주고, 중간 중간 촉진을 주거나 유아의 속도에 맞추어 기다려 주는 시간이 필요하다. 성인의 기준으로 유아를 재촉하거나 계속해서 성인이 과도한 도움을 주었을 경우 운동발달이 지체될 수도 있다. 그러므로 유아 스스로 독립성을 촉진할 수 있는 적절한 기다림과 촉진이 중요하다.

[그림 6-15] 수정된 숟가락을 이용해 유아의 독립적 식사를 촉진한다.

[그림 6-16] 안전벨트가 부착된 그네를 이용해 유아 스스로 그네를 탈 수 있다.

(2) 실제 상황에서의 기능적인 지도

기능적이란 대·소근육 기술을 지도함으로 유아의 생활에 있어 적절한 목적을 성취해 주고 환경 조절 기능을 향상시켜야 한다는 것이다. 그러므로 이 기술이 학습되지 않으면 누군가가 대신해 주어야 하는 기술을 기능적 기술이라고 한다(이유훈, 김형일, 2005). 그러므로 유아가 필요할 때 그 기술을 지도하는 것으로 일과의 흐름에 맞추어 자연적으로 요구되는 활동으로 그 활동을 통해 일과 내에서의 독립성이 보다 촉진될 수 있다. 즉 자연스러운 일과 안에서 그 기술이 요구될 때 유아에게 적절한 지도와 함께 촉진을 주었을 때 가장 효과적일 수 있다.

소근육의 어려움으로 세밀한 동작을 수행하는 데 어려움이 있는 유아의 경우, 놀이 상황에서 그림을 그릴 때 도구를 잡는 방법을 지도하고, 화장실 사용 때 요구되는 옷의 호크, 지퍼의 사용, 휴지 자르기 등을 함께 지도하였을 때 필요에 의한 지도이므로 자연스럽고 이를 통해 적절한 과제 수행이 이루어졌다면 그 자체로 자연스러운 강화가 주어지는 환경이라 할 수 있다. 실제 상황에서 적용 가능한 기능적인 지도를 통해 인위적이 아닌 자연스러운 동기 유발과 강화가 이루어질 수 있다.

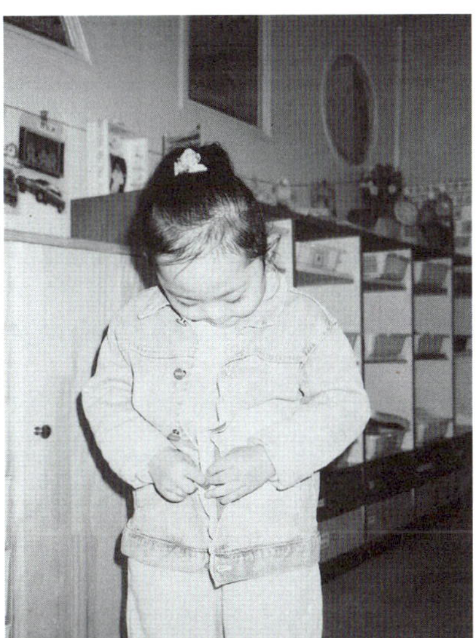

[그림 6-17] 등원하여 외투 단추 풀기를 수행하고 있다.

[그림 6-18] 바깥놀이를 나갈 때 요구되는 외투 입기 행동을 수행하고 있다.

〈표 6-11〉은 하루 일과에서 요구되는 대·소근육 기술을 사용할 수 있는 기회를 분석한 내용으로 필요한 기술을 선정하여 그 기술이 필요한 상황에 관련된 기술을 연습하였을 때 효과적이다. 같은 일과 내에서도 유아의 연령에 따라 다른 기술이 요구될 수도 있다. 같은 일과에서도 환경에 따라 다른 기술이 요구될 수 있다.

〈표 6-11〉 일과에 따른 대·소근육 영역의 사용 도표

일 과	유아반 요구기술	수행 여부
등 원	신발 찍찍이 떼기	
	신발을 들고 신발장에 올려두기	
	가방 열기	
	가방 선반에 놓기, 가방을 사물함에 넣기	
	외투 단추 풀기	
	외투 지퍼 내리기	
	서랍 열고 닫기	
자유놀이	놀잇감 빼기	
	놀잇감 쏟기	
	놀잇감 담기	
	그리기	
	지우기	
	자르기	
	접기	
이 동	계단 오르기	
	계단 내리기	
	걷기	
	장애물 피하기	
	문턱 넘기	
	경사 오르기	
	경사 내리기	

일 과	유아반 요구기술	수행 여부
화장실	문 열기	
	문 닫기	
	하의 내리기 (팬티, 바지, 치마 걷기)	
	열기(단추/호크/지퍼)	
	잠그기(단추/호크/지퍼)	
	휴지로 닦기	
	물 내리는 버튼 누르기	
	수도꼭지 열기	
	수도꼭지 잠그기	
	비누칠하기	
	양손에 비벼 씻기	
	수건에 손 문질러 닦기	
간 식	식기 들고 걷기	
	간식 쟁반 들고 걷기	
	간식 나누어 먹기	
	음료수 컵에 따르기	
	도구 사용하기 (포크/젓가락/숟가락)	
	컵으로 음료수 마시기	
	빈 식기 들고 걷기	

일 과	유아반 요구기술	수행 여부	일 과	유아반 요구기술	수행 여부
점심 식사	줄 서서 차례로 이동하기		바깥 놀이	신발 신기/ 벗기	
	숟가락과 포크 집기			뛰기	
	식판 위에 수저를 올려 놓기			걷기	
	식판을 들고 쏟지 않으며 걷기			오르기(미끄럼틀/오름경사/계단)	
	자리에 식판 내려놓기			내리기(미끄럼틀/오름경사/계단)	
	도구 사용하기 (포크/숟가락)			잡기 (밧줄/그넷줄/구름다리)	
	식판 기울여 국 뜨기		낮 잠	이불에 눕기	
	빈 식판 위에 수저 올려놓고 걷기			교사의 안내에 따라 일어나기	
	식판 기울여 남은 음식 쏟기			이불 정리하기	
	식판 위치 맞추어 내려놓기			정리함에 이불 넣기	
양치 질	치약 짜기		귀 가	서랍장 열기/ 닫기	
	칫솔을 떨어뜨리지 않기			가방 열기/ 닫기	
	손목을 움직여 이 닦기			가방에 물건 넣기	
	수도꼭지에 컵 대기			옷걸이에서 외투 벗기기	
	수도꼭지 열기/ 잠그기			외투 입기(단추, 지퍼)	
	수건에 입과 손 닦기			가방 메기	
	칫솔통에 칫솔 내려놓기			허리 숙여 인사하기	
				신발 선반에서 바닥에 내려놓기	
				신발 신기	

(3) 다른 영역과의 통합적 접근을 통한 지도

대·소근육 영역의 활동을 지도함에 있어 이 영역만을 분리하여 집중적으로 지도하는 것이 아니라 다른 영역의 활동과 함께 그 속에서 지도하였을 때 보다 효과적인 지도가 이루어질 수 있다. 예를 들어, 유아에게 자전거 페달을 연속적으로 밟는 것을 지도하기 위해 자전거 타고 반환점 돌아오기 게임을 할 경우 자전거를 타는 방법도 지도하지만 이와 동시에 자신의 순서를 기다리는 사회적 개념과 자신의 반환점을 변별할 수 있는 인지적 개념도 함께 지도할 수 있다.

대·소근육 활동을 할 때 음악과 함께 활동을 하면 그 리듬에 맞추어 자연스러운 활동으로 이어질 수 있을 것이다. 다양한 율동을 하는 경우 음악에 맞추어 율동을 모방하거나 만드는 활동들을 통해 더욱 즐겁게 대·소근육 활동을 할 수 있다. 음악의 리듬에 맞추어 속도를 조절한 박수 치기 활동들을 통해 대·소근육의 협응과 리듬에 맞추기 활동을 함께 자연스럽게 할 수 있다. 예를 들어, 동대문 게임을 할 경우 적절한 박자와 리듬에 맞추어 노래를 부르고 마칠 수 있는 기술이 요구된다.

다음의 그림은 대·소근육 활동 시 함께 요구되는 신변처리 기술, 인지, 의사소통, 사회성의 각 영역의 통합적 접근을 도식화해 놓은 것으로 대·소근육 활동을 통해 단순히 한 영역의 기술만을 촉진시키는 것이 아니라 관련된 다른 영역의 기술도 함께 학습할 수 있으므로 이와 같은 자연스러운 상황에서 유아의 다른 영역의 기술도 지도할 수 있어야 한다.

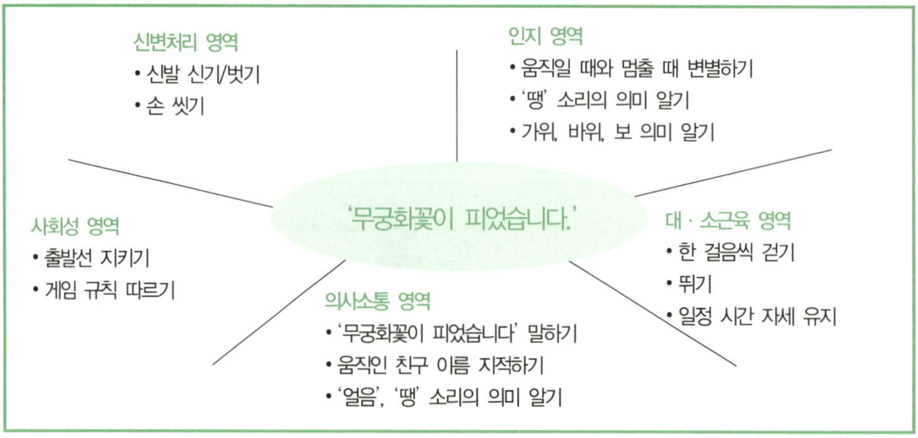

[그림 6-19] 활동을 통한 통합적 접근

구체적인 발달 영역의 통합적 활동의 예를 들어 보면 다음과 같다.

① 대·소근육과 인지 발달

대·소근육 활동을 할 때 개념적인 요소를 함께 학습할 수 있는 활동을 함으로 자연스럽게 인지 개념을 학습할 수 있다. 단독적으로 대·소근육의 기능만을 요구하는 활동은 거의 없으며 대부분의 대·소근육 활동이 다른 영역의 개념들과 함께 사용되는 경우가 많다. 예를 들어, 대근육 활동 중 색깔 판 뒤집기 활동이나 고리 걸고 돌아오기와 같은 게임에서는 자신의 팀의 색깔에 대한 정확한 개념이 있어야 한다. 소근육을 이용한 색칠하기 활동에서도 안과 밖의 개념을 구분하여 색칠하기 지도에 도움을 얻을 수 있다.

② 대·소근육과 의사소통 발달

대·소근육 활동을 할 때 언어 이해력이 많이 요구된다. 예를 들어, 게임을 할 경우 게임의 규칙을 이해하거나 신호를 이해해야 적절히 활동에 참여할 수 있다. 게임 시 교사의 출발 신호를 이해하여 출발해야 하며, '얼음, 땡' 게임을 할 경우 상황에 적절하게 '얼음 땡'을 외칠 수 있어야 한다.

③ 대·소근육과 사회성 발달

대·소근육 활동을 할 때에는 활동 중에 요구되는 다양한 규칙이 있으며 이러한 규칙을 따르는 것은 사회성의 한 영역이라 할 수 있다. 특히 여러 사람이 함께 참여하는 활동의 경우 순서를 기다리는 사회성 활동이 많이 요구된다. 게임 활동에서 자신의 순서를 기다리거나 또는 활동 시 협력하기, 도구를 함께 나누어 쓰기 등이 대·소근육 활동을 통해 함께 배울 수 있는 사회성 개념이라 할 수 있다. 예를 들어, '무궁화꽃이 피었습니다' 게임을 할 경우 또래 친구와 함께 손가락을 걸고 서있거나 손을 잡고 서 있어야 하는 활동이 요구된다.

④ 대·소근육과 신변처리 기술

대·소근육 영역의 발달과 신변처리 기술 능력은 서로 밀접한 관계를 갖고 있다. 대·소근육의 발달 수준에 맞추어 유아에게 요구되는 신변처리 기술의 수준도 결정되고 있다. 예를 들어, 미세한 소근육 발달이 이루어지지 않은 영아에게 지퍼 끼우기나 단추 이용을 지도하는 것은 적절하지 않으며 소근육 발달이 이루어진 유아기에 이르러서 이러한 기술들을 지도하여야 한다.

⑤ 보조도구의 사용과 도구의 수정

대·소근육 사용에 있어 기능적인 어려움이 있는 경우 보조도구 또는 도구의 수정을 통해 유아의 독립성을 촉진시킴으로써 일과에서 진행되는 활동 또는 또래들과의 관계에서 참여를 증진시킬 수 있다. 지체장애 유아의 경우 다른 유형의 장애보다 또래 또는 교사의 신체적 지원을 받을 경우가 많지만 무조건 신체적 지원을 먼저 제시하기 전에 스스로 독립적으로 수행할 수 있는 물리적 환경 구성 및 특수 기자재 지원을 생각해 보아야 한다. 그러므로 교사의 지원이 유아에게 의미 있는 것인지 아닌지를 먼저 판단해야 한다. 예를 들어, 휠체어를 사용하는 지체장애 유아가 있을 경우 교실의 문턱을 없애 유아 스스로 독립적인 교실로의 이동을 도울 수 있어야 하며 휠체어에 간단한 음성 인식기 또는 벨을 부착하여 도움이 필요할 경우 독립적인 도움요청을 할 수 있는 환경이어야 한다. 그렇지 않다면 유아는 수동적인 자세로 오랫동안 기다리는 상황이 반복될 수 있다. 그 외에도 손잡이가 있는 컵의 사용, 식판 밑에 또는 작업 시 미끄럼 방지 매트를 이용하였을 때 유아의 독립성을 보다 촉진할 수 있다.

손잡이가 있는 컵

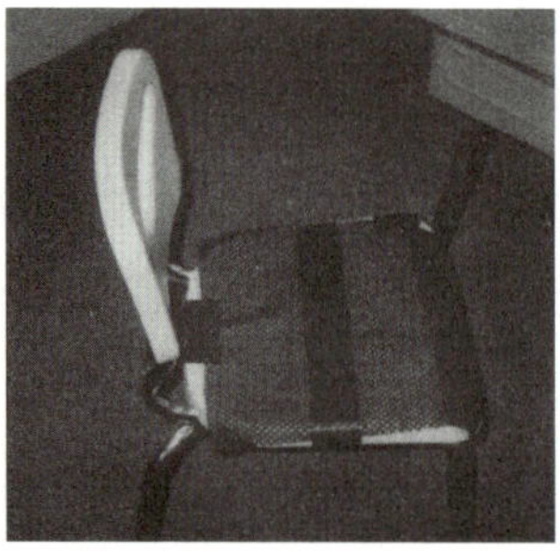
미끄럼 방지를 위한 매트 부착

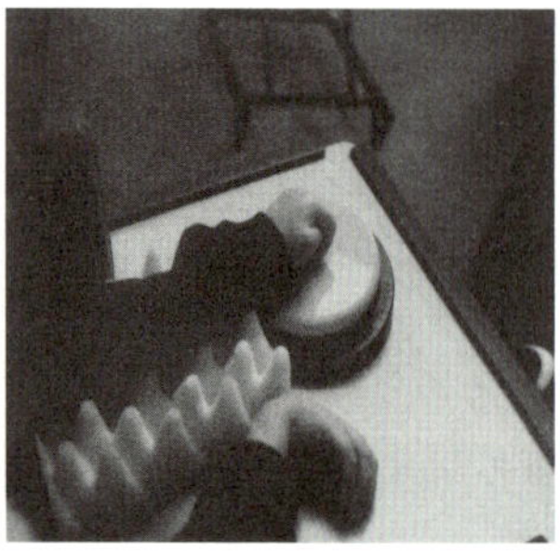
원버튼 스위치 사용

[그림 6-20] 대·소근육 보조도구들

제7장

초등 학령기 개별화교육프로그램의 실제

■ 주요 질문 ■

- 초등 학령기 자조 기술의 특성과 지도 방법은 무엇인가?
- 초등 학령기 교과 특성과 지도 방법은 무엇인가?
- 초등 학령기 지역사회 적응기술 특성과 지도 방법은 무엇인가?

1 자조 기술

1) 자조 기술 습득의 중요성

일반적으로 유아기에 습득된 신변처리 영역의 입고, 먹고, 씻기와 관련된 행동들은 초등 학령기에 이르면 성인의 도움을 받는 양이 줄며 점차 숙달된 양상을 보이게 된다. 특수교육대상자도 학교에 입학하게 되면 유아기보다 더 독립적인 활동 수행이 요구된다. 초등학교는 유아교육 기관에서의 생활보다 더 독립적인 활동을 요구하는 물리적, 사회적 환경이며, 자조 기술은 이러한 환경에서의 독립성을 기르는 데 기초가 되는 기술 중 하나이다.

자조 기술(self-help skills)은 자신의 삶을 유지하는 데 기본이 되는 기술로 식사, 화장실 사용, 착·탈의 기술이 대표적이다. 자조 기술은 부모로부터의 독립을 나타내는 대표적인 활동이며 자조 기술의 습득을 통해 점차 독립성이 증진될 수 있다(Snell & Brown, 2000). 자조 기술의 습득을 통해 독립성이 증진되면 가정의 일반 활동, 일반학교, 지역사회 활동의 참여 기회가 더욱 많아지게 된다. 그러므로 초등학교 시기의 자조 기술은 학교생활에서 수업 참여, 친구들과의 관계 유지, 지역사회 활동을 참여해 나가는 데 필수적인 기술이라 할 수 있다.

초등학교 학생의 자조 기술은 사회 과목 '나의 삶' 영역과 연계하여 지도할 수 있다. 다음은 기본 교육과정의 초등부 사회 과목 '나의 삶' 영역의 내용 체계로 '자율성'을 핵심 개념으로 하여 자기 선택을 강조하고 있다(〈표 7-1〉 참조).

〈표 7-1〉 기본 교육과정 사회 과목 내용 체계

영역	핵심 개념	내용	내용 요소	
			초 3-4학년	초 5-6학년
나의 삶	자율성	자조 기술을 갖추고 자기 결정과 자기옹호 생활을 하며 자신의 미래를 긍정적으로 설계하는 것은 삶의 주체로서 살아가는 자율적인 삶의 모습이다.	• 기본적인 자조 기술 • 나의 선택	• 일상적인 자조 기술 • 생활 속의 선택과 결정

출처: 교육부(2015a). 기본 교육과정.(p. 128). 교육부.

2) 자조 기술의 지도 방법

(1) 현행수준에 기초한 지도

초등학생에게 요구되는 자조 기술을 지도할 때 먼저 현재 수행 정도를 평가한 후 이를 바탕으로 적절한 목표를 설정하여 지도하여야 효과적이다. 예를 들어 현재 급식 시간의 수행 수준을 정확히 평가한 후 적절한 수준의 목표를 설정하여 지도하는 것이 필요하다. 교사가 학생에게 요구하는 자조 기술이 학생의 현행 수준에 비해 너무 어렵거나 너무 쉬우면 과제 참여에 대한 동기 유발이 어려울 수 있다. 학생의 수행수준에 맞는 적절한 난이도의 과제를 선택해야 한다. 다음 〈표 7-2〉는 초등학교에서 자조 기술 현행 수준 평가를 위하여 사용한 체크리스트 평가 양식의 예시다.

〈표 7-2〉 초등학생의 자조 기술 평가의 예시

평가행동	독립적으로 가능	조금 도와주면 가능	전혀 못함	시도해 보지 않았음
배고프고, 목마를 때 의사표현하기	○			
적절한 양의 음식을 입속에 넣고 씹기	○			
숟가락, 포크, 젓가락 사용하여 먹기	○			
식사 후 주변 정돈하기	○			
입 주위 묻은 음식 닦기	○			
식수대에서 물을 따르기	○			
자율 배식할 때 식판에 음식을 담기		○		
식사 후 수저, 잔반 분리해서 정리하기	○			
줄 서서 자신의 순서 기다리기		○		
음식점에서 음식을 주문하기		○		
음식점에서 적절하게 돈 지불하기		○		
주문한 자신의 음식 받아오기		○		
음식점 안에서 크게 떠들지 않기		○		
분리 배출하여 정리하기		○		

(2) 시각적 단서를 활용한 지도

시각적 단서를 활용한 지도는 자조 기술을 지도할 때 과제 단서나 각 단계를 시각적으로 제시하여 독립적 수행을 촉진하는 방법이다. 독립적인 수행이 어려운 단계는 반복적으로 지도하면 효과적이다.

학교나 가정에서 일상적인 일과를 예측하고 이해할 수 있게 그림이나 사진을 이용한 시각적 단서로 도움을 줄 수 있다. 인지 능력에 따라 해야 할 과제와 활동을 몇몇 단계의 간단히 연결된 사진이나 사진판으로 제시하여 반복적으로 지도하였을 때 효과적이며, 다음에 수행해야 할 행동을 예상하는 데 도움을 준다. 상징이나 그림 체계를 활용할 때 대상 학생의 인지 능력에 따라 구체화하고 과제를 단계별로 세분화하는 것이 필요하다.

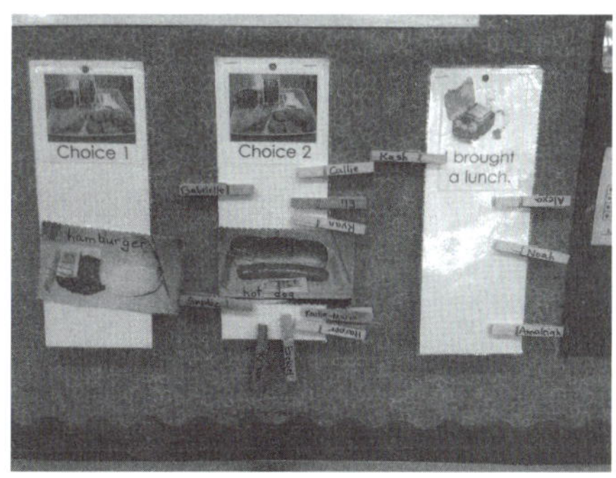

[그림 7-1] 점심 메뉴 선택에 대한 시각적 단서 제공이 독립적 수행을 돕는다.

(3) 세분화하여 반복 지도

자조 기술의 특성 중 하나는 활동 내의 각 단계들이 연속적으로 연결되어있으므로 각 단계가 차례대로 모두 수행되어야 한 활동이 완성된다는 것이다. 이러한 자조 기술의 특성상 과제 분석하여 세분화된 기술을 반복 지도하는 방법이 효과적일 수 있다. 즉, 자조 기술의 과제는 일련의 연속된 행동들로 구성되어 있으므로(Snell & Brown, 2000) 어떠한 부분에 어려움이 있는지 확인하고 그 부분을 세분화 반복지도하면 효과적이며 다음의 절차에 따르며 체계적인 지도가 이루어질 수 있다.

① 1단계: 자조 기술 행동 관찰

학교에서의 활동에 대해 관찰하며 자조 기술 수행 정도와 현재 환경에서 필요한 자조 기술들을 관찰, 평가한다.

② 2단계: 부모상담

상담을 통해 필요한 자조 기술 활동을 결정하고 가정에서의 생활 내용과 부모가 지도하기 원하는 자조 기술을 연습할 수 있는 가정환경에 대한 정보를 얻는다.

③ 3단계: 과제 분석

선정한 자조 기술 활동에 대한 구체적인 수행 행동들을 과제 분석한다. 특히 수행에 어려움을 보이는 단계에 대해 자세히 과제분석을 하여서 지도 방법을 제시한다.

④ 4단계 : 도움의 형태와 정도를 결정하여 지도 실시

과제의 난이도는 과제를 수행할 때 학생에게 줄 수 있는 도움의 형태와 정도를 고려해서 조절한다. 또 상황에 따라 지도 방법을 수정하여 지도한 후 결과를 구체적으로 기록한다.

⑤ 5단계: 수행 평가와 상담

일정 기간이 지난 후 성취 정도에 대해 부모 및 관련 전문가와 함께 상담한다. 성취 여부와 그 외에 도움이 되었던 점, 어려웠던 점에 대해 상담하고 다음 지도 내용을 계획하여 본다.

다음 〈표 7-3〉과 〈표 7-4〉는 초등학생에게 적용 가능한 자조 기술을 과제 분석한 예이다. 과제 분석 내용은 대상 학생의 특성과 환경에 따라 다양하게 세분화될 수 있다.

〈표 7-3〉 '책 가방 준비하기' 과제분석의 예

행동 목록	수행 정도	수행 여부	수행 여부	수행 여부	수행 여부
		/	/	/	/
내일 시간표를 읽어본다.					
시간표에 있는 과목 교과서를 넣는다.					
시간표에 있는 과목 노트를 가방에 넣는다.					
알림장 내용을 읽는다.					
알림장에 있는 준비물을 가방에 넣는다.					
가방의 책과 노트를 꺼내보며 시간표에 동그라미 표시를 한다.					
가방의 준비물을 하나씩 꺼내보며 알림장 내용에 동그라미 표시를 한다.					

기타:

* 시간표를 보며 다시 한번 확인할 때는 부모님이 같이 확인해 주시거나 스티커☻를 이용하여 확인 표시를 스스로 할 수 있게 한다.

* 마지막 알림장은 항목별로 확인한 후 연필로 표시하거나 스마일 ☺ 스티커를 붙이게 한다.

* 스티커는 좋아하는 색, 모양, 캐릭터 등 다양하게 활용한다.

〈표 7-4〉 '학교 화장실 이용하기' 과제분석의 예

행동 목록	수행 정도	수행 여부	수행 여부	수행 여부	수행 여부
		/	/	/	/
화장실로 간다.					
먼저 온 친구들이 있을 경우 줄을 서서 기다린다.					
차례가 되면 용변을 본다.					
변기에 물을 내린다.					
속옷이 보이지 않게 옷을 넣는다.					
세면대 거울을 보며 겉으로 나와 있는 속옷은 넣는다.					
손을 씻는다.					
교실로 돌아온다.					
쉬는 시간 마침 종이 울리기 전에 자리에 앉는다.					

기타:

* 쉬는 시간의 시작과 끝 시간을 정확히 알려 준다.
* 화장실에서 다른 친구들이 대상 학생에게 무조건 양보하지 않고 순서대로 줄을 서게 한다.

2 교과 영역

1) 초등학교 교육과정의 특성

초등학교 교육과정은 공통 교육과정을 중심으로 편성·운영하며, 공통 교육과정을 적용하기 어려운 학생을 대상으로 기본 교육과정을 편성·유영하도록 2015년 개정 특수학교 교육과정 총론에서 제시하고 있다. 초등학교에서는 특수교육대상 학생의 장애 특성 및 정도에 따라 요구와 초등학교의 실정을 고려하여 공통 교육과정과 기본 교육과정을 병행하여 편성 운영할 수 있도록 지침을 제시하고 있다. 배치 환경에 따른 초등학교 교육과정 편성 운영의 구체적 기본 지침은 〈표 7-5〉와 같다(교육부, 2015b).

〈표 7-5〉 초등학교 교육과정 편성·운영 지침

일반 학급 및 특수학급 편성 운영	1) 편제와 시간 배당은 해당 학년군의 교육과정을 따른다. 2) 교과의 내용을 대신하여 생활기능 및 진로와 직업 교육, 현장 실습 등으로 편성·운영할 수 있다. 그 영역과 내용은 학생의 장애 특성 및 정도를 반영하여 학교가 정한다.
특수학교 편성 운영	1) 교과(군)별 50% 범위 내에서 시수를 감축하여 창의적 체험활동으로 편성할 수 있다. 감축을 할 경우 해당 교과는 학생의 수행 수준에 따라 교육과정을 재구성하여 운영한다. 2) 교과의 내용을 대신하여 관련 생활기능 영역으로 편성·운영할 수 있으며, 그 영역과 내용은 학생의 장애 특성 및 정도를 반영하여 학교가 정한다.
순회학급 편성 운영	순회교육을 위한 교육과정의 편성·운영에 관한 사항은 시·도교육청에서 정하며, 해당 학교 교육과정의 편제를 고려하여 학생의 장애 특성 및 정도에 알맞게 편성·운영한다.

출처: 교육부(2015b). 특수교육 교육과정 총론.(p. 15) 교육부.

[그림 7-2]는 초등학교 보호자 요구 조사서로 교과 영역에 대한 우선순위와 교과 영역 내에서의 세부 항목에 대한 우선순위를 알아보기 위한 양식으로 초등학교 개별화교육프로그램을 실시할 때 교과에 대한 부모의 의견을 반영하여야 한다.

보호자 요구 조사서(초등학교 과정)

◈ 이 조사서는 자녀에 대한 〈개별화교육계획〉을 작성하는 데 참고하기 위한 것입니다. 먼저 보호자께서 자녀의 일상생활에 필요하다고 생각하시는 항목에 대해 그 중요함과 시급한 정도에 따라 표시하여 주시기 바랍니다. 또한 제시된 항목 외에 필요하다고 생각되시는 것이 있을 경우, '기타 의견'에 적어 주십시오.

학 생 명		보호자명	

학 년	작성일자	학 년	작성일자
1	년 월 일	4	년 월 일
2	년 월 일	5	년 월 일
3	년 월 일	6	년 월 일

1. 영역 우선순위(우선순위에 따라 1~5까지 순위를 매겨 주십시오)

영역 \ 학년	1학년	2학년	3학년	4학년	5학년	6학년
국 어						
수학 · 과학						
치료 · 건강						
예능 · 여가						
신변 · 사회						

2. 영역별 항목 중요도

해당 항목에 해당하는 능력이 꼭 필요한 능력이라고 생각하시면 ○표, 가끔씩 필요하지만 반드시 필요하지는 않은 경우에는 △표, 그 능력이 없어도 괜찮은 경우에는 ×표로 표시하여 주시기 바랍니다.

영역	항 목	학 년						기타 의견
		1	2	3	4	5	6	
국어	말하기(국어표현)							
	듣기(국어이해)							
	읽기(낱자 읽기/문장 해독)							
	쓰기(철자 쓰기/작문)							
	기타( )							

<table>
<tr><th rowspan="2">영역</th><th rowspan="2">항 목</th><th colspan="6">학 년</th><th rowspan="2">기타 의견</th></tr>
<tr><th>1</th><th>2</th><th>3</th><th>4</th><th>5</th><th>6</th></tr>
<tr><td rowspan="13">수학
·
과학</td><td>수 세기</td><td></td><td></td><td></td><td></td><td></td><td></td><td rowspan="13"></td></tr>
<tr><td>수 읽고 쓰기</td><td></td><td></td><td></td><td></td><td></td><td></td></tr>
<tr><td>셈하기</td><td></td><td></td><td></td><td></td><td></td><td></td></tr>
<tr><td>시간·날짜 알기/시간 관리</td><td></td><td></td><td></td><td></td><td></td><td></td></tr>
<tr><td>화폐 관리</td><td></td><td></td><td></td><td></td><td></td><td></td></tr>
<tr><td>소리의 구별</td><td></td><td></td><td></td><td></td><td></td><td></td></tr>
<tr><td>계절/날씨의 변화 알기</td><td></td><td></td><td></td><td></td><td></td><td></td></tr>
<tr><td>생활용구 사용</td><td></td><td></td><td></td><td></td><td></td><td></td></tr>
<tr><td>자연 현상/법칙의 이해</td><td></td><td></td><td></td><td></td><td></td><td></td></tr>
<tr><td>사회적 사실 인식하기</td><td></td><td></td><td></td><td></td><td></td><td></td></tr>
<tr><td>측량 단위의 활용</td><td></td><td></td><td></td><td></td><td></td><td></td></tr>
<tr><td>논리적 사고</td><td></td><td></td><td></td><td></td><td></td><td></td></tr>
<tr><td>기타(   )</td><td></td><td></td><td></td><td></td><td></td><td></td></tr>
<tr><td rowspan="11">치료
·
건강</td><td>대근육 사용하기(큰 운동)</td><td></td><td></td><td></td><td></td><td></td><td></td><td rowspan="11"></td></tr>
<tr><td>소근육 사용하기(작은 운동)</td><td></td><td></td><td></td><td></td><td></td><td></td></tr>
<tr><td>고개 가누기/앉기</td><td></td><td></td><td></td><td></td><td></td><td></td></tr>
<tr><td>균형 잡기</td><td></td><td></td><td></td><td></td><td></td><td></td></tr>
<tr><td>서기</td><td></td><td></td><td></td><td></td><td></td><td></td></tr>
<tr><td>걷기</td><td></td><td></td><td></td><td></td><td></td><td></td></tr>
<tr><td>클러치 사용하기</td><td></td><td></td><td></td><td></td><td></td><td></td></tr>
<tr><td>휠체어 사용하기</td><td></td><td></td><td></td><td></td><td></td><td></td></tr>
<tr><td>계단 오르기</td><td></td><td></td><td></td><td></td><td></td><td></td></tr>
<tr><td>영양 관리하기</td><td></td><td></td><td></td><td></td><td></td><td></td></tr>
<tr><td>기타(   )</td><td></td><td></td><td></td><td></td><td></td><td></td></tr>
<tr><td rowspan="7">예능
·
여가
생활</td><td>음악 듣기</td><td></td><td></td><td></td><td></td><td></td><td></td><td rowspan="7"></td></tr>
<tr><td>노래 부르기</td><td></td><td></td><td></td><td></td><td></td><td></td></tr>
<tr><td>그리기</td><td></td><td></td><td></td><td></td><td></td><td></td></tr>
<tr><td>만들기</td><td></td><td></td><td></td><td></td><td></td><td></td></tr>
<tr><td>영화 감상</td><td></td><td></td><td></td><td></td><td></td><td></td></tr>
<tr><td>취미활동 가지기</td><td></td><td></td><td></td><td></td><td></td><td></td></tr>
<tr><td>기타(   )</td><td></td><td></td><td></td><td></td><td></td><td></td></tr>
</table>

영역	항 목	학 년						기타 의견
		1	2	3	4	5	6	
신변 · 사회 적응	식사 예절							
	착 · 탈의/몸단장							
	위생/화장실 이용							
	청소하기							
	규칙 따르기							
	예절 지키기							
	상황 판단하기							
	인내/기다리기							
	자존심/자신감 가지기							
	타인 배려하기							
	충동 조절하기							
	자신의 물건 정돈하기							
	적절한 도움 요청하기							
	놀이/게임에 참여하기							
	지시 따르기							
	과제에 집중하기							
	독립심 기르기							
	의사표현 적절히 하기							
	시간 엄수하기							
	교통수단 이용하기							
	지역사회 기관 이용하기							
	기타(　　　　　　)							

[그림 7-2] 보호자 요구 조사서

출처: 교육과학기술부 · 서울특별시 교육청(2008). 개별화 교육 과정 수립. (p. 21). 서울특별시 교육청.

2) 자기 점검을 활용한 지도

초등학생은 스스로 자기 조절을 하거나 평가할 수 있는 연령으로 개별적인 차이는 있지만 스스로 자기 점검 활동 기회를 제공하여 독립적인 수행 수준을 높일 수 있다. 그러므로 교과 및 자조 기술, 지역사회 적응 기술을 지도할 때 자기 점검을 활용하여 지도하면 효과적인 연령으로 초등학생이 간단하게 활용할 수 있는 자기 점검 체크리스트 예는 다음과 같다.

〈표 7-6〉 자기 점검 체크리스트

자기 점검 체크리스트		
이름: ________ 날짜: ________ 과목: ________		
1. 나는 수업을 준비하였다.	예	아니오
2. 바로 과제를 시작하였다.	예	아니오
3. 다른 친구를 방해하지 않고 과제를 하였다.	예	아니오
4. 선생님의 지시사항을 따랐다.	예	아니오
5. 교실의 활동에 참여하였다.	예	아니오
6. 선생님과 나의 과제에 집중하였다.	예	아니오
7. 내가 필요할 때 적절히 선생님의 도움을 요청하였다.	예	아니오
8. 과제를 끝까지 다 마쳤다.	예	아니오
9. 제출하기 전에 과제를 다시 검토하였다.	예	아니오
10. 과제를 제출하였다.	예	아니오
"예" 총수 =	________	
"아니오" 총수 =	________	
성공률("예" 총수를 10으로 나누기) =	________	

3) 교과별 교수 활동 지원

교육부(2015a) 지침에 따르면 초등학교 교육과정은 교과(군)와 창의적 체험활동으로 편성하며, 1~2학년의 교과는 국어, 수학, 바른 생활, 슬기로운 생활, 즐거운 생활로 하며, 3~6학년의 교과는 국어, 사회/도덕, 수학, 과학/실과, 체육, 예술(음악/미술)로 한다. 창의적 체험활동은 자율 활동, 동아리 활동, 봉사 활동, 진로 활동으로 하며, 1~2학년은 안전한 생활을 포함하여 편성・운영한다. 학교는 1학년 학생들의 입학 초기 적응 교육을 위해 창의적 체험활동의 시간을 활용하여 자율적으로 입학 초기 적응 프로그램 등을 편성·운영할 수 있다. 학년에 따른 교과별 구체적 시수는 [그림 7-3]과 같다.

<table>
<tr><th colspan="2">구분</th><th>1~2학년</th><th>3~4학년</th><th>5~6학년</th></tr>
<tr><td rowspan="7">교과(군)</td><td>국어</td><td rowspan="7">국어 448
수학 256
바른 생활 128
슬기로운 생활 192
즐거운 생활 384</td><td>408</td><td>408</td></tr>
<tr><td>사회/도덕</td><td>272</td><td>272</td></tr>
<tr><td>수학</td><td>272</td><td>272</td></tr>
<tr><td>과학/실과</td><td>204</td><td>340</td></tr>
<tr><td>체육</td><td>204</td><td>204</td></tr>
<tr><td>예술(음악/미술)</td><td>272</td><td>272</td></tr>
<tr><td>영어</td><td>136</td><td>204</td></tr>
<tr><td colspan="2">소계</td><td>1,408</td><td>1,768</td><td>1,972</td></tr>
<tr><td colspan="2">창의적 체험활동</td><td>336
안전한 생활 384</td><td>204</td><td>204</td></tr>
<tr><td colspan="2">학년군별 총 수업 시간 수</td><td>1,744</td><td>1,972</td><td>2,176</td></tr>
</table>

① 이 표에서 1시간 수업은 40분을 원칙으로 하되, 기후 및 계절, 학생의 발달 정도, 학습 내용의 성격, 학교 실정 등을 고려하여 탄력적으로 편성·운영할 수 있다.
② 학년군 및 교과(군)별 시간 배당은 연간 34주를 기준으로 한 2년간의 기준 수업 시수를 나타낸 것이다.
③ 학년군별 총 수업 시간 수는 최소 수업 시수를 나타낸 것이다.
④ 실과의 수업 시간은 5~6학년 과학/실과의 수업 시수에만 포함된 것이다.

[그림 7-3] 교과목별 시간 배당 기준

출처: 교육부(2015b). 특수학교 교육과정. (p. 16). 교육부.

(1) 1~2학년 교과

1~2학년의 교과는 국어, 수학, 바른 생활, 슬기로운 생활, 즐거운 생활로 운영하며, 바른 생활, 슬기로운 생활, 즐거운 생활은 주제 중심의 통합교육과정으로 운영한다. 통합 교과는 [그림 7-4]에서 보는 바와 같이 하나의 주제를 중심으로 바른생활, 슬기로운 생활, 즐거운 생활의 세 교과를 포함하는 교과서로 개발하였다.

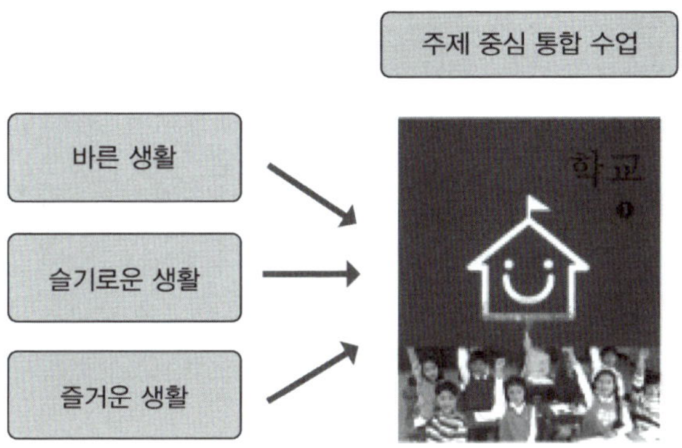

[그림 7-4] 1-2학년 주제 중심 통합 수업

1~2학년 통합 교과서명과 교과서는 〈표 7-7〉과 [그림 7-5]와 같다.

〈표 7-7〉 공통 교육과정 1~2학년 통합 교과서명

학년	교과서명
1학년	학교1, 봄1, 가족1, 여름1, 이웃1, 가을1, 우리나라1, 겨울1
2학년	나2, 봄2, 가족2, 여름2, 이웃2, 가을2, 우리나라2, 겨울2

[그림 7-5] 1-2학년 통합 교과서

(2) 국어

국어는 말하기 · 듣기, 읽기, 쓰기로 구성된다. 공통 교육과정과 기본 교육과정의 국어과 하위 목표는 다음과 같다.

〈표 7-8〉 국어과 하위 목표 비교

공통 교육과정	기본 교육과정
1) 풍부한 학습 경험을 통해 몸과 마음이 건강하고 균형 있게 자랄 수 있도록 하며, 다양한 일의 세계에 대한 기초적인 이해를 한다. 2) 학습과 생활에서 문제를 인식하고 해결하는 기초 능력을 기르고, 이를 새롭게 경험할 수 있는 상상력을 키운다. 3) 우리 문화에 대해 이해하고, 문화를 향유하는 올바른 태도를 기른다. 4) 자신의 경험과 생각을 다양하게 표현하며 타인과 공감하고 협동하는 태도, 배려하는 마음을 기른다.	1) 국어 활동과 국어와 문학에 대한 기본적인 지식을 익힌다. 2) 다양한 언어 경험을 통하여 일상생활에서 필요한 담화와 글을 이해하고 상황에 적절하게 표현한다. 3) 말과 글에 흥미를 가지고 자신의 생각과 느낌을 표현하는 능동적인 태도와 습관을 가진다.

• 공통점 및 차이점
  - 가장 큰 차이점은 공통 교육과정의 경우 국어나 언어 능력 관련 목표를 직접 언급하고 있지 않은 반면, 기본 교육과정에서는 국어, 말, 언어, 글 등과 같이 직접적으로 국어 교과 관련 목표들을 구체적으로 언급하고 있다는 점임
  - 공통 교육과정에서는 '문화 이해와 향유'처럼 포괄적으로 문학 작품 관련 목표를 언급하고 있는 반면, 기본 교육과정에서는 문학으로 한정하고 있고, 수준도 기본적인 지식을 익히는 것으로 설정하고 있음

출처: 국립특수교육원(2013). 초등학교 공통 교육과정과 기본교육과정의 교과용 도서 연계성 분석: 초등학교 1-2학년군(국어, 수학, 통합교과) 중심으로. (p. 17). 국립특수교육원.

대부분의 학생들이 해당 학년의 수준에 못 미치는 경우가 많아 학생의 현행 수준에 맞게 과제를 수정하여 지원하는 경우가 많다. 국어의 하위 영역에 따른 지도 방법을 다음과 같이 제시하고 있다(박승희, 장혜성, 나수현, 신소니아, 2007).

① 듣기 · 말하기

- 학생이 발표할 내용을 쉽게 문장으로 요약하여 알려주기
- 학생이 발표할 내용을 미리 쪽지에 적어 보면서 말할 수 있도록 하기
- 학생이 손을 들고 말할 수 있도록 격려하기
- 말하는 사람의 이야기를 들을 수 있도록 지원하기
- 교사나 다른 학생이 말한 내용을 쉽게 다시 설명해 주기

② 읽기

- 읽기가 어려운 학생이라면 교사 또는 또래가 읽어 주는 내용 듣게 하기
- 읽기가 어려운 경우 미리 녹음하여 듣게 하기
- 학생이 일부분 읽고 나머지는 교사가 읽기
  (예: 학생과 교사가 한 줄씩 순서대로 읽기)
- 줄을 그으며 읽거나 손가락 또는 자를 활용하여 읽기
- 주요 어휘나 문장에 줄을 치거나 색깔로 표시하게 하기
- 미리 주요 내용을 설명하거나 주요 내용을 묻는 질문을 한 후 읽기

읽기 활동에 특수교육대상자를 참여시키기 위해서 다음과 같은 활동을 제안한다.

〈표 7-9〉 읽기를 촉진하는 활동

1. 학생들은 모든 활동 전후에 그림 또는 촉각 자료, 문자화된 스케줄을 읽는다.
2. 학생들은 점심 식사 전에 그림이나 문자로 된 메뉴판을 읽는다.
3. 학생들은 자원봉사자나 상급생들이 읽어주는 책을 함께 듣는다.
4. 학생들은 책을 보며 녹음된 도서를 듣는다.
5. 학생들은 친숙한 활동에서는 현행 수준보다 조금 높은 수준의 지문을 읽는다.
6. 학생들은 자신들이 그림 또는 촉각 자료로 만든 이야기나 보고서를 다시 읽는다.
7. 학생들은 가족이나 학교 앨범의 차례를 읽는다.
8. 학생들은 신문이나 만화책, 잡지 등에 있는 그림을 본다.
9. 학생들은 간단한 문장, 그림으로 만들어진 이야기를 읽는다.

출처: 이유훈, 김형일 공역(2005). **중도 · 중복 장애학생의 통합교육론**. (p. 116). 서울: 박학사.

③ 쓰기

- 교과서 글에 나온 새로운 어휘에 동그라미하고 쓰기
- 교사가 써 준 낱말이나 문자 모방하여 쓰기
- 교사가 읽어주는 낱말 쓰기
- 문장 중에 적절한 단어 넣을 수 있게 빈칸 만들어 주기
- 교과서에 있는 그림 보고 간단한 문장으로 쓰기 연습하기
- 글짓기를 하는 경우, 생각을 주요 단어나 그림으로 표현하기

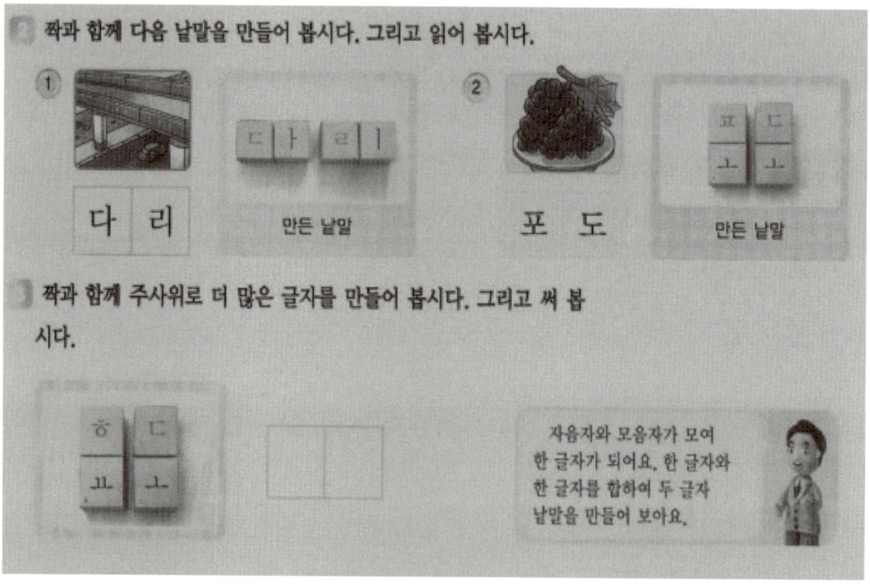

[그림 7-6] 그림자료를 함께 제시하여 국어 활동 학습을 촉진한 예

(3) 수학

공통 교육과정과 기본 교육과정에서 수학 하위 목표는 다음과 같다.

〈표 7-10〉 수학과 하위 목표 비교

공통 교육과정	기본 교육과정
1. 생활 주변이나 사회 및 자연 현상을 수학적으로 관찰, 분석, 조직, 표현하는 경험을 통하여 수학의 기본적인 기능과 개념, 원리, 법칙과 이들 사이의 관계를 이해하는 능력을 기른다. 2. 수학적으로 사고하고 의사소통하는 능력을 길러, 생활 주변이나 사회 및 자연의 수학적 현상에서 파악된 문제를 합리적이고 창의적으로 해결하는 능력을 기른다. 3. 수학에 대하여 관심과 흥미를 가지고 수학의 가치를 이해하며, 수학 학습자로서 바람직한 인성과 태도를 기른다.	1. 수의 종류와 자릿값을 이해하고 간단한 사칙연산을 한다. 2. 여러 가지 모양을 알고, 평면도형과 입체도형의 특성을 이해한다. 3. 시각과 시간 및 여러 가지 측정 단위를 알고 실생활에 활용한다. 4. 물체, 무늬, 수의 배열에서 규칙을 찾아 설명하고 수나 식으로 표현한다. 5. 사물들을 기준에 따라 분류하고 분류한 자료를 표와 그래프로 나타낸다.
• 하위목표 분석 공통 교육과정의 하위 목표는 수학과의 총괄 목표를 세분하여 설명하는 형태로 제시되고 있는 반면, 기본 교육과정의 하위 목표는 총괄 목표를 부연 설명하는 형태가 아니라 5가지 내용 영역별 목표를 진술하는 방식으로 제시되고 있음.	

출처: 국립특수교육원(2013). 초등학교 공통 교육과정과 기본교육과정의 교과용 도서 연계성 분석: 초등학교 1-2학년군(국어, 수학, 통합교과) 중심으로. (p. 69). 국립특수교육원.

특수교육대상자 대부분이 그들의 수준에 맞게 과제를 수정, 제시해야 하는 경우가 많다. 수학은 추상적인 개념이므로 학생들의 이해를 돕기 위해 실제 사물 또는 구체물, 다양한 시각적 단서를 활용하여 지도하여야 한다.

수학 수업의 구체적 지원 방법은 다음과 같다.

- 학생이 혼동하기 쉬운 부분에 줄을 치거나 색깔로 강조 표시하기
- 문장제 문제에 연산 순서를 ① ② ③으로 표시해 주기
- 문제를 풀기 전에 문제를 푸는 방법을 설명하고, 혼동하는 부분을 다시 한 번 상기시켜 주기
- 수학문제 푸는 방법을 시범 보이기
- 구슬, 공기, 바둑알, 스티커 등 구체물을 이용하여 개념 설명하기
- 길이, 무게 재기 등은 실생활에서 경험할 수 있게 하기
- 자, 각도기, 컴퍼스 등을 사용하는 방법을 직접 시범 보이거나 친구 도움

받아 활동하기
- 풀 수 있는 문제 수 줄여 주기
- 문장제 문제를 그림으로 표현하거나 읽어주기
- 연산문제에서 숫자 밑에 구체물 그림 함께 표시해 주기
- 수학 문제 푸는 시간을 1.5배 또는 2배로 제시하기
- 시간 읽기에서 전자시계 활용하기

단 원	1~5까지의 수	교과서 쪽수	14~15
공부할 문제	◎ 두 수의 크기를 비교해 봅시다.		

♣ 동물원에 있는 동물의 수를 세어 비교하시오.

1. 우리 속의 동물을 세어 □ 안에 수를 쓰시오.
2. 곰은 여우보다 (적습니다. 많습니다.)
3. □는 □보다 큽니다.

[그림 7-7] 초등학교 1학년 수학에 그림 자료를 제시한 수정 활동지

3 지역사회 적응 기술

1) 지역사회 적응 기술의 중요성

지역사회 적응 기술은 장애인이 지역사회의 구성원으로서 살아갈 때에 필요한 기술들을 의미한다. 특수교육대상자에게 지역사회 적응 기술을 지도할 때 각 연령에 따라 요구되는 기술들이 차이가 있을 수 있으며, 초등학교 시기의 지역사회 적응 기술은 다음과 같은 점에서 중요하다.

첫째, 초등학교 시기는 부모 또는 가정으로부터 분리되어 새로운 환경에 적응하며 보다 높은 수준의 독립성이 요구되는 시기이다.
둘째, 일반 사회에 통합되기 위해서는 다양한 지역사회 환경에서의 적응이 중요하다.
셋째, 사회적 관계가 중요한 시기로 이러한 기술은 실제 지역사회 환경에서 배울 수 있다.

[그림 7-8] 지역사회의 가게에서 물건 사기를 연습해 본다.

특수교육대상자 교육 목적은 궁극적으로 지역사회의 한 구성원으로서 최대한 독립적이고 만족한 삶을 누리면서 살아갈 수 있게 준비시키는 것이다. 그러므로 이를 위해서는 특수교육대상자도 어릴 때부터 일반 아동과 지역사회에서 자연스럽게 살아갈 수 있는 방법을 습득하여야 한다. 장애 학생은 초등학교 시기부터 보다 적극적으로 지역사회 활동에 참여하여 독립성을 증진하는 것이 필요하다.

2) 지역사회 적응 기술의 요소

일반적으로 정의하는 지역사회 적응 기술은 지역사회 자원을 적절히 사용하는 것과 관련이 있는데, 지역사회 안에서 이동하기, 가게와 시장에서 물건 사기, 대중교통, 학교, 음식점, 도서관, 공원과 오락영역, 차도와 인도 등 공공편의시설을 사용하는 것, 극장에 가는 것, 다른 문화적 장소나 행사에 방문하는 것이 포함된다(박승희 역, 1994). 지역사회 적응 기술은 장애 학생의 연령에 따라 요구되는 기술 수준이 다를 수 있다. 초등학생에게 지도해야 하는 지역사회 적응 기술은 다음과 같다.

(1) 초등 학령기에 지도할 수 있는 지역사회 적응 기술의 예

- 슈퍼 이용하기
- 수영장 이용하기
- 동네 놀이터 이용하기
- 친구네 집에 놀러가기
- 엘리베이터/에스컬레이터 이용하기
- 편지함에서 편지 찾아오기
- 심부름하기
- 인형극, 문화 활동 참여하기
- 친척 집 방문하기
- 가족행사 참여(예: 결혼식, 생일잔치 등)하기
- 식당 이용하기(주문 식당, 셀프 서비스 식당)
- 도서관 이용하기
- 미술 학원, 지역사회 복지, 문화 센터 프로그램 참가하기

- 지하철, 버스, 기차 이용하기
- 자판기에서 음료수 사 먹기
- 공중 화장실 이용하기
- 미술관, 박물관 가기
- 종교 활동 참여하기
- 운동장에서 농구, 축구하기

[그림 7-9] 친구 생일 잔치에 참여하여 적절한 적응 행동을 경험해 본다.

3) 지역사회 적응 기술 지도 방법

지역사회 적응 기술은 기술이 요구되는 실제 환경에서 교수함으로써 자연스럽게 학습할 수 있다. 박승희 외(2007)는 효과적인 지역사회 적응 기술 지도 지침을 다음과 같이 제시하고 있다.

첫째, 지역사회의 다양한 환경에서 일어나는 활동에 참여하기 위해 필요한 기술들은 지역사회 환경에서 직접 지도할 때 가장 효과적으로 습득할 수 있다.

둘째, 지역사회 환경에서 일어나는 활동 참여를 위한 기술(예: 물건 사기)뿐 아니라 그와 연관된 기술들을 함께 지도하게 된다.

셋째, 장애 학생을 지역사회의 다양한 환경들에서 직접교수하게 되면 비장애인들과 적절하게 상호작용하는 방법을 지도하게 된다.

넷째, 장애 학생들에게 모의 환경인 교실에서 지도하기 어려운 예기치 않은 상황에 대처하는 방법을 지도할 수 있다.

지역사회 적응 기술 지도는 활동을 과제 분석하여 독립적으로 수행이 어려운 부분을 반복적으로 교수하였을 때 효과적일 수 있다. 지역사회에서 요구되는 기능적인 기술들을 현행 수준에 맞추어 반복적으로 지도하였을 때 보다 독립적인 수행을 촉진하게 된다.

초등학교 학생에게 적절한 지역사회 적응 기술은 다양한 형태와 내용으로 고안될 수 있는데 과제 분석을 하거나 질문을 이용하거나 지역사회적응을 위한 목표 행동과 관련된 내용이 담길 수 있도록 한다.

〈표 7-11〉 친구에게 전화하기

- 전화 걸기가 가능합니까?
  1. 스스로 가능하다. ( )
  2. 도움을 받으면 가능하다. ( )
  3. 의사소통이 안 되어서 아직은 어렵다. ( )

- 가능하다면 전화하고 싶은 친구(또는 가족)는 누구입니까?
  1. 엄마 의견

  2. 아동에게 직접 물어보세요(반 단체 사진이나 이름을 제시하여 물어보세요).

- 어떤 내용까지 대화가 가능하겠습니까?
  구체적으로 기록 바랍니다.

- 전화 거는 상황에서 어렵게 생각되시는 점과 고려해야 될 상황을 적어보세요.

- 이번에 지도하고 싶은 점은?

※ 아동의 흥미 유발을 위해 초기에는 영상 통화를 활용하는 방법을 고민해 보세요.

〈표 7-12〉 가족과 지하철 타기(Ⅰ)

활 동	지원 정도	수행 여부	수행 여부
		/	/
길에서 지하철 입구를 지하철 표시를 보고 찾는다.	길에서 지하철역 이름을 부착한 검은 기둥을 보고 인식하게 해준다.		
지하철 계단을 내려간다.	한 칸 한 칸 잘 내려갈 수 있게 도와준다.		
개찰구를 찾는다.			
↙, θ표시를 구별한다.			
↙표시 있는 곳에 다가간다.			
카드 모양이 있는 곳에 무임용 교통카드를 댄다.			
개찰구를 지나간다.			
카드 지갑에 무임용 교통카드를 넣는다.			
지하철 타는 곳으로 간다.	아빠가 도와준다.		
대기정지선(노란 선)에 서 있는다.			
지하철이 올 때까지 기다린다.	사람이 많으면 줄을 서도록 도와준다.		
안내 방송과 안내 화면을 쳐다본다.			
문이 열릴 때까지 기다린다.			
내리는 사람을 기다린다.			
안으로 들어간다.			
빈자리를 찾는다.	빈자리가 없으면 넘어지지 않게 잡고 서 있게 한다.		
빈자리에 앉는다.			
내리는 곳을 알기 위하여 안내방송을 잘 듣고 안내 화면을 쳐다본다.			

활 동	지원 정도	수행 여부	수행 여부
		/	/
안내 방송에서 목적역이 다음 역이라고 방송이 나오면 문 입구로 걸어가서 기다린다.	(문에 기대거나 손을 대지 않게 해주세요).		
문이 열릴 때까지 기다린다.			
문이 열리면 틈 사이에 빠지지 않게 내린다.	아빠가 도와준다.		
나가는 곳을 찾는다.	출구 표시를 찾을 수 있게 아빠가 도와준다.		
지갑에서 교통카드를 꺼낸다.			
카드 모양이 있는 곳에 교통카드를 댄다.			
개찰구를 지나간다.			
밖으로 나가는 곳을 찾아서 나온다.	번호를 보고 찾을 수 있게 나가는 출구 번호를 미리 알려주세요.		

* 처음에는 지하철에 사람이 많지 않은 시간에 이용한다.
* 집에서 출발하기 전에 어디에 갈 것인지 몇 번째 정류장에서 내릴 것인지 충분히 이야기를 나눈다.
* 지하철 노선표를 미리 준비하여 시각적 단서로 활용한다(또는 아버지 휴대폰의 지하철 노선 어플리케이션을 활용하여 시간을 예측하는 등 흥미를 유발할 수 있게 도와준다).
* 내릴 때 앞에 사람이 있으면 차례로 내리게 도와준다.

〈표 7-13〉 가족과 지하철 타기(Ⅱ)

가족과 지하철 타기

반: 이름:

- 아동하고 지하철을 탄 구간 (~)
- 편도 시 소요시간:
- 동행한 가족은 누구인가?
- 다음 활동내용들을 자세히 기록해 보세요.

1. 집에서 지하철역까지 가는 동안에 있었던 일
   - 수행을 잘한 점

   - 지도가 필요한 점

2. 지하철 이용에 필요한 행동 수행(예: 표 찍기, 지하철 기다리기 등)

3. 지하철 내에서 이동하면서 생긴 일

〈표 7-14〉 도서관 가기

- 가까운 지역도서관이나 아동 도서관이 어디에 있습니까?
- 전에 가보셨습니까?
- 가보셨다면 어떤 활동을 하고 왔습니까?
- 이번에는 어떤 활동을 하고 싶습니까?
  - 예: 책 대출받기, 반납하기 ( )
  - 아동 열람실에 앉아서 책 보기 ( )
  - 자판기에서 음료수 뽑아 먹기 ( )
  - 컴퓨터 사용하기 ( )
  - 정수기에서 물 따라 먹기 ( )
  - 화장실 다녀오기 ( )
- 어떤 어려움이 예상되십니까?
- 도서관에 가기 전에 어떤 준비가 필요하겠습니까?
- 도서관 방문을 통해서 무엇을 배울 수 있으리라 생각되십니까?

〈표 7-15〉 친척 결혼식 가기

- 전에 결혼식에 함께 가보셨습니까?

- 가보셨다면 어떤 활동을 하고 왔습니까? 어떤 점이 어려우셨나요?

- 아동과 함께 이번에는 어떤 활동을 하고 싶습니까?
  예:
  - 친척들에게 인사하기 ( )
  - 가족들과 함께 사진 찍기 ( )
  - 예식 시간 동안 앉아있기 ( )
  - 화장실 다녀오기 ( )

- 결혼식장까지 이동 시간 및 이동 교통수단, 함께 가는 사람에 대한 구체적인 계획을 세워보세요(확정된 계획 내용에 대해 아동에게 미리 충분히 설명해주세요).

- 아동이 이동 시간 동안 또는 지루해할 때 할 수 있는 간단한 활동 도구(예: 책, 카드 등)를 준비하셨습니까?

- 아동이 친척 결혼식장 방문을 통해서 무엇을 배울 수 있으리라 생각되십니까?

- 가족이 함께 휴대폰으로 촬영한 결혼식 사진을 보며 이야기를 나누고 기록(그림 또는 글)해 보세요.

제8장

중 · 고등 학령기 개별화교육프로그램의 실제

■ 주요 질문 ■

- 독립적 자조 기술 수행을 위한 4가지 질문은 무엇인가?
- 중 · 고등 학령기의 효과적인 교과지도 방법은 무엇인가?
- 지역사회 중심교수의 효과는 무엇인가?
- 지역사회 중심교수 지도 때 고려점은 무엇인가?

1 자조 기술

1) 자조 기술의 중요성

대부분의 부모는 10년 또는 20년 후에 장애 자녀가 어떻게 성장해 있을지에 대해서 불안해하며, 부모들이 나이가 많아져서 더 이상 자녀를 지원을 할 수 없을 때에 누가 부모를 대신해서 도와줄 것인지에 대해서 걱정을 하게 된다. 자녀가 청소년이 되면 이러한 걱정이 더욱 증가된다. 장애 학생의 미래를 위해 교사와 부모가 할 수 있는 준비 중의 하나는 좀 더 독립적으로 생활할 수 있게 지도하는 것이다. 특히 장애 학생에게는 자조 기술이 학교에서의 성공적인 참여를 위해 매우 중요한 기술이다. 그러므로 장애 학생이 일상생활에서 필요한 기본적인 활동들을 최대한 독립적으로 수행할 수 있도록 자조 기술을 가르치는 것이 매우 중요하다.

2) 자조 기술의 구성요소

자조 기술은 장애 학생이 집, 학교, 지역사회, 미래의 직업 환경에서 알맞은 용모를 갖기 위해 필요한 옷 입기와 몸단장, 건강관리 등과 같은 활동들이다 (Baker & Brightman, 1999). 장애 학생에게 집, 학교, 지역사회, 졸업 후 직업현장에서 필요한 자조 기술은 머리 감기, 샤워하기, 생리대 교체하기, 기본 화장품 사용하기, 교복 단정히 입기, 면도하기, 넥타이 매기, 직장 유니폼 청결하게 입기 등이다.

Baker와 Brightman(1999)은 중·고등 학령기에 습득되어야 하는 자조 기술은 기본적인 옷 입기에 필요한 기술, 외모 청결 및 단장하기에 필요한 기술, 건강을 유지하는 데 필요한 기술이 포함된다고 설명하고 있다. 다음과 같은 자조 기술의 평가표(Baker & Brightman, 1999)를 통하여서 개별 학생의 자조 기술을 평가해 보면 현행 수준을 잘 파악할 수 있어서 지도하기에 매우 유용하다.

〈표 8-1〉 중·고등 학령기 학생의 자조 기술 평가표(Ⅰ)

자조 기술 \ 수행 정도	독립적 수행 가능	조금 도움 주면 수행 가능	전혀 수행 안 됨
기본적인 옷 입기에 필요한 기술			
속옷을 입는다.			
속셔츠를 입는다.			
양말을 신는다.			
바지를 입는다.			
라운드 티셔츠와 스웨터를 입는다.			
셔츠와 블라우스에 앞 단추를 잠근다.			
라운드 티셔츠와 스웨터를 벗는다.			
지퍼를 잡아당겨 올리고 내린다.			
벨트를 맨다.			
지퍼를 끼우고 푼다.			
단추를 채우고 푼다.			
똑딱이 단추와 호크를 열고 잠근다.			
신발끈을 묶는다.			
모자를 쓴다.			
장갑을 낀다.			
속치마를 입는다.			
브래지어를 입는다.			
스타킹을 신는다.			
넥타이를 맨다.			
세탁이 필요한 옷을 구별하여 세탁바구니에 넣는다.			
깨끗한 옷들을 구별해서 정리한다.			
옷을 개고 옷걸이에 건다.			
깨끗하고 다려진 옷들을 입는다.			
사이즈에 맞는 옷을 선택한다.			
장소에 어울리는 옷을 선택한다.			
나이에 적절한 옷을 선택한다.			
계절에 어울리는 옷을 선택한다.			
사회적 의식(예: 결혼식, 장례식)에 적당한 옷을 선택한다.			

〈표 8-2〉 청소년기 장애 학생의 자조 기술 평가표(Ⅱ)

자조 기술 \ 수행 정도	독립적 수행 가능	조금 도움 주면 수행 가능	전혀 수행 안 됨
외모 청결 및 단장에 필요한 기술			
화장실과 화장지를 사용한다.			
세탁기를 사용한다.			
얼굴을 씻고 수건으로 닦는다.			
비누와 수건을 사용하여 샤워하고 목욕한다.			
향수를 사용한다.			
머리를 감고 헹군다.			
드라이기를 사용한다.			
이를 닦고 가글을 사용한다.			
면도를 한다.			
비비크림, 선크림을 바른다.			
머리를 빗는다.			
거울을 보고 겉모습의 얼룩을 찾아서 닦는다.			
손톱과 발톱을 자른다.			
면도 후 로션을 바른다.			
손수건과 물휴지를 사용한다.			
안경과 콘택트렌즈를 사용한다.			
이발소 또는 미용실에 가서 머리를 다듬는다.			
생리대를 사용하고 적절하게 처리한다.			
비데를 사용한다.			
안경을 닦는다.			

자조 기술 \ 수행 정도	독립적 수행 가능	조금 도움 주면 수행 가능	전혀 수행 안 됨
건강을 유지하는 데 필요한 기술			
균형 잡힌 영양소를 위해서 음식을 골고루 먹는다.			
충분한 수면을 취한다.			
규칙적으로 운동을 한다.			
작게 베인 상처에 약을 바른다.			
작은 화상에 약을 바른다.			
감기 증상을 느끼고 약을 복용한다.			
몸의 이상증상에 따라(예: 설사, 멀미, 두통) 적절한 약을 복용한다.			
병원을 이용한다.			

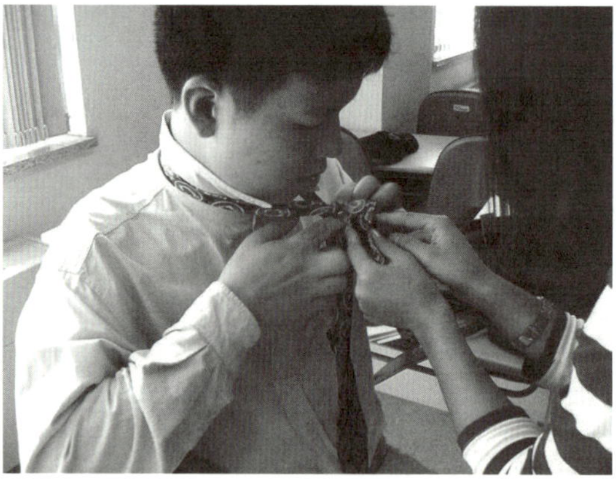

[그림 8-1] 교사가 신체적 촉진을 주어 넥타이 매기를 지도하고 있다.

3) 자조 기술 지도 방법

최대한 독립적으로 자조 기술을 수행하도록 하기 위하여 일과 안에서 자조 기술 수행하기를 다음과 같이 4가지 질문을 사용하여서 지도하면 효과적이다.

(1) 독립적 자조 기술 수행을 위한 4가지 질문하기

자조 기술은 일상생활에서 그 기술이 필요할 때에 적절하게 수행할 수 있도록 지도해야 한다. 특수교육대상자가 이미 기본적인 자조 기술들을 습득하였다면 언제 자조 기술들을 사용해야 하고, 무엇이 필요하며, 자조 기술을 진행해야 하는 단계의 순서가 무엇이고, 언제 이 기술을 마무리해야 되는지 질문을 스스로 해보도록 한다. 스웨터를 입는 과정을 다음과 같이 4가지 질문으로 설명하였다(〈표 8-3〉).

〈표 8-3〉 독립적 자조 기술 수행을 위한 질문 4가지

	질문	예	교사(부모)의 역할
1	언제 기술 수행을 필요로 하는가?	"언제(어떤 날씨에) 스웨터를 입어야 하니?"	언제(어떤 날씨에) 스웨터를 입어야 하는지 상기하도록 한다.
2	수행할 때 필요로 하는 도구는 무엇인가?	"스웨터를 입을 때에 어떤 바지 또는 치마와 함께 입어야 하니?"	현재 입은 바지와 어울리는 스웨터를 고르는 것을 도와준다.
3	첫 번째 단계는 무엇이고, 그 다음 단계는 무엇인가?	"스웨터를 입기 위해서 처음에는 어떻게 해야 하고 그 다음에는 어떻게 하여야 할까?"	스웨터를 입기를 시작할 때에 과제분석 순서대로 잘 수행할 수 있게 지원해 준다.
4	모두 수행하였다면 마지막 점검은 어떻게 해야 하나?	"스웨터를 다 입고 난 다음에 잘 마무리되었다는 것을 어떻게 알 수 있을까?"	스웨터를 다 입었을 때 스스로 마무리가 잘되었는지 거울을 보고 마지막 점검을 하도록 한다(예: 스웨터를 아래로 잡아당겨서 속옷이 보이지 않게 한다).

처음에는 교사 또는 부모가 4가지 질문을 먼저 한 후 특수교육대상자가 자조 기술을 수행하도록 한다. 스웨터를 입는 방법을 알고 있다고 하더라도 아직 독립적이지 못하다면 교사 또는 부모의 지원이 필요하다. 지도를 통해서 혼자서 수행이 가능하게 되면 교사, 부모는 조금씩 공간적인 거리를 두고 최소한의 언어적 촉진만을 제공한다. 이때에 교사 또는 부모가 4가지 질문을 하여서 특수교육대상자

가 스스로 답을 찾게 한 후에 수행하도록 한다(〈표 8-4〉 참조). 그 다음에는 특수교육대상자 자신이 독립적 자조 기술 수행을 위한 질문 4가지를 해 보면서 수행하게 한다.

〈표 8-4〉 가정에서의 독립적 자조 기술 수행을 위한 질문의 예

- 아침에 비가 올 때
  비가 오고 있을 때에 엄마는 일반적으로 진호에게 습관적으로 하던 말("빨리 우산 챙겨!")을 멈추고 대신에 질문을 한다. "지금 비가 와! 지금 무엇이 필요할까?" 그리고 진호가 무엇을 준비해야 하는지 스스로 결정을 할 수 있는 시간을 준다.

- 손을 씻어야 할 때
  경인이는 저녁 식사를 위해서 손이 더러운 상태로 막 자리에 앉았다. 아빠가 항상 하던 말("식탁에 오기 전에는 손을 닦아야지!") 대신에 경인이의 손을 보면서 "저녁 식사 전에 무엇을 해야 할까?" 하고 질문을 한다.

- 마지막 마무리 점검을 해야 할 때
  진희는 교회에 가기 위해서 옷을 입었다. 그리고 막 집을 나가려고 하는데 엄마는 진희의 얼굴에 있는 더러운 얼룩을 보았다. 엄마는 평소에 하던 말("가서 얼굴 씻어라") 대신에 "진희야! 옷 다 입고 나서 거울을 보았니?" 하고 묻는다.

[그림 8-2] 수도꼭지를 올려서 적절한 물의 양을 조절한다.

교사 또는 부모는 자조 기술 수행에 필요한 질문을 다음과 같이 개방형 질문을 하여서 때때로 발생할지 모르는 상황에 스스로 문제를 해결할 수 있는 능력을 기르게 한다(〈표 8-5〉 참조).

〈표 8-5〉 자조 기술 습득을 위한 문제 해결력 게임

- 만약 지금 비가 오고 있다면 무엇이 필요할까?
- 셔츠에 단추를 달기 위해서는 무엇이 필요할까?
- 해변에 갈 때 무엇을 가지고 가야 할까?
- 손이 베였다면 어떻게 해야 할까?
- 1박 2일 여행을 위해서 무엇을 챙겨야 할까?

(2) 일과 중심 지도

독립적으로 자조 기술을 수행하였다는 의미는 최종적으로 일과 안에서 적절한 순서로, 누구의 촉진이 없어도 자조 기술들을 완벽하게 수행하였다는 것이다. 이와 같은 수행을 위해서는 일과 안에서 각 기술을 연쇄적으로 수행할 수 있게 지도하여야 한다. 예를 들면, 아침 등교를 위해서 이를 닦는 것을 끝내면 세수를 하고 세수가 끝나면 방에 들어와 옷을 입고 옷을 입고 나면 거울 앞에 가서 로션을 바르고 그 다음에는 머리를 빗는 과정들이 굴렁쇠가 서로 연결되어서 돌아가는 것처럼 일과 안에서 자연스럽게 연결이 되어서 진행되어야 한다. 그러므로 교사 또는 부모는 장애 학생이 자조 기술 각각이 서로 연결고리가 되어서 진행될 수 있게 "이 다음은 무엇을 해야 하지?" 하고 스스로에게 묻고 수행할 수 있게 가르쳐야 한다.

처음에는 아침에 세수를 마치고 목욕탕에서 나오면 부모는 "이 다음은 무엇을 해야 하지?" 하고 질문하여서 옷을 입어야 한다는 것을 상기시켜준다. 옷을 입고 난 다음에는 "이 다음은 무엇을 해야 하지?" 하고 질문을 하여서 로션을 발라야 한다는 것을 기억하게 해 준다. 이와 같은 과정이 반복적으로 진행되면서 부모의 질문이 없어도 다음 과정을 연쇄적으로 수행하게 되면, 특수교육대상자 스스로 "이 다음은 무엇을 해야 하지?" 하고 질문을 하고 자신이 대답을 하면서 등교를 위한 자조 기술 수행을 자연스럽게 연결하면서 수행하도록 한다.

특수교육대상자의 자조 기술을 지도할 때에 스스로 수행할 때까지 기다려주어야 하고, 완벽한 수준의 수행이 아니더라도 인내하면서 격려해 주어야 한다. 특별히 자조 기술은 가정에서 함께 지도하는 것이 매우 중요하므로 부모들의 협조가 필수적이다. 다음과 같은 자조 기술 일상생활 훈련표를 이용해서 교사와 부모가 동일한 목표와 지도방법을 가지고 일상생활 안에서 지속적으로 지도한다면 매

우 좋은 결과를 얻게 될 것이다.

〈표 8-6〉에 제시되어 있는 일상생활 훈련표는 가정에서 진행되는 자조 기술이 1주일간 수행이 잘 되는지 부모가 평가하여서 기록하도록 한 예이다.

〈표 8-6〉 자조 기술 일상생활 훈련표의 예

일 상 생 활 훈 련 표

월 일부터 월 일까지 성명 : ____________________

구 분	월	화	수	목	금	토	일
이 닦기							
세수하기							
머리 감기							
샤워하기							
속옷 갈아입기							
부모님 의견							
교사 의견							

- 이 닦기: 하루에 3번씩
- 세수하기: 하루에 2번씩
- 머리 감기: 2일에 한 번씩
- 샤워하기: 2일에 한 번씩
- 속옷 갈아입기: 매일 한 번씩
- 부모님 의견: 매일 자녀가 위의 사항을 잘 지켰을 경우에는 ○,
  자녀가 시행을 했는데 방법이 틀렸을 경우에는 △,
  자녀가 시행을 하지 않았으면 −로 표시해 주세요.

- 교사 의견: 부모님 의견과 동일하게 체크해 주세요.

위의 규칙을 다 지켰을 경우 보상방법:

(3) 자조 기술 과제분석의 예

다음은 자조 기술 지도를 위한 과제분석의 예이다. 다음에 제시하는 것은 하나의 예이므로 개별적인 수행 정도에 따라서 다양한 방법으로 수정될 수 있다.

〈표 8-7〉 이 닦기 과제분석의 예

행동 목록	수행 정도	수행 여부			
칫솔, 치약, 컵 등이 있는 사물함으로 간다.					
칫솔, 치약, 컵을 꺼낸다.					
칫솔, 치약, 컵을 손에 든다.					
세면대로 간다.					
치약 뚜껑을 연다.					
치약을 칫솔에 짠다.					
치약 뚜껑을 닫는다.					
칫솔을 입 안에 넣는다.					
윗니에서 아랫니로 칫솔을 움직인다.					
아랫니에서 윗니로 칫솔을 움직인다.					
위쪽의 왼쪽 어금니를 닦는다.					
위쪽의 오른쪽 어금니를 닦는다.					
아래쪽의 왼쪽 어금니를 닦는다.					
아래쪽의 오른쪽 어금니를 닦는다.					
위, 아래, 안팎을 반복하며 3분 동안 닦는다.					
혀를 닦는다.					
컵에 물을 표시 선까지 받는다.					
컵 속의 물을 입 안에 넣는다.					
입 안에 거품이 남지 않게 헹군다.					
입 안의 물을 뱉는다.					
거울을 보고 입 주위에 남아 있는 거품을 씻는다.					
컵에 칫솔, 치약을 넣는다.					
사물함에 컵에 든 칫솔, 치약을 넣는다.					

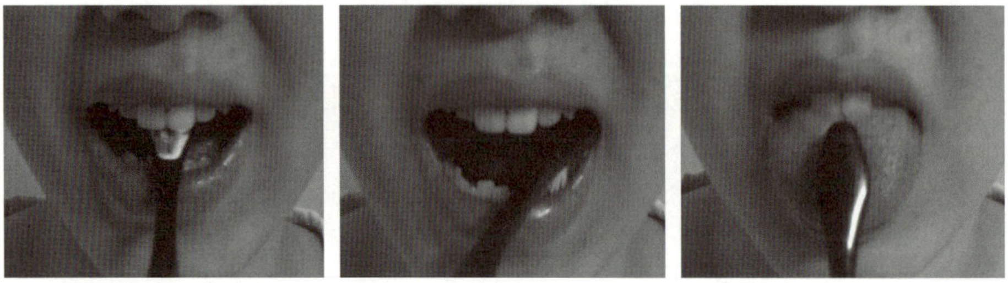

[그림 8-3] 이 닦기에서 안쪽니, 어금니, 혀 닦는 방법에 대해서 사진 자료를 이용해서 설명한다.

〈표 8-8〉 머리 감기 과제분석의 예

행동 목록	수행 정도	수행 여부			
화장실의 불을 켜고 들어간다.					
샴푸와 타월을 세면대 위에 올려놓는다.					
샤워기를 뺀다.					
샤워기의 물이 나오는 부분을 아래로 향하게 잡는다.					
수도꼭지를 가운데로 맞춘다.					
수도꼭지를 위로 올려서 물을 튼다.					
고개를 숙인다.					
샤워기를 사용하여 머리 전체에 물을 적신다.					
수도꼭지를 아래로 내려서 물을 잠근다.					
손바닥에 펌프를 두 번 눌러서 샴푸를 따른다.					
양손을 비벼 거품을 낸다.					
거품을 앞에서 정수리 방향으로 문지른다.					
거품을 귀에서 정수리 방향으로 문지른다.					
거품을 뒷머리 부분에서 정수리 방향으로 문지른다.					
전체적으로 손바닥으로 힘을 줘서 문지른다.					
손가락 지문을 사용하여 목뒤, 귀 옆, 앞머리 부분을 마사지하듯 문지른다.					
수도꼭지를 위로 올려서 다시 물을 튼다.					

행동 목록	수행 정도	수행 여부			
물이 목덜미에서 이마까지 한 방향으로 흘러내리게 해서 거품을 헹궈낸다.					
손가락 끝을 머리카락 속에 집어넣고 두피 부분에 흐르는 물이 닿을 수 있도록 한 후 구석구석 씻어낸다.					
이마나 귀 부분 등 상대적으로 물이 닿지 않은 부분까지 머리카락을 들어 흐르는 물로 꼼꼼하게 씻어낸다.					
수도꼭지를 아래로 내려서 다시 물을 끈다.					
샤워기를 제자리에 꽂아 놓는다.					
손바닥으로 가볍게 눌러 흐르지 않을 정도로 물기를 제거한다.					
타월을 이용해 머리를 감싼다.					
모발을 가볍게 누르거나 톡톡 두드려 물기를 제거한다.					
샴푸를 정리함에 넣는다.					
하수구의 머리카락을 주워 쓰레기통에 버린다.					
세면실의 형광등 불을 끄고 나온다.					
머리를 감싸고 있던 수건을 푼다.					
머리카락의 엉킨 부분을 손가락으로 빗질한다.					
머리빗과 드라이기를 거울 앞에 놓는다.					
드라이기를 꺼내 콘센트에 전원을 꽂는다.					
드라이기 스위치를 켠다.					
드라이기의 입구를 모근 쪽으로 향하게 한다.					
머리카락을 말린다.					
머리카락이 다 말랐으면 빗질한다.					
머리빗과 드라이기를 정리함에 넣는다.					
화장실에 머리카락이 떨어져 있으면 휴지로 집어서 쓰레기통에 넣는다.					

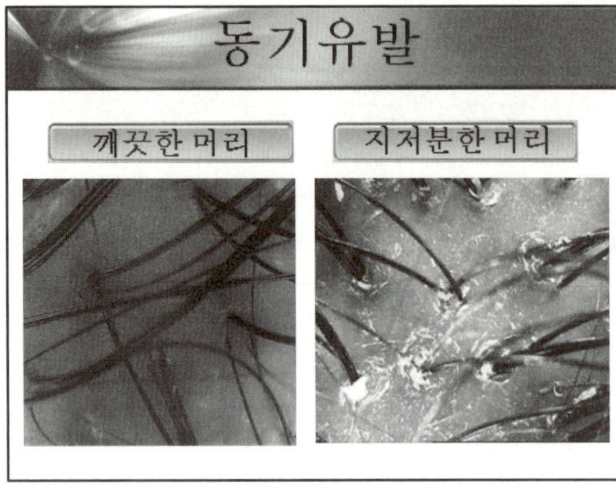

[그림 8-4] 머리를 감기 싫어하는 아동의 동기유발을 위하여 머리 청결도 사진을 통해 차이를 설명한다.

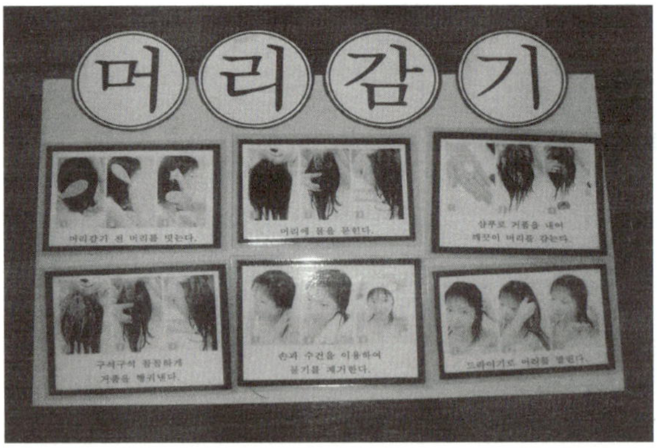

[그림 8-5] 머리 감기 순서를 사진을 이용하여 지도한다.

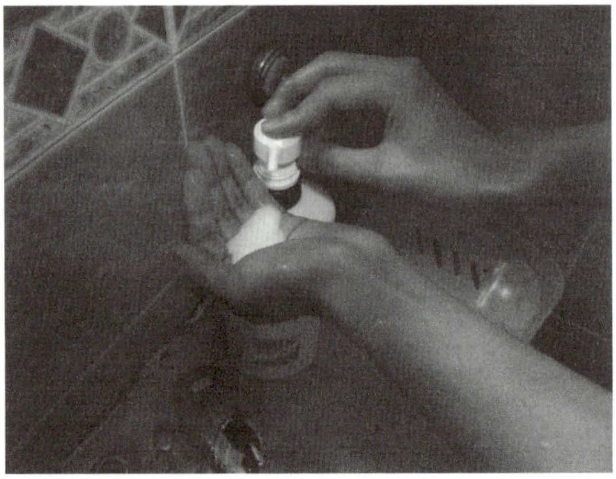

[그림 8-6] 머리를 감기 위해 샴푸를 손에 더는 것을 지도한다.

〈표 8-9〉 '손톱깎이' 과제분석의 예

행동 목록	수행 정도	수행 여부			
손톱깎이를 꺼낸다.					
신문지 한 장을 바닥에 깐다.					
신문지 앞에 앉는다.					
오른손으로 손톱깎이를 잡는다.					
왼손으로 윗부분을 잡고 반 바퀴를 돌려 아랫부분과 일자가 되게 한다.					
윗부분을 들어올린다.					
왼손 엄지손톱에 손톱깎이를 가까이 가져간다.					
엄지손톱의 오른쪽부터 차례로 깎는다.					
같은 방법으로 왼쪽 다섯 손가락의 손톱을 모두 깎는다.					
왼손으로 손톱깎이를 잡는다.					
오른손 엄지손톱에 손톱깎이를 가까이 가져간다.					
오른손 엄지손톱의 오른쪽, 가운데, 왼쪽을 차례로 깎는다.					
같은 방법으로 오른쪽 다섯 손가락의 손톱 모두 깎는다.					
오른손으로 손톱깎이의 윗부분을 내려 아랫부분과 일자가 되게 한다.					
윗부분을 반 바퀴 돌려 아랫부분과 겹치도록 한다.					
손톱이 쏟아지지 않도록 신문지를 반으로 접는다.					
신문지를 들고 쓰레기통을 찾아간다.					
접힌 신문지를 벌려 손톱을 쏟아버린다.					
신문지를 휴지통에 버린다.					
손톱깎이를 제자리에 갖다 놓는다.					

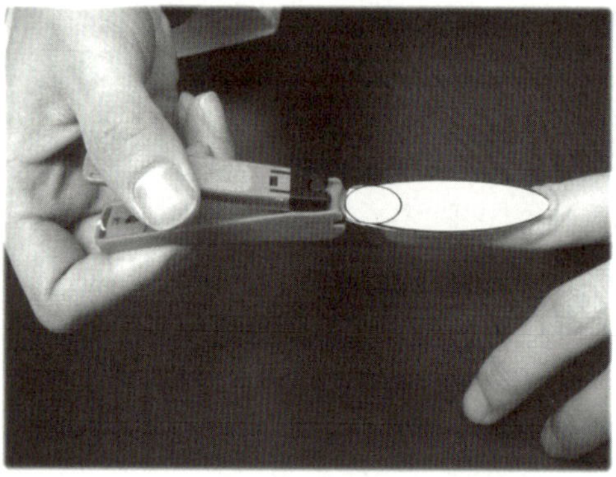

[그림 8-7] 코팅지로 만든 모형 손톱을 이용하여 손톱깎는 방법을 지도하고 있다.

〈표 8-10〉 '면도하기' 과제분석의 예

행동 목록	수행 정도	수행 여부			
화장실로 간다.					
면도용품을 세면대에 가져온다.					
수도꼭지를 미지근한 물로 맞춘다.					
미지근한 물로 여러 번 세수를 한다.					
면도 크림 뚜껑을 연다.					
펌프를 2~3번 정도 눌러서 손바닥에 면도 크림을 짠다.					
면도 크림을 볼과 코 밑, 입 주변, 턱에 약간 두껍게 바른다.					
면도기를 잡는다.					
면도기로 순서대로(볼-코 밑-입 주변-턱) 수염을 깎는다.					
면도가 잘되었는지 면도한 부위를 손으로 만져 본다.					
수도꼭지를 찬물로 돌린다.					
찬물로 얼굴을 여러 번 헹군다.					
거울을 보고 얼굴에 거품이 남아있지 않은지 본다.					
애프터세이브 로션 뚜껑을 연다.					
손바닥에 로션을 (100원짜리 동전 크기 정도의 양) 덜어낸다.					

행동 목록	수행 정도	수행 여부			
로션을 면도한 부위를 중심으로 얼굴 전체까지 골고루 바른다.					
거울을 보고 면도가 잘 이루어졌는지 마지막으로 점검한다.					
물속에서 면도기를 여러 번 휘둘러 면도칼 사이의 이물질을 제거한다.					
면도기와 크림, 스킨 등 면도용품을 제자리에 갖다 놓는다.					
세면대 주변을 물을 뿌려서 청소한다.					

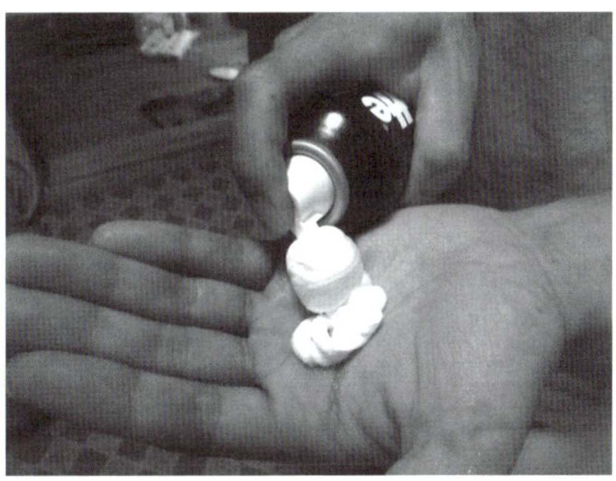

[그림 8-8] 적당량의 면도 크림을 손에 짜는 방법을 교사가 시범을 보이고 있다.

〈표 8-11〉 '생리대 교체하기' 과제분석의 예

행동 목록	수행 정도	수행 여부			
2교시가 끝난 후 화장실에 간다.					
가방에서 생리대를 넣어 온 주머니를 꺼낸다.					
생리대를 꺼내 주머니에 넣는다.					
화장실에 간다.					
줄을 선다.					
빈칸에 들어가 문을 잠근다.					
바지 단추를 푼다.					
지퍼를 내린다.					

행동 목록	수행 정도	수행 여부			
양손으로 바지 허릿단을 잡는다.					
바지를 무릎까지 내린다.					
팬티의 양 끝을 잡는다.					
팬티를 무릎까지 내린다.					
변기에 앉는다.					
붙어 있던 생리대의 맨 위를 잡는다.					
위에서부터 생리대를 떼어낸다.					
내용물이 닿지 않게 안쪽으로 동그랗게 만다.					
휴지 또는 생리대 포장지로 싼다.					
위생용품 수거함에 버린다.					
생리대의 가장 겉 비닐 껍질을 벗긴다.					
껍질을 쓰레기통에 버린다.					
접혀 있는 생리대를 편다.					
가운데 가장 긴 스티커를 뜯어낸다.					
생리대를 팬티 가운데 경계선 부분에 맞추어 붙인다.					
날개 스티커를 뜯는다.					
스티커를 휴지통에 버린다.					
날개 부분을 접어 바깥쪽으로 접어 팬티 바깥쪽에 붙인다.					
변기에서 일어선다.					
팬티의 양 끝을 잡는다.					
팬티를 올린다.					
바지의 허릿단을 잡는다.					
바지를 끝까지 올린다.					
단추를 잠근다.					
지퍼를 올린다.					
세면대에 가까이 서서 수도꼭지를 누른다.					
손을 비빈다.					
비누칠을 한다.					
물로 헹군다.					
손을 수건으로 닦는다.					

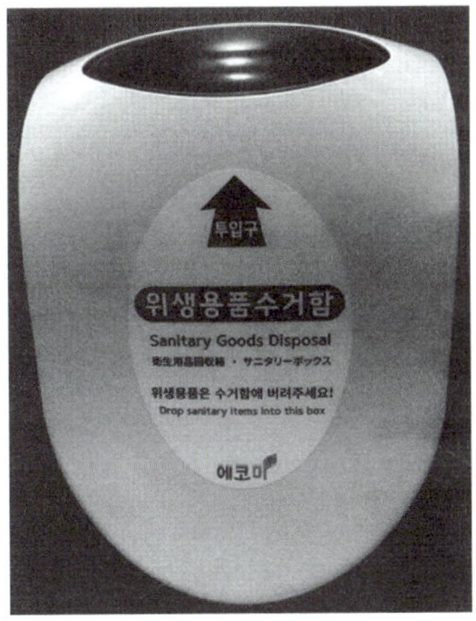

[그림 8-9] 사용한 생리대를 위생용품 수거함에 버린다.

2 교과

장애 학생들을 위한 '기본 교육과정'의 주요 개정 내용을 살펴보면, 지역사회 생활이나 사회통합에 필요한 핵심역량을 중심으로 실생활 및 삶과 연계되는 내용의 수준별 교육과정을 개발하였다. 그리고 개별 장애 학생이 일상생활 및 직업 활동을 포함한 미래 삶에 원활하게 대처하고 성공적인 삶을 영위할 수 있도록 개선하였는데 현재 및 미래 환경에서 독립적으로 생활하기 위해 필요한 교육내용 및 지역사회와 환경과의 상호작용을 강조하는 교육 활동을 선정하였다. 그리고 지역사회 생활이나 사회통합에 필요한 핵심역량을 중심으로 한 교육과정을 제시하도록 하였고, 대상 학생의 발달 수준, 생활연령 등을 고려하여 요구되는 실생활 및 삶과 연계되는 내용을 중심으로 교과별로 학습해야 할 핵심역량을 추출하여 교육과정을 구성하도록 하였다.

기본 교육과정을 적용하는 대다수 학생들의 경우 전이 및 일반화가 어려워 전통적으로 구획을 정해 놓은 교과 내에서는 지식과 기능의 습득이 어려워서 일상생활 기능 및 활동 중심으로 주제통합 교육을 할 수 있도록 통합교과를 신설하였다. 그리고 중도・중복 학생의 지적 수준을 고려하여 실생활 및 삶과 연계되는 내용을 중심으로 구성하였다(교육부, 2015).

중・고등학교 교육과정을 계획할 때에 단지 발달적 접근으로 발달 연령이 낮다고 해서 생활연령을 고려하지 않고 유아적 특성에 맞는 교육과정을 사용하기도 한다. 장애 중・고등학생의 경우에는 생활연령과 발달연령의 차이가 많은 시기이지만 생활연령을 고려하여서 실제 학교, 지역사회, 졸업 후 직업현장에 적절한 내용을 지도해야 한다.

또한 일반 학생들을 위해 제작된 일반 교육과정이 장애 중・고등학생에게 어렵다고 단순히 난이도만을 낮추어서 지도한다면 기초적인 내용만 반복하게 되므로 학습 동기를 저하시킨다. 그러므로 소중한 수업시간들을 지루하고 무의미하게 보내게 된다. 특히 가장 심각한 문제점은 실제 생활에 필수적으로 요구되는 생활연령에 적합한 기능적 기술들을 습득하지 못하게 되므로 독립적인 삶을 준비해야 하는 중요한 시기를 낭비하는 결과를 초래한다는 점이다. 이로 인해 장애 중・고등학생의 학업성취도를 보면 국어, 수학 수준이 최저 수준이며 학교를 졸업한 후에 지역사회 및 직업현장에서 적응하는 데 중요한 조건의 하나인 기능적 국어, 수학 능력이 매우 지체되는 것으로 나타난다(박승희 외, 2007). 예를 들어, 실제 생활에 필요한 기능적인 어휘를 읽고 쓰는 데 어려움을 보여서 학교에서 6년 이상 국어교과를 배웠는데도 이력서, 은행 거래 신청서 쓰기, 메뉴판 읽기 등을 수행하지 못하는 경우가 많다. 이러한 문제점을 해결하기 위해서는 장애 중・고등학생의 교과지도를 다음과 같은 점을 고려하여서 계획하여야 한다.

- 교과내용은 가정, 학교, 지역사회, 미래의 직업현장에서 실제적으로 사용할 수 있는 기능적 기술들을 중심으로 지도하여야 한다. 예를 들어, 패스트푸드점에서 키오스크를 이용하여 주문하는 방법이 점점 보편화되고 있으므로 지도가 필요하다.
- 교수 환경은 가정, 학교, 지역사회, 졸업 후에 직업장소인 실제 자연적 환경에서 지도하여야 한다.
- 교수 기회는 자연적인 흐름과 일과의 맥락에서 필요한 기술을 지도하여야 한다. 예를 들어, 현금인출기를 이용할 때에 필요한 어휘는 '비밀번호', '지

급', '확인' 등이다. 이와 같은 어휘는 돈을 인출할 때에 요구되므로 바로 그 맥락에서 지도하는 것이 가장 효과적이다. 장애 학생이 어휘의 의미를 알고 터치 스크린을 적절하게 누를 때에 돈이 지급되므로 즉시 성취감과 보상을 받을 수 있다.

- 교수 방법은 최대한 일반 학생에게 사용해도 크게 무리가 없는 자연스러운 촉진을 제공하면서 활동 중심적인 지도가 이루어져야 한다.

다음은 장애 중·고등학생에게 가장 핵심교과인 기능적 국어와 수학을 가정, 학교, 지역사회, 졸업 후에 직업현장에서 적절하게 활용할 수 있게 지도하는 예이다.

1) 기능적 국어

중·고등학생이 지역사회에서 가장 많이 이용하고 있는 장소를 연구한 결과(박승희, 1999)를 보면 다음과 같다(〈표 8-12〉 참조). 이 중에서 중·고등학생의 활용 빈도가 높은 대표적인 장소가 편의점이다. 이곳을 장애 중·고등학생이 독립적으로 이용할 수 있게 하려면 다음과 같은 기능적 어휘(박승희, 1999)를 지도하여야 한다(〈표 8-13〉 참조). 편의점과 같은 장소에서 요구되는 어휘를 지도하여야 장애 중·고등학생이 지역사회 구성원으로 살아갈 수 있으므로 기능적 어휘를 중심으로 실제생활에 필요한 내용을 지도하는 것이 중요하다.

〈표 8-12〉 중·고등학생이 이용하는 지역사회의 예

학교, 슈퍼마켓, 버스 및 정류장, 문구점, 미용실, 편의점, 분식집, 지하철 및 역, 서점, 자동판매기, 공중화장실, 교회, 학원, 패스트푸드점, 공중 목욕탕, 카페, 북카페 및 도서 대여점, 제과점, 도서관, 노래방, 약국, 옷가게, 에스컬레이터, 엘리베이터, PC방 등

〈표 8-13〉 편의점 이용 시 필요한 어휘

주요활동	기능적 어휘의 예
• 물건 구입하기 • 인스턴트 음식 사 먹기	미세요, 당기세요, 24시간 영업, 비상구, 금연, 냉방 중, 우유, 냉음료, 쥬스, 냉동식품, 라면, 담배, 햄, 야채, 도시락, 주류, 신문, 잡지, 핫도그, 얼음, 청량음료, 와인, 맥주, 커피, 아이스크림, 샌드위치, 스낵, 햄버거, 슬러시, 패스트푸드, 쓰레기봉투, 분리수거, 국물은 여기에 버려주세요, 화상주의, 버스카드 충전, 포인트 적립, 제휴카드(계산대 앞), 유통기한, 행사상품, 행사기간, 1+1 / 2+1, 급식카드, 곰돌이치킨바, 음식물 쓰레기, 할인 날짜 18세 미만의 청소년에게 술, 담배, 부탄가스, 성인용 잡지를 판매하지 않습니다. 봉투값 50원입니다. 우산을 밖에 두고 오세요. 돗자리 있어요.

장애 중·고등학생이 미래 직업을 준비하려면 자신을 소개하는 이력서를 작성하는 것이 필요하다. 이력서에 기재하기 위해서 성명, 주민등록번호, 생년월일, 주소, 세대주 성명과 같은 어휘들을 읽을 수 있어야 하고 그 의미를 이해하여야 한다. 그다음에 자신의 신상명세를 기억하여서 적어야 한다. 장애 학생이 어려워하면 자신의 주민등록증 또는 장애인 카드를 보고 적도록 할 수도 있다. 현재는 일반인들은 이력서 형식을 인터넷에서 다운받아서 사용하므로 워드작업이 가능한 학생은 이 방법을 지도한다([그림 8-10] 참조).

<table>
<tr><td rowspan="5" colspan="2"></td><td colspan="2">이력서</td></tr>
<tr><td>성 명</td><td></td></tr>
<tr><td>주민등록번호</td><td></td></tr>
<tr><td>주 소</td><td></td></tr>
<tr><td>연 락 처</td><td></td></tr>
<tr><td colspan="4"></td></tr>
<tr><td rowspan="6">학
력</td><td>연 도</td><td colspan="2">출 신 학 교</td></tr>
<tr><td></td><td colspan="2"></td></tr>
<tr><td></td><td colspan="2"></td></tr>
<tr><td></td><td colspan="2"></td></tr>
<tr><td></td><td colspan="2"></td></tr>
<tr><td></td><td colspan="2"></td></tr>
</table>

[그림 8-10] 이력서 형식에 입력을 한다.

중·고등학생이 독립적인 주거생활을 가능하게 하려면 일상생활에서 늘 활용되고 있는 가전제품을 작동할 수 있어야 한다. 이를 위해서는 가전제품에 기재되어 있는 어휘를 읽고 그 의미를 이해한 다음 버튼을 눌러야 가능해진다. 현대인이 사용하고 있는 가전제품 중에서 독립적인 주거생활을 위해서 필수적으로 활용되어야 하는 전기밥솥과 세탁기 작동에 필요한 기능적 어휘는 다음과 같다([그림 8-11] 참조).

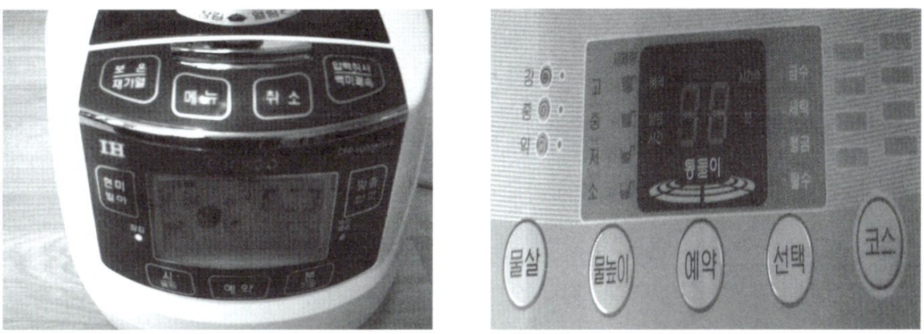

[그림 8-11] 버튼 기능을 읽고 작동할 수 있게 지도한다.

2) 기능적 수학

기능적 국어와 더불어 기능적 수학은 가정, 학교, 지역사회, 미래의 직업현장에서 실제적으로 사용할 수 있는 핵심적인 기능적 기술이므로 기능적 국어와 함께 기능적 수학을 지도하는 것이 매우 중요하다. 예를 들어, 치킨 전단지를 보고 여러 치킨 종류 중에서 원하는 '양념 치킨' 어휘를 읽는 것은 기능적 국어이다. '양념 치킨' 가격을 알고 돈을 준비하는 것과 전화로 주문하기 위해서 전단지에 적혀 있는 전화번호를 보고 전화기 버튼을 정확하게 누르는 활동은 기능적 수학이므로 일상생활에서 통합적으로 지도하면 효과적이다([그림 8-12] 참조).

일상생활에서 장애 중·고등학생이 많이 활용하고 있는 기능적 수학을 살펴보면, 돈 계산, 적절한 거스름돈 받기, 통장에 온라인으로 들어온 돈 액수, 버스와 기차 시간표, 시계 보기, 약속시간, 약 용량, 신발과 옷 구매 시의 사이즈, 식당에서 손님 수만큼 숟가락, 젓가락 준비하기 등이 있다.

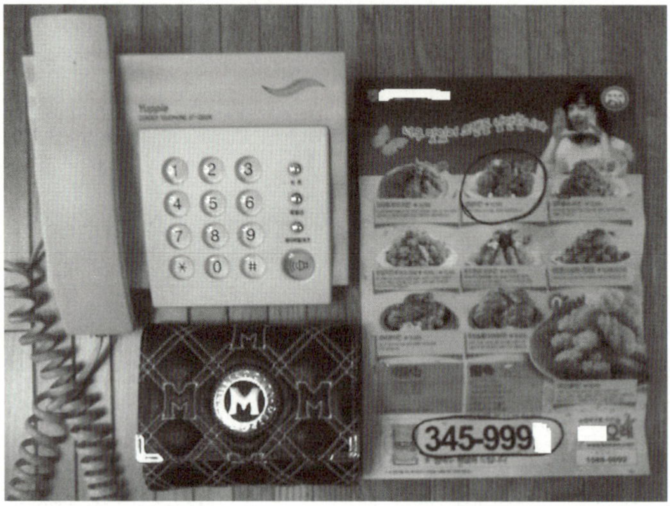

[그림 8-12] 치킨 메뉴판을 보고 전화로 주문하고 돈 지불하기

최근 들어 대부분의 은행 업무가 현금인출기 이용으로 전환되고 있으므로 학생들에게 현금인출기 활용방법을 지도하여서 독립적인 지역사회 적응기술을 가능하게 하여야 한다([그림 8-13] 참조).

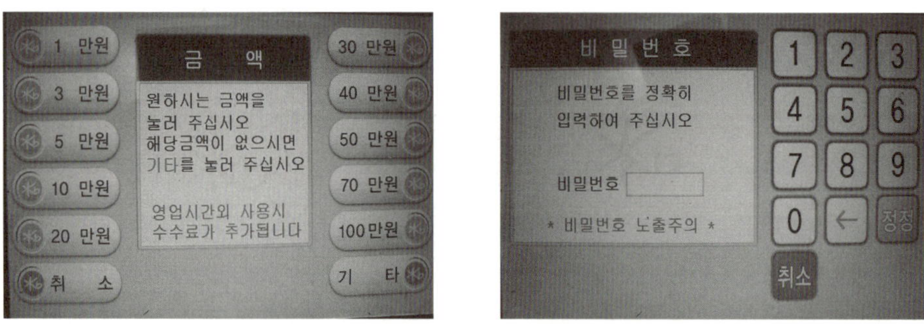

[그림 8-13] 현금인출기 모니터에서 적절한 숫자를 눌러서 돈을 인출할 수 있게 지도한다.

중·고등학생이 식품의 유통기한을 인지하는 것은 건강을 유지하기 위해서는 매우 중요한 능력이다. 특히 변질되기 쉬운 우유, 삼각 김밥 등의 유통기한을 인지하는 것은 장애 학생이 꼭 배워야 하는 기능적 수학이다.

[그림 8-14] 식품 유통기한을 읽을 수 있게 지도한다.

패스트푸드점에서 키오스크를 이용하여 음식을 주문하는 것이 점점 보편화되고 있다. 이때에 본인이 먹고 싶어 하는 음료수 가격을 알고 주문하는 것도 매우 중요한 기능적 수학이다.

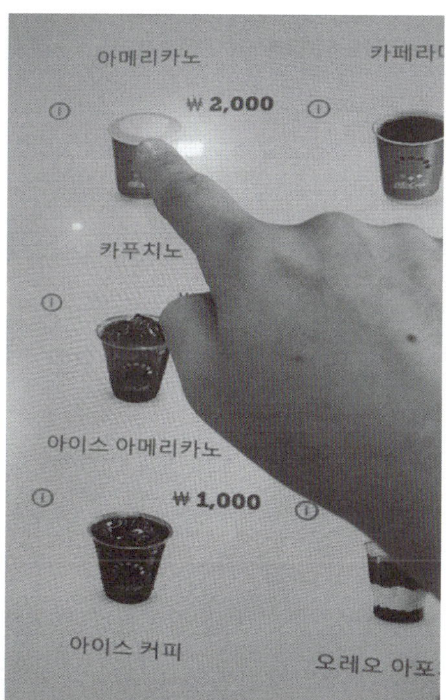

[그림 8-15] 주문하고 싶은 음료수의 가격을 알 수 있게 지도한다.

3 지역사회 적응 기술

1) 지역사회 적응 기술의 이해

(1) 지역사회 적응 기술과 지역사회 중심교수의 의미

'지역사회 적응 기술'이란 장애인이 지역사회의 구성원으로 살아가는 데 필요한 기술들을 의미한다. 예를 들어, 교통기관 이용하기, 음식점에 가서 식사하기, 가게에서 간식 사기, 안전하게 길 건너기, 자판기에서 음료수 사기, 은행 현금인출기 이용하기 등이다(장혜성 외, 2000; 장혜성, 2002; 장혜성, 2010; 장혜성, 2011; 장혜성, 박승희, 2003; William, Vogelsberg & Schuts, 1985).

지역사회 적응 기술을 장애 학생에게 지도할 때에 실제 지역사회에서 지도를 하지 않고 교육기관에서 모의 상황을 통해서 지도한다면, 가게, 음식점에서 종업원과의 의사소통 방법, 가게, 음식점 등에 가기 위해서 필요한 대중교통을 이용하는 방법들을 지도하기에는 한계가 있다(장혜성 외, 2000; 장혜성, 2002; 장혜성, 2011; 장혜성, 박승희, 2003; William, Vogelsberg & Schuts, 1985). 특히 중도·중복 장애 학생은 한 장소에서 배운 기술을 다른 장소에서 적용해서 사용하는 일반화 능력에 어려움이 있기 때문에 지역사회에서 필요한 적응 기술은 직접 지역사회에서 지도하는 것이 필요하다(장혜성, 2002; Falvey, 1995; Wolfe, 1994). 그러므로 장애 학생에게 필요한 지역사회 적응 기술을 증진시키기 위하여 모의환경인 교실에서 지도하는 것이 아니고 지역사회의 다양한 환경에서 필요한 기술들을 직접 지도하는 것을 '지역사회 중심교수'라고 한다(박승희, 2001).

(2) 지역사회 적응 기술 지도의 중요성

특수교육대상자의 교육 목적은 학교를 졸업한 후에 지역사회의 한 구성원으로서 최대한 독립적이고 만족한 삶의 질을 누리면서 살아갈 수 있게 준비하는 것이다. 이를 위해서는 장애 학생도 어릴 때부터 일반 학생과 지역사회에서 자연스럽게 살아갈 수 있는 방법을 습득하여야 한다. 만일 장애 학생이 어릴 때부터 지역사회에 적응할 수 있는 능력을 습득하지 못한다면 성인이 되어서까지 누군가가 몸종처럼 지속적으로 도와주어야 한다. 일반 학생들은 지역사회에 적응할 수 있는 능력을 특별히 지도를 하지 않아도 성장함에 따라 자연스럽게 습득하지만 지적인 문제를 보이는 장애 학생이나 신체적인 제한을 보이는 학생은 지역사회에 적응할 수 있는 능력들을 의도를 가지고 직접적으로 지도하여야 습득이 가능하여진다. 그러므로 장애 학생이 학령기와 학교를 졸업한 후 성인기에 지역사회의 한 구성원으로서 최대한 독립적으로 살아갈 수 있도록 하기 위해서는 중·고등학교에서 많은 시간을 할애를 하여서 집중적으로 지도하여야 한다. 그러나 유아기부터 초등학생 시기에도 습득하여야 하는 지역사회 적응 기술들이 있으므로 이 시기에도 체계적인 계획을 가지고 지도하여야 한다(장혜성, 1998; 장혜성, 2010; 장혜성, 박승희, 2003).

(3) 지역사회 적응 기술의 구성요소

지역사회 적응 기술은 지역사회 자원을 적절히 사용하는 것과 관련이 있는데, 지역사회 안에서 이동하기, 가게와 시장에서 식료품 및 일반 물건 사기, 대중교통, 학교, 음식점, 도서관, 공원과 오락영역, 차도와 인도 등 공공편의시설을 사용하는 것, 영화관에 가는 것, 다른 문화적 장소나 행사에 방문하는 것 등이 포함된다(박승희 역, 1994).

중·고등학생에게 지도해야 하는 지역사회 적응 기술은 다음과 같다.

- 식당 이용하기(예: 주문 식당, 셀프 서비스 식당)
- 우체국, 병원, 도서실, 마트, 주민센터, 은행 등 지역사회 시설 이용하기
- 노래방, PC방, 볼링장, 수영장, 헬스장, 탁구장, 영화관, 미술관, 박물관 등 지역사회 여가 시설 이용하기
- 학원, 지역사회 복지관, 문화 센터 이용하기
- 지하철, 버스, 기차, 택시 등 교통기관 이용하기
- 자판기에서 음료수, 간식 사 먹기
- 공중 화장실 이용하기
- 공중 목욕탕 이용하기

- 종교활동에 참여하기
- 운동장에서 농구, 축구하기

[그림 8-16] 영화관에 입장 전에 영화표 점검을 받고 있다.

2) 지역사회 적응 기술 지도 방법

(1) 지역사회 중심교수의 효과

'지역사회 중심교수'는 장애 학생이 지역사회의 다양한 환경에서 일어나는 활동에 참여하는 데 필요한 기술들을 직접 지역사회에서 지도하는 것을 의미한다(박승희, 2001). 지역사회 중심교수의 효과를 입증하기 위한 연구들은 지역사회 중심교수의 장점을 다음과 같이 언급하고 있다(권용덕, 장혜성, 2012; 설진선, 2003; 장혜성, 2007; 지경미, 2001; McDonnell & Horner, 1985; Shafer et al., 1986).

첫째, 지역사회에서 필요한 기술을 지역사회에서 직접 지도할 때에 가장 효과적으로 습득할 수 있다. 지역사회에서 직접 가르치지 않고 교육기관과 학교 환경에서 인위적으로 환경을 만들어서 가르칠 때 아무리 잘 계획된 교육 방법이라 할지라도 한계가 있으며, 습득한 후에 지역사회에서 일반화에 어려움이 있으므로 효과적이라 할 수 없다. 예를 들어, 우리나라 학교 안에 매점을 만들어 놓고 물건 사기 훈련을 하는 경우가 있다. 이런 환경은 일반적으로 우리가 사용하는 복잡하고 소란스럽고 여러 사람이 분주하게 다니는 가게와는 아주 다른 환경이다. 아무리 학교 안에 있는 가게에서 성공적으로 물건을 살 수 있다 하더라도 일반 가게에서 어려움이 있다면 물건 사는 기술을 습득하였다고 할 수 없다. 그러므로 교사들은 장애 학생이 현재 살고 있는 지역사회에서 필요한 기술을 계획해서 지역사회에서 직접 가르쳐야 한다.

둘째, 지역사회에서 지역사회 적응 기술을 지도할 때에 단순히 한 기술만 지도하는 것이 아니라 그 기술과 관계된 기술들을 연관해서 지도할 수 있다. 예를 들어, 고등학생에게 대형마트 이용하기를 지도할 때에 대형마트를 가기 위하여 이용하여야 하는 지하철 또는 버스 이용하기를 함께 지도하게 되므로 대형마트 이용하기를 지도하면서 자연스럽게 관련된 기술인 교통기관 이용하기를 함께 지도하게 된다.

셋째, 지역사회에서 직접 지도를 하게 되면 일반인들과의 적절한 상호작용 방법에 대해서 습득하게 된다. 예를 들어, 가게에 가서 물건을 구매하면서 종업원과 적절하게 상호작용하기, 가게에서 아는 사람을 만났을 때에 인사하기, 도움을 주었을 때에 감사하다고 말하기 등 지역사회 현장에서 장애 학생에게 필요한 대인관계 기술을 지도하게 된다.

넷째, 지역사회에서는 모의환경인 교실에서 지도하기 어려운 예기치 않은 상황에 대처하는 문제해결 방법을 지도하게 된다. 예를 들어, 가게에서 물건을 구매할 때에 진열대에 물건을 떨어뜨렸을 때의 대처 방법, 반대 방향에서 카트를 밀고 올 때에 대처할 수 있는 방법, 사고자 하는 물건을 찾지 못했을 때에 대처하는 방법 등에 대해서 효과적으로 지도하게 된다.

(2) 지역사회 적응 기술 지도의 지침

효과적인 지역사회 적응 기술 지도를 위한 지침을 다음과 같이 설명하고 있다(McDonnell, Wilcox, & Hardman, 1991).

첫째, 지역사회 적응 기술 지도는 지역사회 중심교수로 진행되어야 한다. 지역사회에서 의미 있는 수행이 이루어지기 위해서는 실제 지역사회에서 정기적으로 연습의 기회가 있어야 하기 때문이다. 일반 학생들은 특별한 지도가 없어도 성장함에 따라 자연스럽게 지역사회적응 기술을 습득하지만 장애 학생은 지역사회에서 집중적인 지도가 필요하다.

둘째, 지역사회 적응 기술을 선정할 때에는 실제로 지역사회에서 사용할 수 있는 기능적이고 의미 있는 기술이어야 하며, 현재에도 필요하고 미래에도 지속적으로 필요한 기술이어야 한다. 예를 들어, 현재는 은행 창구에 가서 돈을 출금하는 것보다는 현금인출기 사용방법이 점점 보편화되고 있으므로 장애 고등학생에게 돈을 출금하는 것을 지도하려면 은행 창구에 가서 돈을 출금하는 것을 지도하기보다는 현금인출기에서 돈을 출금하는 방법을 지도하는 것이 더 필요하다.

현재에는 음식점에 직접 방문해서 이용하기보다는 전화 또는 스마트폰으로 음식을 주문하는 방법이 점점 증가되고 있다. 그러므로 피자, 치킨 등을 주문하는 방법을 지도하는 것도 매우 유용하다.

셋째, 지역사회 적응 기술을 결정할 때에는 장애 학생의 생활 연령에 적절한 기술인가를 점검하여야 한다. 장애 고등학생에게 횡단보도 건너기를 지도할 때에 위험하다고 손을 잡고 건너는 것이나 노래방에 가서 유아용 동요를 부르게 하는 것 모두 적절하지 않다. 반대로 또래 학생들도 아직 습득하지 못하는 기술들을 장애 학생에게 지도하는 것도 적절하지 않다. 또래들도 아직 독립적으로 수행하기 어려운 지하철이나 버스 이용하기를 장애 유아를 대상으로 지도하는 것이 일례이다.

넷째, 지역사회 적응 기술 지도는 지역사회활동의 수행을 일반화시킬 수 있게 계획되어야 한다. 예를 들어, 학생의 집 가까이에 있는 일부 가게에서만 훈련을 하면 지역사회에 있는 다른 형태의 가게에서 일반화가 되기 어렵다. 그러므로 여러 가게에서 물건을 구매할 수 있게 다양한 형태의 가게에서 지도를 하여야 한다. 또 다른 예를 들자면, 학교에서 가까운 L 패스트푸드점 이용하기가 용이해졌다면 그 다음에는 B 패스트푸드점 이용하기를 지도하여서 다양한 패스트푸드점 이용하기가 가능할 수 있도록 해야 한다. 그리고 각 패스트푸드점의 특성을 미리 파악한 다음에 지도하면 더욱 효과적이다.

〈표 8-14〉 패스트푸드점 특성비교의 예

	L 패스트푸드점	B 패스트푸드점	K 패스트푸드점
들어가는 문	자동문	밀어야 함	당기거나 밀어야 함
메뉴판	메뉴판을 보고 지적할 수 있는 메뉴판이 항상 있음	옆과 계산기 앞에 붙어 있음 메뉴판으로 주문 가능	메뉴판이 있는데 카운터 좌우 양 끝에 붙어 있음
물휴지	누르면 나옴	없음	누르면 나옴
컵	플라스틱(덮개 없음)	플라스틱(덮개 있음)	종이컵(덮개 있음)
빨대	직원이 줌 (따로 뺄 수 있게 되어 있음)	빨대 통에서 빼야 함	빨대 통에서 빼야 함
먹는 곳	2층이 쾌적함	1, 2층 모두 매우 넓고 쾌적함	2층이 있으나 매우 공간이 좁음
냅킨	분리배출통 옆에 있음	음식이 나올 때에 같이 나옴	음식이 나올 때에 같이 나옴

[그림 8-17] 패스트푸드점에서 교사가 언어적 촉진으로 분리배출방법을 지도하고 있다.

다섯째, 지역사회 안에서 장애낙인이 감소되면서 활동할 수 있게 하는 사회적 행동과 관련기술도 함께 지도하여야 한다(〈표 8-15〉 참조).

〈표 8-15〉 가게 이용하기 지도할 때에 관련되는 사회적 행동과 관련 기술의 예

관련된 기술	기술 내용
가게 이용하기와 관련된 사회적 행동	• 필요할 때에 도움 요청하기 • 도와주었을 때에 "감사합니다" 하고 인사하기 • 카운터에서 순서 기다리기 • 떠날 때에 "안녕히 계세요" 하고 인사하기 • 사지 않는 물건 만지지 않기 • 실수했을 때에 "미안합니다" 하고 말하기 • 흥분하지 않고 감정 조절하여서 공공장소에서 크게 떠들거나 뛰어다니지 않기 • 부적절하게 모르는 사람 만지지 않기
가게 이용하기와 관련된 지역사회 적응 기술	• 가게에 가기 위해서 버스, 지하철 이용하기 • 가게에 가기 위해서 횡단보도 건너기 • 필요시 화장실 가기

출처: McDonnell, Wilcox, & Hardman, 1991; Snell & Brown, 2000

여섯째, 지역사회 적응 기술 지도는 효과를 최대화할 수 있는 방법을 사용하여야 한다. 지역사회 중심교수는 시간의 소모가 많고 경비가 많이 들며 지역사회 현장에서 여러 번 반복해서 지도하기가 어려우므로 교사가 효과 있게 지도할 수 있게 충분한 지도계획 준비가 필요하다.

(3) 효과적인 지역사회 적응 기술 지도 방법

① 생태학적 평가(ecological assessment)

지역사회 중심교수를 하기 위해서는 특수교육대상자가 살고 있는 지역사회, 학교, 가정, 미래의 직업환경과 같은 실제 환경에서의 기능적 기술을 평가하는 생태학적 평가가 매우 중요하다. 특히 생태학적 평가는 지역사회 적응 기술 능력을 평가하는 데 매우 효과적이다. 생태학적 평가의 목적은 장애 학생이 지역사회의 다양한 환경에서 어느 정도 독립적인 수행이 가능한지에 대한 정보를 얻기 위함

이다. 그리고 학생의 나이, 능력을 고려하여서 개별화된 수정을 위한 정보를 얻을 수 있다(박승희, 2001; 설진선, 2003; 장혜성, 1998; 장혜성, 박승희, 2003; Stuart, Certo, & Muccino, 1984; Owens-Johnson & Hamill, 2002).

지역사회 중심교수를 실시하기 위해서 생태학적 평가를 할 때에는 다음과 같은 진행과정이 요구된다(장혜성, 박승희, 2003; Owens-Johnson & Hamill, 2002; Westling, Floyd, & Carr, 1990).

현재에 가장 많은 시간을 보내고 있는 지역사회환경과, 미래에 시간을 보내게 될 지역사회환경에 대해서 장애 학생 자신, 부모, 교사, 지역사회주민에게서 정보를 얻는다.

↓

얻은 정보들을 참고로 하여 장애 학생에게 필요한 지역사회적응기술이 무엇인가를 알아보기 위하여 장애 학생이 현재, 미래에 참여하게 될 지역사회적응기술을 과제분석한다.

↓

관찰을 통해 지역사회 환경 안에서 요구되는 기술과 현재 장애 학생이 수행할 수 있는 기술을 비교하여서 차이에 대한 분석을 한다(Baumgart et al., 1982)(〈표 8-16〉 참조).

↓

수행할 수 없는 기술은 무슨 목표기술을 어떠한 방법으로 가르칠 것인지 어떠한 개별화된 수정을 사용할 것인지에 대한 지도계획안을 고안한다(〈표 8-16〉 참조).

[그림 8-18] 생태학적 평가 진행과정

〈표 8-16〉 '패스트푸드 이용하기'의 차이 분석의 예

일반학생 과제분석	장애 학생 과제분석 단계의 내용	개별화된 수정		
		장애 학생 1	장애 학생 2	장애 학생 3
패스트푸드점에 들어가서 메뉴판을 보고 주문을 한다.	메뉴판을 보고 원하는 음식을 찾는다.	메뉴판 이용	메뉴판 이용	메뉴판 이용
	카운터로 걸어간다.			
	줄을 선다.			
	주문하기 위해서 자리 이탈을 하지 않고 조용히 서서 기다린다.			

일반학생 과제분석	장애 학생 과제분석 단계의 내용	개별화된 수정		
		장애 학생 1	장애 학생 2	장애 학생 3
	주문순서가 되면 원하는 메뉴를 말하거나 메뉴판을 손으로 지적한다.	언어로 주문한다.	메뉴판을 지적하면서 언어로 주문을 한다.	AAC 전자도구 아이콘을 누른다.
	"여기서 드실 거예요?" 하고 종업원이 물으면 대답한다.			

* 음영은 사회적 행동을 의미한다.

지역사회 적응 기술에 대한 생태학적 평가를 통한 과제분석의 구체적인 예는 다음과 같다.

첫째, 장애 학생의 수행 여부에 대한 구체적인 자료를 정기적으로 검토한다 (McDonnell, Wilcox, & Hardman, 1991). 특히 수행이 잘 안 되는 어려운 단계는 지속적으로 체크하여서 지도과정의 수정 여부를 결정하여야 한다.

장애 학생은 많은 경우 가게에서 물건을 구매할 때에 적절한 돈을 사용하는 것을 매우 어려워한다. 그런 경우에는 현금체크카드를 사용하여서 물건 비용을 적절하게 지불하는 것을 지도하여야 한다. 〈표 8-17〉과 같이 좀 더 구체적으로 과제 분석을 하여 지도하면 효과적이다.

〈표 8-17〉 가게 이용하기 과제분석 수정의 예(Ⅰ)

과제분석 수정 전	과제분석 수정 후	수행 여부	수행 여부	수행 여부
		/	/	/
종업원에게 돈을 지불한다.	현금체크카드를 낸다.			
	영수증을 받는다.			
	영수증 금액을 읽어본다.			
	현금체크카드를 받아서 영수증과 함께 지갑에 넣는다.			

자판기 이용하기를 지도할 때에 자판기에 적절하게 돈(지폐, 동전)을 넣는 것을 어려워할 때에는 다음과 같이 과제분석을 수정을 하여서 지도하면 효과적이다.

〈표 8-18〉 자판기 이용하기 과제분석 수정의 예

과제분석 수정 전	과제분석 수정 후	수행 여부	수행 여부	수행 여부
		/	/	/
자판기 돈 넣는 투입구에 적절하게 돈을 넣는다.	먹기 원하는 음료수를 정한다.			
	먹기 원하는 음료수 밑에 있는 버튼에 빨간 불이 들어올 때까지 동전을 넣는다.			
	빨간 불이 들어오면 버튼을 누른다.			

둘째, 계속적으로 실패하면 〈표 8-19〉와 같이 과제분석에서 과제 단계를 좀 더 자세하게 나누어서 지도한다(McDonnell, Wilcox, & Hardman, 1991).

〈표 8-19〉 가게 이용하기 과제분석 수정의 예(Ⅱ)

과제분석 수정 전	과제분석 수정 후	수행 여부	수행 여부	수행 여부
		/	/	/
가게에 들어간다.	여러 가게 중에서 들어가고자 하는 가게를 선택한다.			
	입구 문을 찾는다.			
	손으로 문을 민다. 연다.			
	가게 안으로 들어간다.			

셋째, 구어로 표현하는 데 어려움이 있는 경우에는 그림카드, 또는 AAC 전자도구 의사소통 방법을 이용하도록 지도한다.

〈표 8-20〉 과일가게 이용하기 과제분석 수정의 예

과제분석 수정 전	과제분석 수정 후	수행 여부	수행 여부	수행 여부
		/	/	/
과일 주문하기	AAC 전자도구를 꺼낸다.			
	과일 메뉴 범주를 찾는다.			
	"사과 주세요" 아이콘을 손으로 누른다.			

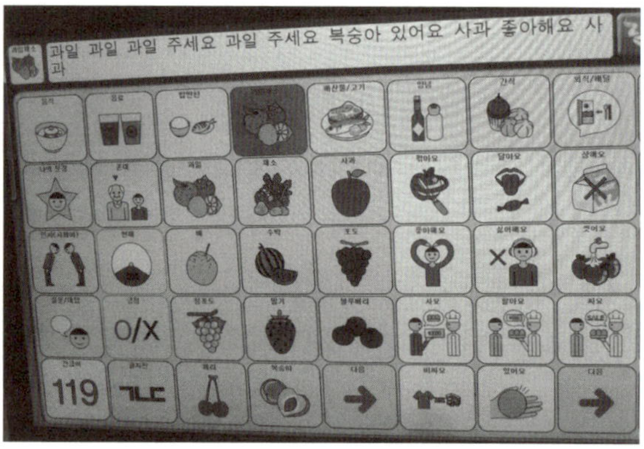

[그림 8-19] 과일 가게에서 사과 아이콘을 눌러서 사과를 주문한다.

넷째, 최종 수행 기준을 정한다. 중도·중복장애 학생인 경우에는 어떤 기술을 완벽하게 습득하는 것이 쉽지가 않다. 그러므로 각 학생의 나이에 기대되는 수준, 의미 있는 부분적 참여를 중심으로 하여서 '최종 수행 준거'를 결정하여야 한다. 예를 들어, 뇌성마비 학생의 경우에 자판기에서 캔이 나오면 허리를 구부려서 자판기 구멍 속에 손을 넣어서 캔을 꺼내기가 어려운 경우에는 교사, 부모, 또래 중 한 명이 꺼내준다고 하여서 이 부분은 제3자가 해주는 것으로 최종 수행 준거를 정할 수도 있다. 또 다른 예로서 '볼링장 이용하기'에서 볼링을 할 레인을 기다리고 있는 장애 학생에게 종업원이 3번 레인에 가서 볼링을 시작하라고 말했는데 장애 학생이 수 개념의 어려움으로 레인을 찾아가는 데 어려움이 있을 수 있다. 이때에는 종업원이 3번 레인까지 안내하는 것으로 최종 수행 준거를 결정할 수도 있다.

② 교실에서의 사전 지도

지역사회 중심교수를 성공적으로 수행하기 위해서는 교실 안에서 적절하게 사전 지도를 하는 '교실에서의 모의수업'도 매우 중요하다.

교실에서 모의수업을 통해서 습득한 기술이 지역사회에서 일반화가 어려운 점이 있기 때문에 비판하는 경우도 있으나 교실에서의 모의수업도 다음과 같은 장점이 있다(장혜싱, 2005).

- 학생이 지역사회현장에서 연습 없이 수행하기 어려운 단계들을 따로 분리하여서 연습할 수 있는 기회를 여러 번 제공할 수 있다(McDonnell, Wilcox, & Hardman, 1991). 예를 들어, 자판기 이용하기, 현금인출기 이용하기, AAC 전자도구 이용하기 등은 교실에서 사전 지도가 없으면 지역사회 현장에서 수행이 어렵다. 그리고 지역사회 주민들이 자주 이용하는 자판기, 현금인출기 앞에서 오랜 시간 연습하기가 어려울 수 있다.
- 교실에서 필요한 능력을 미리 연습하고 나가면 실수도 최소화되므로 학생들이 성취욕과 자신감이 생겨서 더 잘 수행하게 된다. 예를 들어, 돈 개념이 부족한 학생인 경우에 가게에서 물건을 구매할 때에 천 원을 내고 거스름돈을 받아서 지갑에 넣는 연습을 하거나 문구점에 가서 종업원에게 사기 원하는 물건을 주문하는 것을 교실에서 연습을 하고 가면 효과적이다(장혜성, 2005).
- 구어로 식당에서 음식 주문하기가 어려운 경우 "김치 김밥 하나 주세요" 음성이 나올 수 있게 AAC 전자도구를 누르는 연습을 미리 하고 가면 식당에서 자연스럽게 음식주문이 가능해진다.

학생의 지역사회 적응 기술 습득을 위해서 지역사회 중심교수를 실행하되 교실 안에서의 모의수업을 적절하게 사용하면 더욱 효과적이다. 그러므로 교실에서의 모의수업을 비효과적인 방법이라고 해서 무조건 배제해서는 안 되며 지역사회 중심교수의 보조 지도방법으로서 적절히 사용하면 효과적으로 지역사회 중심교수를 도울 수 있다.

〈표 8-21〉 지하철 이용하기 교실에서의 모의 수업의 예

내 용	교수내용	장애 학생의 역할	자 료
이용 방법 설명	교사가 지하철 이용하기를 과제분석 순서대로 찍은 사진을 이용하여서 지하철 이용방법과 사회적 행동에 대해서 설명한다.	사진을 보면서 설명을 듣는다.	파워 포인트 자료
	동영상을 함께 보면서 지하철 이용방법과 예상하지 않은 일이 발생했을 때의 문제해결방법에 대해 설명한다(예: 카드가 안 찍힐 때에).	동영상을 시청하면서 연구자 설명을 듣는다.	동영상

[그림 8-20] 교사가 교실에서 지하철 나가는 곳을 설명하고 있다.

③ 시각적 단서 이용

청각적 단서를 통한 의사소통에 어려움이 있는 장애 학생을 교수할 때에 시각적 단서를 이용하면 매우 효과적이다(McDonnell, Wilcox, & Hardman, 1991). 시각적 단서를 이용하여서 장애 학생을 교수하였을 때의 장점과 고려점은 다음과 같다.

가) 장점

• 특수교육대상자는 순간적으로 지나가는 단서인 청각적인 단서를 집중해서 듣고 기억하여서 이해하는 과정에 어려움을 보인다. 특수교육대상자는 청각적 단서에 주의집중을 하고 그 청각적 단서를 해석하는 능력에 어려움을 보이므로, 청각적 단서보다는 시각적 정보를 더 잘 이해할 수 있다. 특히

언어이해력이 많이 지체되는 중도·중복 장애 학생은 언어로만 의사소통하는 것보다 시각적 단서를 병행하면 더 효과적이다(권용덕, 장혜성, 2012; 이금진, 1997; 이소현, 1995; Cafiero, 1998).

- 그림, 글자, 상징들은 일반인 누구나 이해가 가능하므로 어디서나 누구하고도 손쉽게 사용할 수 있고(권용덕, 장혜성, 2012; Cafiero, 1998; Scheuermann & Webber, 2002), 지역사회 중심교수 시에도 가지고 다니면서 간편하게 사용할 수 있다. 그러므로 시각적 단서를 사용하여서 교수하는 것은 교사, 부모, 지역사회 주민 모두가 시각적 단서를 위한 촉진자가 되어서 성공적인 지역사회 적응 기술을 증진시킬 수 있다.
- 언어로 설명하면 이해가 어려운 특수교육대상자에게 목표행동을 지도할 때에 과제분석 단계를 시각적으로 제시하여 주면 좀 더 효과적으로 수행할 수 있다(장혜성, 2001; 장혜성, 박승희, 2002; Cafiero, 1998; Center for Autism & Related Disabilities, 2000; Hodgdon, 1995).
- 시각적인 단서는 특수교육대상자가 지역사회에서 독립적으로 사용할 수 있다. 특별히 지역사회에서 사람들 눈에 띄지 않으면서도 간편하게 사용할 수 있다. 그러므로 시각적 단서 사용은 특수교육대상자의 자발적인 참여를 증가시키며, 그들의 적극성, 독립성을 높일 수 있다.

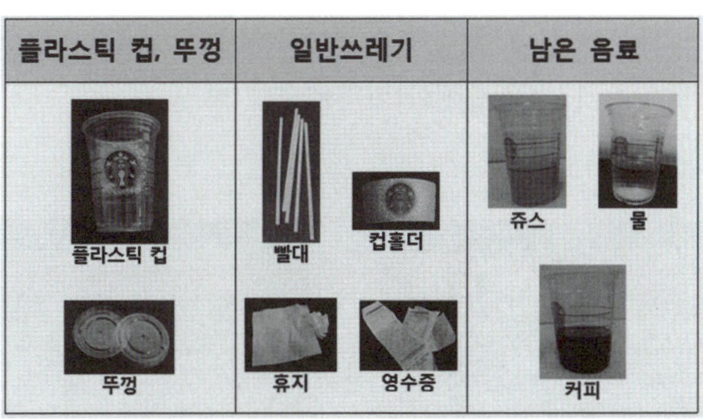

[그림 8-21] 카페에서 분리수거하는 방법을 시각적 단서로 표시하였다.

나) 고려점

시각적 단서를 사용하여서 지역사회 적응 기술을 지도할 때에는 다음과 같은 점을 고려하여야만 지역사회 중심교수 시에 효과를 가져올 수 있다(장혜성, 2005).

- 개별적으로 해석할 수 있는 능력을 고려하여서 시각적 단서를 사용하여야 한다. 예를 들어, 글자해독이 가능한 경우에는 글자를 사용해도 좋으나 글자해독이 어려운 경우에는 그림이나 사진을 사용하여야 한다.

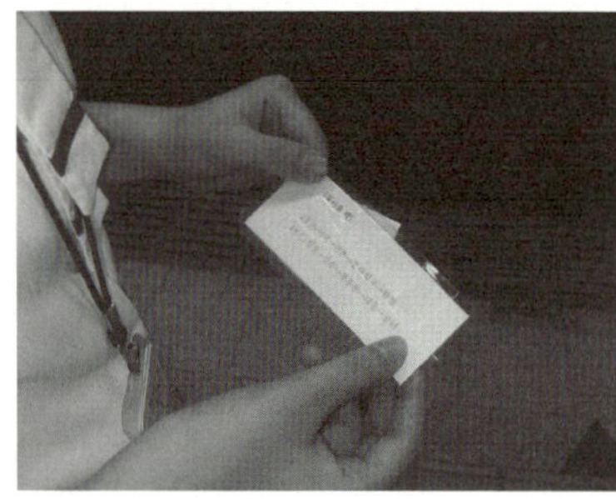

[그림 8-22] 지하철 노선표를 학생 능력에 맞게 수정해서 제시하였다.

- 지역사회환경이나 교육기관에서 시각적 단서를 이용할 때에는 일반 학생들과 지역사회주민이 주의를 기울일 정도로 너무 시각적 단서가 크면 장애 낙인을 찍게 할 수 있다. 시각적 단서 크기를 가능하면 손바닥 크기보다 작게 만들어서 눈에 잘 뜨이지 않으면서 쉽게 들고 다닐 수 있게 만드는 것이 적절하다.
- 지역사회에 나가면 쉽게 흥분하고 산만해질 수 있다. 그러므로 시각적 단서를 사용하기 전에 장애 학생에게 언제, 어느 장소에서 시각적 단서를 사용할 것인지를 미리 구체적으로 지도하여야 한다.

[그림 8-23] 패스트푸드점 입구 찾기와 물휴지 사용법을 시각자료를 사용하여 지도한다.

[그림 8-24] 사진을 보고 동일한 모양이 있는 곳이 버스정류장임을 인식하게 한다.

[그림 8-25] 버스도착알림판을 보고 탑승정보를 확인하게 한다.

④ 최소촉진법

학생이 바람직한 행동을 수행하도록 하기 위해, 언어적 촉진, 신체적 촉진, 시범 보이기, 공간적 촉진, 시각적 촉진법(〈표 8-22〉 참조)이 광범위하게 사용되고 있는데, 이 중에서 최소촉진법은 가장 조금 개입하는 촉진에서부터 가장 많이 개입하는 촉진까지 단계적으로 촉진을 사용하는 것을 의미한다.

최소촉진법은 학생이 잘못 반응을 하거나 반응을 하지 않을 때에 최소한의 촉진을 제공하여 반응의 기회를 주는데, 최소에서 최대까지 모든 촉진이 적절한 반응이 나타날 때까지 계속 반복된다(Doyle, Wolery, Ault, & Gast, 1988).

최소촉진법을 사용하여서 지역사회 적응 기술을 지도하면 독립적 수행이 증가된다. 그리고 실제 지역사회에서 직접 지도할 때에 장애 낙인을 줄일 수 있다는 점에서 최소촉진법의 사용은 매우 긍정적인 교수법이라고 할 수 있다.

〈표 8-22〉 촉진 적용의 예

촉진 종류	적용의 예
언어적 촉진	• 가게에서 구매할 물건을 카운터 위에 올려놓지 않고 서 있을 때에 "색연필을 여기에 올려놓아야지" 하고 말로 설명하여 준다.
시범 보이기	• 교사가 먼저 구입할 물건을 카운터 위에 올려놓아서 학생이 보고 따라 하도록 한다.
신체적 촉진	• 학생의 물건을 교사가 학생과 함께 손으로 잡아서 카운터 위에 올려놓는다.
공간적 촉진	• 학생이 구매할 물건을 카운터 위에 잘 올려놓을 수 있도록 카운터 가까이 서게 한다.
시각적 촉진	• 물건 구매하는 장면을 순서대로 찍은 사진을 제시하여서 사진을 보고 구매할 물건을 카운터 위에 잘 올려놓을 수 있도록 한다.

⑤ 시간 지연

시간 지연법은 각 과제분석 목표에 학생이 반응할 수 있는 일정한 시간(약 5초 정도)을 기다려 주는 것이다(Wolery et al., 1992). 계획한 일정 시간에 반응을 하였는데 오반응을 하거나 시간이 지났는데도 반응하지 않으면 지도를 시작하게 된다. 시간 지연법은 지역사회 적응 기술과 같이 과제분석 목표를 중심으로 지도할 때에 효과적이며(Westling & Fox, 2000), 최소촉진법과 함께 사용할 때에 더 효과적이다(최윤정, 2004; Cooper & Browder, 1998). 그리고 학생이 반응할 수 있는 일정한 시간을 기다려주는 방법으로 교사가 주도하는 방법이 아니고 장애 학생의 자연적인 반응을 촉진하는 방법이므로 사회적 수용도가 높은 지역사회 중심교수 전략이다(Wolfe, 1994).

⑥ 사회적 행동지도

초기 단계의 지역사회 적응 기술지도방법은 '지역사회라는 물리적인 장소'에서 단순하게 지역사회 적응 기술을 지도하는 것이라고 생각을 하였다. 그래서 지역사회 적응 기술을 습득하여서 지역사회에서 독립적으로 활동할 수 있더라도 지역사회에서 적절한 인간관계 및 사회적 규범 안에서 일반인들과 함께 활동할 때에

〈표 8-23〉 지하철 이용하기 과제분석 중에서 사회적 행동의 예

지하철 이용하기 과제분석(음영 부분: 사회적 행동)
합정역 방향의 지하철 타는 곳으로 간다.
지하철 기다리는 장소에 선다.
지하철이 올 때까지 자리를 이탈하지 않고 조용히 서서 기다린다([그림 8-26] 참조).
지하철이 오는 소리를 듣는다.
문이 열리고 사람들이 내릴 때까지 기다려서 지하철 안으로 들어간다.
빈자리가 있는 경우 빈자리에 앉는다.
빈자리가 없는 경우 손잡이를 잡고 서 있는다.
무조건 먼저 앉지 말고 연장자에게 자리를 양보한다.
왔다 갔다 하지 않고 조용히 있는다.

요구되는 사회적 행동의 중요성에 대해서는 강조를 하지 않았다. 학생이 사회적 행동을 습득하지 않으면 비장애인들과 다른 특이한 행동이 너무 드러나서 일반인들에게 수용되기 어려운 점(Certo, Mezzullo, & Hunter, 1985; Westling, Floyd, & Carr, 1990)이 있으므로 지역사회 적응 기술을 지도할 때에 사회적 행동을 함께 지도하여야 한다(<표 8-23> 참조).

[그림 8-26] 지하철이 올 때까지 자리를 이탈하지 않고 조용히 서서 기다린다.

3) 지도 시 고려점

(1) 인원

지역사회 중심교수 시에 학생의 수는 최대 4~5명을 넘지 않는 것이 좋다. 왜냐하면 학생 수가 많으면 개별적으로 지도하기가 어렵고 교사와 또래 간의 상호작용하기에도 적절하지 않기 때문이다. 그리고 음식점, 가게 등 지역사회기관을 방문하였을 때에 많은 수의 학생이 한꺼번에 들어가게 되면 많은 사람의 주목을 끌게 되어서 자연스럽게 지역사회의 구성원으로서 활동하기가 불편할 수 있다.

(2) 횟수

지역사회 중심교수 횟수는 처음에는 일주일에 여러 번 지도하는 것이 적절하다. 일단 습득이 되면 유지될 수 있게 횟수를 줄여서 지역사회에서 지속적으로 재시도한다. 예를 들어, 자판기 사용법을 완전히 습득하였으나 방학이 지나고 온 다음에 사용법을 부분적으로 잊어버려서 다시 지도해야 되는 경우가 있다. 방학 등으로 교사가 지속적으로 지도하기가 어려운 경우에는 구체적인 지도방법을 부모에게 알려드려서 필요시에 가정에서 연계히여서 지도하도록 힌다.

(3) 시간

처음 지역사회 중심교수를 진행할 때에는 사람이 많은 시간을 피하여서 조용한 시간에 지도를 하여서 충분하게 기술이 습득이 되면 조금씩 붐비는 시간에 지도하는 것이 효과적이다. 예를 들어, 패스트푸드점 이용하기를 처음으로 지도할 때에는 점심시간대를 피하여서 지도를 하다가 어느 정도 숙달이 되면 점심시간에 가서 지도하는 것이 좋다.

반복적으로 지도할 필요가 있을 때에는 인위적으로 반복하지 말고 관련 있는 지역사회 적응 기술과 연계하여서 지도한다. 예를 들어, 현금인출기 이용하기를 지도할 때에는 은행에 가서 돈을 인출하기를 무의미하게 반복적으로 연습하지 말고 현금인출기에서 돈을 출금해서 마트에 가서 생필품을 구입하기와 관련지어서 지도한다. 그리고 패스트푸드점 이용하기를 지도할 때에는 영화를 본 다음에 영화관 건물에 있는 패스트푸드점 이용하기와 연계하여서 지도한다.

4) 지역사회 적응 기술 지도의 예

학생이 지역사회의 구성원으로 살아가기 위해서 가장 많이 사용되는 물건 구매하기, 패스트푸드점 이용하기, 교통기관 이용하여 지역사회 이동하기를 지역사회 중심교수를 통하여 지도하는 과정의 구체적인 예이다.

(1) 마트 이용하기

물건을 구매하는 활동은 인간이 독립적으로 살아가기 위한 매우 중요한 기술로서 학생에게 실제로 많은 효과를 보고 있으며, 특히 중·고등부 학생들은 물건을 구매하는 것에 관심이 많으므로 동기화가 될 수 있다. 물건 구매하기의 지도과정은 다음과 같다.

〈표 8-24〉 마트 이용하기 지도과정

순서	활동	구체적인 활동 내용
1	구매할 물건의 리스트를 만든다.	• 학생이 구입하여야 할 생필품 또는 학교에서 가사실습 때에 필요한 식빵들을 구입하여서 구매욕구가 생기게 한다. • 한글 해독이 안 되면 그림을 사용한다.
2	과제분석을 구체적으로 한다.	• 표준화된 과제분석표(〈표 8-25〉 참조)를 만들고 난 다음에 각 학생의 학습능력, 나이, 선호도를 고려하여서 최종 수행목표를 결정한다.
3	교실 중심 교수를 통해서 사전 연습을 한다.	• 구매할 리스트 만들기([그림 8-27] 참조). • 지갑에서 돈 꺼내서 종업원에게 돈을 내고 거스름돈을 받는 연습을 한다. 또는 현금체크카드 사용 방법을 지도한다. • 도움 요청하는 연습을 모의활동을 통해서 해본다. (예: 샴푸 어디 있어요?). • 마트에서 지켜야 할 점에 대해서 지도한다. (〈표 8-26〉 참조).
4	연계되는 활동도 함께 지도한다.	• 길 건너기 • 교통기관을 이용하여서 가게까지 가기 • 현금인출기에서 필요한 돈 찾기
5	과제분석표를 근거로 하여서 수행결과를 기록한다.	• 지속적으로 반복지도하였으나 실패하는 경우는 과제 활동을 단순화하거나 활동 내용을 수정하여 재시도한다 (〈표 8-27〉 참조).
6	가정과 연계하여서 지도한다.	• 부모에게 구체적인 과제분석표를 제공하여서 구매 시마다 가정에서도 동일한 방법으로 연계하여서 지도하도록 격려한다.

〈표 8-25〉 마트 이용하기 과제분석 일부의 예

영역	행동 목록	수행 정도	수행 여부	수행 여부	수행 여부
			/	/	/
마트 이용 하기	○○마트 간판을 보고 어디 있는지 찾는다.				
	입구를 찾는다.				
	마트 안으로 들어간다.				
	장바구니를 찾아서 든다.				
	매장 쪽으로 들어간다.				
	구입할 물건 목록을 꺼내어 구입할 물건이 어디 있는지 찾는다.				
	어디 있는지 모를 경우에는 직원에게 물어 본다.				
	찾은 물건을 바구니에 담는다.				
	물건 목록을 보면서 물건을 다 샀는지 본다.				
	사야 할 물건을 다 샀으면 계산대가 있는 곳이 어디인지 찾는다.				
	계산대로 간다.				
	사람이 많이 없는 곳에 줄을 선다.				

물건 구입 계획서 - 합계

품 명	수 량	가 격	분 류
티셔츠	1	9,900원	의류
밴드	1	1,000원	의약품
합 계			

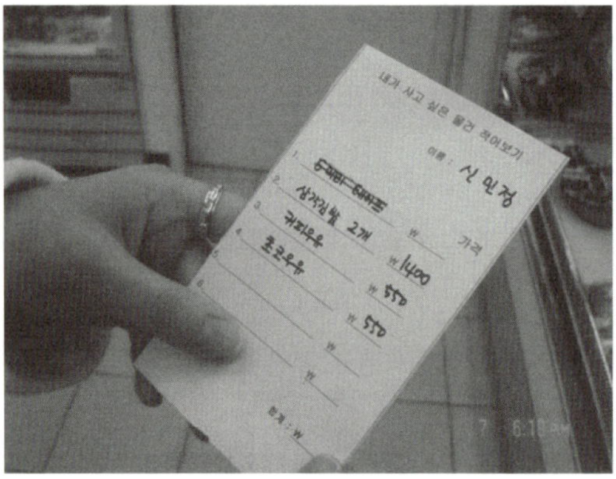

[그림 8-27] 구입하기 원하는 물건 리스트를 만들어서 마트에 가지고 간다.

〈표 8-26〉 마트 이용하기에서 필요한 사회적 행동의 예

- 도와주었을 때에 "감사합니다" 하고 인사하기
- 카운터에서 순서 기다리기
- 떠날 때에 "안녕히 계세요" 하고 인사하기
- 사지 않는 물건 만지지 않기
- 실수했을 때에 "미안합니다, 죄송합니다" 하고 말하기
- 흥분하지 않고 감정 조절하여서 공공장소에서 크게 떠들거나 뛰어다니지 않기
- 부적절하게 모르는 사람 만지지 않기

물건을 구매하였을 때에 돈 개념이 부족해서 적절한 돈을 내는 것이 어려운 경우가 있다. 이때에는 현금체크카드를 사용하거나 표준 과제분석을 다음과 같이 수정하여서 사용하면 효과적이다.

〈표 8-27〉 물건을 구매할 때에 수정된 과제분석의 예

영역	행동	개별에 맞게 수정
물건 구매 하기	직원에게 적절한 돈을 낸다.	지갑에서 돈을 꺼낸다.
		돈을 직원에게 낸다.
		거스름돈을 받을 때까지 기다린다.
		거스름돈과 영수증을 받는다.
		거스름돈과 영수증을 지갑에 넣는다.

[그림 8-28] 마트에서 돈을 지불하고 있다.

(2) 패스트푸드점 이용하기

패스트푸드점은 누구나 즐겨 이용하는 매우 중요한 지역사회 환경이다. 특히 중·고등부 학생들이 매우 선호하는 장소이므로 지도 효과가 매우 높고 비장애 또래와의 통합을 위해서도 매우 필요한 환경이다.

패스트푸드점 이용하기 지도과정은 다음과 같다.

〈표 8-28〉 패스트푸드점 이용하기 지도과정

순서	활동	구체적인 활동 내용
1	적절한 패스트푸드점을 선택하기	• 학생 자신에게 선호하는 패스트푸드점을 물어보아서 결정한다. • 학교에서 친구들과 자주 가는 장소 또는 부모에게 물어보아서 패스트푸드점을 선정한다.
2	패스트푸드점에 답사를 간다.	• 현재 사용 중인 메뉴판을 얻어온다. • 분리수거 방법, 한가한 시간, 종업원의 태도, 화장실 위치, 교통편 등을 알아본다. • 언제 방문 예정임을 직원에게 알려도 좋다. • 패스트푸드점 매니저의 허락하에 교실 모의 수업을 위한 사진 또는 동영상을 찍는다.
3	과제분석을 구체적으로 한다.	• 표준화된 과제분석표(〈표 8-29〉 참조)를 만들고 난 다음에 각 학생의 학습능력, 나이, 선호도를 고려하여서 최종 수행목표를 결정한다. • 돈개념이 어려운 경우에는 표준 과제분석을 수정한다 (〈표 8-30〉 참조). • 키오스크를 사용하여 주문이 가능한 학생에게는 이 방법을 이용하도록 과제분석표를 만든다.
4	교실 모의수업을 통해서 사전 연습을 한다.	• 음식 주문하기 말로 의사소통이 어려운 경우에는 메뉴판을 손가락으로 지적하거나 AAC 전자도구 아이콘을 누르게 지도한다. • 분리수거 방법을 찍어온 사진 또는 동영상을 제시하면서 지도한다([그림 8-32] 참조). • 모의역할로 직원에게 주문하는 연습을 한다. • 패스트푸드점에서 지켜야 할 점인 사회적 행동에 대해서 지도한다.(〈표 8-31〉 참조). • 케첩 짜기 등을 연습한다.
5	연계되는 활동도 함께 지도한다.	• 길 건너기 • 교통기관을 이용하여서 패스트푸드점까지 가기 • 현금인출기에서 필요한 돈 찾기
6	과제분석표를 근거로 하여서 수행결과를 기록한다.	• 지속적으로 반복지도하였으나 실패하는 경우는 과제 활동을 단순화하거나 활동 내용을 수정하여 재시도한다.
7	가정과 연계하여서 지도한다.	• 부모에게 구체적인 과제분석표를 제공하여서 구매 시마다 가정에서도 동일한 방법으로 연계하여서 지도하도록 격려한다.

〈표 8-29〉 패스트푸드점 이용하기 과제분석 일부의 예

영역	행동 목록	수행 정도	수행 여부	수행 여부	수행 여부
			/	/	/
셀프 음식점 이용	패스트푸드점이 있는 곳을 찾아간다.				
	메뉴를 보고 원하는 음식을 고른다(메뉴판).				
	카운터로 걸어간다.				
	줄을 선다.				
	주문하기 위해서 자리 이탈을 하지 않고 조용히 서서 기다린다.				
	주문순서가 되면 원하는 메뉴를 말하거나 AAC 전자도구 아이콘을 누른다.				
	"여기서 드실 거예요?" 하고 종업원이 물으면 대답한다.				
	현금 또는 현금체크카드를 낸다.				
	거스름돈을 받아서 지갑에 넣는다.				
	지갑을 주머니에 넣는다.				

* 음영 부분은 사회적 행동을 의미한다.

음식을 주문한 다음에 돈 개념이 부족해서 적절한 돈을 내는 것이 어려운 경우가 있다. 이때에는 현금체크카드 사용방법을 지도하거나 과제분석을 다음과 같이 수정하여서 사용하면 효과적이다.

〈표 8-30〉 패스트푸드점 이용하기의 수정된 과제분석의 예

영역	행동	개별에 맞게 수정
물건 구매하기	종업원에게 적절한 돈을 낸다.	지갑에서 돈을 꺼낸다.
		만원을 종업원에게 낸다.
		거스름돈을 받을 때까지 기다린다.
		거스름돈과 영수증을 받는다.
		거스름돈과 영수증을 쟁반 위에 놓는다.
		거스름돈은 음식을 받아서 자리에 돌아온 후에 지갑에 넣는다.

교실에서 사전지도를 할 때에 다음과 같은 메뉴판을 이용하여서 패스트푸드점 사용방법에 대해서 구체적으로 지도한 다음에 실제 지역사회 패스트푸드점에서 지도하면 효과적이다.

[그림 8-29] 주문할 메뉴를 선택한다.

[그림 8-30] 금액에 맞는 돈을 낸다.

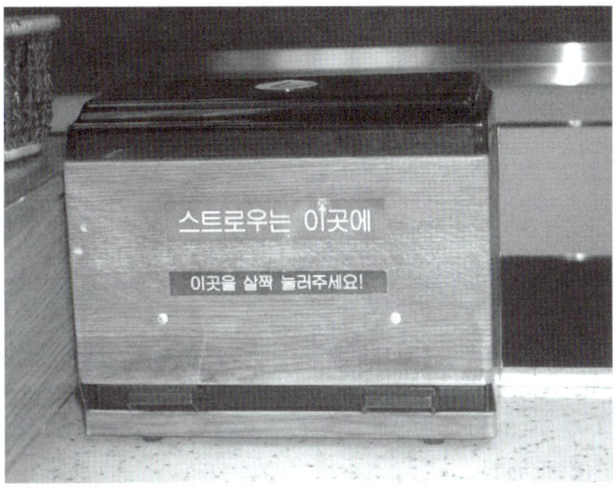

[그림 8-31] 빨대를 개수만큼 꺼낸다.

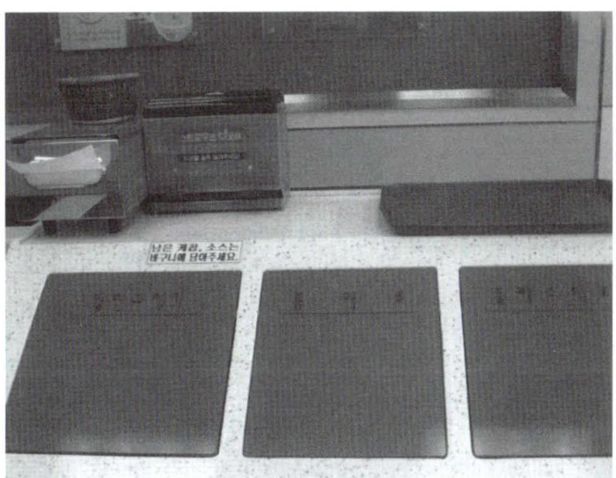

[그림 8-32] 쓰레기를 분리하여 버린다.

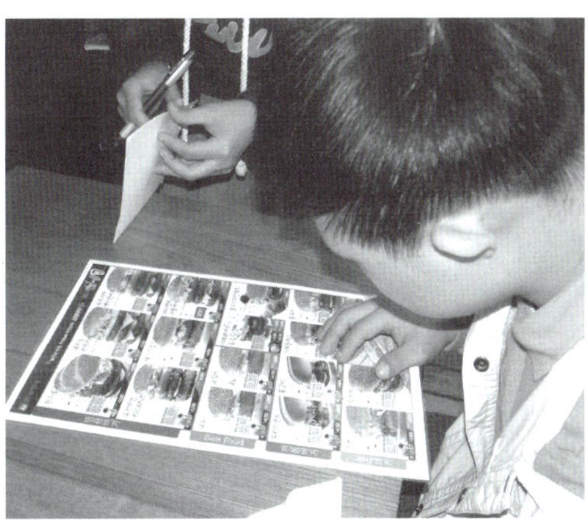

[그림 8-33] 교실에서 모의 역할로 주문하는 연습을 한다.

〈표 8-31〉 패스트푸드점에서 지켜야 할 점

• 입 속의 음식물이 보이지 않게 먹기 • 휴지로 입 주위 닦기 • 입 속에 음식이 있을 때에 음식을 더 넣지 않기 • 소리 내지 않고 먹기 • 음식 흘리지 않기 • 지나치게 큰 소리로 떠들지 않기 • 남의 음식을 허락 없이 집어 먹지 않기 • 주문 시에 차례 기다리기

[그림 8-34] 패스트푸드점에서 친구들과 함께 적절하게 상호작용하면서 음식을 먹고 있다.

(3) 버스로 지역사회 이동하기

지역사회 적응 기술을 이용하려면 보행이나 교통수단을 이용하여서 목적지까지 이동하여야 하므로 지역사회이동은 장애 학생에게 매우 중요하다. 남의 도움없이 스스로 지역사회를 이동할 수 있다면 본인이 가기를 원하는 패스트푸드점, 수영장, 작업장, 가게에 갈 수 있으므로 매우 독립적인 활동을 할 수 있다.

〈표 8-32〉 버스로 지역사회 이동하기의 지도 과정

순 서	활 동	구체적인 활동 내용
1	목적지를 결정한다.	• 의미 없이 버스를 타고 왔다 갔다 하지 말고 다른 활동과 연계하여서 지도한다. (예: 패스트푸드점, 영화관, 마트 등을 가기 위해서 버스 타기)
2	과제분석을 구체적으로 한다.	• 표준화된 과제분석표(〈표 8-33〉 참조)를 만들고 난 다음에 각 학생의 학습능력, 나이, 선호도를 고려하여서 최종 수행목표를 결정한다.
3	교실 중심 교수를 통해서 사전 연습을 한다.	• 사용할 버스 번호를 인지하게 한다. • 과제분석을 근거로 하여서 각 단계를 사진으로 찍어서 미리 과정을 예측하게 한다. • 목적지를 인지할 수 있는 목표물을 찍어와서 보여준다. • 버스카드 단말기에 카드를 적절하게 대도록 지도한다. • 버스 안에서 지켜야 할 점에 대해서 설명한다. (〈표 8-34〉 참조).
4	연계되는 활동도 함께 지도한다.	• 길 건너기 • 정류장에서 내려서 목적지(예: 패스트푸드점, 마트, 수영장 등)까지 가기
5	과제분석표를 근거로 하여서 수행결과를 기록한다.	지속적으로 반복지도하였으나 실패하는 경우는 과제 활동을 단순화하거나 활동 내용을 수정하여 재시도한다〈표 8-35〉 참조).
6	가정과 연계하여서 지도한다.	부모에게 구체적인 과제분석표를 제공하여서 외출 시에 가정에서도 동일한 방법으로 연계하여서 지도하도록 격려한다.

〈표 8-33〉 버스 이용하기 과제분석 일부의 예

영 역	행동 목록	수행 정도	수행 여부	수행 여부	수행 여부
			/	/	/
버스 이용하기	버스가 오면 문이 열릴 때까지 기다린다.				
	버스 계단을 올라간다.				
	교통카드를 단말기에 찍는다.				
	빈자리를 찾는다. (빈자리가 없다면 서있을 자리를 찾는다)				
	빈자리에 앉는다. (빈자리가 없다면 손잡이를 잡아 넘어지지 않게 선다)				
	버스 안에서 조용히 있는다.				
	방송에 귀 기울여 목적지가 가까워 오면 벨을 누른다.				
	버스가 서기를 기다린다.				

* 음영 부분은 사회적 행동을 의미한다.

〈표 8-34〉 버스를 이용할 때에 지켜야 할 점

- 어른부터 먼저 앉도록 양보한다.
- 버스 안에서 왔다 갔다 하지 않는다.
- 좌석에 앉을 때에 다리를 모으고 앉는다.
- 크게 떠들지 않는다.
- 내릴 곳을 인지하기 위하여서 창밖을 쳐다본다.
- 방송이 나올 때에는 주의하여 듣는다.
- 내릴 장소에 가까이 오면 벨을 누른다.
- 버스에서 내릴 때에는 좌우를 살펴본다.

교통카드를 이용하여서 다음과 같은 방법으로 지도한다.

〈표 8-35〉 버스로 지역사회 이동하기의 예

영역	행동	수정된 과제분석의 예
버스 타기	교통카드를 찍는다.	지갑에서 교통 카드를 꺼낸다.
		교통 카드 단말기를 찾는다.
		교통카드를 교통카드 단말기에 갖다 댄다.
		교통카드를 지갑에 넣는다.

[그림 8-35] 버스를 이용하여 목적지로 이동하기를 지도하고 있다.

5) 지역사회 적응 기술 지도를 위한 과제분석의 예

다음은 지역사회 적응 기술을 지도하기 위한 교통기관 이용하기, 지역사회 시설 이용하기, 여가 시설 이용하기 과제분석의 예이다. 지역사회 중심교수를 위한 과제분석의 예는 모든 장애 중·고등학생에게 적절한 것은 아니며 학생의 개별적 요구에 적절하게 수정하여서 사용하여야 한다.

(1) 교통기관 이용하기

〈표 8-36〉 지하철 이용하기 과제분석의 예

행동 목록	지원 정도	수행 여부	수행 여부
		/	/
○호선 지하철 입구를 찾는다.			
지하철 계단(에스컬레이터)을 내려간다.			
지갑에서 무임용 교통카드를 꺼낸다.			
↙표시(들어가는 곳) 있는 곳에 다가간다.			
개찰구 단말기에 교통카드를 댄다.			
문이 열리면 들어간다.			
교통카드를 지갑 속에 넣는다.			
타는 방향으로 찾아 걸어간다.			
계단(에스컬레이터)을 내려간다.			
지하철 기다리는 표시 지점에 선다.			
자리를 이탈하지 않고 조용히 서서 기다린다.			
지하철이 오는 소리를 듣는다.			
문이 열릴 때까지 기다린다.			
문이 열리면 사람들이 내릴 때까지 기다린다.			
안으로 들어간다.			
빈자리를 찾는다. (자리가 없을 때는 손잡이를 잡고 한자리에 서 있는다)			
빈자리에 앉는다.			
무조건 먼저 앉지 말고 연장자에게 자리를 양보한다.			
왔다 갔다 하지 말고 조용히 있는다.			
내리는 곳을 알기 위하여 안내방송을 잘 듣는다.			
내릴 장소가 가까이 오면 문 입구로 걸어가서 기다린다. (문에 기대거나 손을 대지 않게 해주세요)			
문이 열릴 때까지 기다린다.			
문이 열리면 발판 틈으로 발이 빠지지 않게 내린다.			
나가는 곳을 찾는다.			
주머니에서 교통카드를 꺼낸다.			
↙표시(들어가는 곳) 있는 곳에 다가간다.			

행동 목록	지원 정도	수행 여부	수행 여부
		/	/
개찰구 단말기에 교통카드를 대고 통과한다.			
교통카드를 지갑 속에 넣는다.			
밖으로 나가는 곳을 찾아서 나온다.			
도움을 받으면 "감사합니다" 하고 인사를 한다.			

* 음영 부분은 사회적 행동을 의미한다

[그림 8-36] 개찰구 단말기에 교통카드를 대고 통과한다.

(2) 지역사회 시설 이용하기

〈표 8-37〉 주문 음식점 이용하기 과제분석의 예

행동 목록	지원 정도	수행 여부	수행 여부
문을 연다.			
빈자리를 찾는다.			
빈자리로 걸어간다.			
빈자리에 앉는다.			
메뉴판을 본다.			
원하는 음식을 선택한다.			
종업원에게 원하는 음식을 말한다(메뉴를 손으로 지적하거나 AAC 전자도구 아이콘을 누른다).			
음식이 나오기까지 조용히 기다린다.			

행동 목록	지원 정도	수행 여부	수행 여부
컵에 물이 넘치지 않게 따른다.			
컵을 잘 잡고 물을 흘리지 않고 마신다.			
주문한 자신의 음식을 보고 손으로 잡는다.			
자신의 음식을 앞에 놓는다.			
어른이 있으면 먼저 어른이 드실 수 있게 기다린다.			
젓가락으로 먹는다.			
자리를 이탈하지 않고 먹는다.			
입가에 묻은 것을 휴지로 닦는다.			
다 먹은 후 가족이 먹을 때까지 기다린다.			
자리에서 일어난다.			
의자를 식탁 쪽으로 밀어서 넣는다.			
카운터를 찾는다.			
카운터로 걸어간다.			
"얼마예요" 물어보거나 AAC 전자도구 아이콘을 누른다.			
돈을 낸다.			
거스름돈을 받는다.			
"감사합니다" 하고 말하거나 AAC 전자도구 아이콘을 누른다.			
문을 찾는다.			
문을 열고 나온다.			

* 음영 부분은 사회적 행동을 의미한다.

[그림 8-37] 주문 음식점에서 음식을 주문해서 먹는다.

〈표 8-38〉 도서관 이용하기 과제분석의 예

행동 목록	지원 정도	수행 여부	수행 여부
		/	/
도서관 정문으로 걸어 들어간다.			
열람실에 들어가 책 검색대 있는 쪽으로 걸어간다.			
소리 나지 않게 조용히 발끝으로 걸어간다.			
책 검색대 앞에 선다.			
읽고 싶은 책 제목을 검색하는 난에 적는다.			
'검색하기'를 누른다.			
검색 후 나온 여러 목록 중에서 원하는 책을 클릭한다.			
책 제목, 출판 연월일, 열람번호 등 써 있는 것 중 열람번호가 어떤 것인지 찾는다.			
검색대 옆에 있는 종이와 펜을 가지고 온다.			
열람번호를 종이에 쓴다.			
열람번호를 쓴 종이를 가지고 도서관 직원에게 간다.			
도서관 직원에게 "이것 좀 찾아 주세요!" 하고 부탁한다.			
도서관 직원에게 부탁할 때 다른 사람들이 책을 읽고 있으므로 조용히 말한다.			
도서관 직원이 가는 방향으로 조용히 따라간다.			
도서관 직원이 책을 찾아 주면 "감사합니다"라고 인사를 한다.			
대출대를 찾는다.			
대출하려는 사람이 한 명 이상이면 줄을 선다.			
지갑에서 대출증을 꺼낸다.			
차례가 되면 도서관 직원에게 책과 대출증을 준다.			
도서관 직원에게 책과 대출증을 받는다.			
도서관 직원에게 "감사합니다" 하고 인사를 한다.			
책을 가방에 넣는다.			
도서관을 나온다.			

* 음영 부분은 사회적 행동을 의미한다.

(3) 여가 시설 이용하기

〈표 8-39〉 영화관 이용하기 과제분석의 예

행동 목록	지원 정도	수행 여부	수행 여부
		/	/
극장 매표소를 찾는다.			
볼 영화와 상영 시간표를 본다.			
대기 번호표를 뽑는다.			
내 대기 번호표 순서가 되면 카운터에 간다.			
영화 제목과 상영 시간을 말한다.			
직원에게 영화비를 낸다.			
직원에게 영화표를 받는다.			
자기가 볼 영화가 상영되는 상영관을 찾아간다.			
영화표 안에 적혀 있는 좌석 번호를 찾아서 본다.			
영화관 안으로 들어간다.			
좌석표에 맞는 의자를 찾는다.			
의자에 앉는다.			
핸드폰을 끈다.			
앞 좌석을 발로 차지 않는다.			
조용히 영화를 끝까지 본다.			
영화가 끝나면 내 짐을 들고 일어난다.			
차례를 기다리면서 영화관을 나온다.			
쓰레기가 있으면 영화관을 나오면서 쓰레기통에 버린다.			

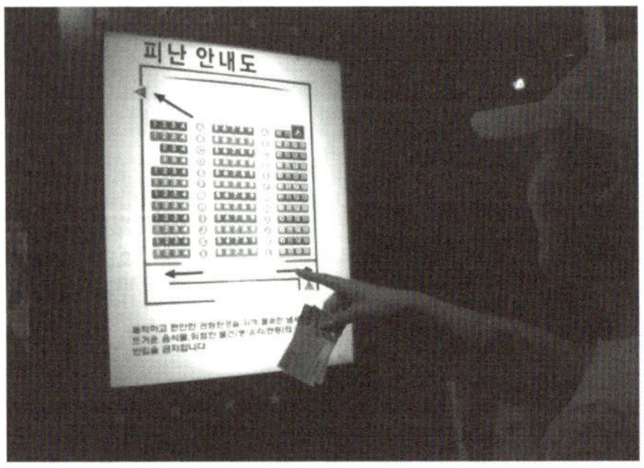

[그림 8-38] 좌석 번호의 위치를 확인한다.

〈표 8-40〉 노래방 이용하기 과제분석의 예

행동 목록	지원 정도	수행 여부	수행 여부
		/	/
노래방을 찾는다.			
카운터로 가서 직원에게 "30분(1시간) 할 거예요" 하고 말한다.			
학생들끼리 돈을 걷는다.			
직원에게 노래방비를 낸다.			
직원이 "○번 방으로 가세요" 하면 방을 찾아서 간다.			
원하는 의자를 선택해서 앉는다.			
기계에서 마이크를 꺼내서 테이블 위에 놓는다.			
카드에 적혀 있는 노래 중에서 원하는 노래를 선택한다.			
카드에 적혀 있는 선택한 노래 번호를 보고 리모컨에 입력한다.			
리모컨에 예약을 입력한다.			
자신이 부를 차례에 마이크를 잡고 노래를 부른다.			
혼자만 부르지 않고 돌아가면서 부른다.			
음료수를 먹고 싶으면 밖으로 나간다.			
냉장고에서 음료수를 꺼낸다.			
지갑에서 돈을 꺼내서 종업원에게 준다.			
거스름돈을 받아서 지갑에 넣는다.			
노래 부르던 방을 찾아서 들어온다.			

* 음영 부분은 사회적 행동을 의미한다.

행동 목록	지원 정도	수행 여부	수행 여부
		/	/
음료수를 먹다가 흘리면 휴지로 닦는다.			
이용시간이 끝나면 마이크를 제자리에 꽂는다.			
선곡책과 탬버린을 테이블에 올려놓는다.			
다 먹은 음료수를 휴지통에 버린다.			
가지고 온 노래 번호 카드를 가방에 넣는다.			
방을 나오기 전에 두고 가는 물건이 없는지 쳐다본다.			
방을 나온다.			
직원에게 "안녕히 계세요" 하고 인사한다.			
직원이 도움을 주면 "감사합니다" 하고 인사를 한다.			
문을 열고 나간다.			

* 음영 부분은 사회적 행동을 의미한다.

[그림 8-39] 원하는 노래 번호를 적어 놓은 카드를 이용하여 리모컨을 누르게 지도한다.

부록 I

발달 지체 유아 사례

1. 진단 · 평가

2. 현재 수행 평가

3. 장 · 단기 목표 설정

4. 관련서비스와의 연계

5. 개별화교육프로그램 평가

현우는 발달지체를 보이는 남자 유아이다. 자신의 생활 연령인 5세반에서 통합교육을 받고 있으며 특수교육 전공자인 자문교사를 초빙하여 매월 자문과정을 통해서 현우에 대한 지원을 받게 되었다.

1 진단 · 평가

① 현우가 활동하고 있는 유아교육기관에서 적응 정도를 평가하기 위해서 일화 기록(〈표 1〉 참조), 일과 적응 평가(〈표 2〉 참조)를 하였다.

② 현우의 현행발달 수준을 알아보기 위해서 영역별 발달평가표(〈표 3〉 참조)를 통하여 신변처리, 대·소근육, 사회성, 인지, 의사소통 영역을 평가하여 보았다.

③ 가정에서의 적응 상황과 현우에 대한 부모의 견해를 알기 위해서 어머니 상담을 실시하였다(〈표 4〉 참조).

〈표 1〉 일화 기록의 예

• 아 동 명: 임현우 • 생년월일: 2016. 6. 3. • 관찰시기: 2022. 3. 18. 11:50~12:20 / 자유놀이 • 관찰장소: 교실
• 관찰내용: 현우가 자유놀이 시간에 교실에서 소변을 보았다. 소변이 보고 싶으면 자위행위를 보이거나 성기를 만진다. 오늘은 큰 웃음으로 웃더니 그 자리에서 실수를 했다. 젖은 옷은 그 자리에서 벗고 교실을 뛰어다녔다. 이름을 불러도 오지 않고 계속 큰 소리로 웃으며 반응하지 않았다.
• 평가: – 아직 스스로 대·소변을 가리지 못한다. – 소변이 마려울 때 의사를 표현하지 않는다.
• 지도방법: 교실에서 소변을 보았지만 현우에게 "화장실 가자" 하며 화장실을 갈 수 있도록 언어적으로 촉진한다. 화장실에 가서 변기 앞에 설 수 있도록 하고 "쉬는 여기서 하는 거야!" 하며 변기를 가리키고 소변보는 것처럼 변기에 가까이 설 수 있도록 한다. 여벌 옷은 가져와서 "현우야! 팬티 입자!" 하며 옷을 스스로 입을 수 있도록 촉진한다.

• 관찰시기: 2022. 3. 25. 11:00~11:40 / 자유놀이 • 관찰장소: 교실
• 관찰내용: 현우가 자유놀이 시간에 미술영역에 있는 딱풀을 먹었다. 먹지 않도록 이야기하며 행동을 제한하자 큰 소리로 화를 내며 카페트 속으로 들어갔다. 이름을 부르고 카페트를 열려고 하자 손에 힘을 주며 물려는 행동을 보였다.
• 평가: –먹는 것, 먹지 못하는 것에 대한 구별이 정확하지 않다. –무엇이든 입에 가져가서 맛을 보려고 한다.
• 지도방법: 처음에는 현우가 풀에 대한 문제 행동을 보여 풀을 보이지 않도록 장속에 넣어 두었다가 미술활동 시 필요할 때만 꺼내어 사용한다. 풀을 먹는 횟수가 감소됨에 따라 풀을 조금씩 꺼내 놓는다.

〈표 2〉 일과 적응 평가표의 일부

일시	2022년 3월 21일	년 / 월/ 일	년 / 월/ 일	년 / 월/ 일
평가자	이혜란 교사			

일과 참여 행동	평가일		관찰 및 계획
	3/21		
등 원			
신발을 스스로 벗고 신발장에 넣는다.	+		
언어적 촉진을 받아 또래나 성인에게 인사한다.	△		꾸준한 행동모방과 언어촉진이 필요
윗옷을 벗어 옷걸이에 건다.	△		꾸준한 시범과 행동지도가 필요
가방을 자신의 자리에 넣는다.	–		언어적, 신체적 촉진으로 자기 자리로 이동하여 자리를 인지하고 정리 지도
가방에서 수첩을 꺼내어 도장을 찍는다.	–		스스로 가방을 열기도 어려움. 언어적, 신체적 촉진으로 지도.
자유놀이			
친구와 함께 어울려 논다.	–		친구와 함께 있는 시간이 없고 혼자 돌아다니므로 지속적인 지도가 필요
영역을 이탈하지 않고 영역 안에서 친구들과 함께 상호작용한다.	–		또래 집단과 함께 있는 것을 피하여 혼자 있으므로 또래와의 애착형성이 필요
놀잇감을 가지고 논다.	–		놀잇감을 필요로 하지 않음. 집중을 하지 못함. 놀잇감에 대한 관심 유도가 필요
대·소집단 활동에서 이탈 없이 5분 이상 함께 논다.	–		참여하지 못하고 이탈함. 교사가 함께 앉아 있어도 집중하지 못함. 조금씩 격려하며 시간을 늘려가야 할 것 같음
놀잇감을 제자리에 놓는다.	–		교사가 언어적 촉진으로 도움을 주어도 정리가 안 됨. 쉬운 행동부터 지도가 필요

일과 참여 행동	평가일		관찰 및 계획
	3/10		
자유놀이			
다른 친구가 놀이를 요청할 때 "응", "아니"로 대답할 수 있다.	△		자신의 기분에 따라 반응이 다르며 기분이 좋지 않을 때는 때리거나 싫은 표정을 지음
교사의 도움을 요청한다.	△		거의 요청을 하지 않으나 필요 시 교사의 손을 끌어당기는 행동으로 지도
블록을 이용하여 간단한 조형물을 만든다.	–		놀잇감을 잠시 만지기는 하나 놀이를 하거나 조형물을 만들지 못함. 놀잇감에 대한 관심과 호기심 자극이 필요함
작은 교구나 풀 등을 입에 넣지 않는다.	△		무엇이든 입에 가져감. 횟수가 빈번한 것은 그 자리에서 치움
또래 이름과 선생님을 부를 수 있다.	△		모방발화는 가능

* 평가표시: + 독립적 수행 / △ 조금 도와주면 수행 가능 / – 거의 수행이 안 됨

〈표 3〉 영역별 발달 평가표의 일부

■ 소근육 영역

	연령수준	내 용	평가일자 및 횟수				
			3/3	3/10	3/17	3/24	3/31
2.1	1~2세	크레파스를 잡는다.	+		+	+	
2.2		크레파스로 종이에 낙서를 한다.	+	+		+	
2.3		두꺼운 종이루 된 책의 책장을 넘긴다.	+			+	+
2.4		블록 2개로 탑을 쌓는다.	−	−	−	−	−
2.5		병에 있는 것을 쏟는다.	+		+		
2.6		종이를 접는다.	+			+	
2.7		뚜껑을 돌린다.	△		△	△	△
2.8		블록 6개로 탑을 쌓는다.	−	−		−	−
3.1	2~3세	얇은 종이로 된 책을 한 장씩 넘긴다.	−		−	−	−
3.2		큰 구슬 4개를 실에 꿴다.	+		+	+	
3.3		문의 손잡이나 꼭지를 돌린다.	+	+		+	+
3.4		가위로 싹둑 자른다.	△		△	△	
3.5		선 긋기를 한다.	−	−		−	
3.6		원 그리기를 한다.	+		+	+	
3.7		4조각의 퍼즐을 맞춘다.	−	−	−	−	−
3.8		직사각형 레고 블록 6개로 탑을 쌓는다.	−	−	−	−	−
3.9		직사각형 레고 블록 8개로 탑을 쌓는다.	−	−	−	−	−

■ 인지 영역

	연령수준	내 용	평가일자 및 횟수				
			3/3	3/10	3/17	3/24	3/31
1.1	0~1세	시야를 가리고 있는 천에서 얼굴을 치운다.	+		+	+	
1.2		언어적 지시에 따라 그릇 안에 물건을 넣는다.	△	△		△	
1.3		그릇 아래 감추어 놓은 물건을 찾는다.	+	+	+		+
1.4		형태 판에서 원을 찾아 꺼낸다.	−	−	−	−	−
1.5		물건을 꽂기판에 꽂는다.	△	△	△	△	△
2.1	1~2세	적목 3개를 지시에 따라 쌓는다.	−	−	−	−	−
2.2		같은 물건을 짝짓는다.	−	−	−	−	−
2.3		자유롭게 선을 긋는다.	+	△	△		+
2.4		물건과 같은 그림을 짝짓는다.	−	−	−	−	−
2.5		이름을 말해줄 때 같은 그림을 가리킨다.	−	−	−	−	−

■ 자조 기술(신변처리) 영역

	연령수준	내 용	평가일자 및 횟수				
			3/3	3/10	3/17	3/24	3/31
1.1	1~2세	숟가락을 사용한다.	△	△	△	△	△
1.2		한 손으로 컵을 들고 마신다.	+	+	+	+	+
1.3		세수하는 모습을 모방한다.	−	−	−	−	−
1.4		5분 정도 아기변기에 앉아 있는다.					
1.5		소매에 팔을 끼우고 바지에 다리를 집어넣는다.	△	△	△	△	△
1.6		화장실을 가고자 할 때 몸짓이나 말로 표현한다.	−	−	−	−	−
1.7		끈 없는 신발을 신는다.	△	△	△	△	△
1.8		채워지지 않은 겉옷이나 바지를 벗는다.	△	△	△	△	△
2.1	2~3세	약간 흘려도 혼자 먹는다.	+	+	+	+	+
2.2		이 닦기를 모방한다.	−	−	−	−	−
2.3		대소변을 가린다.	−	−	−	−	−
2.4		양말을 신는다.	△	−	△	△	−
2.5		지퍼를 올리고 내린다.	−	−	−	−	−

〈표 4〉 부모님과의 상담기록

- 아 동 명: 임현우
- 생년월일: 2016. 6. 3.
- 상담날짜: 2022. 3. 22.

- 상담내용:

현우의 현행수준을 파악하기 위해 어머님과 부모상담을 하게 되었다.
어머님께서는 가장 급한 것은 대·소변을 가리는 것이라고 하셨다. 2년 후엔 학교에도 가야 하는데 가장 기본적인 것을 하지 못한다며 안타까워하셨다.
어린이집에서는 스스로 가지는 않으나 일정한 시간간격을 두고 언어적 촉진으로 "현우야! 화장실 가서 쉬하자!" 하면 스스로 바지를 내리고 소변을 본다.
집에서는 소변을 참다가 그냥 바지에 싼다고 한다. 대변은 어린이집이나 가정에서 현우의 힘주는 행동으로만 알 수 있어 그때 화장실에 데리고 간다.

요즘 현우는 가정에서 놀이를 하는데 크레파스나 색연필로 방바닥이나 종이에 아무렇게나 그림을 그리고 가위를 가지고 종이를 자른다고 한다. 동생이 조금 커서 그런 행동을 하는데 동생을 보고 모방하는 것 같다고 하셨다. 그리고 예전엔 혼자 놀았는데 요즘은 동생에게 관심도 보이고 동생이 하는 노래나, 춤 등을 곧잘 따라 한다고 한다. 또 어린이집에서 배운 기본 체조동작을 한다고 한다.

조금씩 혼자 하는 말이 많아졌고, 자신이 필요한 것이나 좋아하는 것에 있어 "~주세요"라는 표현도 하고 노래도 부른다고 한다. 그리고 엄마나 아빠가 하는 말을 반복하여 말해주면 모방하여 말한다. 그래도 말하는 부분이 많이 약하여 현우의 요구라든지 생각, 느낌을 알 수 없어 답답하다고 하셨다.
또 시간이 나서 놀아주려고 해도 부모와 5분 이상을 함께하지 못하고 놀잇감이나 놀이에 집중하지 못하여 할 수가 없다고 하신다. 책을 읽어주려고 해도 책을 보지 않으며 금방 자리에서 일어난다고 한다.

어머니께서 상담 중 현우가 인지하는 부분이 조금 나아졌다는 말씀을 하셨다. 조금씩 말해주면 그 일을 이해하고 수행한다는 것이었다. 그러나 계속 되지 않고 안 될 때도 있어 알면서 안 하는 것인지 몰라서 못 하는 것인지 이해가 안 될 때도 있다고 하신다.

어머니께서는 무엇보다 대·소변을 꼭 가리고 자신의 감정 등을 짧게라도 말로 표현할 수 있기를 바라셨다.

2 현재 수행 평가

1단계에서 실행한 다양한 평가를 통해서 얻은 정보를 기초로 하여서 현우의 현재 수준을 종합적으로 기록하였다(〈표 5〉 참조).

〈표 5〉 현재 수행 평가 에

• 아동 이름: 임현우(은빛반) 남자
• 생년월일: 2016. 6. 3.
• 작성자: 이혜란

신변처리 기술

1. 대 · 소변

- **잘하는 점:** 아직 소 · 대변을 가리지 못하나 현재 오전 11시, 2시, 5시에 정기적으로 화장실에 가게 하면 실수를 하지 않고 소변을 본다. 그리고 소변을 다 본 후에는 변기 밸브를 눌러 물 내리는 것이 가능하다.
- **지도가 필요한 점:** 현재 호크가 달린 바지를 입고 다니는데 소변을 다 본 후에는 속옷, 내복, 바지 순으로 올리기, 호크를 맞추고 지퍼를 올리기가 어렵다. 대변은 어떠한 표현을 하지 않는다. 간혹 힘을 주는 모습을 보이거나, 엉덩이를 만지며 웃을 때를 보고 대변이 보고 싶은지를 알 수 있다.

2. 옷 입고 벗기

- **잘하는 점:** 화장실에서 스스로 옷을 벗고 입기를 하며 대 · 소변을 볼 수 있다. 바지는 구멍을 찾아 발을 집어넣고 옷을 위로 올려서 입을 수 있다. 두꺼운 외투도 지퍼를 내리고 스스로 벗을 수 있다. 신발은 자신의 신발장에서 찾아와 신발을 신을 수 있다. 처음엔 그냥 꺾어 신고 손으로 잘 만져 신지 않았는데 지금은 손으로 신발 입구를 열고 발을 다 집어넣은 후에 잘 마무리하여 신을 수 있다.
- **지도가 필요한 점:** 옷이 젖을 경우(물놀이나 실수를 할 경우) 젖은 느낌을 싫어해서 바로 옷을 벗는다. 윗옷은 혼자 벗기는 힘들어하나 교사가 다른 팔 쪽의 옷을 잡아 당겨주면 팔을 빼고 옷을 머리로 올려 벗을 수 있다. 양말은 잘 신지 않는데 벗을 때마다 신도록 지도한 다음부터는 벗는 횟수가 많이 줄었다. "양말 신자!" 하면 두 손으로 양말을 잡고 발에 끼워 잡아당기며 신는다. 신고 싶지 않을 때는 짜증을 내며 알아듣지 못하는 소리를 지르며 억지로 신는다.

3. 식사 및 간식

- **잘하는 점:** 식사량이 많고 편식 없이 골고루 잘 먹는다. 식사는 예전에 모든 반찬을 국에 밥과 함께 말아 먹었는데 현재에는 밥과 반찬을 따로 먹기도 한다. 스스로 식판을 들고 자리에 가서 먹는다.
- **지도가 필요한 점:** 자신의 것을 다 먹고도 다른 친구의 것을 돌아다니며 먹는다. 포크는 거의 사용하지 않고 숟가락만을 사용한다. 무엇보다 국물음식을 좋아해서 밥은 항상 말아 먹는다. 간식은 잘 먹지 않는다. 우유를 싫어해서 한 개를 다 먹지 못한다. 거의 간식은 집기가 좋아서 돌아다니면서 먹는다. 현재 친구들과 함께 자리에 앉아서 간식을 먹기 위해 간식 접시를 들고 가게끔 지도하는데 친구에게 가기 전에 짜증을 내며 울어버린다.

4. 양치질

- **지도가 필요한 점:** 양치하는 것을 싫어한다. 교사가 전적으로 도와주는데 거부반응을 보인다. 물로 헹구어 낼 때는 그 물을 마실 때도 있고 뱉을 때도 있다.

5. 씻기

- **잘하는 점:** 현재로는 지시사항을 잘 따르기 때문에 '세수하자' 하면 세면대 앞에서 눈을 감고 설 수 있다.
- **지도가 필요한 점:** 손이나 얼굴이 더럽거나 묻을 때 스스로 휴지나 물로 닦지 못한다. 간혹 음식물을 먹거나 물감 등이 묻으면 옷에다 문지른다. 또한 "현우야! 손 씻자!" 하고 화장실로 가면 스스로 씻으나 물에 손을 가져가는 정도이다.

소근육 운동

- **잘하는 점:** 색연필, 크레파스 등으로 그림을 그릴 수 있고 동그라미를 그리며 '동그라미'라고 말로도 표현한다. 구슬 꿰기나 구멍에 실이나 막대를 통과하는 것을 좋아한다.
- **지도가 필요한 점:** 가위질은 형태를 따라 오리기는 어려우나 자를 수 있다. 식사 시 숟가락을 잘 잡으나 형태가 바르지 못하며 바로 쥐어주면 먹을 수 있다. 양의 조절이 어려워 물의 일정량을 따를 수 없다. 미술시간에 색연필을 바르지 못하게 잡아서 항상 잡아 주어야 한다.

인지

- **잘하는 점:** 지시할 때 물건을 '위', '아래', '안'과 '밖'에 놓을 수 있다. 자유롭게 선을 그을 수 있다. 주로 동그라미를 잘 그린다. 사물을 보여주고 여러 그릇 중 하나에 감추어 놓으면 그 물건을 찾을 수 있다.
- **지도가 필요한 점:** 블록을 잠시 만지작거리기는 하나 간단한 조형물 등은 만들 수 없다. 적목이나 레고 등의 장난감을 정해진 개수만을 꺼내어 놓고 "자! 한 개씩 쌓아보자!" 하면 쌓을 수 있으나 한 개라는 의미를 알지 못한다. 색깔 구별은 어려우며 교사가 색을 이야기하고 "빨간색 찾아보자" 하고 지적해 주면 가져올 수 있다.

의사소통
• **잘하는 점:** 말하는 사람의 얼굴을 쳐다볼 수 있으며 이름을 부르면 "네" 하고 대답을 하거나 잠시 활동을 멈추고 쳐다본다. '빠빠이, 반짝, 화이팅, 만세' 등의 의미를 이해하며 적절히 몸짓을 한다. 일상적인 동사(예: "서, 앉아, 나가자, 먹자")를 이해한다. '곰 세 마리', '작은 별' 등의 노래를 부를 수 있다. 처음부터 부르기는 힘들고 교사가 불러주며 유도하면 부분부분 부른다. 교사가 "현우야! 이것은 빵이야! 빵!" 하면 "빵" 하고 단어를 모방할 수 있다. 욕구를 표시할 때 손짓이나 말을 한다(예: 사탕을 먹고 싶으면 사탕이 있는 곳에 손을 가리키며 교사의 손을 잡아당기거나 말로 "주세요!" 하며 사탕이 있는 곳을 가리킨다). 한두 개 단어를 뜻이 정확하게 사용한다(예: '엄마, 쉬~, 아빠, 가자, 사탕'). • **지도가 필요한 점:** "안 돼"의 지시에 행동을 중단하기 어렵다(예: "현우야! 나가면 안 돼!"라고 이야기하면 방향을 돌려 교실로 들어오지 못한다). 2개 정도의 친숙한 사물을 말하여 가져오기 어렵다(예: "현우야! 컵이랑 주스 가지고 오세요" 하면 그중에 한 가지는 가져올 수 있다. 자기가 하고 싶지 않을 때나 싫어하는 음식이 나올 경우 대부분은 화를 내거나 짜증을 내며 울어버린다).
사회성
• **잘하는 점:** 대화를 시도하면 상대방을 볼 수 있으며 인사하는 동작을 촉진받아 할 수 있다. 자신의 욕구를 지적하기(예: "주세요!")로 표현한다. 동작 모방이 가능하여 율동을 스스로 표현할 수 있다. 또는 동생의 행동이나 말(노래)을 따라 한다. • **지도가 필요한 점:** 부모와 5분 이상을 함께하지 못하고 놀잇감이나 놀이에 집중하기 어렵다. 책을 읽어주려고 해도 책을 보지 않으며 금방 그 자리에서 일어난다. 또래에게 놀이를 같이 하자고 제안하기보다 교사가 개입하여 같이 놀아줄 때 도움 받아 상호작용을 한다. 동생과 주고받는 놀이는 아직 보이지 않는다.

3 장 · 단기 목표 설정

현우의 현행수준을 기초로 하여서 장 · 단기 목표를 설정한다(〈표 6〉 참조).

〈표 6〉 발달 영역별 개별화 교육목표의 예

- 이름: 임현우 기간
- 기간: 2022년 (4월~6월)

■ 신변처리

영 역	장기 목표	단기 목표	지도상황
신변처리	1. 옷을 스스로 입을 수 있다.	1.1 성인의 언어촉진으로 연속 3회 5번 중 3번 바지 지퍼를 올리고 내릴 수 있다.	화장실 사용
		1.2 성인의 신체적 촉진으로 2분 이내에 바지 호크를 풀거나 잠글 수 있다.	
		1.3 성인의 신체적 촉진으로 3분 이내에 속옷과 바지를 차례차례 입을 수 있다.	화장실 사용, 낮잠
		1.4 성인의 신체촉진으로 3분 이내에 윗옷을 입을 수 있다.	낮잠, 옷을 갈아 입을 때
	2. 화장실에 가서 소변을 볼 수 있다.	2.1 정해진 시간에 성인이 화장실에 가도록 지시하면 연속 3회 10번 중 7번 화장실에 갈 수 있다.	화장실 사용
	3. 음식을 골고루 번갈아 먹을 수 있다.	3.1 성인의 신체촉진으로 포크로 반찬을 연속 3일간 80% 정확하게 집을 수 있다.	간식 시간
		3.2 언어촉진으로 연속 3회 5번 중 3번 밥과 반찬을 따로 번갈아 한 번씩 먹을 수 있다.	식사 시간
	4. 양치질을 스스로 할 수 있다.	4.1 성인의 신체촉진으로 1분 이내에 칫솔을 손에 쥐고 입에 가져갈 수 있다.	식사 후

■ 소근육

영 역	장기 목표	단기 목표	지도상황
소근육	1. 다양한 선이나 기본 도형을 가위를 사용하여 선을 따라 자를 수 있다.	1.1 삼각형, 사각형을 성인의 신체적 촉진으로 연속 3일간 80% 정확하게 선을 따라 자를 수 있다.	미술 활동
	2. 일정한 분량의 음료수를 따를 수 있다.	2.1 성인의 신체적 촉진으로 2분 이내에 음료수를 컵에 흘리지 않고 두 손으로 쥐고 따를 수 있다.	간식 시간, 식사 시간
	3. 도구(식사, 그리기)를 바르게 잡을 수 있다.	3.1 성인의 언어적 촉진으로 3분 동안 숟가락을 손가락 사이로 쥐고 음식을 먹을 수 있다.	간식 시간, 점심 시간
		3.2 성인의 신체적 촉진으로 2분 동안에 그리기 도구를 손가락 사이로 쥐고 그릴 수 있다.	미술활동, 자유놀이

■ 사회성

영 역	장기 목표	단기 목표	지도상황
사회성	1. 또래와 성인과 인사를 할 수 있다.	1.1 성인의 시범을 보고 연속 3일 동안 10번 중 7번 또래와 인사할 수 있다.	등·하원
	2. 정해진 위치에 물건을 정리할 수 있다.	2.1 정리시간에 그림표시를 보고 2분 동안 3가지를 제자리에 놓을 수 있다.	자유놀이, 간식
	3. 또래와 상호작용할 수 있다.	3.1 성인의 언어적 촉진으로 또래 요구에 1분 이내에 '그래, 아니'로 대답하거나 AAC 전자도구 아이콘을 누를 수 있다.	자유놀이, 전체 일과

■ 인지 · 의사소통

영 역	장기 목표	단기 목표	지도상황
인지 · 의사소통	1. 색깔을 구별할 수 있다.	1.1 빨간색, 노란색, 파란색의 사물을 성인의 신체적 촉진에 따라 연속 3회 80% 정확하게 가져올 수 있다.	미술활동, 자유놀이
	2. 블록을 이용하여 간단한 조형물을 만들 수 있다.	2.1 성인의 신체적 촉진으로 블록을 4단 높이로 쌓는 구조물을 5분 동안 만들 수 있다.	자유놀이
	3. 1~5까지 수를 셀 수 있다.	3.1 간식의 수(1~5)를 세어 연속 3회 80% 정확하게 접시에 담을 수 있다.	간식 시간 점심 시간
	4. 일과 중 자신의 감정과 요구사항을 문장을 사용하여 말할 수 있다.	4.1 하고 싶지 않을 때 성인의 언어모방으로 기회가 있을 때 "싫어요"라는 표현을 1주일간 연속 3회 5번 중 3번 할 수 있다.	집단 활동
		4.2 성인의 언어촉진으로 "~주세요", "~에 나가요" 등 자신의 요구사항을 기회가 있을 때 1주일간 연속 3회 5번 중 3번 말을 할 수 있다.	자유놀이, 간식 시간, 식사 시간
	5. 두 가지 이상의 의미를 담은 지시사항을 따를 수 있다.	5.1 두 가지 이상의 의미를 내포한 행동을 연속 3회 80% 정확하게 따라 할 수 있다(예: "○○야! 종이와 색연필을 가져올 수 있겠니?").	자유놀이, 집단 활동

4 관련서비스와의 연계

어린이집 원장님, 담임 교사, 부모, 자문교사, 관련서비스제공자들이 모여서 개별화교육프로그램 회의를 실시하였다. H 병원에서 현우가 놀이치료를 받고 있으므로 놀이치료사가 개별화교육프로그램 회의에 참석을 하였다. 놀이치료사와 사문교사 간에 의견의 차이를 보였으나 개별화교육프로그램 회의를 통해서 서로 다른 관점을 이해하는 계기가 되었고 타 영역에 전문성을 서로 이해함으로써 현우에게 좀 더 적절한 서비스가 이루어질 수 있는 기회가 되었다(〈표 7〉 참조).

〈표 7〉 회의 결과의 예

- 일시: 2022년 3월 30일(10시 ~ 1시)
- 참석자: 어린이집 원장, 담임 교사, 놀이치료사, 자문 교사, 현우 모
- 장소: D 어린이집 사무실
- 주요 논의 내용
  1. 대상 아동에 대한 현행 수준
  2. 가정생활
  3. 어린이집 적응 정도
  4. 외부 놀이치료 진행 관련
  5. 통합교육에 대한 의견
  6. 공유될 목표 관련 외

주 제	내 용	의견자
현행 수준	장·단기 목표를 통해 시간을 두고 수행할 수 있도록 도와야 한다. 처음 다른 또래들과의 같은 눈높이로 볼 때 모든 것이 불가능하고 힘들어 보이기만 했다. 그러나 현우의 발달 수준을 고려하고 분석해 본 결과 실행 가능성이 보였다. 그림카드 또는 AAC 전자도구 아이콘을 누르는 것을 통해서 의사소통 기술을 발달시키고 말이 늘고 있는 단계이므로 언어치료를 받는 것이 필요하다.	자문교사
	소변 가리기에 어려움이 있으므로 정기적인 시간에 화장실에 데려가서 소변 훈련을 먼저 지도하는 것도 필요하다. 현재 한 단어 표현이 시작되고 있으므로 언어치료를 받으면 많은 진보를 보일 것으로 본다.	담임교사

주 제	내 용	의견자
현행 수준	대·소변을 스스로 가릴 수 없는 것과 언어적 표현이 안 된다는 것이 가장 큰 문제인 것 같다. 감정기복이 커서 활동량이 많고 기분이 좋을 때에는 통제하기가 어렵다. 아직 나이에 비해서 언어가 많이 떨어지는 것 같아서 언어치료를 받으면 좋을지 선생님들의 의견을 듣고 싶다. 어린이집에 보내면서 현우에게 말을 많이 해주어야겠다는 생각으로 현우가 듣지 않아도 이야기를 했는데 반응이 없을 때는 많이 답답하고 속상하다.	어머니
	놀이에 무기력하고 자주 짜증을 내며 감정조절이 힘이 드는 것 같다.	놀이 치료사
어린이집 적응	현우도 또래 유아들과 함께 일과에 적응해야 한다. 수행할 수 있는 능력의 수준을 고려하여 일과에 적응시키는 것이 필요하다.	담임교사
가정 생활	가정에서 동생이 있어 현우와 함께하는 시간이 많이 적다. 저녁에 어린 동생을 돌보아 주다 보면 현우가 늘 혼자서 놀이를 할 때가 많다. 요즘은 동생을 보고 많이 따라 한다. 여기저기 낙서하는 것, 노래 부르기, 작은 몸짓을 동생과 함께 한다.	어머니
놀이치료	놀이치료는 주 2회 한 시간 정도로 이루어진다. 치료 시 어떤 활동이나 놀이에도 적극적으로 참여하지 않고 재미없어하며 그 자리를 피해 다른 곳으로 가버린다. 교사가 개입하는 것을 싫어해서 말을 하기도 어려웠고 거부하는 반응을 보여 하고 싶은 대로 할 수 있게 해 주었다. 시간이 지나면서 치료사와 애착이 형성되고 곁에 왔을 때 거부 반응을 보이지 않으며 애교도 부리고 살도 비비며 애정을 표시하기도 한다. 어린이집에서처럼 기분이 좋을 때는 어떤 활동이나 놀이를 수행하는데 기분이 좋지 않을 때는 짜증을 내며 나가려고 한다. 무기력하지 않고 호기심을 유발해 흥미와 재미를 가지고 놀이에 참여할 수 있도록 지도하고 있다.	놀이 치료사
	어린이집뿐 아니라 가정, 놀이치료실과의 연계를 통해 현우의 교육 효과를 높일 수 있었다.	담임교사

주 제	내 용	의견자
통합 교육에 대한 의견	모두가 원활한 통합교육을 위해 의견을 나누는 자리여서 통합교육에 보다 적극적인 자세와 이해로 좋은 결실을 맺도록 하는 마음이었고 서로의 생각과 궁금한 점, 앞으로의 방향에 대해 이야기를 나누는 좋은 시간이었다. 통합교육은 선택이 아닌 필수로, 정부 차원의 소수의 장애아가 다니고 있는 어린이집에도 인적 자원 지원이 필요하다.	원장
	발달 단계에 맞는 교육도 좋지만 현시점에서 다른 유아들처럼 학교도 가고 적응하기 위해서는 통합교육이 필요하다. 놀이치료에서처럼 개인적인 발달 수준을 고려하여 치료를 할 수도 있겠지만 현시점에서 현우는 가장 오랜 시간을 어린이집에서 친구들과 함께 지내고 있기에 통합교육이 얼마나 중요한가를 깨달았다.	담임교사
	현우의 발달 단계에 맞는 교육도 중요하지만 현시점에서는 다른 유아들처럼 학교도 가고 적응하기 위해서는 다른 유아들과의 통합교육이 필요하다.	자문교사
공유될 목표	신변처리는 현재 가정과 어린이집에서는 일정한 시간을 체크하면서 언어적 촉진으로 소변을 볼 수 있도록 할 예정이다. 놀이 치료실에서는 한 시간 정도의 수업으로 진행되기 때문에 크게 신경 쓰지는 않으나 그 때를 몰라 간혹 수업 중에 바지에 소변을 본다고 한다. 이에 신변처리 지도에 의해 놀이 치료실에서도 화장실에 갈 수 있도록 지도해 주시겠다고 했다.	
	사회성에 있어서는 어린이집에서는 또래들과 선생님으로부터 애착이나 사회성을 배울 수 있는데 놀이치료실에서는 아직 현우와 같은 수준이 없기 때문에 현우와 비슷한 또래를 모아 함께 지도하실 예정이다.	
	가정에서 구체적으로 지도해야 할 부분에 대해서 이해하게 되었다.	
자문 교사 견해	현우 어머니는 어린이집에서 현우에게 많은 관심을 가지고 돌보는 것에 대해 감사하고 계시지만 현재 놀이치료 선생님의 의견을 전적으로 의존하는 것 같았다. 그래서 통합교육에 부정적인 생각을 가지고 있는 놀이치료사의 영향으로 어린이집에 대한 신뢰감이 부족했었는데 이번 기회를 통해서 어린이집을 더 신뢰하게 되었다. 의견 조정보다는 전문가들 간의 서로 다른 관점을 이해하는 계기가 되었고 타 영역의 전문성을 서로 이해함으로써 현우에게 좀 더 적절한 서비스가 이루어질 수 있는 기회가 된 것 같다. 통합교육에 대해서 부정적인 생각을 가지고 있었던 놀이치료사의 견해가 변화된 것이 가장 큰 소득이었다.	

- 조정 내용 및 도움이 된 점

발달 수준을 고려한 교육의 중요성, 통합교육 과정을 위한 수행평가 등 여러 분야에서의 전문가의 의견은 많은 도움이 되었다. 그리고 부모와 놀이치료사와 함께 의견을 나눔으로써 놀이치료사의 심리학적인 견해를 이해할 수 있었다.

개별화교육프로그램 회의 후 5월부터 현우가 E 언어치료실에서 언어치료를 받기 시작하였다. 그래서 언어치료사에게 개별화교육프로그램 자료를 제공하면서 언어치료 시에 개별화교육프로그램 안에 있는 언어 영역을 참조할 것을 권유하였고, 어린이집 안에서 적절한 언어지원에 대한 자문을 얻기로 하였다.

5 개별화교육프로그램 평가

IEP 회의 때에 논의된 내용을 수정하여서 단기 목표를 어린이집과 가정 일과 안에 다음과 같이 삽입하여서 지도한 후 평가하였다(〈표 8〉, 〈표 9〉 참조).

〈표 8〉 어린이집 일과 삽입 평가

일과/활동	목 표	수행결과				
		1차	2차	3차	4차	5차
등원	신발을 스스로 벗고 자신의 자리에 가져다 놓을 수 있다.	+	+	+	+	+
	언어적 촉진을 받아 또래나 성인에게 인사할 수 있다.	+	+	+	+	+
	교사의 언어적 촉진으로 가방을 자신의 자리에 가져다 놓을 수 있다.	△	△	−	−	△
간식 시간	교사의 언어적 촉진과 도움으로 스스로 간식 접시에 간식을 담아 또래가 있는 곳으로 가서 앉을 수 있다.	△	△	△	△	△
	교사의 언어적 촉진으로 수저와 포크로 음식을 집을 수 있다.	△	△	△	△	△
	교사의 언어적 촉진으로 다 먹은 간식 접시를 정해진 곳에 가져다 놓을 수 있다.	△	△	−	−	△
자유 놀이	교사의 언어적 촉진으로 장난감을 제자리에 놓을 수 있다.	△	△	−	−	△
	다른 친구가 놀이를 요청할 때 "응", "아니"로 대답할 수 있다.	+	+	−	−	△
	교사의 도움이 필요할 때 교사의 손을 잡으며 도움을 요청할 수 있다.	+	+	+	+	+
	블록을 이용하여 간단한 조형물을 만들 수 있다.	−	−	−	−	−

* + 독립적 수행 / △ 조금 도와주면 수행 가능 / − 거의 수행이 안 됨

〈표 9〉 가정 일과 삽입 평가

일과/활동	목 표	수행결과				
		1차	2차	3차	4차	5차
화장실 가기	부모의 신체적 촉진으로 바지의 호크나 지퍼를 풀거나 잠글 수 있다.	−	−	−	△	△
	부모의 신체적 촉진으로 속옷과 바지를 차례차례 입을 수 있다.	△	△	+	+	+
	정해진 시간에 언어적 촉진으로 스스로 화장실에 갈 수 있다.	△	+	△	△	−
	부모의 언어적, 신체적 촉진으로 칫솔을 손에 쥐고 양치질을 할 수 있다.	△	△	△	△	△
	양칫물을 먹지 않고 뱉을 수 있다.	△	△	−	−	△
식사하기	밥과 국을 번갈아 먹을 수 있다.	+	+	△	△	+
	물, 음료수 등을 흘리지 않고 두 손으로 쥐고 적당량을 따를 수 있다.	−	−	△	△	△
	신체적 촉진으로 숟가락을 바르게 사용하여 음식을 먹을 수 있다.	△	△	△	+	+
외출 시	부모의 언어적 촉진으로 옷을 옷걸이에 걸 수 있다.	△	△	△	+	+
	부모의 언어적, 신체적 촉진으로 티셔츠를 스스로 입을 수 있다.	+	+	+	△	△

부록 Ⅱ

중등 학령기 사례

1. 배경정보

2. 진단 · 평가

1) 면담
2) 관찰
3) 수행평가
4) 체크리스트 평가
5) 표준화 검사

3. 현행수준

4. 장 · 단기 목표 설정 및 교수계획

1 배경정보

이 름	진태호(가명)
나 이	만 13세 4개월
성 별	남
소 속	○○ 특수학교 중학부 1학년 4반
가족사항	• 아버지, 여동생 2명 • 어머니가 1년 전에 돌아가시고, 아버지가 일을 하시므로 고모가 돌봐주고 있다.
장 애	지적장애(다운증후군)

2 진단 · 평가

1) 면담

<table>
<tr><th></th><th>면담일 : 2022년 ○월 ○일</th></tr>
<tr><td>부모 상담</td><td>
☞ 면담 내용의 일부
아버지와 상담시간을 정하기가 쉽지 않아 상담을 하기 위해 오랜 시간을 기다려야 했다. 아버님은 3교대로 일을 하시고, 어머니가 계시지 않아 자녀들을 돌보는 데 많은 시간이 소모되기 때문이다. 아버지는 현재 어머니가 돌아가시고 생활에 적응하시느라 힘든 시간을 보내고 있다고 하셨다. 아래로 어린 여동생 두 명이 더 있고 혼자서 돌보기가 쉽지 않아 고모가 계신 곳 근처로 이사를 가서 대부분의 시간을 고모 집에서 보낸다고 하셨다.
알림장 확인도 고모가 하시는데, 하교 후 스스로 알림장을 보여주지 않아 종종 준비물이나 전달사항을 확인하지 못하는 경우가 있다고 한다. 학교에서 하교 후 저녁 6시까지 사회복지 시설에서 시간을 보낸다. 집에 오면 막내 여동생과 블록을 가지고 놀거나, 게임, TV를 시청하면서 시간을 보낸다고 한다. 혼자서 샤워를 깨끗이 하지 못해 아버지가 도와준다고 하셨다.
워낙 애교가 많고 붙임성이 좋아서 아버지와 고모를 항상 즐겁게 한다고 한다.

☞ 면담 결과의 일부
• 가족적 지원
– 아버지가 고모의 도움을 받아 생활하시고 자녀양육에 대한 부담감을 가지고 있다.
• 일상생활
– 스스로 세수와 이 닦기를 할 수 있고 목욕은 아버지의 도움 받아 깨끗이 할 수 있다.
– 자신의 옷을 찾아 입고 벗을 수 있다.
– 대변의 뒤처리가 깨끗이 되지 않아 손에 묻거나 팬티에 묻는 경우가 있다.
• 의사소통
– 일상적인 인사 “다녀오겠습니다” “잘 먹겠습니다”를 할 수 있다.
– 질문을 못 알아들으면 고개를 돌려버리거나 다른 행동을 한다.
– 질문에 대답을 하는 경우 한 단어로 대답할 수 있으나 두 어절로 대답하지 못하며, 발음이 부정확하여 알아듣기가 어렵다.
• 행동 특성
– 스스로 하기보다는 지시에 따라 행동한다.
– 말을 사용하는 데 있어 위축된 행동을 보인다.
• 여가 시간
– 블록놀이, 게임, TV를 본다.
</td></tr>
</table>

2) 관찰

일상적인 학교생활	관찰일 : 2022년 ○월 ○일

☞ 관찰 내용의 일부

〈 등/하교 〉

통학버스를 타고 아침 등교를 하고 교실이 4층이라 계단을 이용하라고 하지만 자주 엘리베이터를 이용해서 올라온다.

재량활동을 나가는 목요일에는 통학버스에서 내리면 오늘은 운동화와 외투를 그대로 입고 있으라고 말해주면 지시에 따를 수 있다. 그러나 운동화의 경우 찍찍이로 된 운동화는 스스로 신을 수 있으나 끈 운동화의 경우 끈이 풀리면 스스로 묶지 못하고 교사에게 도움을 청한다.

하교 시 스스로 운동화로 갈아 신고 외투를 찾아 입을 수 있다. 오늘은 집에 가기 위해 2호차를 타라고 이야기를 하면 몇 번 더 투덜거리고 통학버스를 타러 운동장으로 내려가 2호차에 타서 빈자리에 앉는다.

〈 쉬는 시간 〉

종이 치면 화장실에 스스로 가서 소변을 보며 엉덩이를 보이지 않고 앞쪽만 내리고 소변을 볼 수 있다. 대변이 급한 경우에는 교사에게 와서 배를 어루만지는 표현을 한다. 그러면 그럴 때는 뭐라고 하지라고 물어보면 어눌한 발음으로 "화장실, 다녀오겠습니다"라고 말한다. 대변을 볼 때는 화장실에 항상 휴지를 챙겨 들어가고, 휴지로 스스로 닦고 나오지만 깨끗하게 하지 못해 교사가 확인해야 한다. 우유를 받으러 교무실로 다녀오라고 하면 우유 바구니를 들고 아래층인 교무실에 가서 우리 반 학생 수에 맞게 우유 8개를 가지고 올 수 있다.

〈 점심시간 〉

식사 전에 손을 씻으라고 지시를 하면 맨 먼저 세면대로 가서 손을 씻는다. 다른 교사가 보지 않으면 비누를 칠하지 않고 대충 물로 손을 씻고, 교사가 보면 비누를 꼼꼼이 칠해 깨끗이 씻는다.

식당으로 이동을 할 때 위치를 잘 모르는 친구의 손을 잡고 데리고 식당으로 갈 수 있고 식사도구를 챙겨 줄을 설 수 있다. 오는 순서대로 줄을 서기보다 가장 맨 앞에 선다. 식판을 받아 자기 자리에 앉아 기도를 할 때까지 기다린다. 나물 반찬만 식판에 남겨 놓는다. 종종 보지 않으면 배식구로 식판을 갖다놓고 도망을 가기도 한다.

〈 청소시간 〉

청소를 시작하면 창문을 열고 의자를 책상에 올리고 청소할 준비를 한다.

청소기 코드를 플러그에 꽂고 사용할 수 있지만, 이리저리 움직이며 쓰레기가 보이는 곳에만 청소기를 움직인다. 대걸레가 교실 화장실에 있는데 교사가 화장실 문을 잠궈 놓으면 열쇠를 가지고 가서 스스로 열쇠로 문을 열고 대걸레를 가지고 가서 빨아 온다.

그러나 이리저리 움직이며 닦고 한 손으로 대강 닦는다. 교사가 얼룩을 가리키며 닦으라고 하면 그제야 두 손으로 열심히 닦는다. 대걸레를 빨고 짠 후에 가지고 와서 화장실에 걸어 놓고 열쇠로 문을 잠그고 열쇠를 교사 책상에 올려놓는다.

일상적인 학교생활

☞ 관찰 결과의 일부

• 신변처리
- 대소변 표현을 행동으로 할 수 있으나 말로 하기는 어려워한다.
- 소변을 앞부분만 내리고 엉덩이를 보이지 않고 볼 수 있다.
- 손을 비누칠하여 깨끗이 씻을 수 있다.
- 스스로 이를 닦고 컵과 칫솔을 씻어 놓고 입 주변을 깨끗이 씻을 수 있다.
- 수건으로 손과 얼굴의 물기를 닦을 수 있다.

• 의생활
- 지퍼나 단추로 앞트임이 되어 있는 외투를 입고 벗을 수 있다.
- 실내화와 찍찍이로 된 운동화를 바르게 신고 벗을 수 있다.
- 끈 운동화를 신는 경우 끈이 풀리면 다시 묶기를 어려워한다.
- 외투를 옷걸이에 바르게 걸 수 있다.

• 식생활
- 식판을 받고 식사 후 배식구에 가져다 놓을 수 있다.
- 숟가락과 젓가락을 이용하여 식사를 할 수 있다.
- 나물을 잘 먹지 않는다.

• 주생활
- 청소를 위한 기본준비(예: 창문 열기, 의자 올리기)를 할 수 있다.
- 청소기 사용방법을 알고 있으나, 쓰레기가 있는 곳만 청소기를 돌리며, 체계적으로 청소하기를 어려워한다.
- 대걸레를 빨고 짤 수 있으며, 대걸레로 얼룩을 닦을 수 있으나, 체계적으로 닦기를 어려워한다.
- 손걸레를 비벼 빨 수 있으나, 부분적으로 비벼 빨기를 못하며, 깨끗이 헹구지 못하고, 짜는 시늉은 할 수 있다.

• 의사소통
- 일상생활과 관련된 지시 따르기(예: 신발 신기, 우유 가져오기, 화장실 다녀오기)가 가능하다.
- 일상적이지 않은 경우(예: 교사연구실에 심부름하기, 쓰레기봉투 교무실에서 가져오기, 특별활동을 위한 통학버스 타기)에는 여러 번 되풀이하여 말해 주어야 한다.

• 기본적 학업
- 친구들의 이름을 알고 있다.
- 자신의 이름이 쓰여 있는 신발장과 옷장을 찾을 수 있다.
- 엘리베이터에서 교실의 층, 우유 개수, 통학버스 호수를 알고 있다.
- 단순한 동작 모방이 가능하며, 동작을 외워서 할 수 있다.

• 이동
- 교실과 식당에서 자기 자리를 알고 앉을 수 있다.
- 화장실, 교실, 교무실, 식당, 교사연구실의 위치를 알고 찾아갈 수 있다.
- 엘리베이터의 "열림, 닫힘, 교실이 있는 층"을 알고 이용할 수 있다.

관찰일 : 2022년 ○월 ○일 3교시

교과

수학 〈정각과 30분 단위의 바늘 시계 읽기〉

☞ 관찰 내용의 일부

교사가 3시 그림카드를 들고 몇 시냐고 물으니 "세 시"라고 대답을 한다. 발음을 정확하게 하라고 하면 목소리가 점점 작아진다. 1시부터 12시까지 정각인 시계 카드를 전자시계 카드와 대응할 수 있다.

30분을 가리키는 바늘 시계를 공부할 때 손가락으로 장난을 치다가 자신 없이 고개를 숙여 버린다. 시계에서 짧은 바늘을 찾아보라고 하자 찾지 못하고 다른 것을 손가락으로 가리킨다. 연필의 길이를 빗대어 "짧다, 길다"를 이야기하자 긴 연필과 짧은 연필을 구분한다. 그러나 말로 "짧다, 길다"라는 발음을 하지 못하고 따라 읽지만 조금 후 물으면 잊어버린다.

☞ 관찰 결과의 일부

- 정각인 바늘 시계와 전자시계 카드를 대응할 수 있다.
- 정각인 바늘 시계를 보고 몇 시인지 읽을 수 있다.
- 짧은 바늘과 긴 바늘을 구분할 수 있다.
- 1~30까지 수를 쓸 수 있다.
- 30분 단위의 바늘 시계 읽기를 어려워한다.
- 친구가 크게 대답을 하면 자신도 크게 대답한다.
- 학습지 이름 쓰는 난에 자신의 이름을 쓸 수 있다.

예능 〈미술: 먹지그림 그리기〉

<table>
<tr><td rowspan="2">교과</td><td>관찰일 : 2022년 ○월 ○일 1교시</td></tr>
<tr><td>☞ 관찰 내용의 일부
교사가 칠판에 이전에 그린 그림을 보여주는데 교사가 등으로 그림을 가리자, “안 보여요”라고 말한다.
연필을 잡고 그림을 그리고, 연필이 잘 나오지 않자 다른 연필로 바꿔서 다시 그린다. 그림을 그리다가 옆에 친구가 장난을 걸자 다리를 친구에게 올리고, 책상을 두드리면서 장난을 친다. 옆 친구가 자기가 그리는 것에 대해 어눌하게 말을 하며 그림을 그린다.

☞ 관찰 결과의 일부
- 관심 있는 부분에 대해 집중한다.
- 연필로 도형(네모)을 덧그릴 수 있다.
- 자신의 물건을 챙길 수 있다(예: 연필, 필통).
- 상상하여 그림을 그리는 것을 어려워한다.

직업 〈라벨 붙이기〉

☞ 관찰 내용의 일부
칸 안에 맞게 1cm×3cm 되는 라벨을 떼서 붙이는 과제를 수행한다.
위에서부터 차례로 라벨을 떼서 칸 안에 붙이는데, 선을 보지 않고 그냥 붙여 옆으로 삐뚤어지는 경우가 있다.
한 줄 라벨을 다 붙이고 여백에 있는 스티커를 뜯어 책상에 붙인 후 모아 바닥에 튕겨버린다.

☞ 관찰 결과의 일부
- 3cm×1cm 라벨지를 뗄 수 있다.
- 라벨을 칸 안에 정확히 붙이지 못한다.
- 순서대로 라벨지를 뗄 수 있다.
- 지속적으로 과제를 수행하지 않는다.
- 직업준비실의 위치를 알고 카트를 밀어 갖다 놓을 수 있다.</td></tr>
</table>

<table>
<tr><td rowspan="2">재량
활동</td><td>관찰일: 2022년 ○월 ○일 1교시~4교시</td></tr>
<tr><td>

〈패스트푸드점 이용하기〉

☞ 관찰내용의 일부

패스트푸드점의 간판을 보고 손가락으로 가리키며 뛰어 들어간다. 자신이 원하는 음식을 가리켜 보라고 하자 선택하지 못하고 교사가 하나씩 메뉴를 가리키자 "네, 아니오"로 선택한다. 불고기 버거세트를 택하고 돈을 내라고 하자 지갑을 꺼내고 교사가 오천 원을 달라고 하자 지갑에서 오천 원 지폐를 꺼낸다.
계산이 끝나고 영수증과 거스름돈을 받고 음식을 받아 자리에 가서 앉는다.
친구들과 사이좋게 나누어 먹고 보니 입에 잔뜩 케첩이 묻었다.
거울을 보라고 말하니 화장실로 가서 케첩을 묻은 얼굴을 보고 물로 씻어낸다.

☞ 관찰 결과의 일부

- 음식점과 버스에서 빈자리를 찾아서 앉을 수 있다.
- 타야 할 버스 번호를 알기를 어려워한다.
- 내려야 할 곳을 알지 못한다.
- 패스트푸드점에서 원하는 메뉴를 고를 수 있다.
- 1,000원, 5,000원, 10,000원 지폐를 구별한다.
- 음식 값을 내고 영수증과 거스름돈과 음식을 받을 수 있다.
- 음식이 묻은 입을 깨끗이 닦을 수 있다.

</td></tr>
<tr><td rowspan="2">체험
활동</td><td>관찰일 : 2022년 ○월 ○일</td></tr>
<tr><td>

〈놀이공원 이용하기〉

☞ 관찰 내용의 일부

놀이공원에 가기 위해 학교버스에 탔다. 자리에 앉은 후 안전띠를 매라고 하니 두리번거리더니 안전띠를 스스로 맨다. 안내도를 보여주며 타고 싶은 기구를 골라보라고 말했다. 태호가 가리키는 기구로 이동하자 막상 보더니 못 타겠는지 안 타겠다고 한다. 그래서 가장 무섭지 않은 회전목마를 타기로 했다. 범퍼카에 타서 조작 방법을 가르쳐주니 처음에는 시작벨이 울렸어도 차가 움직이지 않았다. 이리저리 두리번하더니 아래의 엑셀을 밟고 핸들을 돌리더니 차가 움직이기 시작했다. 회전을 하는 컵을 탔는데 컵이 돌기 시작하자 울기 시작했다. 기구가 무서워 아래서 자꾸 숨고 교사의 옷을 잡아당겼다.

☞ 관찰 결과의 일부

- 안전띠를 스스로 조작할 수 있다.
- 놀이기구를 무서워한다.
- 게임 기구(범퍼카)는 조작하는 방법을 알려주면 빨리 습득하는 편이다.
- 동물의 흉내를 내며 이름을 말할 수 있다.
- 남자 화장실을 알고 스스로 용변을 처리할 수 있다.

</td></tr>
</table>

3) 수행평가

수업 활동 사진

관찰일 : 2022년 ○월 ○일

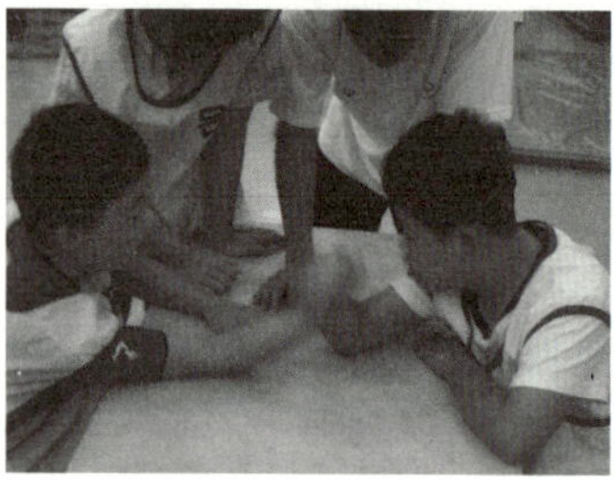

☞ 관찰 결과의 일부
- 경기에 경쟁심을 가지고 참여할 수 있다.
- 팔씨름, 씨름, 줄다리기를 할 수 있다.
- 경기의 규칙을 정확하게 알지 못한다.

노트, 학습지

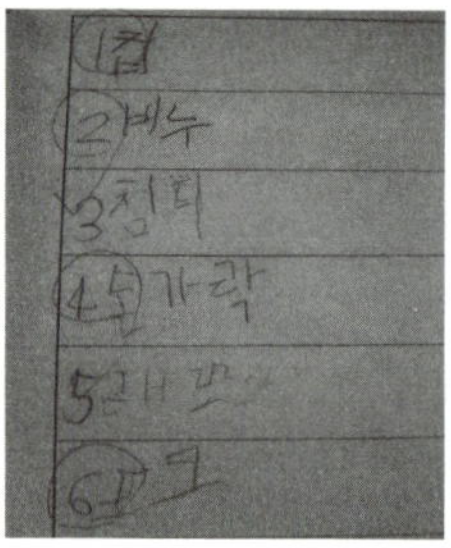

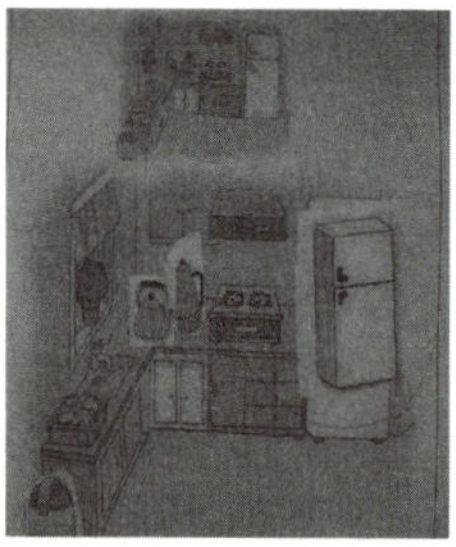

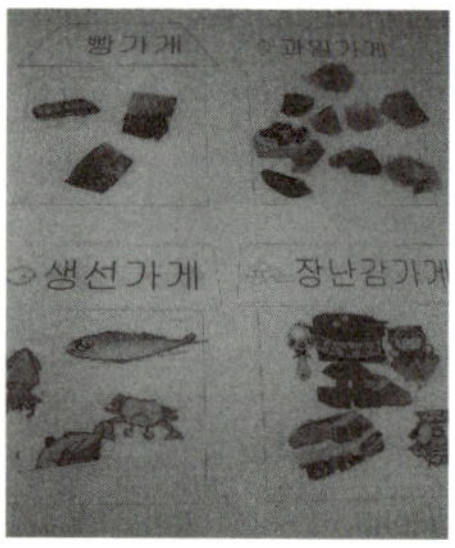

[2022년 ○월 ○일]

☞ 관찰 결과의 일부
- 일상적인 단어를 여러 번 연습 후 받아쓰기를 할 수 있다.
- 일상적인 단어의 경우 글자를 보고 읽을 수 있다.
- 가게에서 파는 물건을 알고 있다.
- 모양을 따라 정확하게 가위질하기를 어려워한다.
- 대략적인 모양으로 가위질할 수 있다.
- 풀로 자른 조각들을 붙일 수 있다.

<table>
<tr>
<td>미술
작품</td>
<td>

[2022년 ○월 ○일]

☞ 관찰 결과의 일부
– 정확하지 않지만 사람을 그릴 수 있다.
– 기억에 남는 일의 한 부분을 그릴 수 있다.
– 면 안에 색칠을 할 수 있으나 꼼꼼히 색칠하지 못한다.
– 가위로 원을 정확하게 자르지 못한다.
– 신체에 적절한 색을 칠하지 못한다.
– 신체 부위에 대한 인식이 부족하다.
</td>
</tr>
</table>

4) 체크리스트 평가

■ 검사 일시: 2022년 ○월 ○일

활동(가정생활)		할 수 없음	할 기회가 없음	서투르게 할 수 있음	시키면 혼자 할 수 있음	알아서 스스로 할 수 있음
부엌	상 차리기			√		
	그릇 치우기				√	
	설거지하기		√			
	가스레인지 닦기		√			
	장 보기		√			
	음식 찌꺼기 처리하기	√				
	전자레인지 조작하기		√			
	가스레인지 조작하기		√			
	전기밥솥 조작하기		√			
	전기 믹서기 조작하기		√			
	커피 포트 조작하기			√		
요리하기	라면 끓이기	√				
	밥 짓기	√				
	계란 프라이하기	√				
	칼로 과일 깎기	√				
빨래하기	지저분한 옷 세탁기에 넣기					√
	빨랫감 색깔별로 분류하기				√	
	세탁기 조작하기		√			
	걸레 빨기			√		
	걸레 짜기			√		

활동(지역사회 생활)		할 수 없음	할 기회가 없음	서투르게 할 수 있음	시키면 혼자 할 수 있음	알아서 스스로 할 수 있음
이동	길 건너기			√		
	구체적인 목적지로 걸어가기			√		
	버스 이용하기		√			
	택시 이용하기		√			
	지하철 이용하기		√			
식당 이용하기	햄버거 집			√		
	분식점			√		
	한식점			√		
	중국음식점			√		
공공 서비스 기관 이용하기	우체국	√				
	은행	√				
	약국	√				
	슈퍼			√		
	재래시장	√				

활동(여가생활)	즐겨하지 않는다	도와주면 한다	가끔 혼자 한다	즐겨 한다
잡지 보기	√			
신문 보기	√			
TV 보기			√	
악기 다루기		√		
운동			√	
애완동물 돌보기	√			

체크리스트 검사 결과의 일부

• 가정생활

부엌에서 지시에 그릇을 치울 수 있으나 경험이 없어서 설거지를 할 줄 모른다. 가스레인지, 전자레인지, 전기밥솥, 전기 믹서기와 같은 가전제품을 사용하기 어려워한다. 라면, 밥, 계란 프라이와 같은 간단 조리도 하기 어려워한다. 지저분한 옷은 세탁기에 넣을 수 있고, 빨랫감을 색깔별로 분류할 수 있고 빨래를 갤 수 있으나 세탁기나 다리미를 사용하지는 못한다. 지시를 하면 화장지를 갈아 끼울 수 있다.

• 지역사회 생활

버스, 택시, 지하철을 혼자 이용할 수 없으나 횡단보도에서 도움을 받아 길을 건널 수 있다. 자주 가본 곳(예: 버스정류장, 슈퍼)은 찾아갈 수 있고, 패스트푸드점, 분식점, 한식점, 음식점에서 음식을 고를 수 있다. 공공서비스기관(예: 우체국, 은행, 약국, 슈퍼, 미장원)은 혼자 이용할 수 없다. 슈퍼와 교회의 경우는 서투르게 이용할 수 있으나 도움이 필요하다.

• 여가생활

주로 시간을 TV, 사진 찍기, 컴퓨터 오락, 그림 그리기, 놀이터 가기, 자전거 타기, 게임하기를 하며 시간을 보낸다. 신문, 잡지, 편지 쓰기, 전화하기와 같은 언어적 능력을 요하는 여가생활을 하기 어려워한다.

5) 표준화 검사

<table>
<tr><td rowspan="2">사회
성숙도
검사</td><td>검사일 : 2022년 ○월 ○일</td></tr>
<tr><td>☞ 검사 결과
사회연령 7.25세(SQ: 54.37)로 사회적응력 행동발달이 약 7세 수준이다.

☞ 검사 소견
자조능력(일상생활, 식사, 용의)이 7세 수준, 사회화 영역이 6세 수준, 이동/작업/자기관리 영역이 4세 수준, 의사소통 영역이 2세 수준으로 나타나고 있다. 일상생활과 식사, 용의 수준에 비해 의사소통이 아주 부족한 것으로 나타나는 것으로 수용언어와 표현언어에 어려움이 있을 것이라 생각된다.

☞ 영역별 소견의 일부
• 자조 영역(일상생활, 식사, 용의)
칼이나 숟가락으로 빵이나 떡에 잼이나 꿀을 발라 먹고, 머리나 등은 씻어주어야 하고 다른 부분도 도와주지 않으면 잘 씻지 못한다.
• 이동 영역
대중교통을 이용하지 않는 좀 멀더라도 가본 일이 있는 곳은 혼자 또는 친구와 같이 갔다 오는 정도이다. 예를 들어 동네 슈퍼, 버스 정류장을 혼자 찾아갈 수 있다.
• 작업영역
연필이나 크레파스로 그림을 그리고 신체의 모든 부위가 다 나타나지는 않지만 사람을 알아볼 수 있을 정도로 그리며, 집, 나무를 그릴 수 있다.</td></tr>
</table>

KEDI-WISC-Ⅲ

검사일 : 2022년 ○월 ○일

☞ 검사 결과의 일부

IQ 지수: 언어성 검사 - 측정 안 됨, 동작성 검사 - 61

소검사	환산점수					
	언어성	동작성	언어이해	지각조직	주의집중	처리속도
상식	1		1			
공통성	1		1			
산수	1				1	
어휘	1		1			
이해	1		1			
숫자	1				1	
빠진 곳 찾기		1		1		

☞ 검사 소견의 일부

언어성 검사에서 검사결과 측정이 어려웠고 동작성 검사는 IQ 61로 지적 결손이 있는 것으로 보인다.

대부분의 언어성 검사에서 언어이해능력과 주의집중능력이 부족하여 답하기를 어려워하였으며 어휘의 경우 아는 단어에 대해 모양이나 용도에 대해 행동으로 표현하였다. 이로 수용언어와 표현언어 모두 어려움을 보인다. 산수의 경우 1~10까지 수를 셀 수 있으나 문장제의 문제로 묻는 경우 답을 하지 못하였다.

동작성 검사에서 역시 지각조직능력과 처리속도 능력이 부족하여 대부분 지적 결손이 있는 것으로 나타났으나 미로 검사에서는 높은 성취율을 보였다. 기호 쓰기에서 도형에 해당하는 기호를 찾을 수 있고, 처리 속도는 느리나 오류가 거의 없는 편이다. 동형 찾기에서 "예, 아니오"의 의미를 알고 선택할 수 있다.

수용·표현 어휘력 검사

검사일 : 2022년 ○월 ○일

☞ 검사 결과

- 수용 어휘력 검사
- 원점수: 30점, 수용 어휘능력은 약 2세 6개월~8개월 수준
- 표현 어휘력 검사
- 원점수: 18점, 표현 어휘능력은 2세 6월 이하

☞ 검사 소견

책, 발, 의자, 빵, 배 등과 같은 일상생활에서 쉽게 다루어지는 명사는 인지하고 있으나 자주 쓰지 않는 명사(껍질, 낙하산)와 추상명사(사고)나 복합명사(잠자리채)의 경우 어려움을 나타낸다. 동사와 형용사의 경우는 목적어인 명사를 동사나 형용사 앞에 붙여 말하면 알 수 있으나 동사나 형용사만 제시하는 경우 어려움을 보이고 특히 형용사의 뜻을 인지하기를 어려워한다. 표현언어는 간단한 일상 명사 외에는 표현이 매우 어려웠다.

3 현행수준

	강점	지도가 필요한 점
국어	• 일상생활과 관련된 지시 따르기(예: 신발 신기, 우유 가져오기, 화장실 다녀오기)가 가능하다. • 일상적인 인사 "다녀오겠습니다" "잘 먹겠습니다"를 할 수 있다. • 질문에 "예, 아니오"로 대답할 수 있다. • 질문에 대답을 하는 경우 한 단어로 대답할 수 있다. • 필요한 경우 요구를 하기도 한다(예: 칠판이 안 보이면 "안 보여요"라고 말한다). • 자신의 이름을 말하고 쓸 수 있다.	• 일상적이지 않은 경우(예: 교사연구실에 심부름하기, 쓰레기봉투 교무실에서 가져오기, 특별활동 시 통학버스 타기) 여러 번 되풀이하여 말해 주어야 한다. • 한 어절 이상으로 대답을 하지 못한다. • 발음이 부정확하여 알아듣기가 어렵다. • 말로 요구하기 어려운 경우 행동으로 표현한다(예: 화장실을 갈 때 배를 어루만진다). • 말을 할 때 자신이 없어 목소리가 작아지고 위축되어 있다.
수학	• 색을 변별할 수 있다(주황색, 파란색, 회색). • 양에 대한 개념을 가지고 있다(많다/적다). • 안과 밖과 같은 공간을 변별할 수 있다. • 1~30까지 수를 셀 수 있다. • 엘리베이터에서 교실의 층, 우유 개수, 통학버스 호수를 알고 있다. • 정각인 전자시계와 아날로그시계를 읽을 수 있다.	• 위쪽, 오른쪽, 위, 아래와 같은 방향개념을 혼동한다. • 달력과 측정단위를 사용하지 못한다. • 30분 단위의 바늘 시계 읽기를 어려워한다. • 점심시간 종이 울려도 교실로 돌아오지 않는다.

	강점	지도가 필요한 점
자기관리	• 대소변 욕구 표현을 행동으로 할 수 있다. • 바지를 전부 내리지 않고 앞부분만 내리고 소변을 볼 수 있다. • 손을 비누칠하여 깨끗이 씻을 수 있다. • 스스로 이를 닦고 컵과 칫솔을 씻어 놓고 입 주변을 깨끗이 씻을 수 있다. • 수건으로 손과 얼굴의 물기를 닦을 수 있다. • 생활에서 사용하는 세면도구(예: 비누, 칫솔, 샴푸)를 알고 있다. • 자신의 물건을 챙길 수 있다.	• 대변의 뒤처리가 깨끗이 되지 않아 손에 묻거나 팬티에 묻는 경우가 있다. • 목욕과 머리 감기를 할 때 아버지의 도움을 필요로 한다. • 손톱과 발톱을 스스로 깎지 못한다. • 체육복과 같이 앞뒤 구분이 없는 경우 뒤집어 입기도 한다.
지역사회 및 여가	• 단순한 동작 모방이 가능하며, 동작을 외워서 할 수 있다. • 블록놀이, 게임, TV를 보며 시간을 보낼 수 있다. • 게임 기구는 조작하는 방법을 알려주면 빨리 습득한다(예: 범퍼카). • 자신의 편과 상대편 골대를 안다. • 경기에 경쟁심을 가지고 참여할 수 있다. • 터널 통과하기와 앞구르기를 할 수 있다. • 친구들과 함께 음악이 나오면 춤을 출 수 있다.	• 놀이기구를 무서워한다. • 경기의 정확한 규칙을 알지 못한다. • 스스로 공을 쫓아다니지 않는다. • 신문, 잡지, 편지 쓰기, 전화하기와 같은 언어적 능력을 요하는 여가생활을 하기 어려워한다. • 횡단보도, 녹색등, 금연과 같은 상징적인 표지판을 구별하지 못한다. • 버스나 택시, 지하철을 스스로 이용할 수 없다. • 타야 할 버스 번호를 알기를 어려워한다. • 내려야 할 곳을 알지 못한다. • 정확한 금액의 음식 값을 내지 못한다. • 지역사회생활(예: 우체국, 은행, 도서관, 약국, 슈퍼, 미장원)을 이용한 경험이 부족하고 혼자 이용할 수 없다.

	강점	지도가 필요한 점
직업	• 청소를 위한 기본준비(예: 창문 열기, 의자 올리기)를 할 수 있다. • 청소도구(대걸레, 화장실 청소도구)를 알고 있다. • 청소기 사용방법을 알고 있다. • 마루를 서투르나 쓸고 닦을 수 있다. • 지시에 거울을 닦을 수 있다. • 열쇠로 문을 열고 잠글 수 있다. • 지저분한 옷은 세탁기에 넣을 수 있다. • 빨랫감을 색깔별로 분류할 수 있다. • 부엌에서 지시에 그릇을 치울 수 있다. • 커피포트를 서투르지만 사용할 수 있다. • 지시에 화장지를 갈아 끼울 수 있다. • 덧그려진 도형 위에 선을 지키며 다양한 색깔로 색칠을 할 수 있다. • 3cm × 1cm 라벨지를 뗄 수 있다. • 순서대로 라벨지를 뗄 수 있다. • 직업준비실의 위치를 알고 카트를 밀어 갖다 놓을 수 있다.	• 대걸레로 청소할 때 체계적으로 하기를 어려워한다. • 손걸레를 부분적으로 비벼 빨기를 어려워하며, 깨끗이 헹구지 못하며 짜는 시늉은 하지만 물기 없이 짜지 못한다. • 세제(표백제, 세제), 의복(울세탁, 면)에 대한 구별을 어려워한다. • 세탁기나 다리미를 사용하지 못한다. • 가스레인지, 전자레인지, 전기밥솥, 전기 믹서기와 같은 가전제품을 사용하기 어려워한다. • 다각형(사각형, 육각형)을 모방하여 그리기를 어려워한다. • 라벨을 칸 안에 정확히 붙이지 못한다. • 모양을 따라 정확하게 가위질하기를 어려워한다. • 직업의 다양한 종류(예: 청소원, 농부, 사무원, 판매원 등)를 알지 못한다. • 여러 가지 도구(예: 삽, 십자 드라이버)를 알지 못한다. • 지속적으로 과제를 수행하지 못한다.

4 장 · 단기 목표 설정 및 교수계획

영역	장기 목표	단기 목표	교수 계획	평가방법	시작/종료일
국어	1. 두 어절 문장으로 말할 수 있다.	1.1 물건을 요구할 때 "~주세요"라고 말할 수 있다.	1.1.1 과제나 물건을 학생에게 제시할 때 "~주세요"라는 말을 할 수 있게 한다. 1.1.2 친구들이나 교사가 "~주세요"를 자주 사용하여 모델링이 되게 한다. 1.1.3 자신이 좋아하는 물건을 중심으로 지도하여 자발적으로 말할 수 있게 한다.	관찰평가 10회 중 8회 이상	2022년 3월/ 2022년 8월
		1.2 명사와 동사를 사용하여 두 어절 문장을 만들어 말할 수 있다.	1.2.1 학교에서 생활하는 가운데 일어나는 일을 명사와 동사를 사용하여 두 어절의 문장으로 만들어 제시한다. 예: 밥을 먹어요. 신발을 신어요. 1.2.2 자신의 활동 모습 사진과 문장을 연관시켜 기억하게 지원한다. 1.2.3 일과에 해당하는 문장을 관련 물건에 붙여 놓고 문장의 뜻을 이해하는 것을 돕는다.	관찰평가 총 횟수의 80%의 성공률	2022년 3월/ 2022년 8월

영역	장기 목표	단기 목표	교수 계획	평가방법	시작/ 종료일
국어	2. 자신의 신상 정보(전화번호, 주소, 가족 이름)를 쓸 수 있다.	2.1 가족구성원의 이름을 쓸 수 있다.	2.1.1 가족 구성원의 사진을 제시하고 여러 가지 상황에서 이름을 부르는 장면들을 제시한다. 2.1.2 가족들의 성이 같음을 알려주어 쉽게 이름을 쓰게 한다.	결과물 평가 연속 3일간 10회 기회 중 7회 이상	2022년 3월/ 2022년 8월
		2.2 주소와 전화번호를 쓸 수 있다.	2.2.1 편지 봉투에 집 주소를 쓰도록 하여 편지가 집에 배달되게 한다. 2.2.2 아파트와 동 호수를 중점으로 하여 쓰게 한다. 2.2.3 음높이놀이를 통해 전화번호를 쉽게 외울 수 있게 돕는다. 예: 123-4567이라면 도레미-파솔라시의 음높이로 연습을 하며 기억을 할 수 있게 한다.	결과물 평가 연속 3일간 80%의 성공률	2022년 3월/ 2022년 8월

영역	장기 목표	단기 목표	교수 계획	평가방법	시작/종료일
수학	1. 아날로그 시계를 보고 30분 단위의 시간을 읽을 수 있다.	1.1 30분 단위의 시간일 때, 시침의 위치를 보고 몇 시인지 말할 수 있다.	1.1.1 시계의 시침이 움직이는 방향을 알 수 있도록 시침을 관찰하게 한다. 1.1.2 긴 바늘이 6을 가리키면 30분임을 설명한다. 1.1.3 짧은 바늘이 시와 시 사이에 있는 경우, 더 작은 숫자를 읽어야 하는 것을 설명한다.	관찰평가 기회가 주어지면 1분 이내	2022년 3월/ 2022년 8월
		1.2 시계가 12시 30분을 가리키면 점심시간임을 말할 수 있다.	1.2.1 점심 먹는 모습에 시계를 넣어 관찰하고 대응할 수 있게 한다. 1.2.2 12시 30분이 되면 알람이 울리게 하여 시계를 관찰하고 점심을 먹으러 가도록 하여 12시 30분에 점심을 먹는다는 것을 알려준다. 1.2.3 12시 30분이 되면 "밥 먹어요"라고 말하게 한다.	관찰평가 지시가 주어진 후 30초 이내	2022년 3월/ 2022년 8월

<table>
<tr><th>영역</th><th>장기 목표</th><th>단기 목표</th><th>교수 계획</th><th>평가방법</th><th>시작/
종료일</th></tr>
<tr><td rowspan="2">수학</td><td rowspan="2">2. 달력을 보고 생활 일정을 확인할 수 있다.</td><td>2.1 교사가 제시하는 날을 달력에서 찾아 동그라미를 그릴 수 있다.</td><td>2.1.1 달력의 맨 윗부분의 숫자가 월을 나타내고, 아래의 숫자가 일을 나타냄을 설명한다.
2.1.2 일주일이 월화수목금토일임을 알고, 교사가 제시한 날의 요일을 말할 수 있도록 신체적 촉진을 한다.
2.1.3 출석을 표시하며 오늘이 몇 월 며칠임을 설명한다.</td><td>관찰평가
지시가 주어진 후 1분 이내</td><td>2022년 3월/
2022년 8월</td></tr>
<tr><td>2.2 학교를 가지 않는 날을 달력에 동그라미를 그릴 수 있다.</td><td>2.2.1 달력에서 빨간색을 찾고, 빨간색인 날은 학교를 가지 않는 것을 알려준다.
2.2.2 노는 토요일을 알려주기 위해 달력에 학교에 가지 않는 날을 스티커를 붙여준다. 점차적으로 스스로 스티커를 붙이게 지원한다.</td><td>관찰평가
지시가 주어진 후 1분 이내</td><td>2022년 3월/
2022년 8월</td></tr>
</table>

영역	장기 목표	단기 목표	교수 계획	평가방법	시작/ 종료일
자기 관리	1. 운동화 끈을 스스로 묶을 수 있다.	1.1 운동화 끈으로 한 번 묶을 수 있다.	1.1.1 끈을 묶는 방법을 동영상을 통해 본다. 1.1.2 과제분석과 신체적 촉진을 사용하여 지도한다. 1.1.3 끈의 재질과 길이를 학생의 능력에 맞게 제시한다. 처음에는 철사가 들어 있어 움직임이 보이는 끈을 제시하고 점차적으로 끈의 강도, 넓이, 길이를 조절하여 제시한다.	관찰 평가 기회가 주어진 후 1분 동안	2022년 3월/ 2022년 8월
		1.2 운동화 끈을 리본 모양으로 묶을 수 있다.	1.2.1 리본 모양으로 끈을 묶는 방법을 동영상을 통해 본다. 1.2.2 리본 모양 묶는 방법을 순서카드로 만들어서 카드를 넘겨가며 한 단계씩 따라 묶어 보게 한다. 1.2.3 실제 운동화 끈을 묶는 자세에서 리본 모양으로 묶는 연습을 한다. 1.2.4 운동화 끈이 바닥에 끌리지 않게 하기 위해 리본 모양의 끈을 당겨 조절할 수 있게 한다.	관찰 평가 기회가 주어진 후 5분 동안	2022년 3월/ 2022년 8월

영역	장기 목표	단기 목표	교수 계획	평가방법	시작/ 종료일
자기 관리	2. 손톱깎이를 이용하여 손톱을 깎을 수 있다.	2.1 깎아야 할 손톱을 손으로 지적한다.	2.1.1 자신의 손을 찍은 사진에서 깎아야 할 손톱 부분만 색칠하게 하여 깎아야 할 부분과 깎지 말아야 할 부분을 구분하게 한다. 2.1.2 배니큐어로 반대 손의 깎아야 할 부분만 색칠하게 하여 깎아야 할 부분을 구분하게 한다. 2.1.3 친구들의 손을 보며 손톱을 깎아야 할 친구의 손을 고르도록 한다.	관찰 평가 총 5회 기회 중 연속 3회	2022년 3월/ 2022년 8월
		2.2. 모형 손톱을 손톱깎이로 깎을 수 있다.	2.2.1 손톱깎이를 잡는 방법과 깎는 방법을 동영상을 통해 보여주고 시범을 보인다. 2.2.2 안전을 고려하여 손가락 끝에 모형 손톱을 붙여서 여러 번 연습을 하게 한다. 2.2.3 손톱을 한 번에 자르기보다 여러 번에 걸쳐 자르도록 지도한다.	결과물 평가 총 5회 기회 중 연속 3회	2022년 3월/ 2022년 8월

영역	장기 목표	단기 목표	교수 계획	평가방법	시작/ 종료일
지역 사회 및 여가	1. 버스를 이용하여 학교에서 집으로 갈 수 있다.	1.1 집으로 가는 ○번 버스를 탈 수 있다.	1.1.1 집으로 가는 방법을 동영상을 통하여 보여준다. 1.1.2 과제분석을 통하여 순서카드를 제시한다. 1.1.3 버스 모양과 번호판을 찍은 사진을 보여주며 ○번 버스를 찾을 수 있게 지원한다.	관찰 평가 총 5회 기회 중 5회	2022년 3월/ 2022년 8월
		1.2 내려야 할 곳을 알고 벨을 누를 수 있다.	1.2.1 자신이 내려야 할 곳의 지명 이름을 알려주고 해당 안내방송을 녹음하고 반복하여 들려주어 실제로 버스를 탔을 때 쉽게 들을 수 있게 도와준다. 1.2.2 내려야 할 곳의 정류장과 주변을 사진으로 담아 기억할 수 있게 도와준다. 1.2.3 버스를 타고 학교에서 집에 도착하는 대략적인 시간을 알려 주고 그때부터 집중할 수 있게 한다.	관찰 평가 총 5회 기회 중 5회	2022년 3월/ 2022년 8월

영역	장기 목표	단기 목표	교수 계획	평가방법	시작/종료일
지역사회 및 여가	2. 주어진 금액으로 슈퍼를 이용할 수 있다.	2.1 슈퍼에서 사야 할 물건을 찾을 수 있다.	2.1.1 모의상황을 만들어 교실에서 충분한 연습을 할 수 있게 한다. 2.1.2 과제분석을 통해서 슈퍼에서 물건을 구입하는 방법을 지도한다. 2.1.3 사야 할 물건의 사진을 보여주고 실물을 찾는 연습을 하며 다양한 물건으로 연습을 하고 여러 개의 물건을 고르는 연습을 한다.	관찰 기회가 주어지면 2분 이내	2022년 3월/ 2022년 8월
		2.2 슈퍼에서 물건, 영수증, 거스름돈을 받아올 수 있다.	2.2.1 슈퍼에서 영수증을 주지 않는 경우에도 "영수증 주세요"라는 말을 하여 받아올 수 있게 한다. 2.2.2 메모지에 챙겨올 것들을 써 주어 잊지 않게 한다. 2.2.3 영수증의 거스름돈이 쓰여 있는 부분을 보고 거스름돈을 받아야 하는지, 없는지 확인할 수 있게 한다. 2.2.4 친구와 함께 슈퍼에 가도록 하여 모델링이 되도록 하고 또래교수가 될 수 있게 한다.	관찰 5회 기회 중 3회 이상	2022년 3월/ 2022년 8월

영역	장기 목표	단기 목표	교수 계획	평가방법	시작/종료일
직업	1. 접시와 컵을 설거지할 수 있다.	1.1 접시와 컵을 세제로 닦을 수 있다.	1.1.1 교실에서 간식을 먹은 그릇을 설거지할 수 있는 기회를 제공한다. 1.1.2 과제분석을 통하여 설거지하는 방법을 지도한다. 1.1.3 친구와 함께 설거지를 할 수 있도록 하여 시범을 보이고 역할을 분담을 할 수 있게 한다. 1.1.4 흰색이 아닌 색이 뚜렷한 컵과 접시를 제시하여 전체적으로 닦고 있는지 확인할 수 있게 해준다. 1.1.5 세제로 컵과 접시를 닦는 부위 순서를 정해주어 그 순서에 맞게 닦도록 하여 전체를 닦을 수 있게 하고 신체적 촉진을 점차적으로 줄여나간다.	관찰 평가 기회가 주어진 후 5분 동안	2022년 3월/ 2022년 8월
		1.2 접시와 컵을 세제가 남지 않게 헹굴 수 있다.	1.2.1 흰색이 아닌 색이 뚜렷한 컵과 접시를 제시하여 세제가 남아 있는지 확인할 수 있게 한다. 1.2.2 여러 번 헹구도록 하여 세제가 남아 있지 않게 지도한다.	결과물 관찰 기회가 주어진 후 5분 동안	2022년 3월/ 2022년 8월

영역	장기 목표	단기 목표	교수 계획	평가방법	시작/종료일
직업	2. 손걸레를 깨끗이 빨 수 있다.	2.1 손걸레의 얼룩 부분을 비벼 빨 수 있다.	2.1.1 손걸레의 얼룩을 손으로 가리켜 찾을 수 있게 한다. 2.1.2 손걸레를 빠는 동영상을 제시하여 모방할 수 있게 한다. 2.1.3 과제분석을 통하여 손걸레를 빠는 방법을 지도한다. 2.1.4 신체적 촉진을 통해서 걸레를 비벼 빨 때 힘을 주는 방법을 알려주고 점차적으로 촉진을 줄여나간다.	관찰 평가 기회가 주어진 후 5분 동안	2022년 3월/ 2022년 8월
		2.2 손걸레를 물기 없이 짤 수 있다.	2.1.1 손에 힘이 없는 경우를 고려하여 물기를 쉽게 짤 수 있는 재질의 걸레를 제시하고 점차적으로 종류를 바꿔주어 성취감을 얻을 수 있게 한다. 2.1.2 친구들과 누가 많은 물을 짜는지 시합을 통해서 적극적으로 참여할 수 있게 한다. 2.1.3 신체적 촉진을 통하여 양손의 힘의 방향을 구별하게 설명한다.	관찰 평가 기회가 주어진 후 5분 동안	2022년 3월/ 2022년 8월

참고문헌

강혜경, 박은혜(2006). 특수교사와 치료교사간 협력적 접근을 통한 교실중심 언어중재가 장애 유아의 의사소통에 미치는 영향. **특수교육학연구**, 41(2), 173-197.

교육과학기술부, 서울특별시 교육청(2008). **2008년 개정특수학교 교육과정에 따른 장애 영유아 교육과정 편성·운영 자료.**

교육부(2015). **2015 개정 특수교육 교육과정 길라잡이.**

교육부(2015a). **기본 교육과정**. p. 128. 교육부.

교육부(2015b). **특수교육 교육과정 총론**. 교육부.

국립특수교육원(2012). **장애유아 통합 교육 교사용 지도서 현장 활용 세미나 자료집**. 국립특수교육원.

국립특수교육원(2013). **초등학교 공통 교육과정과 기본교육과정의 교과용 도서 연계성 분석: 초등학교 1-2학년군 (국어, 수학, 통합교과) 중심으로**. 국립특수교육원.

국립특수교육원(2013). **특수교육 교수-학습 지원 자료 현장 활용 세미나**. 국립특수교육원.

권용덕, 장혜성(2012). 멀티미디어 자료를 활용한 지역사회중심교수가 지적장애 중학생의 대형마트 이용기술 수행에 미치는 효과. **지적장애연구**, 14(2), 225-248.

김수진, 이정화(2007). **장애 영·유아 활동 중심 통합 교육과정**. 서울: 굿에듀북.

김수진, 이정화(2014). **누리과정/표준보육과정과 연계한 장애 영유아 통합교육**. 경기: 공동체

김양화, 김남순(2014). 미국과 한국의 IEP 변화과정 고찰 및 지적장애학생 IEP 운영의 발전 방안. **특수교육학연구**, 48(4), 55-79.

김영태(2002). **아동언어장애의 진단 및 치료**. 서울: 학지사.

김은하(2015). 지적장애학생을 위한 개별화교육계획 수립과 실행의 진전방향성에 대한 고찰: 개인중심접근 철학을 중심으로. **지적장애연구**, 17(2), 1-24.

김정미, 신희선(2006). **아동발달검사: K-CDI**. 서울: 굿에듀북.

김지영(2012). 교육과정 수정 연구 동향 및 실험 연구 분석: 국내 연구를 중심으로. **특수아동교육연구**, 14(3), 523-541.

김진호, 김경준(2012). 지적장애학생들의 자립과 성인생활에 필요한 기능적 생활기술 고찰. **지적장애연구**, 14(1), 23-42.

김호연, 장혜성, 박경옥, 강창욱 역(2008). **영유아 캐롤라이나 교육과정**. 서울: 굿에듀북

박승희(1999). 정신지체학생의 지역사회 기능에 필요한 기능적 어휘 목록 개발연구. **재활복지**, 3(1), 23-57.

박승희(2001). **지역사회중심의 교수**. 국립특수교육원 편, 2001 부모연수 제 1 · 2기: 부모연수

및 상담과정(2001.4.11-6.20) 교재 (pp. 133-150). 안산: 국립특수교육원.
박승희(2003). **한국 장애 학생 통합 교육: 특수교육과 일반 교육의 관계 재정립**. 교육과학사.
박승희(역)(1994). **정신지체 정의, 분류, 지원의 체계**. 서울: 교육과학사.
박승희, 장혜성(2002). 교실중심 언어중재를 위한 교사와 언어치료사의 협력적 역할 수행. **언어청각 장애연구, 8**(1), 117-143.
박승희, 장혜성, 나수현, 신소니아(2007). **장애관련종사자의 특수교육 입문**. 서울: 학지사.
보건복지부(2014). 장애아보육프로그램 2권. 서울: 한국보육진흥원
서울장애인종합복지관(2000). **K-ASQ. 부모작성형 모니터링시스템**. 서울: 장애인종합복지관
설진선(2003). **멀티미디어 자료를 활용한 지역사회 중심 교수가 자폐아동의 패스트푸드점 이용기술 수행에 미치는 효과**. 이화여자 대학교 대학원 석사학위 논문, 미간행.
소효정, 박윤정(2015). 장애학생의 개별화교육계획 협의과정 참여를 증진하기 위한 미국 중재 연구 분석. **특수교육 저널: 이론과 실제, 16**(2), 435-464.
양명희(2016). **행동수정이론에 기초한 행동지원 2판**. 서울: 학지사.
윤형준(2014). 중학교 통합체육수업의 교수적합화가 경도지체장애 학생의 신체활동수준과 상호작용에 미치는 영향. **한국특수체육학회지**. 22(3), 43-63.
이금진 역(1997). **자폐아와 발달 장애 아동의 자발적 의사소통지도**. 서울: 이화여자대학교 출판부.
이명희, 김지영, 이지연(2011). **이화여자대학교 특수교육연구소 학술 총서 시리즈 IV: 장애유아 통합 프로그램의 실제**. 학지사.
이소현(1995). 자폐아 언어교육: 기능성 중심의 방향정립을 위한 제언. **인간발달 연구, 23**, 69-93.
이소현(1995). **장애영유아를 위한 교육**. 서울: 이화여자대학교출판부.
이소현(2011). **개별화교육과정**. 학지사.
이소현(2020). **유아특수교육**. 2판. 서울: 학지사.
이소현, 박은혜(2011). **특수아동교육**. 서울: 학지사.
이유훈, 김형일 공역(2005). **중도·중복장애학생의 통합교육론**. 서울: 박학사.
이유훈, 최세민, 유장순, 이은정, 권택환(2005). **초등특수학급 교육과정 편성·운영에 관한 연구**. 서울: 서울특별시교육연구원.
장혜성(1992). **장애아동의 언어지도II**. 서울: 서울 장애인 종합복지관.
장혜성(1998). **한국 상황에 적절한 지역사회 적응훈련프로그램: 중도 장애 중 고등부 학생을 중심으로**. 펜실바니아 주립대학교 대학원 석사학위 논문, 미간행.
장혜성(2001). PECS를 이용한 어린이집 환경중심의 의사소통 중재가 무발화 자폐아동의 욕구 의사표현에 미치는 효과. **한국언어청각임상학회, 6**(2). 505-516.
장혜성(2002). 중도장애 고등부 학생을 위한 효과적인 지역사회 중심 교수의 실제. **직업재활연구, 12**(2), 1-22.

장혜성(2005). 비장애동료가 참여하는 지역사회중심 교수가 일반 고등학교 발달장애학생의 지역사회활용기술 수행과 학생 사이 관계에 미친 영향. 이화여자 대학교 대학원 박사 학위 논문, 미간행.

장혜성(2007). 정신지체 중고등학생의 지역사회중심교수 전략에 대한 문헌고찰. 정신지체연구, 9(2), 59-80.

장혜성(2010). 중재패키지를 이용한 지역사회중심교수가 지적장애 고등학생의 지역사회적응기술 습득에 미치는 영향. 지적장애연구, 12(2), 149-172.

장혜성(2011). 특수교육현장의 지역사회중심교수에 대한 특수교사들의 목적인식과 실행과정에 대한 질적연구. 직업재활연구, 21(3), 147-168.

장혜성, 김수진, 김지영(2000). 성공적인 통합을 위한 가정연계 프로그램: 신변처리, 지역사회적응, 사회성 프로그램을 중심으로. 서울: 곡교어린이집.

장혜성, 김수진, 김호연, 최승숙, 최윤희(역)(2014). 특별한 학습자를 위한 특수교육. 서울: 학지사.

장혜성, 박승희(2002). PECS를 통한 자폐아동의 시각적 의사소통능력에 관한 고찰. 특수교육, 1(1), 29-46.

장혜성, 박승희(2003). 중도 정신지체 고등부 학생의 지역사회 기능 증진을 위한 지역사회 중심 교수의 효과. 정서 행동장애 연구, 19(2), 23-51.

장혜성, 서소정, 하지영(2008). 영아선별교육진단검사: DEP. 서울: 학지사

정시은, 김자경, 강혜진(2011). 장애유아 보육시설 교사의 개별화교육프로그램 운영 실태 및 수행능력에 관한 연구. 한국지체부자유아교육학회지, 54(4), 395-419.

조윤경, 이미경(1991). 엄마, 아빠 할 수 있어요: 장애아동의 운동지도. 서울: 서울장애인종합복지관.

조현근, 이병인(2014). 장애 영유아 교육기관의 가족지원 실태조사: IFSP 원리 및 구성요소를 중심으로. 특수아동교육연구, 16(1), 157-187.

지경미(2001). 컴퓨터 모의 학습을 포함한 지역사회중심 교수가 정신지체 고등학생의 현금인출기 사용기술 수행에 미치는 효과. 이화여자 대학교 대학원 석사학위 논문, 미간행.

최민숙, 김경숙, 백유순, 박현옥 공역(2004). 유아특수교육론. 제2판. 서울: 박학사.

최윤정(2004). 일반사례교수를 적용한 지역사회중심 교수가 정신지체 고등학생의 휴대폰을 통한 도움 요청하기 기술 수행에 미치는 효과. 이화여자대학교 대학원 석사학위 논문, 미간행.

허계형, 정갑순, 이영철, 문현미 역(2008). 영유아를 위한 사정, 평가 및 프로그램 체계(AEPS). 서울: 굿에듀북.

홍용희 역(1995). 어린이들의 학습에 비계 설정: 비고스키와 유아교육. 서울: 창지사.

Allen, K. E. & Schwartz. I. S. (1996). *The Exceptional Child: Inclusion in early childhood education.* New York, NY: Delmar Publishers.

Bagnato, S. J., Neisworth, J. T., & Munson, S. M. (1997). *Linking Assessment and Early Intervention.* Baltimore, MD: Paul H Brookes Publishing Co.

Baker, B. L., & Brightman, A. J. (1999). *Steps to Independence.: Teaching Everyday Skills to children with Special Needs*. Baltimore, MD: P. H. Brookes.

Baumgart, D., Brown, L., Pumpian, L., Nisbet, J., Ford, A., Sweet, M., Messina, R., & Schroeder, J. (1982). Principle of partial participation an individualized adaptations in educational programs for severely handicapped students. *Journal of the Association for the Severely Handicapped, 7*(2), 17-27.

Bricker, D. (1998). *An activity-based approach to early intervention.* Baltimore, ML:Paul Brookes.

Bricker, D., & Waddell, M.(1996). *AEPS Curriculum for three to six years.* Baltimore, ML:Paul Brookes.

Cafiero, J. M. (1998). Communication power for individuals with autism. *Focus on Autism and other Developmental Disabilities, 13*(2), 113-121.

Center for Autism & Related Disabilities. (2000). *CARD Calendar in The News Special Topics.* Retrived June 20, 2000, from http://neurosci90.health.ufl.edu/

Certo, N., Mezzullo, K., & Hunter, D. (1985). The effect of total task chain training on the acquisition of busperson job sills at a full service community restaurant. *Education and Training of the Mentally Retarded, 20*(2), 148-156.

Cook, R. E., Klein, M. D., & Tessier, A. (2020). *Adapting early childhood curricula for children with special needs*. 8th edition. Pearson Education, Inc.

Cook, R.., Tessier, A., & Klein, M. D.(1996). *Adapting Early Childhood Curriculula for Children in Inclusive Settings*. Prentice-Hall, Inc.

Cooper. K. J, & Browder, D. E. (1998). Enhancing choice and participation for adults with severe disabilities in community-based instruction. *The Association for Persons with Severe Handicaps, 23*(3), 252-260.

Doyle, P. M., Wolery, M., Ault M.J., & Gast, D.L. (1988). System of least prompts: A literature review of procedural parameters. *Journal of the Association for Persons with Severe Handicaps, 13*(1), 28-40.

Eileen, A. K. & Schwartz.L S. (1996). *The exceptional child : Inclusion in early childhood education*. 3rd ed. Albany, N.Y. : Delmar.

Faber, J. G., & Klein, E. R. (1999). Classroom-based assessment of a collaborative intervention program with kindergarten and first-grade students. *Language, Speech, and Hearing Services in Schools, 30,* 83-91.

Falvey, M. A., Grenot-Scheyer, M., Coots, J. J., & Bishop, K. D. (1995). Services for students with disabilities: Past and present. In M. A. Falvey (Eds.), *Inclusive and Heterogeneous Schooling: Assessment, curriculum, and instruction* (pp. 23-40). Baltimore, MD: Paul H Brookes Publishing Co.

Fewell, R. R. (2000). Assessment of young children with special needs: Foundations for tomorrow. *Topics in Early Childhood Special Education. 20*(1), 38-42.

Gargiulo, R. M., & Kilgo, J. (2000). *Young children with special needs: An introduction to early childhood special education.* Albany, New York: Delmar.

Greenspan, S. I., & Meisels, S. J. (1996). Toward a new vision for the developmental assessment of infants and young children. In S. J. Meisels, & E. Fenichel (Eds.), *New visions for the developmental assessment in infants and young children.* (pp. 11-26). Washington, DC: Zero To Three.

Hodgdon, L. A. (1995). *Visual strategies for improving communication: Practical supports for school and home.* Troy, MI: Quirk.

Horn, E., & Banerjee, R. (2009). Understanding Curriculum Modifications and Embedded Learning Opportunities in the Context of Supporting All Children's Success. *Language, Speech, & Hearing Services in Schools, 40*(4), 406 - 415.

Janney, R., & Snell, M. E. (2006). *Modifying Schoolwork.* Baltimore: Paul H. Brookes Publishing Co.

Lieber, J., Horn, E., Palmer, S., & Fleming. (2008). Access to the general education curriculum for preschoolers with disabilities: children's school success. *Exceptionality, 16*(1), 18-32.

Linder, T. W. (1993). *Transdisciplinary Play-Based Assessment : A functional approach to workin g with young children.* Baltimore: Paul H. Brookes Publishing Co.

Losardo, A., & Notari-Syverson, A. (2001). *Alternative approaches to assessing young children.* Baltimore: Paul H. Brookes.

McBride, B. J., & Schwartz, L S. (2003). *Effect of Teaching Early Interventionists to Use Discrete Trials During Ongoing Classroom.*

McDonnell, J. J., & Horner, R. H. (1985). Effects of in vivo versus simulation-plus-in vivo training on the acquisition and generalization of gracer item selection by high school students with severe handicaps. *Analysis and Intervention in Developmental Disabilities, 5,* 323-343.

McDonnell, J., Wilcox, B., & Hardman, M. L. (1991). *Secondary Programs for Students with Developmental Disabilities,* Boston, Ally and Bacon.

McWilliam, R. A. (2010). *Routines-based early intervention: Supporting young children with special needs and their families*. Baltimore, MD: Paul H. Brookes.

Nolet, V., & McLaughlin, M. J. (2005). *Accessing the general curriculum: including students with disabilities in standards-based reform,* 2nd ed. CORWIN PRESS.

Noonan, M. J., & McCormick, L. (1993). *Early intervention in natural environments*. Pacific Grove, CA: brooks/Cole Publishing.

Owens, R. E. (1999). *Language Disorders: A functional approach to assessment and intervention.* Boston, Allyn & Bacon.

Owens-Johnson , L & Hamill, L. B. (2002). Community-based instruction. In L. Hamill. & C. Everington (Eds.), *Teaching students with moderate to severe disabilities.* (pp. 347-371). Columbus, OH: Merrill Prentice Hall.

Sandall, S, Schwartz, I, & Joshep, G. (2002). A building blocks model for effective instruction in inclusive early childhood settings, *Young Exceptional Children, 4*(3), 3-9.

Sandall, S. R., & Schwartz, I, S. (2008). *Building Blocks for Teaching Preschoolers with Special Nedds.* Baltimore: Paul H. Brookes.

Scheuermann, B., & Webber, J. (2002). *Autism: Teaching does make a difference.* Belmont, CA: Wadsworth/Thomson Learning.

Shafer, M. S., Inge, K. J. & Hill, J. (1986). Acquisition, generalization, and maintenance of automated banking skills. *Education and Training of the Mentally Retarded, 21*(4), 265-272.

Snell, M. E., & Brown, F. (2000). Instructional planning and implementation. In M.Snell (Ed.), *Systematic instruction of people with severe disabilities* (5thed.). Columbus, OH: Macmillan.

Squires, J., & Bricker, D. (2007). *An activity-based approach to developing young children's social emotional competence*. Paul H. Brookes Publishing Co.

Stuart, S. J., Certo, N. J., & Muccino, A. (1984). Acquisition of leisure skills by a severely handicapped adolescent: A data based instructional program. *Education and Training of the Mentally Retarded, 19(4), 297-305.*

Westling, D. C., & Fox, L. (2000). *Teaching Students with Severe Disabilities.* Columbus, OH: Merrill Prentice Hall.

Westling, D. L., Floyd, J., & Carr, D. (1990). Effect of single setting versus multiple setting training on learning to shop in a department store. *American Journal on Mental*

Retardation, 94(6). 616-624.

Williams, W., Vogelsberg, R. J., & Schuts, R. P. (1985). Programs for Secondary-Age Severely Handicapped Youth. In D. Bricker, & J. Filler (Eds.), *Severe Mental Retardation: From theory to practice* (pp. 97-118). Lancaster, PA: The Council for Exceptional Children.

Wolery, M., Ault, M. J., & Dolyle, P. M. (1992). *Teaching students with moderate to severe disabilities.* New York: Longman.

Wolfe, P. S.(1994). Judgment of the social validity of instructional strategies used in community-based instructional sites. *The Association for Persons with Severe Handicaps, 19*(1), 43-51.

Wood, S. J., Murdock, J. Y., Cronin, M. E., Dawson, N. M., & Kirby, P. C. (1998). Effects of self-monitoring on on-task behaviors of at-risk middle school students. *Journal of Behavioral Education, 8*(3), 263-279.

사진출처: 곡교어린이집 및 개인소장

찾아보기

[ㅇ]

[ㅈ]

〈 공저자 약력 〉

장혜성

- 이화여자대학교 사범대학 특수교육과
- 이화여자대학교 대학원 특수교육과 석사
- 미국 펜실베이니아 주립대학교 대학원 특수교육과 석사
- 이화여자대학교 대학원 특수교육학 박사

〈주요 경력〉

- 서울애화학교(청각장애) 교사
- 서울장애인종합복지관 교육부 과장
- 이화여자대학교 평생교육원
  발달장애인 지역사회 아카데미 주강사
- 가톨릭대학교 특수교육과 교수

김수진

- 이화여자대학교 사범대학 특수교육과
- 미국 하와이 주립대학교 대학원 특수교육과 석사
- 이화여자대학교 대학원 특수교육학 박사

〈주요 경력〉

- 서울 삼성학교(청각장애) 교사
- 서울 강동구 구립 곡교어린이집 특수교사
- 연성대학교 유아특수재활과 교수

김지영

- 강남대학교 사범대학 특수교육과
- 이화여자대학교 대학원 특수교육과 석사
- 이화여자대학교 대학원 특수교육학 박사

〈주요 경력〉

- 서울 강동구 구립 곡교어린이집 특수교사
- 배화여자대학교 유아교육과 겸임교수
- 이화여자대학교 특수교육과 연구교수
- 연세대학교 교육학과 외래강사

<제4판>
기능적 기술 습득을 위한 개별화교육프로그램의 실제

2006년 8월 30일 1판 1쇄 발행
2007년 11월 30일 1판 2쇄 발행
2010년 2월 25일 2판 1쇄 발행
2014년 2월 25일 2판 3쇄 발행
2016년 8월 30일 3판 1쇄 발행
2019년 8월 30일 4판 1쇄 발행
2024년 3월 5일 4판 4쇄 발행

공저자와 협의하에 인지생략

공저자 : 장혜성 · 김수진 · 김지영
발행자 : 한 정 주
발행처 : 교 육 과 학 사

경기도 파주시 광인사길 71
전화(031)955-6956~8/팩스(031)955-6037
Home-page : www.kyoyookbook.co.kr
E-mail : kyoyookbook@daum.net, kyoyook@chol.com
등록 : 1970년 5월 18일 제2-73호

낙장 · 파본은 교환해 드립니다.
Printed in Korea.

정가 22,000 원
ISBN 978-89-254-1414-0